河南师范大学学术专著出版基金资助
河南师范大学博士科研启动基金资助

Henri Lefebvre

亨利·列斐伏尔
"都市社会"文化批判思想研究

聂鑫琳 ◎ 著

Research on Henry Lefebvre's
Cultural Criticism of Urban Society

中国社会科学出版社

图书在版编目（CIP）数据

亨利·列斐伏尔"都市社会"文化批判思想研究／聂鑫琳著． -- 北京：中国社会科学出版社，2025.1.
ISBN 978-7-5227-3807-9

Ⅰ．C912.81

中国国家版本馆 CIP 数据核字第 2024NT4372 号

出 版 人	赵剑英
责任编辑	许　琳
责任校对	苏　颖
责任印制	郝美娜

出　　版	中国社会科学出版社
社　　址	北京鼓楼西大街甲 158 号
邮　　编	100720
网　　址	http://www.csspw.cn
发 行 部	010-84083685
门 市 部	010-84029450
经　　销	新华书店及其他书店

印　　刷	北京君升印刷有限公司
装　　订	廊坊市广阳区广增装订厂
版　　次	2025 年 1 月第 1 版
印　　次	2025 年 1 月第 1 次印刷

开　　本	710×1000　1/16
印　　张	20.75
插　　页	2
字　　数	309 千字
定　　价	128.00 元

凡购买中国社会科学出版社图书，如有质量问题请与本社营销中心联系调换
电话：010-84083683
版权所有　侵权必究

前　言

"都市社会"是都市马克思主义奠基人列斐伏尔对历史及其发展过程的独特理解。他认为"都市社会"是继农业社会、工业社会之后人类社会发展的一个新阶段，是一个大面积深层次城市化了的社会，目前尚未完全形成，是一种趋势性状态，但将来它会成为主导的社会形态。因为"都市社会"依然盛行资本逻辑，城市问题日益突出，探讨它的健康发展对策尤为重要。

"都市社会"文化批判思想研究从对列斐伏尔关注较少的文化社会学视角切入，主要研究"都市社会"文化的表征、成因、作用、影响和健康发展的路径。研究以列斐伏尔学术思想的核心日常生活批判、空间生产、空间消费和节奏分析为逻辑起点，把列斐伏尔"都市社会"文化批判思想放在整个马克思主义发展史的进程中进行研究，把扎根现实的"问题式"研究与系统深入的"专题式"研究相结合，在对列斐伏尔的"都市社会"文化批判思想进行评判时，秉持马克思主义的立场和原则，力争科学准确。研究旨在从整体上把握"都市社会"文化的特点，诊断"都市社会"文化的问题，挖掘"都市社会"文化的成因，解析"都市社会"文化的作用，研究"都市社会"文化的影响，探讨"都市社会"文化的正确发展方向，消除或缓解文化带来的"都市社会"异化问题，使人更成为"人"，而不是"消费人""工具人"，最终实现人的情感治理。

研究发现"都市社会"具有"生产社会"转向"消费社会"，"空间中的生产"转向"空间的生产","空间中的消费"转向"空间的消费","循环节奏"转向"线性节奏","纸质媒介"转向"电子媒介"的新特征，导致消费文化、空间文化、加速文化和媒介文化盛行。消费文化使文化不再是理想的延伸，而是欲望的延伸；空间文化使公共交往衰落，集体记忆丧失，共同体意识淡薄，气球化社交盛行；加速文化加剧了不确定性和感知倦怠，使人呈现出"内卷"和"躺平"两种趋势，抑郁率持续攀升，自杀低龄化；媒介文化促成了"微粒社会"，使情感化的仪式转向仪式化的情感。要想改变"都市社会"文化的现状，必须以"美好"和"美善"为价值引领，以文化革命、身体革命、媒介中的空间和地方、空间和地方中的媒介为手段重构"都市社会"文化，抵抗各种本体论层面的价值攀比。

　　研究把"学术性"和"现实性"结合起来，注重对中国城市化问题的观照，为诊断中国"都市社会"文化问题提供思考路径，有助于探索一种异质于资本逻辑主导下的，以整体生活方式为内核的中国"都市社会"文化发展路径，从而构建出具有中国特色、中国风格和中国气派的健康的"都市社会"文化。对列斐伏尔"都市社会"文化批判思想的研究，继承并发展了马克思主义城市理论，丰富了国外马克思主义研究，也为我国马克思主义研究找到一个重要的理论增长点，对于继续创新当代中国马克思主义，继续推进马克思主义中国化、时代化、大众化有一定的启发意义。

目 录

导 论 / 1
第一节 列斐伏尔与"都市社会" / 1
第二节 研究思路与意义 / 5
第三节 研究目的与方法 / 7
第四节 研究框架 / 8
小 结 / 9

第一章 列斐伏尔"都市社会"文化批判思想溯源 / 11
第一节 列斐伏尔国内外研究现状 / 11
第二节 列斐伏尔"都市社会"文化批判的理论基础 / 34
第三节 列斐伏尔"都市社会"文化批判的逻辑起点 / 56
小 结 / 81

第二章 列斐伏尔"都市社会"日常生活文化批判 / 83
第一节 "都市社会"日常生活文化的无聊趋势 / 83
第二节 "都市社会"文化是消费再循环的产物 / 109
第三节 "都市社会"日常生活需要文化革命 / 115
小 结 / 123

第三章　列斐伏尔"都市社会"空间生产文化批判 / 124
第一节　空间生产下城市空间的价值诉求 / 124
第二节　空间生产下城市空间的审美取向 / 140
第三节　以人为本重构空间生产文化 / 163
小　结 / 168

第四章　列斐伏尔"都市社会"空间消费文化批判 / 170
第一节　空间消费思想的三种属性 / 170
第二节　空间消费对日常生活的影响 / 175
第三节　空间消费与生态失衡化 / 196
第四节　空间消费思想蕴含的三重逻辑 / 212
第五节　空间消费异化的救赎方案 / 222
小　结 / 229

第五章　节奏分析下列斐伏尔"都市社会"文化批判 / 231
第一节　节奏是权力规训的重要模式 / 231
第二节　身体在节奏分析理论中的意蕴 / 249
第三节　超越线性节奏的策略 / 257
小　结 / 263

第六章　中国"都市社会"文化反思与建构 / 265
第一节　中国"都市社会"文化发展面临的挑战 / 265
第二节　中国"都市社会"文化健康发展的路径 / 284
小　结 / 301

结　论 / 303

参考文献 / 306

导　　论

导论部分主要介绍在日常生活批判领域、空间领域、节奏分析领域和城市研究方面有突出贡献的法国马克思主义的核心人物列斐伏尔，并阐述都市社会的内涵、特点和研究方法，在此基础上，阐明列斐伏尔"都市社会"文化批判思想的研究设计和研究框架。

第一节　列斐伏尔与"都市社会"

列斐伏尔涉猎的领域非常广泛，著述颇丰，对社会学、文学、马克思主义哲学、地理学等众多学科都有所影响，是西方学术史上值得重视的一位学者，他的"都市社会"概念的提出是他对历史及其发展过程独特理解的结果。

一　列斐伏尔简介

亨利·列斐伏尔（Henri Lefebvre，1901—1991）是法国著名的哲学家、经济学家、社会学家和美学理论家，是法国马克思主义的创始人，存在主义马克思主义者，西方马克思主义者，凭借其卓越的理论建树被称为"现代法国辩证法之父""日常生活批判理论之父""城市社会学理论的奠基人""都市马克思主义的开创者"和"空间转向的引领者"。他在西方现代思想史上占据着举足轻重的位置，被1985年美国出版的《新马克思主义人物传记辞典》称为20世纪法国马克思主义哲学上的中心人物之一。

在列斐伏尔富有传奇色彩的 90 年漫长人生中，先后参与或影响了法国马克思主义的创立、1968 年的法国"五月风暴"、后现代思想转向、城市化问题研究等众多重要的历史活动，并为世人留下了一笔丰厚的精神遗产，其中包括 60 多本著作和 300 余篇论文。他一生涉猎的领域非常广泛，包括马克思主义、美学、社会学、哲学、文学、城市学、地理学、空间理论、身体理论、大众文化等，因此在哲学辞典、美学辞典、文学辞典、政治学辞典和经济学辞典中都可以寻见他名字的踪迹。在他诸多的著作中，比较重要的有《辩证唯物主义》（1939）、《日常生活批判》（第一卷）（1947）、《日常生活批判》（第二卷）（1961）、《现代性导论》（1962）、《城市的权利》（1968）、《现代世界的日常生活》（1968）、《城市革命》（1970）、《马克思主义思想与城市》（1972）、《资本主义的幸存》（1973）、《空间的生产》（1974）、《论国家》（1976）、《日常生活批判》（第三卷）（1981）和《节奏分析：空间、时间和日常生活》（1992）等。

列斐伏尔自身研究的醒目特征是"不同声音、不同语域、不同对象组成的异质性"①。他像其他西方马克思主义者一样，也关注文化批判，但其视野并不仅仅局限在文化与政治领域。他《空间的生产》中的空间批判理论引发了学术界的空间转向，并且导致空间转向超越了两大讨论空间的传统学科地理学和社会学，在城市规划、都市研究、哲学、政治学、文学、建筑与文化等领域产生了重要影响。空间转向使得很多学者开始对空间性进行阐释，犹如解释人类生活和社会性一样。

列斐伏尔在空间研究领域的影响力是广泛的也是不可企及的，他虽然是凭借其日常生活批判思想赢得了理论界的认可，但是却是借由他的空间批判理论在学术界获得了广泛关注和赞誉。他的空间批判以富有原创性的精神和独特的理论视角对现代资本主义社会的空间进行了分析。

---

① ［英］本·海默尔：《日常生活与文化理论导论》，王志宏译，商务印书馆 2008 年版，第 190 页。

在分析中，他坚持运用理论与实践相结合的方法，对他所生活时代的空间进行了深刻阐释，表现出对社会发展的一种深度关怀和对人类命运的深切忧思，使马克思主义大放异彩。

二 都市社会

列斐伏尔作为都市马克思主义的奠基人，主要在于其将"都市"作为认识世界和改变世界的总问题，根据他的理解，都市即城市"大规模的重建，即在整个社会的规模上进行的重建"①，整个社会被卷入都市大规模扩张与重建的发展中，全部社会生活都受其影响，社会不断被重建。都市分析从表面上看是分析作为对象的城市的起源、变化与转型，尤其是资本主义的都市现象和空间逻辑，实则"都市"是列斐伏尔理解当今世界的一把钥匙。

列斐伏尔的《空间与政治》《都市革命》和《空间的生产》对都市社会研究贡献很大，他指出都市社会"是一种正在形成的现实，部分是真实的，部分是虚拟的，也就是说，都市社会还没有完成，它正在形成中。这种趋势已经得到了表现，但还处在发展中"②。都市社会与没有彻底城市化的城市社会相比，是一个大面积深层次城市化了的社会，是一个正在形成，在将来必定成为主导社会形态的社会。

马克思主义将社会划分为原始社会、奴隶社会、封建社会、资本主义社会、社会主义社会和共产主义社会五个众所周知的发展阶段，也曾提出社会发展可以分为人对人的依赖、人对物的依赖与人和人的自由联合三个阶段，马克思对社会发展阶段的划分主要从阶级关系、经济关系、人和物的关系三个方面切入，都市社会试图完善和细化这些理解，而不是要替代这些理解，都市社会是从城市和乡村关系角度划分社会发

---

① ［法］亨利·列斐伏尔：《空间与政治》，李春译，上海人民出版社2015年版，第54页。
② ［法］亨利·列斐伏尔：《空间与政治》，李春译，上海人民出版社2015年版，第51—52页。

展阶段的结果,即"农业时代、工业时代和都市时代"①。农业时代在社会生活中占据主导地位的是农业、农村和农民,城市不占主导地位;在工业时代城市和乡村并存,形成了二元结构的社会状态;在都市时代,城市占据主导地位的社会逐步形成,这个社会就是都市社会。

都市社会有三个显著特点:第一,都市社会形成了区别于传统社会的特有的都市政治,其中街头政治、景观政治、护栏政治和镜头政治尤为突出。街头政治与以往发生在工厂和工人中的工厂政治和工人政治不同,都市社会的抗议多体现在学生和少数社会群体等对街道的占领和街头的宣誓。景观政治指都市社会的景观隐含了人们的追求、特定的政治意识和价值理念。护栏政治以空间管控替代日常人们的活动管理。镜头政治指通过安置大量的镜头来进行社会秩序的管理;第二,聚集是都市社会经济发展的重要因素。人在一定空间内的高度密集可以给市场的形成和扩展制造条件,能够使资本大显神通,房地产在都市社会经济中占据重要地位,它是自然空间、社会空间和精神空间形成的基础,因为房地产的空间对象具有不可替代的特定性和唯一性,使它具有了空间垄断的特征,导致这种产品价格奇高,对产业和社会阶层的形成有重要影响;第三,都市社会文化特征丰富。不断发展变化中的都市社会文化具有大众文化和非精英文化的特征,有明显的消费属性,呈现出现代性和后现代性交织,但后现代性特征突出的发展趋势。②

都市的普遍化发展使都市不只扮演社会生活剧场与舞台的角色,也不只是社会生活的旁观者,而是积极参与到社会生活中,影响并塑造现代生活,进而带来社会生活的全面变革,其中有进步也有弊端,使现代都市生活充满悖论和矛盾,可以说"与社会的都市化相伴随的,就是都市生活的恶化"③。现代都市生活呈现出多重矛盾与悖论:复杂与单调、永恒与短暂、丰盛与贫乏、享受与压抑、进步与倒退、快乐与孤独等并

---

① [法]亨利·列斐伏尔:《空间与政治》,李春译,上海人民出版社2015年版,第52页。
② 强乃社:《国外都市马克思主义的几个问题》,《马克思主义与现实》2017年第1期。
③ [法]亨利·列斐伏尔:《空间与政治》,李春译,上海人民出版社2015年版,第101页。

存，社会生活在都市社会语境下面临着更多的风险与挑战。

面对都市社会的复杂情境，列斐伏尔提出了都市社会研究的三个要点：第一，采用总体性的思路。列斐伏尔认为任何一个具体的学科都无法涵盖都市社会，研究它需要一种总体的思路；第二，采用资本主义拓扑学方法。拓扑学是地方、场所研究之意，一般用于数学学科，后来被一些学者用来理解当代的社会和思想，在列斐伏尔看来，资本主义通过更新时空形成了一种特殊的拓扑学，因此，他以拓扑学研究一定时间中的空间特点以便区别不同的社会特点，比如空间在农业社会具有循环的和本土的特色，在工业社会具有同质性的特点，在都市社会空间差异性显著；第三，重视社会与空间的内在联系，在全局性的哲学视野中研究空间。城市和空间的关系是都市社会学研究的重点议题，空间是社会化的空间，社会是空间性的社会，人们面临彼此交织的多样化空间：地理的、经济的、生态的、政治的等，诸多的空间话语需要一种哲学的整体性空间透视，这种空间视野的哲学分析是具体的，而不是抽象的。[①]

列斐伏尔将"都市社会"视为农业社会和工业社会之后人类社会发展的一个新样态，"都市社会"思想揭示了他对人和历史及其发展过程的独特理解，他在批判资本主义城市现代化的过程中提出，都市社会必须在经济、政治和文化上进行变革，首先，摒弃资本逻辑，形成差异空间；其次，寻求空间正义，保障城市权利；最后，克服异化状态，走向总体的人，从而重新构造现代都市生活图景。他所描绘的都市社会图景对我国城市现代化建设的推进和城市社会的发展具有借鉴意义，能够帮助我们更好地审视现代都市生活，并思考未来都市生活的健康建构路径，从而实现人们对美好生活的期盼。

第二节 研究思路与意义

基于列斐伏尔国内外研究的现状，再结合社会发展的现实状况，研

[①] 强乃社：《列菲伏尔空间视野下的都市社会理论》，《学习与探索》2014年第8期。

究最后确定选题为：亨利·列斐伏尔"都市社会"文化批判思想研究，主要研究下列问题：1."都市社会"文化有什么特点？2."都市社会"文化发展对社会关系尤其是人的情感有什么影响？3."都市社会"文化如何推动人的情感治理？

研究遵循研读文献—梳理特点—反思评判—重构路径的研究思路。首先，通过研读文献，对列斐伏尔"都市社会"文化批判思想进行追根溯源，包括列斐伏尔的国内外研究现状、"都市社会"文化批判的理论基础以及逻辑起点；其次，通过阅读列斐伏尔的学术专著和论文，挖掘列斐伏尔"都市社会"文化批判思想的内涵，归纳总结出"都市社会"文化的重要特点；再次，反思"都市社会"文化对社会关系发展的影响，尤其对现代人情感的影响，采用辩证的方法进行批判分析；最后，借鉴列斐伏尔"都市社会"文化批判思想，提出中国"都市社会"文化健康发展的路径。

在研究的过程中，坚持把列斐伏尔"都市社会"文化批判放在马克思主义发展史的进程中研究，既坚持扎根现实的"问题式"研究，也坚持系统深入的"专题式"研究，把两者紧密结合起来，在对列斐伏尔"都市社会"文化批判思想进行评价和定位时，坚持马克思主义的立场和原则，力争客观准确，同时把"学术性"和"现实性"相结合，加强对中国城市化问题的现实观照，注重挖掘列斐伏尔"都市社会"文化批判思想的价值，特别是对中国"都市社会"文化建设的启示意义，把列斐伏尔的"都市社会"文化批判思想同中国化的马克思主义理论建设结合起来，实现二者的有机互动，形成有中国特色、中国风格、中国气派的文化理论体系，指导中国"都市社会"文化建设，进而彰显研究的价值和意义。

研究既具有理论意义，也具有现实意义，还具有创新意义。首先，理论意义。研究是对马克思主义城市理论的继承和发展，不仅丰富了国外马克思主义研究，证明了马克思主义的当代价值和意义，而且使我国的马克思主义研究获得一个重要的理论增长点，对于继续推进马克思主义中国化、时代化和大众化，继续发展21世纪马克思主义、继续创新当代中国马克思主义有着一定的启发意义，同时也为中国都市社会理论研究和建设提供了重要的理论参照范式。其次，现实意义。列斐伏尔的"都市社会"文化批判思想，是马克思对于当代资本主义新境况做出的回应，为我们全面认识当代资本主义的发展逻辑提供了参考，同时也为我们诊断中国城市问题提供了思考路径，借助列斐伏尔的资本批判视野，反观现时代的中国，有助于我们探索一种异质于资本逻辑主导下的整体生活方式为内核的"都市社会"文化发展路径，从而构建出具有中国特色、中国风格、中国气派的健康的"都市社会"文化。最后，创新意义。研究的创新之处体现在三个方面：第一，方法创新，从哲学、社会学、传播学、建筑学等多个学科领域进行多视角、多维度的跨学科探讨，确保研究深刻客观，且与都市社会发展现状相结合，突破纯理论研究的局限；第二，突破传统文化研究流派的研究范式，以日常生活批判、空间生产、空间消费和节奏分析为逻辑起点，对"都市社会"文化进行深度全面地分析；第三，不仅探讨"都市社会"文化的表征，而且关注"都市社会"文化对人类情感的影响，为情感治理提供借鉴方法。

第三节　研究目的与方法

研究以列斐伏尔"都市社会"文化批判思想为对象，主要达到以下目的，从整体上把握"都市社会"文化的特点，诊断"都市社会"文化的问题，挖掘"都市社会"文化的成因，解析"都市社会"文化的作用，研究"都市社会"文化对社会关系和人类情感的影响，探讨"都市社会"文化的正确发展方向，推动"都市社会"人的情感治理，使列斐伏尔的"都市社会"文化思想在研究和批判中不断开拓、自我更新，从而为我国构建健康的、有中国特色和中国风格的"都市社会"文化提供一定的参考借鉴。

为了实现研究目的，研究主要采用历史唯物主义方法、结构主义符号学方法和跨学科的方法。首先，采用历史唯物主义的方法，将列斐伏尔的"都市社会"文化批判思想放在历史发展的过程中考察，研究它的来龙去脉，中肯地评价其目前发展状况，探究它未来的发展方向；其次，采用结构主义符号学方法，结构主义符号学和列斐伏尔文化批判思想密不可分，运用结构主义符号学的方法，能够掌握列斐伏尔"都市社会"文化批判思想的内在线索；最后，使用跨学科和多种理论相结合的研究方法，突破单一的学科框架，引入符号学、社会学、美学、地理学、政治经济学等多种学科的研究手段、研究理论和研究成果，对"都市社会"文化展开研究，尤其是与消费社会和消费文化相关的重要理论，其中主要有"生产—消费"理论、"炫耀性消费"理论、"时尚消费"理论、"文化工业"批判理论、"消费社会学"理论、"符号消费"理论和"虚假需要"理论等，来探讨"都市社会"文化如何影响社会关系、人的情感、城市建设以及它运作的深层逻辑。

第四节 研究框架

研究由导论、正文和结论三大部分组成，其中正文部分包括六个章节，主要以日常生活批判、空间生产、空间消费和节奏分析为逻辑起点，研究了列斐伏尔"都市社会"文化批判思想，研究其对社会关系和人类情感的影响，蕴含的内在逻辑以及对中国"都市社会"文化建设的启示。

导论部分首先简要介绍了列斐伏尔和都市社会，并提出了研究要解决的主要问题，基于研究问题，阐述了研究思路和研究意义、研究目的和研究方法，最后说明了研究框架，呈现了论文的整体结构。

第一章对列斐伏尔的"都市社会"文化思想进行追根溯源，主要从国内外研究现状，理论基础和逻辑起点三个方面进行论述。综合国内外研究现状，发现从文化社会学角度对列斐伏尔进行的研究较少，此研究有创新价值。列斐伏尔"都市社会"文化批判思想的理论基础是消费主义、存在主义和景观社会，逻辑起点是日常生活批判、空间生产、空间消费和节奏分析。这章为接下来的研究奠定了坚实的基础。

第二章主要研究列斐伏尔"都市社会"日常生活文化批判，包括"都市社会"日常生活文化的无聊趋势，"都市社会"文化是消费再循环的产物和"都市社会"日常生活需要文化革命三个方面。研究发现文化不再是理想的延伸，而是人类欲望的延伸，导致人的主体性丧失，无聊弥漫于日常生活。

第三章主要研究列斐伏尔"都市社会"空间生产文化批判，空间成为一种生产资料，导致城市空间的价值诉求和审美取向都深受影响。重点想要说明空间生产在文化权力的运作和美学的协助下给城市建构带来的一系列影响，空间成为被操控的空间。

第四章主要研究列斐伏尔"都市社会"空间消费文化批判，空间成为一种可以被用来消费的商品，空间消费对日常生活和城市生态都有深刻的影响，空间消费在政治逻辑、符号逻辑和资本逻辑的推动下，使空间成为失控的空间。

第五章主要研究节奏分析下列斐伏尔"都市社会"文化批判，包括节奏是权力规训的重要模式，身体在节奏分析理论中的意蕴和超越线性节奏的策略三个方面，研究发现自然的循环节奏已经被都市社会的线性节奏所取代，线性节奏对自然、社会和情感进行规训和惩罚，仪式化的情感已经取代了情感化的仪式。

第六章对中国"都市社会"文化思想进行反思并提出健康的"都市社会"文化发展路径。我国"都市社会"文化存在空间转向下共同体衰落，加速社会情感结构异化和智媒时代日常生活虚假化的问题。我们可以通过建构场景、找寻失落的共同体；凝思生命，追求共鸣的社会关系和把人带回来，重建智媒时代的真实日常生活来建构健康的"都市社会"文化。

结论部分重点论述研究的主要发现。

小 结

列斐伏尔是一个既有思想深度，又有思想宽度的优秀学者，自身研究的显著特征是异质性，他根据时代发展变化，提出了"都市社会"的概念，认为"都市社会"虽然是一个尚未完成的趋势性状态，但将来必定会成为主导的社会形态。列斐伏尔"都市社会"文化批判思想研究是结合国内外研究现状和现实社会需要拟定的选题，重点研究"都市社会"文化的特点及其对社会关系和人类情感的影响，主要采用跨学科的方法进行研究，研究既有理论意义、现实意义，也有创新意义。

第一章
列斐伏尔"都市社会"文化批判思想溯源

本章首先梳理了列斐伏尔的国内外研究现状,说明了选题的缘由,然后论述了列斐伏尔"都市社会"文化批判思想的理论基础和逻辑起点,列斐伏尔的"都市社会"文化批判思想深受经典马克思主义者、西方马克思主义者以及一些西方社会学家的影响,其中消费主义、存在主义和景观社会是其批判的理论基础,尤其消费主义是其文化批判的理论起点和支柱,其文化批判主要围绕日常生活批判、空间生产、空间消费和节奏分析展开,这四个方面是其批判的逻辑起点。

第一节 列斐伏尔国内外研究现状

这部分主要从国外研究现状、国内研究现状梳理了列斐伏尔的相关文献,并且对现有文献进行了综述评价,指出列斐伏尔仍然有需要继续研究的空间,从而说明研究的必要性和创新性。

一 列斐伏尔国外研究现状

(一)著作

1. 译著

列斐伏尔最早被翻译成英文的译著是1968年由乔纳森(Jonathan)翻译的《辩证唯物主义》(1938年),这是列斐伏尔早期的一部著作。紧接着1969年阿尔弗雷德·埃伦费尔德(Alfred Ehrenfeld)翻译了列斐伏尔的一部著作《爆炸：马克思主义与法国革命》（1968年）。然后是1976年由弗朗克·布赖恩特（Frank Bryant）翻译的《资本主义的幸存》（1973年）。20世纪80年代有2本译著，分别是由诺伯特·古特曼（Norbert Guterman）于1982年翻译的《马克思的社会学》（1968年）和由萨夏·拉宾诺维奇（Sacha Rabinovitch）于1984年翻译的《现代世界中的日常生活》（1967年）。20世纪90年代有3本译著，一本是约翰·摩尔（John Moore）于1991年翻译的《日常生活批判》（第一卷）（1947年）、另一本是尼科尔森·史密斯（Nicholson-Smith）于1991年翻译的《空间的生产》（1974年）、最后一本是约翰·摩尔（John Moore）于1995年翻译的《现代性导论》（1962年）。2000—2010年，列斐伏尔的著作又相继有4本被翻译成了英文，分别是由约翰·摩尔（John Moore）于2002年翻译的《日常生活批判》（第二卷）（1962年）、罗伯特·波努努（Robert Bononno）于2003年翻译的《都市革命》（1970年）、斯图尔特·埃尔登和杰拉尔德·摩尔（Struart Elden & Gerald Moore）于2004年翻译的《节奏分析：空间、时间和日常生活》（1992年）以及格雷戈里·艾略特（Gregory Elliott）2005年翻译的《日常生活批判》（第三卷）（1981年）。2011年至今，列斐伏尔又有3本著作被翻译成英文，分别是2016年大卫·芬巴赫（David Fernbach）翻译的《元哲学》（1965年），同年罗伯特·波努努（Robert Bononno）翻译的《马克思主义思想与城市》（1972年），2020年大卫·芬巴赫翻译的《黑格尔—马克思—尼采，或阴影王国》（1975年），这是最新的一本英文译著。从20世纪60年代开始，每10年间被翻译过来的书的数量基本都在3本左右，其中约翰·摩尔翻译了3本列斐伏尔的著作，是翻译列斐伏尔作品最多的译者。威尔森出版社（Verso）共出版了4本列斐伏尔的译著，是出版列斐伏尔译著最多的出版社。

列斐伏尔一生的学术生涯可以分为3个阶段，第一阶段大约从20世纪20年代中后期到50年代，截止到《现代性导论》（1962年）出版之前，这一阶段列斐伏尔主要专注于对马克思主义的译介、阐释，并初步确立了日常生活批判理论。此阶段的代表作有《被神秘化的意识形

第一章　列斐伏尔"都市社会"文化批判思想溯源

态》《辩证唯物主义》和《日常生活批判》（第一卷），其中《辩证唯物主义》和《日常生活批判》（第一卷）都已经被翻译成英文。第二阶段大约从20世纪60年代初到20世纪70年代末，这一阶段以1968年的学生运动为界可以分为前后两个时期，1968年前，列斐伏尔专注于城市与日常生活批判的社会学研究，是其现代性思想确立的时期，这一时期的代表作有《现代性导论》《日常生活批判》（第二卷）《马克思的社会学》《城市的权力》和《现代世界中的日常生活》，这个时期的代表作都已经有了英译本，只不过《城市的权力》不是单独的英译本，而是收录在埃莱奥诺雷·考夫曼（Eleonore Kofman）和伊丽莎白·勒巴斯（Elizabeth Lebas）1996年编辑和翻译的列斐伏尔的《城市论文集》中。1968年后，列斐伏尔主要围绕空间、国家、都市和日常生活这些主题展开对资本主义的政治经济学批判，这一时期影响深远的著作是《空间的生产》，也已经有了英译本。第三阶段是从20世纪80年代初到列斐伏尔逝世的1991年，这一时期对日常生活的研究被重新提上了日程，代表作有《日常生活批判》（第三卷）和《节奏分析：空间、时间和日常生活》，这两本书的英译本分别于2004年和2005年出版。由此可见，列斐伏尔学术生涯三个时期的代表性作品都已经有了英译本，为了解他深刻的思想理路及其变迁奠定了基础，但是对于一生著述丰富的列斐伏尔来说，译介工作做得还远远不够，他的许多著作还没有英译本，说明英语世界对列斐伏尔的研究还不够深入，对其作品的译介工作还有待加强。

2. 研究列斐伏尔的著作

除了译著，英语国家也有一些很有影响的编著和专著，但是都出现在20世纪90年代以后，因为列斐伏尔虽然是一位重要的思想家，但在西方和中国都经历了被严重忽视和误解的阶段，本来在第二次世界大战后，列斐伏尔和萨特一样是备受关注的西方思想界的核心人物，但是经过了1968年法国"五月风暴"的事件后，尤其是随着20世纪70年代右翼思想的抬头，再加上列斐伏尔在20世纪70年代之前著作中的观点与新左派的主流观点相一致，因此他逐渐被排斥在法国知识分子的社会政治思想之外，他的观点也逐渐被英语世界忽略。

在20世纪60—70年代，英语世界一些著作中对列斐伏尔的研究大都是简略介绍，一带而过，其中有1966年乔治·李希特海姆（George Lichtheim）著的《现代法国的马克思主义》、1974年罗纳德·蒂尔斯基（Ronald Tiersky）著的《现代法国的马克思主义》、1975年理查德·戈宾（R. Gombin）著的《现代左派的起源》。在这一时期，1975年马克·波斯特（M. Poster）所著的《战后法国存在主义的马克思主义》可谓是英语学术界研究列斐伏尔最为系统深刻的一部著作，但遗憾的是，列斐伏尔在这本书中之所以能被放在中心位置来讨论只是为了更好地陪衬萨特。①

20世纪80年代，英语世界有关列斐伏尔研究的著作数量明显增加，但1980—1984年涉及列斐伏尔的著作，对他的介绍和20世纪60—70年代相似，都是简要介绍，这其中包括1980年伊·库兹韦尔（E. Kurzweil）著的《结构主义时代：从莱维—斯特劳斯到福科》、1982年A. 赫什（A. Hirsh）著的《法国左派上的历史概览》、1982年迈克尔·凯利（Michael Kelly）著的《现代法国马克思主义》和1984年马丁·杰伊（M. Jay）著的《马克思主义与总体性》。但是从1985年开始，英语世界对列斐伏尔的研究则明显加重，值得一提的著作有1985年马克·戈特迪纳（M. Gottdiener）著的《城市空间的社会生产》、1986年托尼·朱迪（Tony Judt）著的《马克思主义与法国左派：法国1830—1981年劳动与政治问题研究》、1989年G. 马库斯（G. Marcus）著的《口红印》和同年苏贾（Soja）著的《后现代地理学——重申批判社会理论中的空间》，尤其是苏贾的《后现代地理学——重申批判社会理论中的空间》，给予了列斐伏尔很高的评价。他认为人们对于空间、时间、存在、地理、历史以及历史的创造、社会关系的建立和实践意识的看法都随着列斐伏尔对于空间问题的讨论而改变。因此随着哲学、地理学、社会学、心理学等学科在20世纪中期以后不同程度的空间化倾向，列斐伏尔必将越发受到重视。

---

① 刘怀玉：《现代性的平庸与神奇：列斐伏尔日常生活批判哲学的文本学解读》，中央编译出版社2006年版，第4—5页。

第一章 列斐伏尔"都市社会"文化批判思想溯源

20世纪90年代以来，对列斐伏尔的研究重新受到重视，质量和数量均有逐年增加的趋势，即使这一阶段只是在一些著作中涉及列斐伏尔，但也为深入研究列斐伏尔奠定了基础。值得一提的有1992年艾拉·卡茨纳尔逊（Ira Katznelson）著的《马克思主义与城市》、1994年D. 格雷戈里（D. Gregory）著的《地理学的想象》、1996年苏贾著的《第三空间：去往洛杉矶和其他真实和想象地方的旅程》、2000年迈克尔·J. 迪尔（Michael J. Dear）著的《后现代都市状况》、2000年迈克尔·E. 伽丁纳（Michael E. Gardiner）著的《日常生活批判》、2000年巴德·伯克哈德（Bud Burkhard）著的《两次世界大战之间的法国马克思主义：亨利·列斐伏尔和"哲学家小组"》、2002年本·海默尔（Ben Highmore）著的《日常生活与文化理论导论》、2003年布鲁斯·鲍夫（Bruce Baugh）著的《法国黑格尔：从超现实主义到后现代主义》和2005年亚瑟·阿萨·伯格（Arthur Asa Berger）著的《理解媒介：媒介与文化研究的关键文本》。其中1996年苏贾著的《第三空间：去往洛杉矶和其他真实和想象地方的旅程》尤其值得一提，在本书的第1章"亨利·列斐伏尔不平凡的旅程"中，作者从对列斐伏尔丰富多彩的生平介绍中挖掘出他最富有洞见的空间观点，第2章"空间性的三元辩证法"中，作者则用一种新的方法阅读了《空间的生产》，可以说，这本书渗透了列斐伏尔的思想，诚如本书作者所言，"……源出列斐伏尔创造性空间意识的这些观念概括和其他东西，浸润了《第三空间》的每一个章节。"① 另外一本值得关注的书是2000年迈克尔·E. 伽丁纳（Michael E. Gardiner）著的《日常生活批判》，在这本书的第4章《列斐伏尔：日常的哲学家》中，伽丁纳以列斐伏尔前期的著作《日常生活批判》（第一卷）和中期的著作《现代世界中的日常生活》为文本基础，对比分析了列斐伏尔前中期日常生活批判之间的区别。在《日常生活批判》（第一卷）中，列斐伏尔对日常生活持一种哲学化和乐观化的立场。而在《现代世界中的日常生活》中，列斐伏尔对日常生活的分析更加微观、态度也更加悲观，

---

① ［美］Edward W. Soja：《第三空间：去往洛杉矶和其他真实和想象地方的旅程》，陆扬等译，上海教育出版社2005年版，第9页。

认为现代社会的日常生活已经成为资本主义统治与竞争的主战场，已经被技术理性、市场交换所入侵，已经被符号化、殖民化、体制化、抽象化、功能化和匿名化。只通过经济的、政治的或者文化的革命已经不可能使社会获得解放，社会要想解放，必须通过总体性的革命。

此外，从20世纪90年代以后，还出现了专门研究列斐伏尔的著作，而且增长速度较快。20世纪90年代有3本，分别是1993年B.戈朗隆（B. Gronlund）著的《列斐伏尔的空间本体论转变》、1996年埃莱奥诺雷·考夫曼（Eleonore Kofman）等编著的《城市论文集》和1999年罗伯·希尔兹（Rob Shields）的《列斐伏尔、爱与斗争：空间的辩证法》；到了2000—2010年，有关列斐伏尔的专著和论文集就增加到了6本，分别是2003年斯图亚特·埃尔登（Stuart Elden）等编著的《亨利·列斐伏尔：重要论文集》、2004年斯图亚特·埃尔登（Stuart Elden）的《理解亨利·列斐伏尔：理论与可能》、2006年安迪·梅里菲尔德（Andy Merrifield）的《亨利·列斐伏尔：批判性导读》、2008年卡尼什卡·古纳瓦德纳（Kanishka Goonewardena）等编著的《空间、差异、日常生活——阅读列斐伏尔》、2009年尼尔·布伦纳（Neil Brenner）等编著的《国家、空间、世界：论文选集》和2009年伊莱扎·贝尔图佐（Elisa T. Bertuzzo）著的《碎片化的达卡：运用亨利·列斐伏尔的空间生产理论分析日常生活》；而从2011年到现在，又有13本研究列斐伏尔的书籍问世，分别是2011年本杰明·弗雷泽（Benjamin Fraser）的《亨利·列斐伏尔和西班牙的城市体验：阅读流动的城市》、2011年卢卡斯·斯坦内克（Lukasz Stanek）的《亨利·列斐伏尔的空间论：建筑、城市研究和理论的生产》、2012年克里斯·巴特勒（Chris Butler）的《亨利·列斐伏尔：空间的政治、日常生活和城市的权力》、2014年苏·米德尔顿（Sue Middleton）的《亨利·列斐伏尔和教育：空间、历史、理论》、2014年库尔辛·埃尔迪·勒朗代斯（Culcin Erdi-Lelandais）的《理解城市：亨利·列斐伏尔和城市研究》、2014年卢卡斯·斯坦内克（Lukasz Stanek）的《目前的城市革命：亨利·列斐伏尔的社会研究与建筑领域的亨利·列斐伏尔》、2014年卢卡斯·斯坦内克（Lukasz

第一章 列斐伏尔"都市社会"文化批判思想溯源

Stanek)编著的《走向一种享受的建筑》、2015年本杰明·弗雷泽（Benjamin Fraser）的《走向城市文化研究：亨利·列斐伏尔和人文学科》、2015年纳撒尼尔·科尔曼（Nathaniel Coleman）的《建筑师解读列斐伏尔》、2018年戴尔·凯伦（Dale Karen）等的《组织空间与超越：亨利·列斐伏尔对组织研究的意义》、2019年莱里—奥温（Learly-Owhin）等编的《亨利·列斐伏尔的劳特利奇手册：城市与城市社会学》、2020年弗朗西斯科·比亚吉（Francesco Biagi）的《亨利·列斐伏尔的空间批判理论》、2023年的朱利安·罗奇（Julian Roche）的《马克思主义与房地产开发》，基本每年都有研究列斐伏尔的著作出版，并且在2014年出现了一个研究的小高潮。

不可否认，20世纪90年代以后的这些著作为进一步了解列斐伏尔的思想奠定了基础，但是，也存在着研究主题较为集中的现象。空间是贯穿这些著作的主线，尤其是2010年前的研究，不管是从空间本体论来说空间的1993年的《列斐伏尔的空间本体论转变》、还是收录了空间批判文章的1996年的《城市论文集》、1999年的《列斐伏尔、爱与斗争：空间的辩证法》、2003年的《亨利·列斐伏尔：重要论文集》、2004年的《理解亨利·列斐伏尔：理论与可能》、2006年的《亨利·列斐伏尔：批判性导读》、2008年的《空间、差异、日常生活——阅读列斐伏尔》和2009年的《国家、空间、世界：论文选集》、抑或是以空间生产理论为理论框架的2009年的《碎片化的达卡：运用亨利·列斐伏尔的空间生产理论分析日常生活》。以至于形成了在那个时期相比较法语世界着重从城市社会学来研究列斐伏尔，英语世界则更侧重从空间理论来研究列斐伏尔的倾向，自然也就造成了《城市的权力》一书在法语世界比较盛行，而《空间的生产》一书在英语世界较受瞩目。但是2010年以后，情况有所改变：虽然空间仍是主线，但是主题开始倾向于城市社会学方面。比如2011年的《亨利·列斐伏尔和西班牙的城市体验：阅读流动的城市》《亨利·列斐伏尔的空间论：建筑、城市研究和理论的生产》；2012年的《亨利·列斐伏尔：空间的政治、日常生活和城市的权力》；2014年的《理解城市：亨利·列斐伏尔和城市研究》《目前的城市革命：社会研究与建筑领域的亨利·列斐伏尔》《走向一种享受的建筑》；2015年的《走向城市文化研究：亨利·列斐伏尔和人文学科》；2019年的《亨利·列斐伏尔的劳特利奇手册：城市与城市社会学》。并且2014年的《亨利·列斐伏尔和教育：空间、历史、理论》这本书的选题尤其引人注目，虽然与空间有关，但又超越了传统空间研究的视角，这本书选择有英语译本的列斐伏尔的一些著作比如《爆炸：马克思主义与法国革命》《空间的生产》《节奏分析：空间、时间和日常生活》《日常生活批判》3卷本以及一些关于城市、马克思主义、技术和官僚的国家等一些论文为研究对象，进行教育方面的解读，在研究中发现，列斐伏尔对教育充满兴趣，他批判了官僚化的学校、他设计了研究教育现象的分析性概念并提出自己的教育方法。这本书展示了列斐伏尔概念和方法论上的工具如何能够促进对教育哲学和理论中时空的理解，进而弥补学科的差异。这本书不管是对于研究教育哲学、教育社会学和教育史的研究者还是对于从事非教育领域比如地理学、历史学、文化研究和社会学的研究者，都有重要的参考价值，2023年的《马克思主义与房地产开发》则研究了列斐伏尔思想与房地产开发的关系，角度比较新颖。

  从著作来看，2000年前，聚焦于日常生活批判，比如马克·波斯特研究了日常生活批判理论的来源、伯克哈德研究了日常生活批判理论的形成、希尔兹研究了列斐伏尔关于日常生活概念的内涵和特征，并且和伽丁纳一样，讨论了列斐伏尔日常生活理论的前后变化和差异，只不过希尔兹依赖的文本是列斐伏尔早期的著作《被神秘化的意识形态》和《日常生活批判》3卷本，而伽丁纳则基于《日常生活批判》（第一卷）和《现代世界中的日常生活》来进行分析研究。而在2000年到2010年，著作研究的聚焦点是空间理论。到了2010年后，则更多倾向于城市社会学的研究，且呈现出多角度的研究趋势。总之，在英语世界，从著作方面来看，对于列斐伏尔的研究逐渐重视，呈现出质量和数量逐步上升的趋势。

第一章 列斐伏尔"都市社会"文化批判思想溯源

（二）论文

1. 期刊论文

英语世界目前能查到的最早的文章是两篇关于列斐伏尔的书评，分别是亚历山大·戴尔菲尼（Alexander Delfini）1969 年刊载在《Telos：当代批评理论》（*Telos：Critical Theory of the Contemporary*）第 2 卷第 1 期上的关于列斐伏尔著作《爆炸：马克思主义与法国革命》的书评和 1969 年西德尼·胡克（Sidney Hook）刊载在《美国历史评论》（*The American Historical Review*）第 75 卷第 1 期上的关于列斐伏尔著作《马克思主义社会学》的书评。

20 世纪 60—70 年代，英语世界有关列斐伏尔的研究以书评为主。其中值得一提的研究性文章是伊德·罗斯（Ed Rose）发表在 1978 年《人事关系》（*Human Relations*）杂志第 31 卷第 7 期上的《全面的自我管理：列斐伏尔的地位》，列斐伏尔把全面的自我管理定义为社会生活总体性的一种教育法，这个概念涉及不同的社会、政治和文化语境，表明理论和实践、结构和过程的不断融合。

20 世纪 80 年代，对列斐伏尔的研究，以访谈性文章居多，比如萨顿尼汝朱·A.（Santonirugiu A.）、蒙福特·M.（Monforte M.）、特雷比奇·M.（Trebitsch M.）、比热尔·G. 等（Burgel G. et al.）、拉乔德·Jm.（Lachaud Jm.）和莫尔狄克·D.（Moerdijk D.）都对列斐伏尔做过采访，在这期间，比较重要的一篇文章是苏贾 1980 年发表在《美国地理学家协会年鉴》（*Annals of the American Association of Geographers*）上的《社会空间的辩证法》，他的这篇文章打破了在马克思主义空间分析中把批判性空间分析发展扼杀在摇篮中的僵化的传统做法，引入重新开启争论的社会空间辩证法，呼吁在马克思主义的分析中要融合社会空间分析。主要基于列斐伏尔和曼德尔的思想，把空间问题放在城市和区域经济的语境中进行确认和讨论，认为空间问题虽然不能代替阶级分析，但显而易见在当代资本主义制度下，它在阶级意识和阶级斗争中的地位越来越突出，是很重要的一部分。空间不是远离意识形态和政治的科学对象，它是政治的，也是意识形态的，是充满意识形态的产物。

对列斐伏尔的介绍，20世纪90年代初期仍然以采访、介绍生平的文章和书评为主流，但到了20世纪90年代中期以后，对列斐伏尔的研究性文章逐步增多，这和20世纪90年代英语世界对列斐伏尔著作的翻译不无关系，因为在1991年，列斐伏尔的两部里程碑式的著作《日常生活批判》（第一卷）和《空间的生产》被翻译成英语，1995年，另外一部重要的著作《现代性导论》也有了英译本，这为列斐伏尔研究的升温提供了条件。且在20世纪90年代，有3篇文章成为后期研究列斐伏尔的高被引论文，分别是安德鲁·梅里菲尔德（Andrew Merrifield）1993年发表在《英国地理学会会刊》（*Transactions of the Institute of British Geographers*）第18卷第4期上的《地方与空间：列斐伏尔的调和》，这篇文章主要讲解列斐伏尔的空间辩证法对于协调空间和地点的关系、克服资本主义空间的二元对立有很大的帮助作用；第二篇是尼尔·布伦纳（Neil Brenner）1997年发表在《政治地理学》（*Political Geography*）第16卷第4期上的《国家区域重组和空间尺度的生产：从1960—1990年德意志联邦共和国都市与区域规划》，在这篇文章中，基于列斐伏尔的状态矢量空间（state space）理论，对现代单一民族国家的空间维度进行了扼要的理论讨论，但主要目标是探索并具体化列斐伏尔关于资本主义国家不断地进行空间生产的观点；第三篇文章是尤金·J.麦卡恩（Eugene J. McCann）1999年发表在《对立面》（*Antipode*）第31卷第2期上的《人种、抗议和公共空间：将列斐伏尔置于美国城市中的研究》，这篇文章认为，当把列斐伏尔的理论框架从一个语境移植到另一个语境时，必须认真地考虑。比如当应用到像美国这样的地方时，必须考虑到与其相关的重大的社会空间进程，尤其是人种问题。把列斐伏尔的理论放在一定的语境下来理解，有助于我们理解在城市化地理学重组过程中种族表征空间扮演的角色。这篇文章结论中强调在理解列斐伏尔空间的过程中身体的角色，同时认为他的城市的权力和差异的权力这两个概念为草根阶层发展反种族主义的公共空间提供了希望。这三篇文章共同涉及的都是空间问题，说明列斐伏尔的空间问题从20世纪90年代开始已经受到了英语世界研究者们的关注。

第一章 列斐伏尔"都市社会"文化批判思想溯源

2000年到2009年间，对于列斐伏尔的研究，无论是数量还是质量都有所上升，不再局限于简单的生平介绍和采访。虽然空间依然是研究的主线，但是空间问题的研究开始向纵深发展，视野更加开阔，不只限于空间生产的研究，还把空间与运动的关系、空间与同性恋的关系、空间与宗教的关系、空间与性服务者之间的关系、空间与女子监狱的卫生保健问题、文学中的空间问题和空间与教育的关系都纳入了研究的视野。比如在探讨空间与运动的关系的文章中，超越地方的视野来讨论空间问题，更好地表明身份与生产和表达身份的空间的关系，重点讨论了在运动社会学空间转向和列斐伏尔的著作框架下来看，性别、性征和人种之间在社会空间中的妥协和斗争的方式。在空间与同性恋关系方面，利用列斐伏尔的三元空间辩证法，调查了新加坡同性恋的社会空间表现。在讨论空间与宗教关系的文章中，则在社会学科整体空间转向下，重点讨论了空间理论对于宗教研究的贡献。且在这个时期的研究中，在关注空间的同时，更关注其中隐蔽的意识形态问题。其中，2007年马克·特德沃·琼斯（Mark Tewdwr-Jones）发表在《规划理论与实践》（*Planning Theory and Practice*）第8卷第1期上的文章《电影、空间和地方认同：城市规划的反思》就是典型代表之一，这篇文章认为以列斐伏尔为代表的社会科学的空间转向有助于我们理解权力和惩罚怎么铭刻在看起来无辜的社会生活的空间中，人类地理是如何充满政治和意识形态的。这个理解也帮助我们阐释特定文化和地理中的空间概念，且电影是可以传播这个理解的最佳途径。还有戴维斯·马特和尼曼·迈克尔（Davies Matt and Niemann Michael）2002年发表在《新政治科学》（*New Political Science*）第24卷第4期上的《全球政治的日常生活空间：工作、休闲、家庭》也比较有代表性，这篇文章利用列斐伏尔的著作，探讨了日常生活中异化以及作为结果的全球政治现实神秘化的问题，且从专家和政治家的视角看，认为工作、休闲和家庭能够克服神秘化并且国际关系是能够被重新改造的重要领域。除了空间这条主线的研究，这期间有一篇视角新颖的文章值得一提，这就是简森·安德烈（Jansson Andre）2007年在《欧洲文化研究期刊》（*European Journal of Cultural*

Studies）第 10 卷第 2 期上发表的文章《结构：交际地理学的一个重要概念》，这篇文章基于列斐伏尔的结构（texture）说来研究问题，认为结构分析有超越传播二元论和交际传统观点的可能，在重大的交际地理学中也应该认真考虑，从而为更加全面地研究列斐伏尔提供了视角。且在这期间，有关城市权力和节奏分析的研究有所显现。

从 2010 年到现在为止，对于列斐伏尔的研究，不管数量还是质量依然呈上升趋势，空间也依然是研究的主题，但是与 2000—2009 年不同的是，除了空间研究，城市研究也成了这几年研究的一条主线，此外，节奏研究和空间与教育的研究也凸显出来，研究的跨学科倾向明显。从整体来看，自 2010 年以来，微观的研究增多，罗兰·布尔（Roland Boer）2010 年刊登在《宗教学术研究杂志》（*Journal for the Academic Study of Religion*）第 23 卷第 1 期上的《邓戈格：一座乡村教堂的空间生产》，这篇文章用列斐伏尔的空间实践、空间表征和表征空间这个实现了社会性、历史性和空间性三重合一的空间辩证法研究了一个乡村教堂，从而呈现了一个研究乡村小镇宗教动力学被忽略的方式；帕金·斯蒂芬（Parkin Stephen）2011 年刊载在《健康的地方》（*Health Place*）第 17 卷第 3 期上的《公共场所注射毒品和高层建筑中有害实践的社会生产：基于列斐伏尔的一项分析》，这篇文章则基于列斐伏尔的空间实践、空间表征和表征空间分析了注射毒品和空间的关系；迪尔德丽·康伦（Deirdre Conlon）2011 年发表在《人口、空间和地方》（*Population, Space and Place*）第 17 卷第 6 期上的《破碎的马赛克：难民和寻求庇护女性的日常遭遇》这篇文章用定性研究的方法，从列斐伏尔关于日常生活观点的视角出发，研究了难民和寻求庇护的女性，从而说明列斐伏尔的观点在理解跨国移民复杂的社会性和物质性时的重要价值；约瑟夫·坎宁安（Joseph Cunningham）2016 年发表在《高等教育营销杂志》（*Journal of Marketing for Higher Education*）第 26 卷第 2 期上的《大学中消费者空间的生产》这篇文章则以列斐伏尔的空间理论为框架，分析了大学里消费空间如何被生产以及这些空间从物质和意识形态两个方面对学生产生的影响。近几年的研究除了继续对列斐伏尔空间理论的深挖，

第一章 列斐伏尔"都市社会"文化批判思想溯源

还有了一些比较新颖的角度，2019 年克里斯蒂安·福克斯（Christian Fuchs）发表在《通讯理论》（*Communication Theory*）第 29 卷第 2 期上的《亨利·列斐伏尔的空间生产理论与传播批判理论》探讨了列斐伏尔的人本主义马克思主义如何为批判性传播理论奠定基础；2023 年克劳迪奥·斯马利·苏亚雷斯·佩雷拉（Pereira Claudio Smalley Soares）发表在《人文地理对话》（*Dialogues in Human Geography*）上的《亨利·列斐伏尔政治和革命计划中的"空间革命"、自我觉醒和对自然的占有》分析了亨利·列斐伏尔作品中社会与自然关系，认为空间政治与自然政治是分不开的，在"空间革命"的背景下，自我觉醒是构建一个"改变生活"的革命性项目的基础。

总体看来，国外期刊研究在近些年呈现出微观研究增多、跨学科研究比较明显的特点，列斐伏尔传播学批判思想和生态马克思主义思想等新的研究视角不断涌现，研究涉及社会科学、历史和地理、文学、艺术和娱乐、科技、语言、哲学和心理学、宗教自然科学等多个学科领域，但研究重点集中在文学、社会学和城市研究三个学科领域。

2. 学位论文

在学位论文方面，质量和数量同译著、著作和期刊论文一样，呈现出上升的趋势，但仍然比较薄弱。也就是说，研究列斐伏尔的学位论文的现状并不乐观，从目前掌握的资料看，最早一篇涉及列斐伏尔的学位论文是 1981 年纽约城市大学斯内德克·乔治（Snedeker George）的博士学位论文《西方马克思主义的局限：二战以来社会本体论的批判》，这篇论文只是把列斐伏尔作为研究西方马克思的代表之一来研究，而不是专门研究列斐伏尔的。到了 20 世纪 90 年代，可能因为在 1991 年，他的两部代表性作品《日常生活批判》（第一卷）和《空间的生产》被翻译成英语，所以加快了英语世界对列斐伏尔的研究步伐，此后基本每年都有列斐伏尔的研究，但数量不多，且大部分都是以列斐伏尔的空间思想为理论框架来开展研究。专门以列斐伏尔为研究对象的论文目前能查到的有 7 篇，研究的主题分别是空间生产问题、城市问题、空间与法律的问题以及列斐伏尔建筑学方面的思想。由此可见，对于列斐伏尔丰

· 23 ·

富的思想,仍需要展开更加深入、更加广泛的研究。

总之,不管是期刊论文还是学位论文,虽然研究的数量和质量都呈现着上升的趋势,但也存在着研究主题过于集中的现象,基本都是围绕空间问题展开,尤其是很多文章都用列斐伏尔的空间三元辩证法为理论框架来分析问题。期刊论文整体研究水平远远高于学位论文,期刊论文在近几年对列斐伏尔节奏分析、空间与教育的研究明显增多,但是学位论文还没有这方面的研究,研究略显滞后。

二 列斐伏尔国内研究现状

(一) 著作

1. 译著

国内早在 1957 年就已经有了列斐伏尔的译著,是由朝花美术出版社出版,杨成寅、姚岳山翻译的列斐伏尔写于 1953 年的《美学概论》,他的这本书在国际上并没有太大影响,即使在中国有了译本,也常常被忽略。这本书试图建构新的人本主义美学原理框架,总体上丰富和改造了马克思主义美学。在本书中,列斐伏尔推崇柏拉图和狄德罗,批驳康德和黑格尔,反对资本主义异化,追求人道主义理想,显示出他对日常生活和哲学美学的关注。1965 年,作家出版社出版了由现代文艺理论译丛编辑部编译的《列斐伏尔文艺论文选》,列斐伏尔虽然主要成就在哲学方面,但是在文艺理论方面也有不菲的成绩,其中比较有代表性的有《美学概论》《狄德罗论》《缪塞论》和《拉伯雷论》,本书选译了《狄德罗论》的第 3 章、《美学概论》的第 2 章到第 5 章、《缪塞论》的第 1 章和第 2 章以及《拉伯雷论》的第 2 章和第 5 章等重要章节,此外还有列斐伏尔 3 篇重要的文章,分别是"向着革命浪漫主义前进""魔鬼变形记"和"论'现代化'的一封信"。1966 年,生活·读书·新知三联书店出版了李元明译的《马克思主义的当前问题》,在这本书中,列斐伏尔认为马克思主义哲学产生于个人追求全面发展的基本愿望和追求自由中,所以对束缚个人的任何异化进行艰苦不懈的斗争以便实现人道主义就成了哲学和哲学家的终极任务。这本译著出版 19 年后的

第一章 列斐伏尔"都市社会"文化批判思想溯源

1985年,才又出现了第4本中文译著,这就是由商务印书馆出版、张本翻译的列斐伏尔的《狄德罗的思想和著作》,列斐伏尔首先简单地介绍了狄德罗思想和著作产生的历史条件后,随后重点介绍了狄德罗的哲学、科学、美学、伦理学和政治学思想,他在分析历史和历史人物时,力图采用马克思主义的方法,在全面分析了狄德罗的思想后,充分肯定了狄德罗的历史地位。紧接着,1988年由李青宜等翻译、重庆出版社出版的《论国家——从黑格尔到斯大林和毛泽东》问世,这本书首先回顾了国家的发展史,接着分析了研究国家问题的方法,主体部分重点论述了关于国家的"马克思主义的"理论,当然,本书所探讨的除了国家问题,列斐伏尔的全部的社会政治观点几乎都有所涉及。

1988年后,经过20年的沉寂,在2008年,由李春翻译、上海人民出版社出版的《空间与政治》问世,这本书收录了"空间""对空间政治的反思""城邑与都市""恩格斯与乌托邦""后技术社会机制""资产阶级与空间""工人阶级与空间"共七篇文章,是列斐伏尔在1968年后的几年里对城邑、都市和空间的问题构成的思考成果,阐述了空间概念和空间模型,强调了空间的政治维度。2013年谢永康、毛林林翻译的《马克思的社会学》由北京师范大学出版社出版,这本书在列斐伏尔丰富的著述中不算起眼,篇幅不算很长,虽然不能系统地呈现列斐伏尔独特的理论贡献,但就马克思研究而言却有着特别的意义。可以说列斐伏尔解释马克思的独特的社会学进路虽然在本书中没有得到系统的展开,但其已经被呈现出来,其与卢卡奇、阿多诺等社会批判理论的不同的可能性空间从中便可窥见一斑。2018年,列斐伏尔三卷本的《日常生活批判》被叶齐茂和倪晓辉翻译成中文,并由社会科学文献出版社出版,同年由刘怀玉、张笑夷、郑劲超翻译的《都市革命》也被首都师范大学出版社出版,为国内列斐伏尔的深入研究提供了条件。2021年商务印书馆出版了刘怀玉等译的《空间的生产》,这本书和本雅明的《拱廊街计划》、葛兰西的《狱中札记》,阿多诺、霍克海默的《启蒙辩证法》与《否定辩证法》一起被称为西方马克思主义的五大天书。① 这

---

① [法]亨利·列斐伏尔:《空间的生产》,刘怀玉等译,商务印书馆2021年版,第ii页。

本书阐述了"三元空间辩证法""社会空间""空间生产""空间消费"等重要概念，是研究空间理论绕不过去的著作。最新的一本译著是2024年1月上海社会科学院出版社发行，米兰翻译的《资本主义幸存：生产关系的再生产》，这本书解释了资本主义何以幸存，重点聚焦生产关系再生产理论，是这位社会学家和哲学家具有经济学色彩的著作。

中国对其思想著作的翻译有断裂的情况，20世纪50—60年代是小高峰，翻译了3本书，其后有接近20年的空档，在20世纪80年代才又有两本译著出现，自此以后，直到20年以后的21世纪才又有了关于列斐伏尔的新译著，尤其是从2018年到2024年，列斐伏尔的几部重要作品都有了中文译著，并且不仅列斐伏尔的专著被译为中文，由英国纳撒尼尔·科尔曼撰写的研究他的英文专著《建筑师解读列斐伏尔》也在2021年被林溪和林源翻译成中文，并由中国建筑工业出版社出版，这说明列斐伏尔的研究在国内越来越受到重视。到目前为止，虽然列斐伏尔的著作已经陆续被翻译成中文，但对于一生有60多本著作、300多篇文章的列斐伏尔来说还略显不足，翻译还需要继续加强，尤其与他"都市社会"文化批判思想关系密切的两部作品《现代世界中的日常生活》（1968）和《节奏分析》（1992）直到目前还没有中译本。

2. 研究列斐伏尔的著作

通过对研究列斐伏尔著作的梳理，可以看出，列斐伏尔在国内的研究并不像其他法国大家如萨特、福柯、德里达那样如火如荼，甚至无法与阿尔都塞、鲍德里亚并驾齐驱，具有研究发展慢，成果不够丰富的特点。但令人欣慰的是，对其研究呈现出逐年增长的趋势，就著作的数量分布来看，20世纪50年代只有1本有关列斐伏尔的书，20世纪80年代大概有9本书中涉及列斐伏尔，20世纪90年代有11本书涉及，到2000—2010年有20本书涉及，并且在这期间出现了研究列斐伏尔的第一部专著，从2011年到现在，有70本书涉及列斐伏尔，进一步证明了国内越来越重视列斐伏尔的研究。其中第一本有列斐伏尔出现的书籍是1957年"学习译丛"编辑部编译的《美学与文艺问题论文集》其中收录了列斐伏尔的文章"马克思恩格斯论美学"，其实是列斐伏尔的专著

第一章　列斐伏尔"都市社会"文化批判思想溯源

《美学概论》中的第 2 章；第一本由国内介绍列斐伏尔，而不只是译介列斐伏尔文章的书是 1980 年人民出版社出版、徐崇温著的《保卫唯物辩证法》，在这本书中，大概有一页多对于列斐伏尔的介绍；而最新涉及研究列斐伏尔的著作是 2023 年陈忠著、由上海社会科学院出版社出版的《空间与城市哲学研究》，此书评价了列斐伏尔、芒福德、雅各布斯等人在空间哲学、城市学及其分支学科的研究成果。

到目前为止，研究列斐伏尔的专著只有 7 本，分别是刘怀玉的《现代性的平庸与神奇：列斐伏尔日常生活批判哲学的文本学解读》（2006）、吴宁的《日常生活批判——列斐伏尔哲学思想研究》（2007）、张笑夷的《列菲伏尔空间批判理论研究》（2014）、孙全胜的《列斐伏尔"空间生产"的理论形态研究》（2017）、武胜男的《列斐伏尔日常生活审美化思想研究》（2018）、鲁宝的《空间生产的知识：列斐伏尔晚期思想研究》（2021）、关巍的《列斐伏尔日常生活批判理论研究》（2024），并且在列斐伏尔逝世 15 年后的 2006 年才出现了研究他的第一本专著，这与列斐伏尔庞大的学术体系和重要的学术地位不相匹配。其他涉及列斐伏尔的著作虽然目前能查到的有 108 本，但与列斐伏尔一生的 60 多本专著相比，还是略显不足，并且在这些著作中，还有很多是教材、辞典，每本著作中只是某一章或者某一节对其进行概述性的介绍，且在选编的过程中有重复的现象，比如对空间政治的反思，就分别出现在了李春翻译的专著《空间与政治》（第二版）、包亚明主编的《现代性与空间的生产》与薛毅主编的《西方都市文化研究读本》中。

此外，对研究列斐伏尔著作的内容进行梳理后发现，20 世纪 80 年代涉及列斐伏尔的著作，有 5 本都是收录的列斐伏尔著作翻译的部分章节，研究也主要关注其生平介绍，对马克思主义教条主义、马克思主义辩证法和马克思异化理论的批驳与发展，他的哲学方法论的总体性原则、总体的人的思想和日常生活批判；20 世纪 90 年代的研究主题与 20 世纪 80 年代极其相似，对马克思主义教条主义、马克思主义辩证法仍然关注，并且异化理论和日常生活批判依然是聚焦点，但不同的是 20 世纪 90 年代的研究开始关注其国家理论；在 2000—2010 年，与 20 世纪80年代和20世纪90年代相比，日常生活批判和异化理论的研究依旧是热点，但不同的是，空间理论也开始悄然兴起，从2003年包亚明主编的《现代性与空间的生产》开始，其后向德平、张一兵、陆扬、刘怀玉、吴宁、吴治平、薛毅、包亚明和黄凤祝的著作都涉及了空间问题；而从2010年后，日常生活批判主题的研究热度依然不减，空间也成了研究的主线，尤其是出现了系统研究列斐伏尔空间批判理论的专著。

总之，通过梳理不难发现，对于列斐伏尔的研究，前期主要关注其对马克思主义教条主义的批判，后期开始关注其空间理论。日常生活批判和异化理论一直是贯穿前后期的研究主线。由此看来，对于列斐伏尔庞大的思想体系，目前的研究视野显得过于狭窄，且重复和概述性研究多、开创性研究少。

（二）论文

通过读秀学术搜索、中文发现系统、中国知网、万方数据知识服务平台和维普中文期刊服务平台对列斐伏尔的研究进行搜索，剔除重复的、不相关的或相关度小的内容，其结果呈现如下。

1. 期刊论文

最早一篇关于列斐伏尔的文章是列斐伏尔著、李常山译的《日常生活批判》一书的第2版（1957年）序言的第6、7两节，译者加标题为"再谈异化理论"，于1964年刊载于《哲学译丛》第1期。整个20世纪70年代没有查找到有关列斐伏尔的文章，20世纪80年代和20世纪90年代，主要有几篇译文和访谈，分别是刊载于《哲学译丛》1980年第5期上由列斐伏尔著、张伯霖摘译的《马克思主义的分化》，这篇文章原载法国《人与社会》杂志1976年41—42期合刊；刊载于《国外社会科学动态》1983年第4期的李青宜的《今日法国哲学界一斑——访问法国几位著名哲学家》；刊载于《国外社会科学动态》1983年第9期江小平译的《列费弗尔：研究日常生活的哲学家——列费弗尔答法国〈世界报〉记者问》，这篇文章摘译于1982年12月19日，法国《世界报》刊载的该报记者与列斐伏尔就《日常生活批判》一书的谈话；在这期的《国外社会科学动态》上，同时还刊登了殷世才摘译自南斯拉夫《世界社会主义》杂志1983年第34期列斐伏尔著的《马克思主义在法国的状况》；此外，这期《国外社会科学动态》还刊登了南斯拉夫R.卡拉尼著的《列费弗尔与马克思思想》。除了这些文章外，周穗明1989年刊登在《新闻战线》第4期上的《现代西方社会的马克思主义思潮》和张一兵1994年刊载于《江淮论坛》第3期上的《析西方马克思主义对资本主义"社会自然规律"的批判》都在文中提到了列斐伏尔，但只是只言片语的介绍。目前能查到的资料中，从1964年出现第一篇关于列斐伏尔的译文，到20世纪90年代末，只有为数不多的这些文章，说明这段时期对列斐伏尔的研究非常不足，且研究不是译作，就是在文中只有只言片语的涉及，深度不够。

从期刊上刊登的列斐伏尔的研究文章看，2003年可以看作是一个转折点，在这年，出现了5篇研究列斐伏尔的奠基之作，分别是《现代哲学》第1期刊登的仰海峰的《列斐伏尔与现代世界的日常生活批判》和刘怀玉的《列斐伏尔日常生活批判概念的前后转变》、《哲学动态》第5期刊登的刘怀玉的《列斐伏尔与20世纪西方的几种日常生活批判倾向》、《马克思主义与现实》第4期刊登的张双利的《列斐伏尔的现代性思想述评》和《求是学刊》第5期刊登的刘怀玉的《西方学界关于列斐伏尔思想研究现状综述》。其中刘怀玉的《列斐伏尔与20世纪西方的几种日常生活批判倾向》和《西方学界关于列斐伏尔思想研究现状综述》以及仰海峰的《列斐伏尔与现代世界的日常生活批判》成为后来研究列斐伏尔的高被引论文。刘怀玉后来成为研究列斐伏尔的专家，在2006年率先写出了国内第一部研究列斐伏尔的学术专著，且直到现在，一直致力于列斐伏尔的研究。

从2004年到2010年，每年的文章有10篇左右，2007年和2008年的研究视野较为开阔，这两年介绍了列斐伏尔的国家观、自然观、马克思主义观、资本主义观、科技观和美学观等基本观点，并且还研究了列斐伏尔的节奏分析理论，这都要归功于吴宁。在这几年间，研究的热点是日常生活批判理论和空间理论，其次还有列斐伏尔的人学思想、哲学观和现代性理论。值得一提的是，每年都有新的研究视角出现，2004年开始关注列斐伏尔的空间理论与文学空间的关系、2006年开始关注列斐伏尔日常生活审美化的思想、2008年傅其林和赵修翠开始关注列斐伏尔的消费思想，他们在2008年的第4期《社会科学研究》上发表了《论列菲伏尔的消费文化符号学》一文、2009年又相继有关于列斐伏尔消费思想的文章出现：一篇是刘怀玉、伍丹发表在《江西社会科学》2009年第7期上的《消费主义批判：从大众神话到景观社会——以巴尔特、列斐伏尔、德波为线索》；另一篇是路岩发表在《辽宁工程技术大学学报》（社会科学版）2009年第4期上的《列斐伏尔"现代消费社会批判理论"浅析》、2010年的研究新动向是张碧从符号学维度论述了列斐伏尔的文化批判。从这几年发表文章的数量和质量看，研究的中坚力量当属刘怀玉、吴宁和陆扬。

研究数量从2011年到现在，呈逐年上涨的趋势，特别近5年，每年发文量都在40篇左右，论文主题与2000—2010年相比，研究重点依然是空间生产和日常生活批判，但也呈现出新的变化。首先，应用研究越来越多，且选题比较新颖，2023年张海防基于亨利·列斐伏尔的语义场域理论研究了"一带一路"语义场域的构建路径；其次，重新阐释列斐伏尔与经典马克思主义的关系，2023年易显飞探讨了列斐伏尔对恩格斯哲学的研究及其理论误区；再次，有明显时代特征，2022年李泓江研究了列斐伏尔思想中的媒介向度，2023年黄玮杰和吕欣忆研究了列斐伏尔的时间性问题；最后，研究向纵深发展，2023年强乃社研究了列斐伏尔的空间与语言思想。

期刊论文研究的总体情况表明，国内对列斐伏尔的研究呈逐年上涨的趋势，研究主题越来越丰富，研究向纵深发展，研究列斐伏尔的学者越来越多，除了刘怀玉等权威的列斐伏尔研究者，像鲁宝一样的新生代力量不断崛起并成为中坚力量，研究的重点主要是其空间和日常生活批判思想，对列斐伏尔的文化思想研究不够，这是在今后研究中应该注意的问题。

2. 学位论文

首先论述下博士学位论文的情况，到目前为止，有关列斐伏尔的博士论文共查找到六篇，最早的一篇是刘怀玉2003年的《现代日常生活批判道路的开拓与探索——列斐伏尔哲学思想研究》，这篇论文是国内第一篇系统研究列斐伏尔的博士学位论文，在观点的介绍、评价和引申方面均有创新，这篇论文主要基于列斐伏尔的著作进行深层次的文本解读，聚焦于列斐伏尔日常生活批判概念的前后转变。最新的一篇是潘禹非2020年的《列斐伏尔的异化理论研究》，这篇论文详细分析、梳理和阐释了列斐伏尔的异化理论，认为列斐伏尔的异化理论是对马克思主义异化理论的继承和发展，并且开辟了新的异化批判领域。此外还有2017年武胜男的《列斐伏尔日常生活审美化思想研究》从文化哲学视域出发研究了列斐伏尔的日常审美化思想，开辟了哲学研究的新领域，摆脱了传统批判视野——政治革命和阶级分析的束缚，开辟了哲学研究的新领域。2015年孙全胜的《列斐伏尔"空间生产"的理论形态研究》，这篇博士学位论文主要运用马克思的历史辩证法，探索了"空间生产"理论形态的形成轨迹、理论逻辑和主体结构。2014年路程的《列斐伏尔的空间理论研究》以列斐伏尔的空间理论为研究对象，对空间理论的主要观念、特色和思想发展的历程进行剖析，并且也关注在空间理论的框架内，如何达到生存空间解放的问题，最后在后现代视野中解读了空间，并指出空间会为文学和艺术作品的新解读提供思想资源。2008年张子凯的《列斐伏尔社会空间思想研究》关注的是列斐伏尔学术思想两次重大转向的第二次转向即从现代社会日常生活批判转向后现代社会"空间化"问题，这篇博士学位论文主要是解读其一生思想发展脉络、第二次转向、晚期思想的后现代因素和空间理论，重点阐释了列斐伏尔的空间认识论和空间本体论思想，通过构建空间认识论和空间本体论，列斐伏尔建构起自己的社会空间理论并将其应用于当代资本主义社会的分析中。

博士学位论文的研究重点依然是空间问题和日常生活问题，其中3篇论文的核心都是空间问题，只不过侧重点不同，张子凯侧重于对社会空间思想的探索；路程侧重从文艺学的角度考察空间理论，实践性强一些；而孙全胜侧重于从哲学的角度考察空间生产的理论形态，理论性更强一些；还有2篇关注日常生活，刘怀玉聚焦列斐伏尔日常生活批判概念的前后变化，武胜男重点研究列斐伏尔的日常生活审美化思想。总之，研究列斐伏尔的博士学位论文各具特色，且都有一定的深度和创新。

其次审视下硕士学位论文的研究情况，目前查到的最早的一篇研究列斐伏尔的硕士论文是2005年华中科技大学宋朝普的《论列斐伏尔的日常生活批判理论》，最新的1篇是2023年东北石油大学姜昕玥的《〈日常生活批判〉中的消费异化理论研究》，研究呈逐年增长的趋势，研究的焦点是日常生活批判理论和空间思想，从2005年到2011年的13篇硕士学位论文中，有8篇都是研究日常生活批判理论。而在最近的几年中，空间思想的研究开始占据上风，从2012年到2019年间的37篇硕士学位论文中，大多以空间为研究主题，并且集中表现在用列斐伏尔的空间理论来分析文学作品，自2020年以来，研究列斐伏尔的硕士学位论文每年平均15篇左右，明显呈增多趋势，但研究的核心依然是空间问题和日常生活问题，新的角度并不多见。

硕士学位论文主要分布在英语语言文学、马克思主义哲学和马克思主义理论与思想政治教育学科，社会文化领域的研究并不多见，研究点比较集中，这就不可避免地造成重复性研究多，而创新性研究少；视野过于狭窄，不利于全面了解列斐伏尔的学术思想。

三 国内外研究述评

列斐伏尔在国内的研究可以分为3个时期：起步期（20世纪50年代—20世纪末）、稳步提升期（2000—2015年）和蓬勃发展期（2015年至今），从2017年基本每年都有列斐伏尔的专题学术会议，新的译著和专著也不断出版，成果数量不断增加，研究视角也更加多元，20世纪50—60年代主要研究列斐伏尔的美学和文艺学思想，70—80年代主要研究其哲学和政治学思想，90年代以来主要研究其日常生活批判和消费社会批判思想，21世纪初主要研究其空间和城市社会学思想，近10年间主要研究其文化地理学和现代性都市思想，研究涉及多个学科并呈现跨学科趋势，但核心问题依然是空间理论研究、日常生活批判研究和城市问题研究。

列斐伏尔在国外的研究也可以分为3个时期：简单介绍期（20世纪50—80年代）、重要发展期（20世纪90年代—2010年）和稳步攀升期（2010年至今），研究视角跨学科化，且不断有新的研究视角出现，如研究列斐伏尔的传播学批判思想，以及从批判现象学和共享空间角度对其进行研究，但研究重点依然是围绕空间问题和城市问题展开。

列斐伏尔的国内外研究既有相同点也有不同点。国内和国外研究的相同点是，对于列斐伏尔的研究都呈现逐年上升的趋势，且主题都集中在空间研究上；不同的是，中国最先介绍的是列斐伏尔的文艺学、美学思想，而英语世界最先介绍的是他的日常生活批判思想和空间思想；此外，国外的空间研究多于日常生活研究，而国内日常生活的研究更占上风，且国内关注空间，有很多是用列斐伏尔的空间理论分析文学作品，这在国外的研究中不多见，不可否认，国内这部分的研究存在着强制阐释的现象。除此之外，国外对空间的关注不只是对理论的陈述，更关注空间与教育、空间与运动、空间与交际、空间与宗教研究等这些现实问题的关系。近几年，国外转向城市问题和节奏分析的研究，而国内的城市研究仍显不足，节奏分析更是寥寥无几，相比国外研究向纵深、跨学科、微观层面发展，国内的研究虽然有个别还有一定的新意和深度，但还远远不够。但不管是国内还是国外，都对列斐伏尔的文艺学、美学、乡村社会学、社会语言学、文化以及其早期的思想研究不够，尤其是关于他的"都市社会"文化批判思想，从目前掌握的资料看，没人系统研究过。

因此，本研究将以列斐伏尔的"都市社会"文化批判思想为切入点，主要从文化社会学的角度，以列斐伏尔的日常生活批判、空间生产、空间消费和节奏分析思想为逻辑起点，而不只是关注列斐伏尔核心学术思想的某一方面，对列斐伏尔的"都市社会"文化批判思想从多个学科角度进行整体化和系统化的分析，不仅研究列斐伏尔"都市社会"文化批判思想的表征，而且研究"都市社会"文化对社会关系和人的情感的影响，并基于列斐伏尔"都市社会"文化批判思想，反思中国"都市社会"文化及其健康的建构路径。

第二节 列斐伏尔"都市社会"文化批判的理论基础

列斐伏尔的"都市社会"文化批判思想受到众多理论流派的影响，但主要的理论基础有消费主义、存在主义和景观社会。

一 消费主义

人类的生存离不开消费，消费是人的基本生命活动必不可少的一部分。中古英语的消费"consumpcyon"来自拉丁语"consumption-"词干，意为消费、浪费，该词在此后的很长时间里一直带有贬义，表示用光、用尽、摧毁等过度使用和花费之意。直到后来才变成一个与生产相对的中性词。从传统经济学角度看，消费主要是满足人类的基本生存需要，是对商品使用价值的消费。消费者的选择以物品的有用性而不是非实用性为指向，基于合理性的原则，节制欲望、主张节约、反对浪费。但是，大工业生产、科学技术和市场经济合力改变了这种现状。20世纪初工业生产进入规模化和标准化的阶段，生产能力大大增强，这就需要与之相呼应的大规模消费，人类消费的新高潮由此诞生。20世纪60年代兴起的弹性生产方式使人类的消费欲望进一步增强，消费范围进一步扩大，为消费的当代发展提供了新的动力，使大众日常消费领域出现了两个新变化：一方面，非物质形态的商品在消费中愈发重要；另一方面，在操纵与控制消费时尚和消费趣味的过程中，视觉形象的生产和符号体系发挥了越来越重要的作用，并由此带来了从"生产社会"到"消费社会"的转变。早期因生产能力低下而形成的物质匮乏的社会现象被物质丰裕的消费所取代，过剩的商品生产需要社会鼓励"非理性"的消费行为与之相适应，使人们购买不必要的、非实用性的东西以便平衡市场供需关系，使大众不再以需求为导向来消费，而是以欲望为导向来消费，这就是消费主义，虽然消费主义兴起于西方，但却不断向全球扩散，成为一种普遍的社会现象。消费主义是人们消费欲望的表征，但欲望满足的意识必须依附于文化价值系统，这样欲望满足的意识才能获得合法性。简言之，消费物品重点在于其符号价值或文化意义而不只是它的使用价值或功用。因此，人们逐渐以广阔的文化视角代之以传统的经济学视角来阐释和研究目前的消费现象。那么消费文化是什么呢？"所谓消费文化，就是伴随消费活动而来的、表达某种意义或传承某种价值系统的符号体系。"[①] 消费文化从文化意义上讲是一种追求消费体验和激情的感性文化，是一种宣扬享受当下的大众文化，具有多变性、游戏性、非理性和操控性的特征。西方的消费文化理论运用哲学、政治学、历史学和社会学等跨学科的研究方法，随着前现代社会、现代社会和后现代社会的变迁而不断变化，形成了炫耀性消费、时尚消费、区隔消费等诸多理论，因此有必要对西方主要的消费文化理论进行述评，并批判性地审视它们对列斐伏尔"都市社会"文化批判思想的影响。

（一）马克思的消费理论

马克思没有专门研究消费的著作，但其批判地继承了古典经济学关于生产与消费的思想，并进而形成了创造性的政治经济学理论，在此理论的框架与视野下，对生产与交换、分配与消费的一般关系进行了辩证的分析和十分精辟的阐释，全面系统地论述了具有原创性的"消费需要理论"；以及在《资本论》中首次提出的经济学上的"商品拜物教"理论；在《1844年经济学哲学手稿》中所阐释的哲学上的"异化劳动"理论均对消费文化的研究产生了深远的影响。

1. 消费需要理论

马克思关于生产和消费之间关系的论述是其消费思想的首要体现，他在《〈政治经济学批判〉导言》中提出生产和消费之间存在着辩证关系。马克思批判了以往国民经济学的观点，反对把消费问题置于无足轻重的位置，反对把消费只作为整个经济过程的目的而排斥在经济学的研

[①] 王宁：《消费社会学》，社会科学文献出版社2011年版，第113页。

究范围之外。他认为在经济活动中,"生产直接是消费,消费直接是生产。每一方直接是它的对方。"① 马克思进一步认为,消费受到自然因素和生产力的双重制约,是生产"生产出消费的对象,消费的方式,消费的动力。"②

概括起来,马克思对消费科学论述的思想精髓集中在五个方面:第一,生产的目的是满足消费;第二,只有在消费中,产品才能成为现实的产品;第三,生产新产品的需要由消费不断地创造出来;第四,在不断创造出生产新产品的需要的过程中,消费拓展了市场需求和规模,因此推动着生产规模的扩大;第五,通过分配,消费反作用于生产,进而调节和拉动社会经济的增长与发展。

这也说明,消费的需要是随着生产力的发展而不断扩大的。马克思基于历史唯物主义的基本观点,认为人类消费具有多样性和层次性,从整个人类历史的发展进程看,先后有食物消费需要、审美需要、交往的需要、自然的需要和历史的需要等。恩格斯后来延续了马克思的重要观点,将人的消费需要划分为生存性消费需要、享受性消费需要和发展性消费需要。因为消费品随着越来越细的科学技术分工,越来越高的生产效率和不断涌现的新的工业部门而极大丰富,随之而来的当然是不断攀升的消费需要,从最初满足基本生存的消费需要,到满足人类享受的需要以及用来再生产和发展的需要,继而出现了种种炫耀消费即虚假需要。这说明消费需要是随着社会历史的进步不断发生变化的,而不是停滞不前的。

只不过需要注意的是,生存性消费需要、享受性消费需要和发展性消费需要并不是截然分开的几个阶段,在不同的社会历史条件下,由于消费条件和能力的不同,同一个社会阶层的成员或不同的个体与其他社会阶层之间和社会个体往往会表现主要追求某一个消费层次需要的满足,这就凸显了一定社会条件下消费的层次性和社会阶层之间消费的差

---

① 《马克思恩格斯选集》(第2卷),中共中央马克思恩格斯列宁斯大林著作编译局编译,人民出版社2012年版,第691页。
② 《马克思恩格斯选集》(第2卷),中共中央马克思恩格斯列宁斯大林著作编译局编译,人民出版社2012年版,第692页。

异性，只不过某个社会阶层的消费需要或某一个层次的消费需要占据主导地位而已。显然，目前享受性消费需要明显超越了生存性消费需要和发展性消费需要而占据了上风，为"都市社会"文化异化创造了条件。

2. 商品拜物教理论

马克思在《资本论》中首次提出了"商品拜物教"（commodity fetishism）这一对消费文化研究产生巨大影响的重要概念。拜物教可以分为两大类，一是在宗教意义上使用的原始人的巫术；二是指宗教意义之外的其他用法，即对待社会生活中的各种现象像宗教崇拜那样，如马克思的商品拜物教。马克思指出，商品既有使用价值，也有交换价值，且乍看起来，前者体现的是人与物之间的社会关系，后者体现的是物与物之间的非社会关系。但他紧接着揭露了这种假象，因为商品体现着人类劳动，不同商品之间的关系其实是不同劳动行为之间的关系的表征，因而交换价值体现的并不是物与物之间的非社会关系而是一种社会关系。这种现象被马克思称为"商品拜物教"。更确切地说，就是在资本主义商品社会的商品交换过程中，交换价值和使用价值相互分离，人类的一切活动计划都被商品支配，商品有着魔幻般的力量，由此使人们对它顶礼膜拜，并因它的抽象价值视其为偶像，商品这一神秘属性阻碍了人们对资本主义剥削本质的认识。

马克思揭示了商品拜物教形成的秘密。劳动交换被置换为物物交换，人与人之间关系的本质被掩盖，人们之间的相互关系被"表现为对他们本身来说是异己的、独立的东西，表现为一种物。在交换价值上，人的社会关系转化为物的社会关系；人的能力转化为物的能力"[1]。人本来应该是商品的主人，现在反过来却成为商品的奴隶，在商品拜物教的影响下，人与人之间的关系被物与物之间的关系所掩盖。商品拜物教给人以假象，让他们误认为自己真正需要的物质利益就是商品和消费。人已经被自己的劳动产品所奴役，从而为资本家把人纳入到自己的牟利体系提供了便利。在消费环境中，人的主体性越发地被商品世界所控

---

[1] 《马克思恩格斯文集》（第8卷），中共中央马克思恩格斯列宁斯大林著作编译局编译，人民出版社2009年版，第51页。

制。商品拜物教展现了人成为商品的俘虏的消费文化，消费者自我发展和批判能力呈现萎缩态势。

3. 异化劳动理论

消费文化研究深受马克思主义异化理论的影响。异化的思维方式可以追溯到黑格尔，可以说，黑格尔哲学始终贯穿着异化思想。马克思受黑格尔的影响，但也批评改造了黑格尔的唯心主义异化观，进一步推进了异化理论，在《1844年经济学哲学手稿》中首次全面系统地阐述了异化劳动理论，马克思主要从四个方面分析了异化劳动，第一，使自然界同人相异化；第二，使人本身异化；第三，使人的类本质的异化；第四，使人同人相异化。①

在马克思以前，异化的概念已经广泛地运用在德国哲学著作中，但是马克思是第一个在分析劳动与资本的关系时引入异化概念的人，把私有制的统治、私有制下的社会制度和异化结合起来对劳动与资本的关系进行了深入分析。他认为在资本主义生产中，本应该让人愉悦和快乐的劳动让人身心疲惫，成为远离人的本质的不相关的东西。工人被自己生产的商品所控制，商品成为一种异己的力量。"工人生产得越多，他能够消费的越少；他创造的价值越多，他自己越没有价值、越低贱；……工人越愚笨，越成为自然界的奴隶。"② 人与物、人与人、人与劳动、人的类本质的存在都被异化。但人的需要的异化是消费社会资本主义造成的最严重的异化。在现代社会，需要是否满足取决于商品获得的多少，人们为了满足自身需要，就要不断获得商品，这就导致物高于一切，这是一种需要的异化，人在这种异化中逐渐丧失了本真的价值追求。

马克思关于资本主义社会中消费需要的理论、商品拜物教理论和异化劳动理论对列斐伏尔影响很大，没有马克思的商品拜物教理论，就没

---

① ［德］马克思：《1844年经济学哲学手稿》，中共中央马克思恩格斯列宁斯大林著作编译局译，人民出版社2014年版，第52、54页。

② 《马克思恩格斯选集》（第1卷），中共中央马克思恩格斯列宁斯大林著作编译局编译，人民出版社2012年版，第52—53页。

有列斐伏尔符号拜物教的推演；没有马克思的劳动异化理论，列斐伏尔就不可能揭露新的异化形式。列斐伏尔结合自己生活的时代背景，拓展了马克思异化理论的适用领域，把其从经济领域迁移到日常生活领域，并进行了独特的阐释，他认为异化充斥于日常生活之中，无往而不在，因而提出了异化的广泛性和多样性。

(二) 西方马克思主义者的消费理论

1. 卢卡奇的物化理论

卢卡奇最早提及他的重要思想物化问题是在他1919年发表的《什么是正统的马克思主义？》一文中，并在后来的两篇论文，即1920年的《阶级意识》与1922年的《物化和无产阶级意识》中进行了详细的阐述，最终在1923年出版的《历史与阶级意识》一书中正式提出了著名的物化理论。物化理论提出之际，适逢科学技术不仅广泛应用于生产中，而且渗透到了社会的各个领域，导致了人类的生活和生产方式都产生了根本的变化，因此结合当时的社会实际，从解剖当时科学理性支配下的商品经济出发，卢卡奇根据《资本论》中马克思有关商品拜物教的论述详细阐释了资本主义的物化现象。虽然卢卡奇在提出物化理论的时候，由于客观历史原因并没有阅读《1844年经济学哲学手稿》，因此并无法了解马克思的异化理论，但卢卡奇的物化和异化却有着某种相似性，不过在范围上和具体表现形式上还是与异化有所不同。在范围上，马克思认为只有在特殊领域和环节才存在异化，而在卢卡奇看来，物化是普遍存在的现象且具有必然性。在具体表现形式上，与马克思相比，卢卡奇走得更远，论述得更深刻些。他立足于时代，将批判的重点从经济体制转到技术理性，把物化运用到现代社会的理性化进程中，重点基于人的主体性发展受技术理性负面影响的视角揭示现代社会的物化现象，从重政治、经济的批判到全方位的文化批判。

卢卡奇的物化批判理论在消费文化批判中占有重要的地位，马尔库塞从物化的角度分析了消费文化，并对其进行了深刻揭露；鲍德里亚在其著作《消费社会》中，详细地分析了物的系统如何异化人类，可以说，鲍德里亚对消费社会的分析和物的组织结构的分析深化了卢卡奇的物化理论。抽象化、合理化和形式化是物化现象的现代特征，鲍德里亚则揭示了这一特征的极端表现，即物品的组织化、符号化和系统化；詹姆逊认为物化分离了生产者和消费者，商品无影无踪地来到消费者面前，他们并不了解也不想知道生产过程，消费者成了只知道接受而不懂得思考的群体，这就加剧了消费对人的思想的控制，导致生存的堕落和非人化；列斐伏尔则从日常生活角度分析了物化，认为现代社会是消费受控制的官僚社会，空间在这种引导性的消费中，也成为一种生产资料和商品，被用来为资本增值服务。

虽然马克思关于商品拜物教的理论分析是卢卡奇物化理论的前提，但卢卡奇的物化理论也深受西美尔《货币哲学》中的主体被客体化、抽象论和韦伯的工具理性理论的影响。卢卡奇认为物化主要有两方面的内涵：一是人与人之间的关系在资本主义商品社会中表现为物与物之间的关系。一切事物之间质的差别被商品市场所消弭，剩下的只有可供交换的量的差别，不仅人的劳动产品之中，甚至人的劳动以及人本身都渗透着这种量化和物化。二是人受自身创造出来的物的控制。人在物质生产过程中，只不过是个依附品。

卢卡奇将物化理论应用于整个社会领域，这是马克思主义发展史上的一次创新。在他看来，物化已然成为社会的一种普遍存在状态，不仅存在于生产领域，也存在于包括了消费领域的整个社会生活领域。物化普遍化导致物化的内化，物化内化为人的一种非批判性的心理结构和机制，深入人的心灵，成为一种物化意识。生活被物化侵蚀的过程是一个从外在存在到内心经验的总体同化过程。卢卡奇认为物化不只存在于经济层面，而是普遍存在于科学、经济学、法学、新闻界和艺术等资本主义生活的各个方面，所以"都市社会"文化当然也逃脱不了物化意识的影响。物化使得人们放弃了对生活的思考，沉迷于对物的追求。

2. 马尔库塞的虚假需要理论和单向度消费

在马尔库塞看来，西方发达工业社会很繁荣、很富裕，但也很病态、很压抑。看似过得很快乐的现代人，其实享受的只是物质消费带来的快乐；看似过得很自由的现代人，其实只是受到了虚假的表面自由的

第一章 列斐伏尔"都市社会"文化批判思想溯源

魅惑。他用"单向度的社会""病态社会""攻击性的社会"和"新型的极权主义社会"来概括当代西方社会。他的虚假需要理论和单向度消费理论最能表现他对消费社会的态度。

在马尔库塞看来,"为了特定的社会利益而从外部强加在个人身上的那些需要,是艰辛、侵略、痛苦和非正义永恒化的需要,是'虚假的'需要。"[①] 从这个定义来看,所谓的虚假需要就是不考虑人的需要而只考虑资本主义社会利益强加给人们的外在的需要。这种强加不是通过暴力而是通过和平演变的方式进行。人们表面上过着拥有自己的汽车、各种现代化生活设施的安逸生活,其实这种安逸是建立在虚假需要的基础上的,这种基于商品生产的逻辑,而不是基于人类全面发展的需求来生产个人需要的、人与商品完全颠倒的消费文化是一种异化的文化。

马尔库塞认为,这种虚假的需要是晚期资本主义发展的重要手段之一,它激起人们的购买欲望并让他们坚信这是他们的必需品。商品拜物教的世界完全俘虏了人,这种物质至上的虚假需要,使资本主义成功地把自身延续和发展所需要消费掉的产品转化为普通人自身的需要,社会的需要与人本能的需要融为一体,从而带来了利益的一体化。个人的利益同整个社会的利益融合起来。这样一来,统治者好像时刻在维持全体人的利益,而不是自身的某些特权。而对于个人来讲,这种一体化使他们无法否认这一体系,因为这等于否定自身,于是他们完全丧失了挑战社会秩序的能力。

马尔库塞认为现在的资本主义社会以单向度消费社会为特征。在这之前,是一个个人可以批判地合理地考虑自己的需求,公共生活和私人生活有差别的双向度的社会。这就是说在文化消费和科学技术的双重协助下,当代发达资本主义社会将外在的虚假的需要强加在人们的头上,消弭着社会各种对抗和矛盾,压制着人们的否定性思维和内心批判性。个人的反抗意识和自主性在发达资本主义社会提供的一系列幸福承诺中

---

① [美] 马尔库塞:《单向度的人:发达工业社会意识形态研究》,刘继译,上海译文出版社 2008 年版,第 6 页。

消失殆尽，最终人和社会都失去了双向度，人成了单向度的消费者，社会成了单向度的消费社会。

虽然真实需要和虚假需要没有客观的标准加以区分，甚至有时候这样的区分也没有意义，但是马尔库塞对真实需要和虚假需要的界定，却激发了人的主体意识的觉醒。

马尔库塞和列斐伏尔对消费社会批判的思路非常相似，他们都认为资本主义社会统治的重心已经发生变化。主要体现在两个方面，一是对日常生活的统治代替了对经济和政治领域的统治；二是对消费领域的统治代替了生产领域。并且通过控制人的需要和欲望，消费社会对社会成员的精神文化和心理进行着无孔不入的控制。只不过与马尔库塞悲观地认为现代社会是一个在日常生活和消费活动方面被全面控制和引导，且失去了否定与批判能力的单向度的恐怖主义社会的观点相比，列斐伏尔更加乐观。

3. 弗洛姆的消费异化论

弗洛姆的消费异化理论与马尔库塞的虚假需求理论一样，在研究消费文化中具有重要的指导意义。他发现异化已经不满足只存在于生产领域，而是进军到人们的日常消费中。弗洛姆指出"个人不仅在生产领域而且也在消费领域受到控制和操纵，……人被改变成了'消费者'，改变成了其愿望是消费更多、'更好的'产品的无知的孩子。"[1] 因此，弗洛姆倡导一种健康的、人道的消费方式，主张人的生命的魅力不是通过对商品的占有，而是通过自身的存在展现，只有在这样的前提下，才能建立一个健全的社会。

弗洛姆认为，现代社会的消费与真实需要无关，成了目的而非手段。人们单纯为了消费而消费，而不是为了需要而消费，这是消费领域中人的异化的体现。"对于很多物品来说，我们根本就没有使用的欲望。我们获得物品就是为了占有它们。……所有这些都说明：不是使用而是

---

[1] ［美］弗洛姆：《人的呼唤——弗洛姆人道主义文集》，王泽应等译，生活·读书·新知三联书店1991年版，第84页。

占有才带来愉快。"① 人类自身的存在不再以自身的方式来显示，而是以对商品的占有而显示。

追究消费异化的根源，弗洛姆从心理的角度进行分析，认为是虚假的心理补偿和逃避，他指出，生产领域单调、乏味、枯燥的工作限制了人们的自身能动性和创造性，剥夺了人的自由，消费领域正好可以弥补生产领域对人类自由的剥夺，因此，人们开始依赖消费领域，"在消费领域，只要我有钱，即可以买到我想要的任何东西，只有在这里，我是自由的，我的创造性和自主性才得以体现。"② 而这种通过消费补偿得到的自由从根本上而言并不是真正的自由，看似随心所欲的消费实则是被操控的消费，一切消费活动都是被安排好的。

除了把消费视为补偿，弗洛姆也把消费视为一种逃避。物质产品的极大丰富并没有拉近人与自然界、人与他人、人与自我之间的距离，而是使其越发疏远，在这种境况下，孤独感成为日常感受，人为了不被周围的人疏离，与他们保持密切的关系，就不断地进行消费，借此消除孤独感，但弗洛姆认为这种方式并不能克服内心的孤独。"在这个社会中，人已经使自己成为一种消费人，人是贪婪的、被动的，且企图通过不间断的、日益增多的消费来填补他内心的空虚……他不仅消费教育、书籍、讲座和艺术，也消费烟、酒、性、电影、旅行。他好像是积极的、激动的，然而在内心深处，他却是焦虑的、孤独的、压抑的、厌烦的。"③ 人们为了躲避这种孤独，付出了抹煞自己个性的沉重代价，只能作为一个抽象的消费者而存在。

弗洛姆的消费异化论重点论述了人成为丧失主体性、被操纵的消费者，失去了自身的个性，人的情感逐渐异化。这与列斐伏尔的消费受控制的官僚社会的思想有着相通之处。

---

① [美] 弗洛姆：《资本主义下的异化问题》，纪辉、高地译，《哲学译丛》1981年第4期。
② 莫少群：《20世纪西方消费社会理论研究》，社会科学文献出版社2006年版，第147页。
③ [美] 弗洛姆：《人的呼唤——弗洛姆人道主义文集》，王泽应等译，生活·读书·新知三联书店1991年版，第105—106页。

4. 本雅明的拱廊街分析

本雅明的理论中虽然没有直接提及消费文化，但他所关注的现象和消费文化密切相关，且对消费文化来说意义非凡。他非常关注商品社会所形成的梦幻和迷离，较之于马尔库塞、弗洛姆等对消费文化带来的严重后果的深刻剖析，本雅明则更侧重分析消费文化的运行机制。他通过对拱廊街的研究，指出了这种化外为内的空间消费策略所隐含的消费文化的秘密，可以说他的研究展露了空间消费的头角。

本雅明笔下的拱廊街被建成教堂的十字形状，"它们是玻璃顶，大理石地面，……排列着极高雅豪华的商店。灯光从上面照射下来。"[①] 拱廊街梦幻般的氛围使消费者流连忘返，促进了商品的销售。拱廊街成为了大众消费的狂欢之所，构成了商品的梦幻世界。资本主义生产者用商品的梦幻效应诱惑消费者，梦幻效应越奇、越大、越新，消费者消费的欲望就越膨胀，消费文化也因此愈演愈烈，拱廊街正是这一景观的缩影。

拱廊街内外不分的空间模糊性，使休闲逛街者采取了化外为内的空间消费策略。"街道成了游荡者的居所，他靠在房屋外的墙壁上，就像一般市民在家中的四壁里一样安然自得。"[②] 外部世界因为化外为内的策略也充满了家一般的温馨，休闲逛街者不再感到冷漠和孤独，他安然自得地享受着这一切。

本雅明从分析拱廊街入手，"在全面展示作为原始集体消费地巴黎的现代大都市的真实面貌的同时，剖析了大众消费集体无意识的内在心理动机，揭示了作为欲望机器的资本主义生产所制造消费文化的审美幻象。"[③] 然而，人只有从这种幻象中觉醒过来，才能意识到商品社会对自己造成的异化，也才能使自己的主体性得以张扬且自由自觉的生命意

---

① [德] 本雅明：《发达资本主义时代的抒情诗人》，张旭东、魏文生译，生活·读书·新知三联书店 2007 年版，第 180 页。
② [德] 本雅明：《发达资本主义时代的抒情诗人》，张旭东、魏文生译，生活·读书·新知三联书店 2007 年版，第 56 页。
③ 刑崇：《后现代视阈下本雅明消费文化理论研究》，山东人民出版社 2009 年版，第 106—107 页。

识得以彰显。

作为19世纪法国发达资本主义的空间寓言，巴黎拱廊街的现代性形象通过玻璃顶、梦幻的灯光、消费者和游荡者等要素展示出来。在经济全球化的今天，这种西方的城市化和其折射出来的现代性精神传播于世界各地。各地的商业中心，依靠现代科技拥有了更加精妙、复杂的空间设计，从而成为巴黎拱廊街的继任者，也成为空间消费的使者和推动者。

西方马克思主义者通过对物化、异化和消费文化等方面的分析、反思与批判，进一步完成了对马克思主义消费文化理论的深化，也奠定了列斐伏尔"都市社会"文化批判思想的基础。

(三) 西方社会学家的消费理论

1. 巴特的符号学理论

现代符号学公认的思想源头是索绪尔的结构主义语言学，但把符号学引入消费文化研究的先驱是法国思想家、作家、社会学家罗兰·巴特。

在索绪尔看来，语言符号应该归属于语言学的研究范畴，语言可以理解为拥有所指和能指两个互相对立部分的符号系统。索绪尔关于符号的所指和能指的观点被巴特所继承，但他又在继承的基础上进行了新的建构，在索绪尔一级符号学系统的基础上，他提出了二级符号系统，并提出了一个"意指"的概念。所谓意指就是能指和所指结合的过程和方式，而符号学的实质是一种关于意指图式的科学。巴特扩展了索绪尔的观点，把它应用到社会生活的所有领域，使得符号学成为一种研究问题的理论工具而不再只是一门理论学科。

在《神话——大众文化诠释》一书中，巴特提出了在大众文化中，物成为一种物——符号，大众文化通过物的符号化被建构成神话学。巴特所谓大众文化生产的神话，就是通过混淆符号意义中较为确定的"明示"与不那么确定的、富于感情色彩的、联想性的"暗含"的区别，用商品的确定的、"明示"的和自然的性质代替原本属于不确定的、"暗含"的和文化的性质。巴特把这一过程称为"自然化"，且认为

"自然化"就是"神话",之所以用"神话",旨在揭示背后具有虚构色彩的现象和事实,以及谎言和欺骗的本质,揭示意识形态操控的事实。其实巴特和马克思一样,都在批判商品拜物教,只不过巴特侧重从符号学角度揭示其内部运作机制,即如何把一种人为的东西借助符号意义的生产以自然的形式呈现出来,而马克思重在从政治经济学角度对其进行批判。

巴特最大的贡献是揭穿了日常生活的秘密:符号化欺骗、伪自然化与神秘化,并归纳了全部意识形态的特征:所有文化的非历史的似自然化、能指即符号的不及物与自动指涉。他的理论对列斐伏尔的消费社会批判理论影响重大,列斐伏尔借鉴和吸收了巴特的符号学理论并将其运用于晚期资本主义社会的日常生活和消费文化的分析中,不但揭露了"次体系"编码的生成规则和符号消费的虚假本质,而且在破解消费神话的过程中,痛斥了"消费受控制的官僚社会"的意识形态阴谋。

2. 凡勃伦的炫耀性消费理论

凡勃伦的著述中没有出现"消费社会"一词,但他的研究已经涉及了消费与阶级分析、消费与日常生活体验、消费与生活方式的关系等一系列问题,这为后来的消费社会研究奠定了基础。炫耀性消费思想是凡勃伦社会思想的最重要的组成部分,也是其消费思想的核心。

炫耀性消费思想是凡勃伦在1899年所出版的《有闲阶级论》中提出来的。他认为炫耀性消费就是富裕阶层的专属,其特征是通过故意脱离生产劳动来展现自己拥有的权力和财富的奢侈性、浪费性和铺张性的消费,这种消费不是对物品实用性的消费,也不是为了生存所进行的必需的消费,而是为了向人展示自己的社会地位和金钱财力,从而使消费者获得荣誉和自我满足的行为。这种炫耀性消费是一种象征消费,既是消费的符号,即消费某种信息和意义的符号表达过程;又是符号的消费,即消费这种符号所代表的意义。这种消费实则是富裕阶层社会优越感的展现。

从传统社会到现代社会,炫耀性消费愈发的普遍与严重是与外部环境的变化分不开的。凡勃伦指出,休闲阶级起源于掠夺私有财产并据为己有，财产越多，权力越大，但是只拥有财富还不足以获得别人的景仰和尊重，还必须透过炫耀性休闲来展现自己的财力，即炫耀自己无须劳动来展现或标示自己的社会卓越性，认为劳动是缺乏财力和贫弱的表征。可是，现代化和城市化改变了这一点，首先，相对于传统社会狭小的社会范围，邻里熟悉，人与人之间关系紧密，炫耀性休闲很容易被注意到，从而达到炫耀的目的；现代都市生活流动性强，人口变动不居，人们交际的对象超越了家族邻里，交际范围原来越广，通过观察对方长期的生活习惯来揣摩其地位和声望不大可能，所以需要更明显的展现权力与地位的方式，这样炫耀性消费应运而出，取代了炫耀性休闲。凡勃伦不是把消费者看成追求效用最大化的理性"经济人"，而是把其看成"社会人"，他们的行为深受周围人消费行为、消费环境与文化和社会制度的影响。炫耀性消费主要不是为了消费物品，而是为了追逐某种社会地位，并不是简单的计算过程和效用的最大化。

对炫耀性消费理论的分析，使人们注意到消费中一些非理性因素的影响，使得人们对消费的认识更加贴近现实，也更加全面。炫耀性消费理论在消费理论中虽然占据不了中心地位，可以说是一种非主流的消费理论，但却完善和发展了主流消费理论，在消费社会具有非常重要特殊的理论地位。

3. 西美尔的时尚消费理论

西美尔和凡勃伦都分析了世纪交替之际的新兴生活风格，即都会的、或暴发户的以追求昂贵的享乐、以个人装饰为消费重心的生活。但不同于凡勃伦的是，西美尔不赞同将社会地位理解为根源于消费活动，在西美尔看来，时尚只是社会地位的表现而不是社会地位的来源。

西美尔在《时尚哲学》中表明，模仿和区分是时尚两个重要的要素。首先，模仿。西美尔认为："时尚是既定模式的模仿……它提供一种把个人行为变成样板的普遍性规则。"[1] 模仿是一种特殊的心理机制，时尚利用人们这种天生的、与生俱来的心理，把个人行为通过一些规

---

[1] [德] 西美尔：《时尚的哲学》，费勇、吴蓉译，文化艺术出版社2001年版，第72页。

则，变成引诱人们竞相追逐可模仿的模板。时尚是社会实践的一种运作方式，是下层阶级通过在服装符码和行为方式方面模仿上层阶级，从而提高自己社会地位的一种方式，及借由消费来表达与自己所认同的某个阶层的统一、一致与相同。但上层团体为了在消费方式上与下层阶级有差别和不同，维持自己的社会独特性，就不断地放弃旧时尚，创造或采纳新时尚。因此，时尚的第二个要素就是，区分。西美尔认为时尚是阶级区分的产物。时尚是不断变动的，"一旦较低的社会阶层开始挪用他们（较高社会阶层）的风格，……那么较高的社会阶层就会从这种时尚中转移而去采用一种新的时尚，从而使他们自己与广大的社会大众区别开来。"[①] 时尚的内容本身并不那么重要，重要的是它所维系和彰显的社会差异。

时尚具有多重属性，它是阶级区分的标准之一，也是社会心理机制的一种反映，表明了个体求同与求异的心理倾向，还是一种竞争过程，反映了社会群体间的互动机制。因此，无论把时尚理解为另类表现，还是追赶潮流，抑或是个性创新，它都是一种客观存在的社会事实。时尚离不开个人、阶层和社会群体。在个体心理的推动和文化价值的影响下，时尚被制造出来，这个过程也促使阶层结构区分，社会地位的区分和社会群体的区分。这样，在社会学意义的层面上，时尚逻辑和消费逻辑有机地重合起来。但是，时尚和消费还是有区别的，虽然它与消费密切相关，但它有自己的逻辑和领域。消费（品）只能算是时尚的表征方式之一，时尚也只是消费（品）的一种象征策略与符号意义。

4. 布迪厄的区隔研究

布迪厄所提出的观点与凡勃伦和西美尔的观点相近，只是复杂了很多。它扩大了象征消费的内涵，可以说，凡勃伦那里的象征消费所表现的是与经济资本相关联的社会地位和荣耀，而在布迪厄这里，经济资本不能完全决定人的地位，人的地位和文化艺术修养水平、受教育程度也有很大关系，也就是说和文化资本有很大关系，人的社会地位的区分是

---

① ［德］西美尔：《时尚的哲学》，费勇、吴蓉译，文化艺术出版社 2001 年版，第 74 页。

由经济资本和文化资本共同造成的,如果只有经济资本而没有文化资本,会给人暴发户、粗俗和没教养的感觉。对经济资本和文化资本的占有的不同会导致不同阶层不同的习性,习性表现为文化实践和消费活动中的品位和生活风格。因此,消费是一种特殊的表现性实践活动,呈现人的独一无二的阶级品味和生活风格。人们社会地位区分的符号与象征是由其生活风格和品位所体现的,而生活风格和品位是由对文化消费品和物质的选择所建构的。

布迪厄认为品位绝不只是一个美学范畴。他指出"品位能够分类,并且能够分类分类者。"① 它构成了不同阶层消费的亚文化且成为消费生活方式的核心。人的消费时刻体现着人的品位。通过消费品位,不同的地域、种族、代际、职业和性别等群体表现着自己的社会认同,进行社会区分。品位能够将消费活动转化成象征活动。在消费活动经由品位转化为象征活动的时候,消费也被从以物理定律来治理世界的物理秩序中解救出来,提升到了以价值标准来治理世界的象征秩序的层次。对物理秩序而言,每个人都会有不同的消费数量与金额,或是事物都会有不同的功能、样式和材质等,这些不同只能说是存在状态的"差异"(difference)。但对象征秩序而言,这些不同则是有关象征权力的"区隔"(distinction),蕴含着美丑、对错和好坏等价值的判断。布迪厄认为,消费行为和观念不只是表现了差异,还表现了区隔,因为区隔不只是差异而是展现和累积权力。

生活风格是布迪厄研究消费时的又一重要概念,布迪厄所说的生活风格蕴含着一种权力,不是简单指日常生活中购物的偏好和技巧,这种权力的强弱由消费者所拥有的象征资本决定,象征资本的累积主要依赖于品味的主张而非拥有的物质财富。对布迪厄来说,生活风格是一个区隔导向的行为表现,透过它,人们可以注意到自己社会中的位置。当然,生活风格区隔的表现内容和方式是依循着消费者的图式世界观而不是随兴的。生活风格不是呆板而单调的习惯性反射动作,而是充满丰富

---

① Pierre Bourdieu, *Distinction: A Social Critique of the Judgment of Taste*, translated by Richard Nice, Cambridge: Harvard University Press, 1984, p.6.

的表情和情绪的大戏，这出戏的编剧是消费者所信奉的品位主张。在消费社会，统治阶级的统治地位并不是靠武力完成，而是靠以自己的生活方式影响被统治阶级的世界观完成，让他们认识到自身的生活方式与统治阶级的生活方式无法相比，以致承认当下的权力关系具有正当的必然性。

不管是巴特的符号学理论、凡勃伦的炫耀性消费理论、西美尔的时尚消费理论，还是布迪厄的区隔研究，都为"都市社会"文化批判提供了理论阐释。对不同文化产品的消费，表明了消费者与众不同的时尚追求和生活风格，能够彰显消费者不同的品位、身份和地位，具有符号消费的作用，因此导致了文化消费中的异化问题。

二　存在主义

"存在"作为西方哲学中最古老的词语，与"理念""上帝""逻各斯"和"善"这些词语一同构建了整个西方哲学的古典传统。"存在"在希腊语中有三种含义，即"是""有"和"存在"，汉语中并没有能与之完美对应的词语，因此"存在"并不能完全表达出这个西方哲学核心术语的多重含义。[①]

亚里士多德追问的存在问题是"是什么把存在的多重含义集中到一起呢？"而对于柏拉图来说，存在来源于一种刨根问底的"什么是……？"的追问方式，最终在柏拉图那里形成了理念论哲学，在亚里士多德那里形成了一套探究万事万物的存在知识，即作为第一哲学的"本体论"（现在学界通常译为"存在论"）。经过中世纪经院哲学的发展，希腊的存在论成为西方哲学传统中最重要的学科，可以说是西方形而上学建构整个知识体系的基础，但随着西方形而上学在近代的日趋衰微，作为形而上学核心部分的本体论也逐渐沦为一个僵死的哲学学科，直到20世纪德国哲学家海德格尔《存在与时间》的出版，"存在"作为西方哲学核心词语的地位才得到重新恢复，焕发了与希腊哲学中的"存在"一词同样丰富的含义。

---

① 汪民安主编：《文化研究关键词》，江苏人民出版社2019年版，第36页。

第一章 列斐伏尔"都市社会"文化批判思想溯源

海德格尔对存在的思考可以分为"从存在本身来思考存在、从存在的历史来思考存在"和"从人的存在来思考人的存在意义"两个方面,可以说,海德格尔开辟了 20 世纪对大众文化影响最大的哲学运动,即存在主义。其实 19 世纪末就产生了存在主义思想,只是"存在主义"作为一个哲学流派的名称并开始流行起源于萨特 1943 年发表的《存在与虚无》之后。20 世纪存在主义运动有很多哲学家加入,他们风格迥异,两个存在主义哲学的先驱各具特色,克尔凯郭尔是基督教作家,尼采是难以归类的哲学诗人和先知,但这些哲学家们除了萨特、波伏娃和梅洛·庞蒂,其他并没有公开承认或者表明自己是存在主义哲学家,但不管他们是否公开承认或者表明自己的立场,不管他们是多么风格迥异,他们都有相同的旨归,都关注人的实际生存,关注人的存在的意义。存在主义作为 20 世纪对大众文化影响最大的哲学思潮,远远超出了西方哲学的学术思想范围,成为 20 世纪时代精神的一个表征。

存在主义思想对列斐伏尔的研究产生过重要影响,特别是海德格尔在《存在与时间》一书中提出的"日常生活"的概念曾多次被列斐伏尔借鉴。列斐伏尔在早期的日常生活研究著作《被神秘化的意识》中指出抽象的社会关系掩埋了人的存在,在日常生活中,个体性被异化和同质化,这就是日常生活的"被神秘化",和海德格尔"个人自愿沉沦于日常的无名状态,自愿成为常人而回避自己的真实生存处境"[①] 基本一致。

在日常生活研究方面,列斐伏尔没有像存在主义一样忽视日常生活的社会总体性,孤立地将个体的日常生存状态归因于个体意识的"被神秘化",也没有像马克思主义者那样只注重从传统经济和生产——宏观的政治经济领域来剖析晚期资本主义社会的意识形态阴谋,而是决定从实现存在主义与马克思主义两者的统一入手,从最普通的日常生活出发分析现代社会的变迁与发展。

---

① [德]海德格尔:《存在与时间》,陈嘉映、王节庆译,生活·读书·新知三联书店 1999 年版,第 14 页。

列斐伏尔认为日常生活发生着巨大变化，其中最突出、最触目惊心的变化是人的异化，因此列斐伏尔理论研究的基础与出发点被设定为日常生活的人及人的实际生存状况，他认为不管资本主义的统治策略如何变化，是以剥削和压迫为主的显性策略还是以消费享乐为主的隐性奴役，被统治控制之人始终是普通大众，故列斐伏尔主张从人与人的生存困境出发来剖析"都市社会"文化，他不但揭露了"都市社会"文化危机对人的侵害与腐蚀，而且努力探寻人摆脱异化的救赎路径。由此可见，列斐伏尔在日常生活领域实现了存在主义与马克思主义的高度统一，是名副其实的存在主义的马克思主义者，列斐伏尔"都市社会"文化批判思想的核心与出发点也是"人"和"人的存在"，这也是其"都市社会"文化批判的落脚点。

三 景观社会

景观社会是法国情境主义国际的创始人居伊·德波提出的一个重要概念，他的著作《景观社会》被西方学者誉为"当代资本论"。在列斐伏尔已经成为20世纪法国马克思主义的领军人物，特别是因为他的日常生活批判思想声名鹊起之时，居伊·德波还是一个初出茅庐的20多岁的先锋艺术家，并且尚未完成其代表作《景观社会》，很难想象这两个人会有交集，但事实上两人在学术上都对对方产生了深刻的影响，虽然历史上存在列斐伏尔与德波之争，但安迪·梅里菲尔德说："他们两人……有着极其相似的灵魂，是一阴一阳不联合的辩证联合……从内部融合在一起发出火花。"① "列斐伏尔将德波视为乌托邦的日常生活革命的现实化身，德波也将列斐伏尔看作是将艺术活动转变为政治行动的思想同路人和革命指引者。"② 两人都关注法国战后日常生活，并且在对

---

① Andy Merrifield, "Lefebvre and Debord: a Faustian fusion", in Kanishka Goonewardena et al., *Space, Difference, Everyday Life: Reading Henri Lefebvre*, New York: Routledge, 2008, p. 176.

② 刘冰菁:《学术抄袭背后的思想争鸣——列斐伏尔与德波之争及其思想史意蕴》,《江海学刊》2020年第2期。

日常生活批判中，都包含着对现代工业文明的否定，都强调消费在资本主义统治中的重要地位，都游离了马克思主义的生产逻辑。在列斐伏尔"都市社会"文化批判思想中到处可以看到景观的影子，德波的景观社会理论不可否认是其文化批判思想的理论基础之一。

（一）景观

景观（Spectacle）是德波学术体系中一个核心概念，他在1959年发表在《情境主义国际》上的一篇影评文章中首次使用了这个词，中国大陆学者通常译为景观，中国台湾的部分学者将其译为奇观。德波本人并没有对景观进行直接的界定，而是通过讨论来指认这一现象，但后来的研究者弗尔茨和贝斯特对景观从三个方面进行了界定。[①]

首先，景观指"少数人演出，多数人默默观赏的某种表演。"这里的少数人指制造了充斥当今全部生活的景观性演出的幕后操纵者资本家，而多数人是指我们身边被支配的普通的芸芸众生，他们以"一种痴迷和惊诧的全神贯注状态"观赏着资本家制造的景观性演出，这种迷人性的看导致控制和默从、分离和孤独。这群痴迷的观众成了"沉默的大多数"。[②] 德波刻画这个大多数为"观众简直被期望一无所知、一文不值。那种总是注视着观察下一步将发生什么的人从来不行动，这肯定是观众的情形。"[③]

其次，景观表面看是柔和迷人的，不涉及商业的强买强卖，不存在任何外在的强制手段，凭借一种内在的力量让人们自愿沉沦，不会表现为暴力性的政治意识形态，乍看起来，具有去政治化的属性，但实则凭借不干预把人变成木偶，让人们丧失批判力、政治力和创造性能力，只拥有一具视觉至上的空壳的躯体，通过不干预中的隐性控制实现最深刻的奴役。

最后，在景观带来的娱乐迷惑下，人类逐渐失去了本真的批判性和

---

① 张一兵：《代译序：德波和他的〈景观社会〉》，[法]居伊·德波《景观社会》，王昭风译，南京大学出版社2006年版，第11—12页。

② [美]道格拉斯·凯尔纳：《波德里亚：批判性的读本》，陈维振等译，江苏人民出版社2005年版，第210页。

③ [法]居伊·德波：《景观社会》，王昭风译，南京大学出版社2006年版，第117页。

创造性，沦为景观控制的奴隶。① 贝斯特概括景观的现实为："（1）一种真正的社会阶级统治的机构设施；（2）一种意识形态，源于现实的社会状况，'已经变得十分实际，并在物质上得以解释'；（3）这种意识形态拥有一种真正的'催眠行为'和刺激力量。"②

除了国外学者对景观从各方面进行的批判性界定，国内学者张一兵也对其过深入分析概括，认为德波作为社会批判关键词的景观本意指一种被呈现出来的可视化的客观景色和景象，也指一种主体性的、有意识的表演和作秀。德波认为被展现的图景性是当代资本主义社会的新特质，也是当代社会存在的主导性本质。沉溺于景观的人们丧失了对本真生活的渴望和要求，而景观的生成和变换成为资本家操纵整个社会生活的工具。③ 景观在人与世界之间建立起一道墙，它颠倒真实具体，否定真实世界，导致社会的分化断裂。

（二）景观社会的特点

马克思指出："资本主义生产方式占统治地位的社会的财富，表现为庞大的商品堆积。"④ 资本主义社会是一个商品堆积的社会。但在德波的眼里，资本主义后工业社会的"生活本身展现为景观的庞大堆聚。"⑤ 资本主义社会是一个景观社会。在德波看来，商品社会是抽象统治一切，而景观社会则是意象统治一切，德波把景观社会与马克思的商品社会相比较，提出了面对当今世界新情况的社会批判理论，有很强的现实批判意义。

在景观社会，商品存在的方式有所改变，从直接存在于某处的物到

---

① ［法］弗尔茨、贝斯特：《情境主义国际》，［美］罗伯特·戈尔曼《"新马克思主义"传记词典》，赵培杰等译，重庆出版社 1990 年版，第 767 页。
② ［美］贝斯特：《现实化的商品和商品化的现实：鲍德里亚、德波和后现代理论》，［美］道格拉斯·凯尔纳《鲍德里亚：批判性的读本》，陈维振等译，江苏人民出版社 2005 年版，第 210 页。
③ 张一兵：《代译序：德波和他的〈景观社会〉》，［法］居伊·德波《景观社会》，王昭风译，南京大学出版社 2006 年版，第 10 页。
④ 《马克思恩格斯选集》（第 2 卷），中共中央马克思恩格斯列宁斯大林著作编译局编译，人民出版社 2012 年版，第 95 页。
⑤ ［法］居伊·德波：《景观社会》，王昭风译，南京大学出版社 2006 年版，第 3 页。

以电子媒介为中介将自身表现为影像，商品通过影像的中介展示自己代替了直接展示自己，商品的集聚表现为媒介作用下景观的集聚，现在我们购买商品一般先关注媒介作用下展示的商品，接着才是真实的商品，"影像先行构成了景观社会的直接特征。"① 德波在继承马克思对资本批判的传统上，又比马克思传统更进了一步，这表现在：首先，物或商品在商品社会被分解为使用价值与交换价值，物在景观社会则被分解为现实与影像，景观社会影像决定并取代了现实，影像统治一切，景观社会实则就是一种影像社会。其次，在马克思那里，商品交换依然围绕真实的物和使用价值进行，但在景观社会，使用价值和真实的物不重要，重要的是被电子符号建构出来的物的影像，消费的对象是作为幻想的商品或影像。

景观社会同样遵循资本主义社会的扩张原则，但却是新的时空建构。前资本主义社会对应的是静态社会，时间是稳定而重复的循环时间，资本主义社会对应的是不可逆的时间，商品生产是不可逆时间的积聚，也就是机械时间的积聚，正是时间性质的改变，导致了商品生产的向外扩张，也改变了社会结构，使过去社会消解，并形成资本扩张的世界，但景观社会似乎复活了循环时间，但却是一种伪循环时间，在伪循环中，生活变成了影像的堆积，导致生活过程瘫痪，广告时间替代了历史时间，影像存在的时间依赖于广告的循环往复，"在伪循环时间的建构中，短暂的时尚时间构成了其中的一个个节点。"② 影像所建构的时间代替了与生产相关的时间，与之相应，人们基本生活在影像建构的空间中，真实生活的空间消散了，景观社会的空间建构呈现出"将现实空间建构为景观空间"和"影像的空间"③ 的双重属性。

景观社会的哲学理念是"看"与"分离"。影像成为资本生产的重中之重，这使静观性的"看"得到最彻底的实现，静观的"看"建立在主体和客体分离的基础上，"分离"是近代思维的内在规定，也构成

---

① 仰海峰：《德波与景观社会批判》，南京社会科学 2008 年第 10 期。
② 仰海峰：《德波与景观社会批判》，南京社会科学 2008 年第 10 期。
③ 仰海峰：《德波与景观社会批判》，南京社会科学 2008 年第 10 期。

了社会生活的规定，只有主体与客体的分离，对象才能被抽离出来，受主体的支配，影像正是从自身中分离出来才形成了它对世界的统治。在宗教中，幻觉中的影像统治着世界，而在景观中，可见的影像统治着世界。在分离中，两者使人成为景观的看客和想象者，进而实现了对当下世界的统治。

景观不仅指以商品消费、影像消费和景观消费为核心的媒体和消费社会，也指建立在景观之上的资本主义的整个运作体制和以影像为媒介的人们之间的全部社会关系。但从根本上讲，景观社会依旧是商品社会，因为它植根于生产，景观实质是被重新组织到了更高、更抽象水平的商品形式。

在景观社会，人们被意象和幻觉控制和奴役，德波认为必须超越景观社会。德波的景观社会理论是一个较为深入的社会文化批判理论，建构在消费社会的重要特征——景观之上，不仅丰富了西方马克思主义理论，还构成了西方马克思主义到后马克思主义过渡的一个理论节点。

第三节 列斐伏尔"都市社会"文化批判的逻辑起点

列斐伏尔的日常生活批判把研究的宏观视野拉回到微观的生活世界，为文化批判提供了一个独特的视角，空间生产和空间消费思想使人们关注空间转向对社会生活文化的影响，晚期的节奏分析作为日常生活批判的延伸，注意到越来越快的社会面临的文化困境，日常生活批判、空间生产、空间消费和节奏分析是列斐伏尔学术思想的核心，也是其"都市社会"文化批判的逻辑起点。

一 日常生活批判

自 20 世纪起，哲学家们开始跳出传统理性视域，将目光聚焦到生活世界，从不同视角展开对日常生活的分析和批判，列斐伏尔同这些哲学家们一样，强调日常生活对于人生存的基础性地位，并在 20 世纪 40

年代较早开启了日常生活批判研究，他的日常生活批判理论为"都市社会"文化批判提供了一个独特的视角，同时也开启了现代社会批判思潮，实现了哲学意义、现实意义和人本主义领域的结合。

（一）日常生活研究溯源

日常生活是包含日常消费、日常交往、日常意识等领域的自发性和自在（in-itself）的生活样式。西方进入20世纪后存在一个回归"日常生活"的思想潮流，在《欧洲科学危机和超验现象学》中，胡塞尔提出回归日常生活世界的命题，指出要想克服科学主义思维对人忽视，把人的活动及世界化约为与人无关的、外在于人的、可计算的和既定存在的弊端，必须返回之前反思的生活世界思维。继胡塞尔之后，奥尔格·许茨和马克斯·舍勒也在社会学研究中运用了日常生活直观方法，指出在生活世界的建构中，日常生活中的情感和情绪因素具有重要作用。但是，把日常生活推向深入并运用于"文学批评"和"批判"领域的当属西方马克思主义。

西方马克思主义者卢卡奇认为日常生活是理论活动活的根基，具有极其重要的理论地位，其弟子阿格尼丝·赫勒进一步阐发了这个课题，认为日常生活可以作为批判资本主义异化生活方式的起点。法兰克福学派从哲学批判中考察日常生活，认为"异化的科技理性的日常生活与法西斯主义的'理性的残暴'具有共同的逻辑。"[1] 英国西方马克思主义与法兰克福学派不同，他们从文化社会学的角度研究日常生活，威廉斯发现文化不仅在日常生活中有"区隔"和"阶级划分"的作用，而且有阶级压迫的作用，把统治者的阶级观念通过日常生活和日常实践强加给被统治阶级。

法兰克福学派和文化唯物主义者都认为日常生活蕴含着意识形态的统治作用。法国的罗兰·巴特和阿尔都塞都持相同的观点，罗兰·巴特从符号学的角度揭示日常生活中的符号体系构成巨大的当代神话，并进行着无声的统治，阿尔都塞从结构主义的视角描绘了日常生活与意识形

---

[1] 汪民安主编：《文化研究关键词》，江苏人民出版社2019年版，第311页。

态国家机器的同谋。

日常生活真的无药可救吗？米歇尔·德塞都和亨利·列斐伏尔并不这么认为，德塞都采用超越"宰制/被宰制""控制/被控制"的二元对立模式来理解日常生活，认为个体可以通过日常生活实践抵抗日常生活当中的规训力量，列斐伏尔区分了日常生活（everyday life）和日常性（everydayness），认为日常生活充满革命性，日常性单调乏味，要展开日常生活与日常性之间的长期斗争，对日常生活进行批判，"当日常生活成为一种批判，成为对高级活动和他所制造的意识形态的批判时，白日的曙光就出现了。"[①]

（二）日常生活批判概述

列斐伏尔首次提出日常生活批判的概念，这是其学术生涯的核心贡献之一，有学者认为他在日常生活批判理论领域是一位"完美典范"[②]，可以说，他能成为与阿多诺、卢卡奇和马尔库塞等相提并论的马克思主义重要理论家之一，应该归功于他的《日常生活批判》三部曲。

列斐伏尔的日常生活批判概念在前后期有明显的不同，他的日常生活前期概念主要来源于他1947年出版的《日常生活批判》（第一卷），后来在1968年出版的《现代世界中的日常生活》中，结合战后资本主义"消费受控制的官僚社会"的特征，重新界定了日常生活批判的概念。总体来说，他前期研究日常生活，立场比较哲学化，态度比较乐观化，在承认日常生活被压迫时，也坚持日常生活蕴含着解放因素，"日常生活是各种社会活动和社会制度结构的最深层次连接处，是一切文化现象的共同基础，也是导致总体性革命的策源地。"[③] 后期他更注重从社会学的微观层面理解日常生活，态度相对悲观，认为日常生活已经成为生产和消费总体环节中的一部分，被全面组织和管理，现代社会已经不再是可供人们自由选择的丰裕社会和休闲社会，而是一个"消费受控

---

① Henri Lefebvre, *Critique of Everyday Life* (Vol.I), trans by John Moore, London: Verso, 1991, p.87.

② Michael E. Gardiner, *Critique of Everyday Life*, New York: Routledge, 2000, p.71.

③ 刘怀玉：《列斐伏尔日常生活批判概念的前后转变》，《现代哲学》2003年第1期。

制的官僚社会"①。

日常生活批判理论的建构贯穿列斐伏尔的整个学术生涯,他在马克思对现实生活反思批判的基础上展开了对日常生活领域的哲学思考,拓展了日常生活的内容,构建了日常生活批判理论体系。他的理论说明马克思主义可以成为审视日常生活的重要理论话语,马克思主义当代理论的发展需要重新批判地认识日常生活。对列斐伏尔日常生活批判理论当代价值的揭示,能够推进马克思主义理论的不断发展,能够不断拓宽研究视野,能够为走向消费社会的当代中国进行社会主义现代化建设提供借鉴意义。但日常生活批判理论把解放的出路寄托在语言造反的实践和全方位的诗性美学革命上,脱离了经济和政治革命,注定其乌托邦的命运。

二 空间生产

列斐伏尔对城市空间问题的思考与两个事件密切相关。一是法国1968 年的"五月风暴"城市运动。他关于城市空间的研究基本上都是他对这次运动失败反思的结果,基于此次事件,列斐伏尔认为空间既具有能动性,又具有政治性。另一个事件是 20 世纪 60 年代中期列斐伏尔家乡的变化促使他关注空间问题。被列斐伏尔比作海贝的他的家乡原来是一个镌刻着时空痕迹的小镇,是一个生命有机体,但是后来在这个小镇旁发现了油气资源并开始进行开采,从而促使它演变成一个小城市。在列斐伏尔看来,这个小城市改变了原来小镇的面貌,街道上嘈杂喧哗、车辆拥挤,原来田园牧歌式的农村景观被破坏,小镇变得单调乏味,新城的均质与单一化令人反感。这种变化不仅促使列斐伏尔思考城市空间问题,也促使他对空间背后的意识形态和资本逻辑运作进行了深层次的思考。

(一) 列斐伏尔的社会空间观

在传统观念中,空间只不过是一个物理场所,是容器,是一个等待

---

① 刘怀玉:《列斐伏尔日常生活批判概念的前后转变》,《现代哲学》2003 年第 1 期。

开垦和圈占的"那个地方",与代表进步、预示未来的所向披靡的时间相比,显得卑微渺小,它至多只能是资本主义工业化大发展进程中可以被利用的土地资源。虽然传统的时空观随着爱因斯坦划时代的相对论的提出有所突破,但并不能改变人们对时间关注多于空间的现实。空间总是被各种事件、历史、各种进程和结构所支配或遮蔽。这种情况随着列斐伏尔1974年出版的《空间的生产》——第一部系统论述空间问题的理论专著而得以改变,列斐伏尔在这本书中批判了传统空间被忽视的局限,为传统空间观念平反,从而拉开了西方学界空间转向的大幕,列斐伏尔说:"并不太久前,'空间'被赋予严格的几何学意义,它只是一个空的区域;在学术圈儿,它通常和'欧几里德的''无限的'和'各向同性的'搭配使用,空间被普遍认为是一个基本的数学概念。说起'社会空间',听起来会很奇怪。"[1] 这种呆板的空间概念,烙刻着18世纪的启蒙色彩,在现代遭遇到极大的挑战。不管是笛卡尔的空间概念还是康德的空间概念都遭到了激烈的反驳。在这种趋势下学者们把以前给予历史和事件,社会和社会关系的礼遇,纷纷转移到空间上来。他们认为,空间是日常生活中不可忽视的一个事实,其实,历史不仅是在时间中展开,更是在空间中展开,理解社会生活的基本语境是空间,关注事物发生在哪里可以更好地帮助理解他们为什么以及如何发生。菲利普·韦格纳指出,当代西方"正在出现的跨学科格局把中心放到了'空间''场所'和'文化地理学'的问题上。"[2] 空间反思的成果使文化研究同城市设计、地理学和建筑等空间学科,越来越呈现出交叉渗透的趋势。空间既是一种生产,也是一种有力的力量,影响、限制和引导人类活动的存在方式和可能性。

列斐伏尔说:"(社会)空间就是(社会)产品。"[3] 他一再表明:

---

[1] Henri Lefebvre, *The Production of Space*, translated by Donald Nicholson-Smith, Malden: Blackwell Publishing, 1991, p. 1.

[2] Phillip E. Wegner, "Spatial Criticism: Critical Geography, Space, Place and Textuality", in Julian Wolfreys ed., *Introducing Criticism at the 21st Century*, Edinburgh: Edinburgh University Press, 2002, p. 180.

[3] Henri Lefebvre, *The Production of Space*, translated by Donald Nicholson-Smith, Malden: Blackwell Publishing, 1991, p. 30.

"虽然空间本身是事先给定的,但是空间却是社会变化、社会经验和社会实践的产物。"[1] 为了进一步分析空间的社会性,列斐伏尔基于马克思的社会形态理论和生产方式理论,历史地考察了空间化的沿革,认为空间化的历史从古至今可以分为六个阶段,分别为绝对空间、神圣的空间、历史性空间、抽象空间、矛盾性空间和差异性空间,[2] 这些空间生产阶段的划分表明,空间生产的社会特征与日俱增。由此也进一步说明,列斐伏尔对马克思主义理论发展做出的重大贡献,就是通过把空间分析融入马克思主义之中,强化马克思主义空间化的一面。虽然空间和地理的重要性在马克思本人的著作中也有所涉及,甚至在《德意志意识形态》中还在某种程度上强调了空间社会性思想,但在马克思主义理论体系中,空间始终处于依附地位。而在列斐伏尔这里,他针对当代思想和物质语境的变化,重新阐述了植根于社会存在本体论中的空间,使空间的本体地位凸显,瓦解了空间和社会存在毫不相关、传统地割裂开来思考二者的思维模式,时间、空间和社会存在之间的辩证关系得以重建,形成了三位一体的崭新模式,重新平衡了地理、历史和社会之间的关系,空间被赋予了社会意义后以全新的姿态融入马克思主义理论中。

此外,西方有代表性的空间批评话语包括"时空压缩""第三空间""空间规训""空间分工""时空分延""液态空间""地缘想象""空间混杂"等从不同的理论视角对空间和空间性的问题进行了思考,但在差异中也存在强调空间社会性的共同特征,认为"空间不是社会的反映,而是社会的表现。"[3] 空间的社会性是空间步入消费时代后其结构和功能全面转向消费方向的巨大推动力。

至此,空间作为一个积极的因素被列斐伏尔等整合进马克思主义的理论体系中,他们的探讨与当代社会的现实空间问题紧密结合,他们在西方社会科学空间化转向的语境下对马克思社会空间理论的再思考对推

---

[1] 唐旭昌:《大卫·哈维城市空间思想研究》,人民出版社 2014 年版,第 42 页。
[2] Henri Lefebvre, *The Production of Space*, translated by Donald Nicholson-Smith, Malden: Blackwell Publishing, 1991, pp.48-52.
[3] [美] 曼纽尔·卡斯特:《网络社会的崛起》,夏铸九等译,社会科学文献出版社 2001 年版,第 504 页。

动马克思主义的当代性研究具有重要意义。

（二）从"空间中的生产"到"空间的生产"

空间是社会实践的发源地，是特殊的社会产品，同时也是社会关系的产物，空间在每个特定的历史阶段都有着和这个阶段相适应的空间模式，因为生产力水平决定着空间以什么样的方式生产。列斐伏尔说："每一种生产方式都有自己独特的空间，生产方式的交替变换必然带来新空间的生产。"[1] 在农业社会，空间主要只是生产活动的载体，人们只是利用空间中的物质资料进行生产活动。在工业社会，空间中的商品生产是主要的生产实践活动，空间也只是各种生产实践的活动场所，这个阶段主要是城市空间中的生产。可见，农业社会和工业社会阶段，空间中事物的生产是人们关注的对象。而随着科技进步和生产方式的转变，创意经济显露头角，因此，传统工业经济以物品为生产活动实践重心的情况开始向空间转移，尤其是消费社会到来后，消费领域取代了生产领域成为资本关注的重点，传统工业面临衰败，空间生产的方式也发生了很大的改变，城市空间生产过程逐渐与消费相关的产业——房地产业与服务业等密切相连，城市空间面临着全方位的重组。就这样，为了在商品生产和消费的环节中纳入更多的物品以满足社会消费不断扩大的需求，以及在物质生产过程中知识的介入和生产力提升的推动下，空间本身日益成为生产资料，成为资本存活的工具，这种现象被列斐伏尔称为"空间的生产"（production of space）。

从广义上讲，物质资料的生产也好，社会生活的生产也罢，都不能离开时空条件而存在，所以"空间中的生产"（production in space）是生产本应该具有的意义，但狭义地讲，空间中的生产就是指传统的在工厂中生产并榨取剩余价值的生产方式。而空间的生产是将空间作为一种特殊的生产资料并用来为资本增值服务的现代生产方式，空间自身与生产直接相关并密不可分。房屋、商场、道路等空间形式都被用来生产剩余价值，"空间作为一个整体，进入了现代资本主义的生产模式：它被

---

[1] Henri Lefebvre, *The Production of Space*, translated by Donald Nicholson-Smith, Malden: Blackwell Publishing, 1991, p. 46.

第一章 列斐伏尔"都市社会"文化批判思想溯源

用来生产剩余价值。"① 比较而言，空间中的生产与空间的生产中的空间属性不同，前者的空间指自然属性的空间，后者的空间指社会属性的空间。

空间中的生产在马克思、恩格斯的经典论著中多有论述，空间中的生产只是解读了人类社会的任何生产活动都需要一定的空间条件的简单明了的事实，这里的空间只是物质生产的器皿和媒介，比如工厂里和写字楼里的生产活动，不管是生产的物质产品还是精神产品，都属于空间中的生产，空间在这个过程中只是生产的载体，是物理空间。

列斐伏尔认为由于普遍都市化、城市的急速扩张以及空间性组织的问题等，生产已经从："空间中事物的生产（空间中的生产）转向空间本身的生产（空间的生产）。"② 这是生产力进步的结果，也是对空间认识的提升。在资本主义社会，空间已经成了一种可以被消费的商品、一种可以生产剩余价值的生产资料。资本通过对空间的占有、生产和消费而创造剩余价值。

列斐伏尔的空间生产思想可以追溯到20世纪下半叶他对西方社会关系的批判性理论研究和西方社会空间的政治经济学研究。20世纪60年代左右，西方国家出现城市财政危机、中心衰落等负面现象，对此，列斐伏尔认为第二次世界大战以后不应当把马克思主义理论研究的焦点还放在工业生产的社会组织和所有权上，而应当放在以城市为核心的人际关系上。因此，他在20世纪60—70年代发表了《城市革命》《城市的权力》《资本主义的幸存》《马克思主义思想与城市》以及《空间的生产》等许多有关城市与空间的著作。列斐伏尔的空间生产概念是体现着物质生产动态过程和社会关系制造的实践概念，不仅仅是抽象的社会范畴；是政治意识和生产态度，不只是事物在地点场景的经验设置；不只具有社会关系意义，而且通过社会关系呈现自己，并投射社会关系于其中。

---

① [法] 亨利·列斐伏尔：《空间：社会产物与使用价值》，王志弘译，包亚明《现代性与空间的生产》，上海教育出版社2002年版，第49页。
② [法] 亨利·列斐伏尔：《空间：社会产物与使用价值》，王志弘译，包亚明《现代性与空间的生产》，上海教育出版社2002年版，第47页。

从"空间中的生产"到"空间的生产",带来了两个改变,第一,纯粹的物理的自然空间在消失。"虽然自然空间仍然是社会过程的起源,……但想要勾勒出一幅人类用毁坏性工具干预之前的自然图景已经很难。甚至神通广大的自然神话也正在转变为纯粹的虚构和消极的乌托邦。自然只不过是各种社会制度的生产力塑造自身空间的原料。当然,自然进行了顽强激烈的抵抗,但还是被彻底击败了,只有等着最终的解体与消亡。"① 第二,社会空间的意义凸显,为资本主义的存活开辟了新的路径。列斐伏尔在对空间生产进行系统论述的时候,认为空间的生产是资本增值最集中的表现和方式,为当代资本主义的生产开辟了独特路径。笛卡尔、康德和莱布尼茨把空间当作绝对的空虚,处在日常生活的边缘,只不过是存在的一种条件,但列斐伏尔却发现空间的经济学意义。列斐伏尔指出:"我们再也不能把空间构想成为某种消极被动的东西或空洞无物了,也不能把它构想成类似'产品'那样的现有之物……它变成辩证的东西:产物—生产者,经济与社会关系的支撑物……它是某种'行走在大地上'的现实。"② 空间绝不是消极被动的容器,也不仅仅是物体或事件发生的场所,空间与资本、金钱和商品一样担负着全球化进程的使命。空间历史地被生产出来,成为全球化的核心参与者与推动者,为我们提供了一个透视社会和时代的棱镜。空间不但是生产,而且还是一种统治方式,列斐伏尔认为,资本主义能够存活到今天,正是"通过占有空间,通过生产空间"③。资本主义空间的生产意味着社会关系在各个层面上被重新生产出来而不是消失,各种变化着的空间结构通过世界市场中各种各样的互动关系被镌刻在地球表面上,列斐伏尔指出资本主义的内在矛盾通过占有空间的方式得到缓解。从"空间中的生产"到"空间的生产"的转变,使"现代经济的规划

---

① Henri Lefebvre, *The Production of Space*, translated by Donald Nicholson-Smith, Malden: Blackwell Publishing, 1991, pp. 30–31.
② [法]亨利·列斐伏尔:《空间的生产》(新版序言)(1986),刘怀玉译,张一兵《社会批判理论纪事》(第1辑),中央编译出版社2006年版,第180页。
③ Henri Lefebvre, *The Survival of Capitalism*: *Reproduction of the Relations of Production*, translated by Frank Bryant, New York: St Martin's Press, 1976, p. 21.

倾向于成为空间的规划"①。

空间本身的生产代替空间中的生产的转变表明空间的概念不是亘古不变的,而是在不断地丰富与深化,并且在一定的历史条件下,两者是相互作用相互影响的。一方面空间中的生产为新的空间的生产奠定基础;另一方面,空间的生产又影响着空间中的生产。

三 空间消费

列斐伏尔说过,别人选择借助于无意识、文学和语言等去探讨现代社会的复杂关系,而他选择使用空间。列斐伏尔之所以在对日常生活哲学的研究后转向空间,有着一定的历史背景。一方面,发达国家20世纪六七十年代出现普遍的城市危机,由于城市中心产业的外迁和郊区化的发展,城市服务业和商业萎缩,失业人口持续上涨,居民的生活水平下降,社区居民的抗议运动和骚乱持续爆发。他对空间的关注就是对社会的普遍都市化、城市的急剧扩张以及空间性组织问题思考的结果。另一方面,第二次世界大战后,西方社会经过工业化阶段的高速发展,到了20世纪60年代,城市的经济快速增长,社会结构产生了巨大变化,社会文化开始转向消费文化,并迅速在生活中占据主导地位,在消费主义的文化语境中,消费追求奢侈性、炫耀性和时尚性,而不再只是消费商品的使用价值。在这种情况下,对人们消费行为影响较大的是物的符号性,最能体现符号性消费的空间消费受到人们的青睐。

(一) 空间消费的起因

在《哲学的贫困》中,马克思认为商品交换的变化经历了中世纪只交换剩余品的时期、交换一切产品的时期和一个连德行、爱情、知识、良心和信仰这些一向认为不能交换的东西也可用来交换的时期。② 这段话描述的其实是前商品阶段、商品阶段和商品化阶段三个阶段交换

---

① [法]亨利·列斐伏尔:《空间:社会产物与使用价值》,王志弘译,包亚明《现代性与空间的生产》,上海教育出版社2002年版,第47页。
② 《马克思恩格斯全集》(第4卷),中共中央马克思恩格斯列宁斯大林著作编译局编译,人民出版社1958年版,第79—80页。

的不同，因此也说明不同社会阶段对消费的需求不同。在资本主义社会的后工业化时代，生产能力过剩，消费能力不足，因此资本不能顺利周转增值，为了实现资本的快速循环增值，必须刺激消费，这就导致了空间消费的出现。越来越多的空间被用来消费，既包括像花园、游泳池和私人住宅这样的私人空间，也包括像风景区、游乐场、影院和商场这样的公共空间。它们都成了可以交换的商品，并且为了适应城市空间功能化的调整，它们被赋予了居住、游憩和观赏等不同的消费价值。在这个过程中，相比空间的使用价值，人们更追求空间的交换价值，空间的价值从本质上发生了变化，空间的结构化与理性化逐渐增强。

今天，城市中心的商场、酒吧的动感音乐已经取代了昔日工厂里的机器轰鸣。这表明资本主义社会已经进入了消费社会，空间消费也是伴随资本主义发展的空间模式的变化。空间消费的兴起和空间观与空间模式的变化密不可分，空间观随着具体的历史转换而变化，迄今为止，游牧与采集、农耕、商业和工业，以及当代高密度高聚集的复杂社会（被列斐伏尔称为城市社会）是人类社会走过的几个主要阶段。和这几个阶段对应的空间观的内容也经历了与游牧和采集相对应的"流动的自然空间"、与农耕相对应的"固定的弱人化自然空间"、与商业和工业相对应的由人生产、营建的广场、集市、居所、厂房等"固定与流动相结合的强人化空间"以及与复杂社会、城市社会相对应的"高密度复杂流动性空间"几个阶段。总结这几个阶段的发展特征可以发现人与空间关系的发展趋势，第一，空间不断稀有化；第二，空间不断走向人化；第三，人们的空间意识不断觉醒，空间成为竞争和利益的核心。[①]

工业革命不但促进了经济繁荣，也引起了社会结构的变化，消费逐渐成为生活的重中之重。经济结构的重心经历了从生产到消费的转变，从而促生了消费文化。而城市空间的建造是一种刻有文化烙印的活动，也就是说，社会文化是城市空间最基本的决定因素之一，因此，人们对空间的认知和实践也必然受到消费文化潜移默化的影响，城市空间的营

---

① 陈忠：《城市异化与空间拜物教——城市哲学与城市批评史视角的探讨》，《马克思主义与现实》2013年第3期。

造也不可避免地被烙上消费文化的印记。消费文化渗透到各种空间中,包括自然空间、媒介空间、休闲空间,甚至是精神空间。文化的包装赋值加快了空间向消费空间的转换,加快了空间商品化的速度。人们的空间价值观也在街区功能的不断转变、建筑造型的迅速更新、空间结构的不停重构中发生了改变。归根结底,空间消费是社会发展到一定阶段的必然产物,是主体在探索新的生活方式的过程中经历的一条矛盾而复杂的路径,在这个过程中,文化资本的介入与包装对推动其发展起到了极大作用。

(二)空间消费的内涵

空间消费是和空间相关的实践活动,其前提是空间成为商品。空间消费与空间需求和空间要求不同,它的内涵更加广泛,它是人与空间关系的表象,更是人与空间互动关联的过程,在这个过程中,人们是主动地去选择适合自己的空间而不是被动地去使用某个空间,并且在消费过程中,人与空间不断地相互妥协和适应,形成与空间对应的生活和意识形态,所以,空间消费具有反馈、交互性的特点。它是一种个体体验,也是一种社会活动,更是一种城市发展状态。

空间消费可以分为狭义的空间消费和广义的空间消费,狭义的空间消费就是对空间的使用、消耗和体验,是对消费空间的一种消费。这种消费根据消费者心理的不同又可以分为两种类型:分别是以体验为目的的空间消费和以买卖为目的的空间消费,消费者在以体验为目的的空间消费中,主要目的是体验和享受而不是购买,空间在此过程中就是消费本身、消费对象和消费目的,比如酒吧和咖啡厅等。而以买卖为目的的空间消费,消费者的主要目的是包含了体验的购买,以购买为主要目的,空间的主要功能是作为营销方式、手段和策略,比如商场、超市和楼盘。总之,在空间消费的过程中,空间不再只具有使用功能,不再只是承载各种活动的场所,而是本身成为能够满足人们情感和心理需求的商品。广义的空间消费,主要指"人与空间的相互介入、相互影响、相互改造的实践与变化过程,这其中既包括客观世界里人的空间消费行为与活动,也包括主观世界里空间话语、空间感、空间想象的流动变化,还有包括贯穿在现实空间、话语空间、空间隐喻、内在空间之间的任何一种叙述和体验过程。"①

(三) 空间消费的分类

人本主义心理学家马斯洛的需求层次理论中提到从低到高五个层次的人的需求，即生理需求、安全需求、社交需求、尊重需求和自我实现需求。这五个层次的需求可以分为三大类：即物质性需求、精神性需求和社会性需求。列斐伏尔在对空间的研究中也指出"必须揭示以下三个领域的理论统一性，即物质领域、精神领域以及社会领域。"② 那么对应需求和列斐伏尔的阐述，空间消费可以分为侧重实惠性、实用性和非个人性的功能性空间消费，侧重风格化、趣味、享受性、气氛及感觉、差异性、符号以及形象的精神性空间消费和重视空间中人与人之间的互动关系、空间地域性、空间的社区性构建和空间的文化维系的社会性空间消费三种。但实际上，空间消费这三种类型并不能截然分开，有时是有交叉的。

功能性空间消费是指对商品住宅、监狱、教堂、停车场、各种运输设施、轻轨、高架桥、高速道路和地铁等的消费，功能性空间消费主要是为了满足人们的基本生活需要而进行的。这种空间消费更加偏重于实用性和实惠性，比如购买商品房，更加看重的是周边的配套、地理位置、小区环境、价格高低等。

精神性空间消费是指对商场、餐厅、游乐场、影院和风景区等的消费，在空间消费中占据着重要的地位，精神性空间消费是消费社会发展的必然结果，它的出现是为了刺激人们的消费欲望，但也在一定程度上满足了人们更高的精神追求。这种空间消费往往注重特色、探索性、趣味性、体验性和享受性等方面的内容，为了达到这样的目的，各个商家费尽心机，一些商家通过怀旧的手段来建构精神性的空间消费，比如南

---

① 郑详福、叶晖、陈来仪等：《大众文化时代的消费问题研究》，中国社会科学出版社2008年版，第171页。

② [美] 迈克·迪尔：《后现代血统：从列斐伏尔到詹姆逊》，季桂保译，包亚明《现代性与空间的生产》，上海教育出版社2002年版，第85页。

京的老门东,通过茶馆、食物包装与器具等把饮食的怀旧氛围呈现出来;通过传统乐器的演奏与传统戏曲营造出听觉怀旧;通过老字号"谢馥春"的香粉营造出嗅觉怀旧;通过"金陵戏坊"呈现一种视听结合的怀旧场景。通过对各种感官的怀旧感知,老门东为消费者建构起了能够激起人们情感共鸣的情感空间,因为这种空间更加接近本真的、原始的人类情感,表现出对机械时代的一种情感反抗,因此受到人们的欢迎。还有一些商家利用高科技创造出虚拟仿真、科幻的场景或空间,不仅给人们带来全新的视觉享受,还能让人们真实地参与其中,比如迪士尼乐园。好的精神性空间消费首先要讲情感,通过氛围的营造,使大众能够产生积极的情感活动,但从更高层面上讲,精神性空间消费最好能够达到艺术层面,甚至能够升华到哲学和信仰层面,引发人们的思考,唤起他们的人文情怀和对历史文化的共鸣等。

社会性空间消费是指对小区广场、城市广场、社区活动中心、公园等的消费。这种空间消费既是为了满足人们的基本生活需要,也是为了满足人们的精神需要和交往需要,通过社会性空间消费场所,人们往往获得一种情感释然、换取一种感知认同。目前来看,社会性空间消费场所建构不足,这就造成人与人之间缺乏沟通与交流。

人们对于空间消费类型的偏好随着社会的发展而变化。过去,人们更加关注的是空间能带来实际影响、客观能使用的一面,也就是空间的实际功能。但随着空间消费文化的兴起,一些充满国际元素的主题乐园和一些较高环境品质的购物商场出现,人们在消费时,不仅关注商品本身,也关注购物环境,关注购物时所在的空间的品质,因为高品质的空间本身就可以让他们轻松愉快。

空间消费的分类表明空间消费在日常生活中无处不在。空间消费具有多维性,既是个体的自由选择,也是主动的集体行为;既是一种抽象符号,也是一种具体行为;既是人们与社会交往的表现,也是对人们内在需要的一种满足;既是对空间的消耗和使用,也是对空间的生产和转化。空间消费已经潜入到城市化发展过程中,在这个过程中,一方面满足着城市化发展的需要,一方面又改造着城市化。

(四) 从"空间中的消费"到"空间的消费"

生产和消费在社会生产关系中是相互影响的,"空间的生产"取代"空间中的生产"的转变必然带来消费的改变,空间既然被当作商品来生产,也可以被当作商品来消费,从当前城市发展的情况看,空间消费已经成为了普遍的现象,从而取代了城市空间中的消费。

概括说来,空间中的消费是指空间为消费活动的发生提供了场所,是承载消费的容器和平台,是消费发生的先决条件,在空间中的消费中,空间中发生的各类活动更加受到关注,空间主要发挥使用功能的作用。空间消费是指空间成了消费的对象,转变成了具有使用价值和符号价值的商品从而存在于消费社会的生产—消费体系中。在空间消费的过程中,空间的品质受到更多的关注,空间不再仅仅发挥使用功能的作用,也发挥着交换功能和符号功能的作用,甚至在这个过程中,人们对交换功能和符号功能的关注远远超过了对其使用功能的关注。其实,空间中的消费和空间消费并不是截然分开的,空间消费通常依附在空间中的消费上,比如不管是在星巴克喝咖啡还是在街头快餐店喝咖啡,都属于空间中的消费,但是在街头快餐店喝咖啡只能算是空间中的消费,而在星巴克喝咖啡却属于空间消费,因为星巴克从空间上给顾客营造了体验之境,顾客为这样的体验之境支付了金钱,从中获取了难以忘怀的体验,且因消费而凸显出自身"小资""文艺"等品位、个性的差异。再比如上海1933老场坊是由工部局屠宰厂改造而成,其精致的镂空花格窗、异国情调的锥形立柱和廊道盘旋,外圆内方、宛若迷宫的奇特布局,加上素混凝土墙面营造出来的陈旧沧桑的岁月痕迹,构成一种异于现实生活的纯净美感世界。这种空间氛围为其中的消费活动带来强烈的审美和文化体验,消费者来此消费不再是仅仅为了吃一餐饭、看一场展览,而是为了购买这个独特的空间体验,获得美好的记忆,这就是空间消费。

列斐伏尔最先提出空间是可以用于消费的商品,他认为,空间是社会的产物,不是社会关系演变的容器,在资本逻辑的推动下,空间这种稀缺的资源也必然会成为一种商品,"如同工厂或工场里的机器、原料和劳动力一样,作为一个整体的空间在生产中被消费。"① 消费主义赖以维持的主要手段是对空间的整合和征服。哈维也说,包含各种元素的混合商品是后现代城市空间的本质,消费社会的必然性结果是空间商品化。来自英国的社会学家齐格蒙特·鲍曼指出消费社会财富和权力增加的重要方式是空间消费。当然,很久以前就有使用意义上的空间消费,但商品意义上的空间消费兴起却是近期的事,因为资本主义在发展的过程中,社会的根本矛盾已经从生产的理性化和获取最大化利润之间的矛盾转向无限提高的生产能力和有限的销售能力之间的矛盾。消费成了资本主义社会的焦点问题和解决问题的根本途径。消费已经不再受生产的控制,消费掌握了主动权,决定着生产的命运。这样,生产的根本目的由使用价值转换成了交换价值,产品的消费化趋势明显。正是在这种消费逻辑的推动下,许多城市空间成为消费品供游玩、观赏和体验。而"空间的'游玩、观赏、体验'可以像'使用、购买'一样地创造价值和利润,这进一步拓展了空间消费的内涵即空间商品的类型。"② 由于空间在消费社会日益商品化,再加上空间消费的内涵不断扩展,城市空间的角色已经转变,过去,它是财富的体现者和消耗者,而如今它是财富创造者,这加剧了空间中的消费到空间消费的转变。

从空间中的消费到空间消费的转变,使一切具有潜在利润的空间都成为商品生产者的觊觎对象,并伺机而动把空间制成各种产品,且采取各种策略把空间产品转化为商品。沃尔夫冈·弗里茨·豪格就提到要不断美化售卖地点,"商店的美化装修的周期在不断缩短"。"这些处于残酷竞争中的零售商可以通过销售美学这样的手段获取利润。"③ 因为"'购买体验'对于购物者来说发挥着额外的吸引力,因此这也成为商业资本在竞争中的武器,而且现在已经不能不用这样的武器了。"④ 斯

---

① [法] 亨利·列斐伏尔:《空间:社会产物与使用价值》,王志弘译,包亚明《现代性与空间的生产》,上海教育出版社 2002 年版,第 50 页。
② 季松:《消费时代城市空间的生产与消费》,《城市规划》2010 年第 7 期。
③ [德] 沃夫尔冈·弗里茨·豪格:《商品美学批判:关注高科技资本主义社会的商品美学》,董璐译,北京大学出版社 2013 年版,第 70 页。
④ [德] 沃夫尔冈·弗里茨·豪格:《商品美学批判:关注高科技资本主义社会的商品美学》,董璐译,北京大学出版社 2013 年版,第 71 页。

科特·麦奎尔则在《媒体城市：媒体、建筑与都市空间》这本书中强调了电器照明对城市空间商品化的推动作用。谢尔兹和琼·鲍德里拉德同时注意到仿制对于空间消费的重要意义。这样，空间消费使空间资本与文化工业的融合成为必要。

在具有等级结构的社会，任何一种消费物都具有社会区分的功能，空间作为消费物，当然也会成为区分社会阶层的标志，展示着人们的名望和地位，比如入住一个五星级的酒店仿佛表征着消费者尊贵、高雅的社会地位和身份。空间实体让位于空间意义，这说明空间不但有使用价值，还有着丰富的符号意义。人们从空间消费上能够传递出一种身份识别的信息，空间是社会关系获得意义的载体，而绝不仅仅具有物理维度。

空间商品化和空间符号化是实现空间中的消费转变为空间消费的主要手段。空间商品化主要是指赋予空间产品甚至是自然空间商品的属性，可以用来买卖。空间符号化主要包括两个方面的意思，一方面是给空间贴标签，比如名人故居、历史名城，使空间成为差异化的空间产品；另一方面是用符号代替空间，把空间概念化，凭借在人们头脑中植入这种概念达到推销的目的，比如把某处商品楼定义为高档小区。

空间消费对城市空间的最重要的影响表现在传统文化的衰退和异质文化的介入。一方面，传统文化的衰退。在空间消费的浪潮下，一些历史街区重新进行规划，一部分传统文化在街区的旅游开发中面临着他者的审视，成为"附和游客的口味和媒体的要求，变为'依附性'极强的表演形式和时代符号。"[1] 比如都江堰南街的清真寺本来是穆斯林聚集礼拜的场所，在旅游开发中却成为参观的景点。此外，在这些街区开发的过程中，街区原有的居民外迁势必会破坏传统文化土壤与其环境的联系，这就造成传统文化在外来文化和功利主义的影响下逐渐式微甚或衰退。另一方面，异质文化的介入。都江堰西街历史街区在开发的过程中，以西门町、上海故事、coco都可等为代表的外来品牌等商铺纷纷入

---

[1] 郭文、王丽：《文化遗产旅游地的空间生产与认同研究——以无锡惠山古镇为例》，《地理科学》2015年第6期。

驻街区，遍布街区的咖啡、甜品、酒吧、餐厅等休闲空间就是异质文化在街区表征空间的投射，宣布了异质文化对传统文化的渗透。当然，异质文化的渗透不只有消极的一面，如果能够与传统文化相融合，建构出新的时代文化和相应的空间符号表达，倒也是顺应时代潮流的事情。

城市发展的空间消费转向使空间消费越来越成为城市消费文化的象征，空间消费作为一种新型的消费，具有社会性、开放性和多元性的特征，但也具有突出的异化特征。历史发展到今天，人类依然没有摆脱异化的生存境况，因此，异化问题从来没有离开过人们的视野。

（五）空间消费中的异化

费希特是最早把异化概念引入哲学领域的人，在他那里，异化是人类自我意识的对象化，异化也是黑格尔《精神现象学》的核心范畴，在他看来，历史的、存在的、辩证法的绝对基础就是"理念"的异化，在他的体系里，发展的根本条件和绝对条件就是这种异化，矛盾只不过是异化的内在因素。费尔巴哈则主要考察了宗教异化。

人类社会进入20世纪后，社会发展呈现出矛盾的两方面，一方面是世界大战破坏和遏制了文明的发展，另一方面是战后快速的修补能力和经济的快速发展与繁荣。对此，西方一些思想家希望借助马克思的一些理论对资本主义制度的这种不合理性给予解释，因此，马克思1932年公开发表的《1844年经济学哲学手稿》中的异化论就成为了被关注的论题。异化不仅是《1844年经济学哲学手稿》的基本范畴，也是马克思主义哲学的重要范畴，列斐伏尔指出，马克思的异化思想从理论上来说源自黑格尔的异化理论，但却对黑格尔的异化理论进行了唯物主义的改造，在破除黑格尔体系的同时也继承了它的合理内涵，他说："在马克思主义那里，异化不再是矛盾的绝对基础；相反，异化是人类矛盾和发展的一个方面。异化是辩证法的必然性在人类发展过程中的一种表现形式。"① 马克思对异化进行了系统的分析和阐释，认为异化的内涵包括四个方面，分别是工人与他生产的劳动产品相异化；人同自己的类

---

① Henri Lefebvre, *Critique of Everyday Life* (Vol. I), translated by John Moore, London: Verso, 1991, pp. 69-70.

本质相异化；人同劳动活动本身相异化；人与人相异化。

然而，列斐伏尔认为，马克思的异化论只是提纲挈领式的，对遍布于全部社会生活中的异化现象并没有进行详细的分析。列斐伏尔对马克思只应用与经济领域的异化理论进行了独特的解释和阐发，除了分析了经济方面的异化，还重点分析了意识形态方面的异化和社会生活方面无处不在的异化。就这样，列斐伏尔将马克思的异化范畴延伸到空间批判之中，他在批判商品拜物教的基础上，揭露了当代社会的空间异化。

经典马克思主义认为资本主义的发展要依靠用时间消灭空间的限制策略，而在列斐伏尔看来资本主义存而不亡，就是不断生产和占有新的空间，因此在经典马克思主义那里的用时间消灭空间限制的策略，在列斐伏尔这里就是"通过占有空间、通过生产空间"①，从而创造出新的空间。"通过占有空间，通过生产空间。"空间并非神圣的，而是被俗化和结构化了，是有意地按照一定的关系部署的，既具有历史主义色彩又充满人工之手痕迹的空间。"资本的逻辑已经呈现出一种工具化了的'空间规划'。"②通过这种战略性的规划，资本主义得以成功地生产和再生产了其基本的社会关系，从而取得了残存和发展。列斐伏尔在《空间的生产》和《资本主义幸存》中，更加明确地凸显了空间和社会关系再生产的中心议题。在他看来，资本主义正是通过打造一种工具性的、更显包容性的社会空间结构，并抽象化、神秘化地处理这种社会生活空间，使其在各种幻想和意识形态的面纱之下，隐藏了服务于资本积累的基本特质的空间策略，从而实现了自身社会关系的再生产。列斐伏尔从政治经济学的角度来看待空间，把空间纳入到了生产和消费的状态中，空间不再只是观念的产物，而是真实的被生产和消费之物，资本主义之所以能够存活下来，最重要的就是对空间的征服和整合。

列斐伏尔指出现代资本主义社会是"消费受控制的官僚社会"，这与马克思、韦伯和涂尔干社会学理论所倡导的以生产过程和管理为核心

---

① Henri Lefebvre, *The Survival of Capitalism: Reproduction of the Relations of Production*, translated by Frank Bryant, New York: St Martin's Press, 1976, p. 21.
② 林密：《意识形态、日常生活与空间——西方马克思主义社会再生产理论研究》，中国社会科学出版社 2016 年版，第 270 页。

的社会发展模式不同，在列斐伏尔等新马克思主义者看来，资本主义政治经济压迫的主战场已经从经济生产领域转移到消费文化领域，从"文化工业""消费就是生产"和"消费受控制的官僚社会"就能看出消费已经成为异化统治的主要场域。在这种社会的大背景下，空间的创造性发展必须遵循有利于资本主义制度发展的轨迹，也就是必须与消费结合起来，进一步推动资本主义的发展。空间本身随着资本主义的发展已经成为一种商品，也就是说，空间作为整体受商品世界的统治，甚至成为一种高档消费品，每一处可以交换的空间都已经被纳入了商业交易的价格链条和供求链条。因此，我们现在得到一个基本的实质性的观点："资本主义通过对空间的征服和整合而维持。空间早已经不再是一种被动的地理环境或一种空白几何体。它已成为一种工具。"[①] 在资本主义制度下，空间已经成为一种紧缺的资源，一种拥有交换价值的可计量的商品。列斐伏尔认为空间一旦和社会现实相关联，就不再是纯粹的、中性的，而是一种政治工具，为某种权力和统治阶级服务。空间消费作为一种空间发展到消费主义社会的必然形式，主要服务于资本主义追求剩余价值的目的，因此势必会产生空间消费异化，对空间消费异化的分析与揭示，能够穿透日常生活空间性表象与意识形态的面纱，从而构成列斐伏尔"都市社会"文化批判思想研究的着力点。

四 节奏分析

列斐伏尔节奏分析理论，揭示了现代日常生活的深层意义，开辟了日常生活与现代性关系问题思考的新视域，其理论见解对现代社会富有启发意义。

（一）节奏分析的缘起

1931年，巴西哲学家卢西奥·阿尔贝托·皮尼里奥·多斯·桑托斯（Lucio Alberto Pinheiro dos Santos）创造了"节奏分析"这个术语，并对这个理论进行了生理学的阐释，他相信通过节奏分析能够治愈偶发

[①] Saunders Peter, *Social Theory and the Urban Question*, London: Routledge, 1986, pp. 157-158.

的精神抑郁或普遍冷漠的心灵。法国科学哲学家加斯东·巴什拉（Gaston Bachelard）无比赞同这位哲学家的观点，认为生活应该遵循合乎情理的节奏，节奏是生命活力和心灵活力的基础，要舒缓紧张的节奏，刺激疲惫的节奏，因为有节奏的生活和思考，活动和休息的交替，会起到治愈的效果，并能约束和保持最独特的能量。① 节奏在法语和英语中，意味着水和火、空气和土地等世界的主要组成部分，巴什拉在他的一系列作品中描述了这些元素，列斐伏尔对巴什拉的作品非常感兴趣，尤其是他明确讨论节奏的著作《持续时间辩证法》，在这本书中，巴什拉明确反对柏格森提出的持续时间概念，认为时间概念从来不像柏格森说的那样单一和连贯，而是由不同元素组成的、零碎的。列斐伏尔吸取了巴什拉关于时间不是单一和连贯的，而是零碎的和由不同元素组成的思想，与马克思的异化理论和日常生活相结合，进一步发展了节奏分析思想，成为"节奏分析理论的开创者。"②

列斐伏尔在《日常生活批判》（第二卷）（1962年）③ 中首次提到了节奏问题，在《空间的生产》（1974年）和《日常生活批判》（第三卷）（1981年）进一步阐发了这个问题，在《节奏分析理论研究》（1985年）和《地中海城市节奏分析随笔》（1986年）两篇论文中，节奏分析理论形态基本初显，随着《节奏分析要素：节奏知识导论》（1992年）一书的出版，节奏分析理论正式形成。

《节奏分析要素：节奏知识导论》是列斐伏尔写的最后一本书，在他去世后出版，这部作品在对生物、心理和社会节奏的分析中，展示了在日常生活中如何理解空间和时间的相互关系，如何把它们放在一起思考，对他来说，节奏是与时间，尤其是重复密不可分的东西，它存在于城镇的运作中，存在于城市生活和空间运动中，对节奏的分

---

① Kurt Meyer, "Rhythms, Streets, Cities", translated by Bandulasena Goonewardena, in Kanishka Goonewardena et al., *Space, Difference, Everyday life: Reading Henri Lefebvre*, New York: Routledge, 2008, pp. 147–148.

② 关巍：《时间理论：理解列斐伏尔的另一把钥匙》，《当代国外马克思主义评论》2019年第2期。

③ 这段中书的出版年代是指最初法语版的出版年代。

析提供了对日常生活问题的独特见解。但列斐伏尔自己认为，目前并没有普遍的节奏理论，在多样性的个体节奏面前，任何追求统一性的观念都不成立。

列斐伏尔的节奏分析是他迷恋城市、探索城市的结果，他在倾听城市的过程中，惊叹于影响城市生活的日常节奏，发掘出隐藏在城市中的秘密节奏，因此创造了节奏分析理论。这个理论不是从特定的实体开始，也不是从呼吸、脉搏和血液循环等身体的节奏开始，而是开始于对概念和范畴的讨论，后来才从抽象走向具体，演示节奏分析的实际应用，认为节奏在音乐中和在历史或经济学中的意义不同，推动机械步速的周期与有机的节奏运动是完全不同的。每个人都应该成为节奏分析家，不仅倾听文字，而且倾听世界上发生的一切。

但相对于列斐伏尔的日常生活批判理论和空间生产理论，其节奏分析的思想并未受到充分重视，尤其是非宏观理论方面的研究，此研究主要从微观日常叙事层面着手，论述节奏对自然、空间和情感的规训，探讨改进节奏规训的路径，缓解人与社会快速发展之间的矛盾，改善人们的情感异化问题，提升幸福感和获得感，增强归属感和安全感。

虽然节奏分析被认为是有点另类的主题，列斐伏尔的主要研究者罗布·希尔兹根本没有提到列斐伏尔的节奏分析，安迪·梅里菲尔德把列斐伏尔的节奏分析看成是一位心智不健全老人的沉思，认为节奏分析是列斐伏尔不可能拥有的一项个人权利，但埃尔迪·勒朗代却认为节奏分析是列斐伏尔一生工作中最重要的一部分。研究节奏分析绕不开列斐伏尔，虽然列斐伏尔的节奏分析没有明确的方法论，容易遭到学术界的质疑，但是也允许人们进行各种原创性的解读。

（二）什么是节奏

究竟什么是节奏呢？节奏看起来像是有规律的时间，受到理性法则的支配，但却与最不理性的东西活着的、肉体的、身体的等密切相关，似乎每个人都知道这个词的意思。但事实上，"每个人都以一种与知识相去甚远的方式感知它：节奏进入了生活，却并不意味着它是已知的一部分。"① 音乐家经常把节奏简化为节拍数，历史学家眼中的节奏是周期和时代的更替，教体操的人眼中的节奏是动作的连续和某些生理能量等，因为每个人的体验与认知不同，"只有遭受到一些不规律的痛苦时，我们才能意识到我们的大部分节奏。"② 对不同的人，节奏意义截然不同。但是"只要有地方、时间和能量消耗相互作用的地方，就有节奏。"③ 节奏不是一个事物，不是事物的集合，也不单纯是流动，节奏体现自己的法则，自己的规律性，它源自空间与时间的关系，节奏发生在空间和时间中，有一些原始和令人兴奋的东西。

列斐伏尔并没有提供明确的节奏定义，但他提出了节奏分析的五个要素：第一，当代的日常生活是以时钟抽象量化的时间为导向的。这种抽象时钟时间是同质化、标准化和碎片化的时间，它的规则是无情的，它作为工作的时间尺度，征服了一个又一个的生活领域；第二，节奏分析的起点是多节奏的、有韵律的身体，而不是解剖学的或功能性的身体。在一个正常的身体里，无数的节奏形成了一种等节奏（isorhythm）的令人惊叹的和谐；第三，节奏分析应当包括时间生物学（chronobiology）。时间生物学认为整个身体是一个高度复杂的，以节奏为基础的器官，而技术主导的生活吞噬了曾经起决定作用的自然时间结构，越来越多的人活在与其内心生物节奏相反的生活中；第四，节奏分析的核心要素是音乐和舞蹈。音乐越单调，人们就越意识到节奏的必要性。异国情调或欣喜如狂的节奏产生的效果要大于传统旋律和和声所产生的效果；第五，节奏分析的实质是研究时间的操纵。生产和毁灭形成了资本固有的节奏，生命服从机器的统治，生活完全受制于技术节奏。④ 列斐伏尔

---

① Henri Lefebvre, *Rhythmanalysis: Space, Time and Everyday Life*, translated by Stuart Elden and Gerald Moore, London: Continuum, 2004, p. 77.

② Henri Lefebvre, *Rhythmanalysis: Space, Time and Everyday Life*, translated by Stuart Elden and Gerald Moore, London: Continuum, 2004, p. 77.

③ Henri Lefebvre, *Rhythmanalysis: Space, Time and Everyday Life*, translated by Stuart Elden and Gerald Moore, London: Continuum, 2004, p. 15.

④ Kurt Meyer, "Rhythms, Streets, Cities", translated by Bandulasena Goonewardena, in Kanishka Goonewardena et al., eds., *Space, Difference, Everyday life: Reading Henri Lefebvre*, New York: Routledge, 2008, pp. 150-152.

将节奏作为分析城市问题的一种工具,来审视城市中的一系列问题。

节奏围绕着一系列二元对立的概念展开,主要包括重复与差异、机械和有机、发现和创造、周期性和线性、连续和不连续等,将这些二元对立与公开和秘密、外部和内部等概念交叉,节奏可以分成很多种类,秘密节奏和公开节奏,循环节奏和线性节奏,虚构节奏、主导节奏、流动节奏等,其中影响最大的是循环节奏和线性节奏,循环节奏是周期性的自然节奏或自然循环,既指人类身体和思想之外有节奏的循环,季节、昼夜、潮汐的运动,也指那些存在于人类身体和头脑中的节奏,包括生物和心理节律、心跳节奏、睡眠节奏等。线性节奏与循环节奏相反,它们属于人工节奏,是一种可能只持续一段时间的表面节奏,列斐伏尔把这些节奏称为重复,机械重复、工业重复或者技术重复,有机物的重复或者无机物的重复。节奏分析特别关注循环节奏和线性节奏相互重叠、相互作用和相互干扰的部分。

"节奏是生命在时间—空间中的律动形式。"① 在不同的社会发展阶段,人类被不同的节奏模式主导,在古代农业社会,"时间"是一个自然概念,而到了工业社会,转变为抽象时间的政治概念,"适合资本的节奏是生产(一切事物、人类等)和破坏(通过战争、通过进步、通过发明和野蛮的干预、通过投机等)的节奏。"② 在工业劳动之前的劳动形式中,劳动姿势是按照节奏安排的,而在接近使用机器的工业生产劳动中,生产活动越来越具有线性重复的特征,进而丧失了它的节奏。大机器生产主导劳动的节奏,劳动的节奏成了机器体系节奏的实质从属物。在现代社会,工具理性与物化逻辑支配着日常生活节奏,社会生活的不断加速,时间感的匮乏,给人类生存带来了巨大的困惑。

(三)节奏分析的内涵

节奏分析是列斐伏尔对时间问题进行系统研究的结果,列斐伏尔对

---

① 鲁宝:《节奏分析:国外马克思主义时间批判理论的新视域》,《国外社会科学前沿》2022年第6期。
② Henri Lefebvre, *Rhythmanalysis*: *Space*, *Time and Everyday Life*, translated by Stuart Elden and Gerald Moore, London: Continuum, 2004, p.55.

时间性问题的研究比他对空间性的分析早，早在 20 世纪 20 年代就出现在他的作品中，在 1958 年的《睡眠与休息》中有更详尽的表述。节奏分析具有多学科性，是在"时间本身内理解与时间对抗的手段"①，从而改变只考虑空间，而不考虑时间的思维倾向，是"一门正在形成中的新科学，研究那些高度复杂的过程，与物理学、生理学和社会科学并列在日常生活的核心上"②，是其理论体系的重要组成部分。节奏分析以节奏为切入点，重新思考了日常生活中的异化问题，日常生活为何异化、以何异化以及怎么克服异化是节奏分析的逻辑主线。列斐伏尔认为"节奏分析最终甚至可能取代精神分析（psychoanalysis），因为它更具体、更有效"③，节律性治疗是预防性的，而不是治疗性的，发现、观察病理状态并对其进行分类。节奏分析也是有效的社会学和政治分析工具，是一个跨学科的新科学概念，非常适合分析现代城市问题，可以展示城市社会的节奏和自然景观的节奏如何受到资本主义力量和现代国家的负面影响。④

节奏分析理论作为列斐伏尔对现代生活批判的延续，将时间和空间融为一体，并超越了双重性，为研究复杂的日常社会行为提供了方法论指导，进一步深化了日常生活批判研究。"日常生活批判研究现代工业社会线性时间里依然保留着的节奏周期，日常生活批判研究循环时间（自然的，某种意义上非理性的，依然具体的）和线性时间（后天习得的，理性的，某种意义上抽象的和反自然的）的相互作用。日常生活批判考察至今我们还有所不知和认识不够的循环时间和线性时间相互作用产生的问题与烦恼，日常生活批判思考日常生活中循环时间和线性时间

---

① Henri Lefebvre, *Writings on Cities*, translated by Eleonore Kofman and Elizabeth Lebas, Oxford: Blackwell Publishers Ltd., 1996, p.31.

② [法] 亨利·列斐伏尔:《日常生活批判》（第 3 卷），叶齐茂、倪晓晖译，社会科学文献出版社 2018 年版，第 648 页。

③ Henri Lefebvre, *The Production of Space*, translated by Donald Nicholson-Smith, Malden: Blackwell Publishing, 1991, p.205.

④ Gülçin Erdi-Lelandais, *Understanding the City: Henri Lefebvre and Urban Studies*, Newcastle: Cambridge Scholars Publishing, 2014, p.13.

相互作用的结果及什么变化是可能的。"①

节奏分析理论指从整体中分离出特定节奏,基于对特定节奏的研究更好地理解自然和文化的存在,因此列斐伏尔强调人要想运用好节奏分析方法,必须改善自身对世界、时间和环境的感受力,像运用他的所有感官和整个身体那样,跨越学科界限,以哲学、心理学和社会学等部门科学和实践相互支撑、相互促进的批判方式,更好地理解运动变化,揭示过去、现在和未来的关系,进而达到更好地理解资本主义社会的目的。

节奏分析理论是以节奏为起点,以身体为工具对社会现实进行审视的一种方法,其逻辑起点是节奏,核心范畴是身体,中心命题是节奏化,实践旨归是反对资本主义条件下的节奏化,抵抗节奏控制,摆脱异化生活状态,节奏分析改变了传统哲学的感知,也改变了人类对周围环境的看法。节奏分析是一个创造性的哲学概念,它运用马克思主义社会批判方法回答了社会转型中时间政治化和抽象化的问题,是西方社会批判理论最前沿的理论形态主义。

节奏分析理论提出了一种"都市社会"文化批判的新方法,在一定程度上丰富了马克思文化批判理论,但由于列斐伏尔自身的局限性和所处社会历史状况的限制,他的理论存在一定的局限性,对节奏问题的分析、提出的解决方案偏离了辩证唯物主义和历史唯物主义的轨道,不过他从节奏角度对资本主义剥削本质的揭露和不遗余力的批判还是值得肯定的。

小 结

通过梳理研究列斐伏尔的相关文献,发现从文化社会学角度研究列斐伏尔的较少,而列斐伏尔作为都市马克思主义的奠基者,城市社会学理论的引领者,不管是他的日常生活批判、空间生产、空间消费还是节

---

① [法]亨利·列斐伏尔:《日常生活批判》(第2卷),叶齐茂、倪晓晖译,社会科学文献出版社2018年版,第278页。

奏分析都有对社会文化的观照，因此研究有学术意义和创新意义。列斐伏尔"都市社会"文化批判思想的理论基础是消费主义、存在主义和景观社会，他的思想深受经典马克思者、西方马克思主义者、西方社会学家、哲学家和情境主义国际的影响。列斐伏尔"都市社会"文化批判思想的逻辑起点是日常生活批判、空间生产、空间消费和节奏分析，他的文化批判思想开启了"都市社会"文化批判的新范式。

第二章

列斐伏尔"都市社会"日常生活文化批判

日常生活不是穿衣、睡觉等日常独立活动的简单相加,也不是消费活动的总和,"像语言一样,日常生活包括了表现形式和深层结构。"① 日常生活是一种压制性的影响力,把自己强加给社会成员。列斐伏尔对日常生活的兴趣最初源于对第一次世界大战后平庸生活的哲学反应,第一次世界大战后,欧洲各个社会阶层,纷纷感到生活中意义的丧失和重复的增加。列斐伏尔从哲学反应转向对这种平庸性的社会学调查,同时,发展了他对异化的分析,他对异化、拜物教、自发性、欲望、主体性和景观进行彻底的哲学调查,成为最早关注宏观社会结构之外日常生活细节的社会理论家之一,列斐伏尔说,"与技术和商业的巨大进步相比,日常生活是现代世界的一个落后部分,一个殖民地。"② 列斐伏尔对日常生活文化的批判,深入地分析了现代社会人类生活状况,具体阐释了人类生存的问题,而不是宏观经济学的问题,丰富了马克思主义理论。

第一节 "都市社会"日常生活文化的无聊趋势

列斐伏尔所说的日常生活是平庸而无意义的生活,不是每日的生

---

① [法]亨利·列斐伏尔:《日常生活批判》(第3卷),叶齐茂、倪晓晖译,社会科学文献出版社2018年版,第544页。
② Rob Shields, *Lefebvre, Love and Struggle: Spatial Dialectics*, London: Routledge, 1999, p. 65.

活，他强调正是缺乏真实性和异化弥漫的日常生活，把一系列日常生活（daily life）创造性和自我实现的经历变成了枯燥重复的日常（everyday），"日常生活取代了殖民地，资产阶级领导人无法维持旧的帝国主义……决定在内部市场投标，决定像对待殖民地一样对待日常生活。"①对生产者和消费者的双重剥削已经将殖民经验带入了昔日的殖民者中间，所有的意义都被没收，变成了壮观的形式，日常变成了"权力的所在地"②，日常生活失去了往日的魅力。列斐伏尔在论及日常生活时，频繁提到无聊，他认为无聊是一种"反革命"——庸俗的文化、单调乏味的常规以及景观对主体性的殖民。日常生活文化批判就是把"生活很无聊"这一抱怨理论化，这意味着什么？什么使无聊如此根深蒂固？我们为什么迷失在自己的幻想中？

一 恐怖社会是无聊之源

社会化的世界分裂成过多的符号子系统，就像没有统一的高级时尚世界，造成的结果是"人满为患中的孤独，符号和信息激增下交流的匮乏"③。今天的恐怖，"是宣传中言辞和威胁的说服力"④。可见恐怖不是众所周知的当代西方强势意识形态所渲染的恐怖，而是指鲜为人知的新资本主义通过日常生活对人们精神文化心理无孔不入的隐性控制过程，主要表现为广告"殖民化"和消费"组织化"。

列斐伏尔将其他社会理论家强调的科技、消费、富裕和休闲结合在一起，形成了他所说的消费受控制的官僚社会，这个社会的诗意在广告中寻求，社会的成员是消费者，社会为了促成消费，通过广告传递微妙

---

① Rob Shields, *Lefebvre, Love and Struggle: Spatial Dialectics*, London: Routledge, 1999, p. 76.

② Stepan Kiper, "How Lefebvre Urbanized Gramsci: Hegemony, Everyday Life and Difference", in Kanishka Goonewardena et al., eds., *Space, Difference, Everyday Life: Reading Henri Lefebvre*, New York: Routledge, 2008, p. 199.

③ Rob Shields, *Lefebvre, Love and Struggle: Spatial Dialectics*, London: Routledge, 1999, p. 123.

④ Rob Shields, *Lefebvre, Love and Struggle: Spatial Dialectics*, London: Routledge, 1999, p. 123.

的恐惧——害怕落伍、害怕不年轻和迷人等——以此来激励人们消费，现代世界是强调消费主义激励因素的内在化恐怖世界，恐怖是现代生活的基础，广告是现代世界的诗篇，它在传递微妙恐惧的同时，又承诺把人们从恐惧中解脱出来。

回溯人们的日常生活，每天人们被各种媒介的广告说服保持身体苗条、干净、没有瑕疵，女性的手应该像婴儿一样柔软才有吸引力，牙齿必须够白，口气必须清新，腋窝不能有狐臭，脚不能有脚臭，人们的身体要通过各种化妆品变得更有吸引力，人们要通过各种衣服、饰品来增加个人魅力，甚至人们考虑切除脂肪组织、改变鼻子等手术来提高吸引力，因为一生中的重要决定——招聘、择偶等都是基于吸引力而定，市场经济利用这种情况来获取利润，利用人们对外表的高度自我意识，利用人们担心自己是否足够讨人喜欢和有吸引力，形成一个巨大的企业综合体，不断加剧人们的不安全感，从而使人们以涂抹、喷洒和时尚的方式包裹自己，购买以实现自我感觉良好的各种商品。

在恐怖社会中，"恐怖是弥漫的，暴力总是潜伏的。"[1] 为了避免公开的冲突，采取一种与冲突无关的语言和态度，这种语言和态度减少了反对的声音，甚至消除了反对，人们感知不到强迫，甚至强迫被承认、被证明是正当的、被解释为生活的必要条件，社会的正常运行更多地依赖有组织的日常生活中的隐性压制，来源于四面八方的隐性压制——恐怖控制着每个成员，每个成员被提交给"一个战略，一个隐藏的目的，除了当权者所有人都不知道的、没有人质疑的目标。"[2]

恐怖定义社会是一个最大限度镇压的社会，不可能长期维持，虽然它的目标是稳定、巩固并保持自己的生存条件，但它疯狂地扭曲日常生活，是对日常生活的侵犯，它的尽头就是自我爆炸。

---

[1] Henri Lefebvre, *Everyday Life in the Modern World*, translated by Sacha Rabinovitch, New Brunswick: Transaction Inc., 1984, p. 147.

[2] Henri Lefebvre, *Everyday Life in the Modern World*, translated by Sacha Rabinovitch, New Brunswick: Transaction Inc., 1984, p. 147.

二　无聊的重要表征

无聊主要指与现代性本身关系紧密的情感构成问题，不是指简单病因的心理问题，也不是指永恒的形而上学难题，而是日常生活中表现出来的一种无意义感，尤其是数字时代找寻生活的意义更难，无聊成为一种大众现象。无聊社会学是列斐伏尔日常生活批判一个非常重要但又被忽视的组成部分。[1] 列斐伏尔将无聊与异化和工业主义及其典型的重复劳动联系在一起，阐述了现代生活中的无聊问题。

（一）意义感的丧失

社会的高速发展有提高人们生命成就感的积极面，但也有让部分当代人遭遇"意义危机"的消极面。在现代社会，价值经历一场普遍的危机，即满足感被泛化。思想、艺术、哲学和文化衰退，意义消失，[2]以变相的形式重新出现，它们衍生的各种变相，除了偶尔提供"满足感"，没有什么其他的意义可言，但满足感不能提供目的，没有终结性和意义，让人陷入虚假的满足而不是真正的幸福生活中。意义感的丧失是当代人较为严重的思想病症之一，弗兰克曾说过，患者来咨询室咨询不再是简单的心理问题，也不是身心症状问题，而是如何找回人生意义的深层哲学问题，如何解决无意义的生活是他们面临无聊与失望经验时的唯一目标。[3]

1. 生活意义丧失

科学理性的发展和消费社会把日常生活带到一个极端异化的点上，换句话说，日常生活被"殖民化"了，现代生活方式丧失了意义，人们工作是为了闲暇，而闲暇是为了更好地工作，形成一个恶性循环，"我们已经多么极端地丧失了人类存在的基本需要，包括信仰、承诺和

---

[1] ［加拿大］迈克尔·E. 加德纳：《21世纪的无聊？列斐伏尔、比弗和符号资本主义转向》，黄利红译，《中国美术学院学报》2019年第2期。

[2] Henri Lefebvre, *Everyday Life in the Modern World*, translated by Sacha Rabinovitch, New Brunswick: Transaction Inc., 1984, pp.79-80.

[3] ［德］维克多·弗兰克：《活出意义来》，赵可式等译，生活·读书·新知三联书店1991年版。

对任何一种共同体的忠诚。"①

（1）科学理性对生活的殖民化

科学和理性塑造了现代社会，在它们的帮助下，人类实现了巨大的进步，理性主义是工业革命、科学革命和地理大发现等历史大事件后的统一思想动力，在理性力量的驱使下，世界完成了祛魅，但完成祛魅的世界并没有顺利带人类走向真理和意义，而是让人类离意义越来越远。

魅惑的古代世界，无论是哪种文明，都相信有各种神仙和精灵鬼怪，不仅是人有灵魂，动物和植物也都有，万物皆有灵，这是一种迷信，但这些难以言说的神秘事物，让人类与整个宇宙联系起来，成为一个整体，人类嵌入整个宇宙之中，人和世界总能建立起某种联系，甚至可以沟通互动，到处都是人类问题的解决方案，出去打仗，到战神的神庙去占卜一下，出海打鱼，到海神的神庙祭奠一下，虽然未必有用，但至少求得心理安慰。

现代社会的主导思想是科学理性，现代科学理性驱散了古代的神秘气氛，拷问所有超验神秘的东西，自然世界客观化了，只剩下可以用冷冰冰的因果规律解释的物理世界了，不再具有神行和灵性，古代社会那种无处不在的意义消失了，与世界的联系和沟通被切断了，夫妻不能生孩子，医院会用先进的医疗设备检查他们哪里出了问题，然后告诉他们目前的医疗手段暂时治愈不了，去观音庙烧香也没用，是不是很残忍。

世界祛魅之后，不像古代人相信世界存在一个统一的秩序，能够找到一个终极的答案，现代人不相信有神秘的终极答案，而是要面对无数个不确定的选项，于是进入一种价值多元化的困境，价值多元化增加了人的困惑与迷茫。韦伯说过，"人是悬挂在自己编织的意义之网上的动物。"② 在价值多元化的处境中，人类有很多选择，可以相信 A，也可以选择 B，但究竟 A 对还是 B 对，没有一个公认的答案和理由，这种选了却不知道对不对的不确定感，这种空虚的不确定性，使现代人易于被

---

① ［匈牙利］安德拉斯·朗茨：《意义与目标丧失：西方文化的必要性、领导力及潜在的极权主义因素》，吴万伟译，《国外社会科学前沿》2021 年第 10 期。

② 刘擎：《刘擎西方现代思想讲义》，新星出版社 2021 年版，第 45 页。

焦虑和无意义感所困扰。

现代社会的主导思想是科学，科学属于旨在发现世界真相是什么的"实然"领域，只能够做出事实判断，但支撑人类生活意义的包括人生理想、宗教信仰、审美趣味和道德规范等重要观念和原则，都属于"应然"领域的价值判断，这是科学无法解决的问题，结果价值观念之间冲突不断，造成了个人层面和公共层面严肃的问题。

现代社会存在着各种各样的价值取向，每个人都有一套自己的价值标准，但有一个高度一致的地方，人类都承认钱很重要，都想方设法提高效率，增加效益。因此工具理性大行其道，因为工具理性的关键就在于"计算"，针对确定的目标，计算成本和收益，找到最优化的做事手段，工具理性的不断扩张，塑造了现代社会无处不在的文化观念：高度重视理性计算，永无止境地追求高效率，这就导致官僚制这种组织形式在社会的各个领域占据了重要地位，官僚制的基本特征是非个人化，为了追求效率，人被简化为一系列指标，变成了可计算的数据，就像一个个机器零件。

工具理性的单方面扩张，压倒了价值理性，理性化变成了不平衡的片面的理性化，在实践中，对手段的追求碾压了对目的的追求，比如先实现财务自由，再追求诗和远方，但在追求财务自由的漫长过程中，成本收益计算、效率最大化等这些问题反过来塑造自身，最后变得只剩下赚钱，赚钱本来是手段，但最后为了这个手段花费了太多时间精力，以至于忽视甚至放弃了最初的目标。

工具理性的逻辑使现代社会的文化讲求事实、重视计算、追求效率，但会衍生出用功利得失解决道德问题的现象，比如用罚款的形式解决假冒伪劣问题，让假冒伪劣者付出重大代价，让假冒伪劣这件事不划算，这个方法很实际，也很有效，但在本质上，是把道德问题变成了利益计算，按照这个逻辑，只要是能找到办法提高效益、规避惩罚，人还是会违背道德。用利益解决道德问题，有时能解决问题，有时会让问题更严重，永远治标不治本。

在工具理性的推动下，劳动失去了曾经的价值。从伦理和经济学的意义上讲,"劳动曾有若干劳动'价值':干好工作的想法,劳动产品是个人创造的想法,在一定程度上,这种劳动产品与工匠或艺术家创造的对象不相上下。"① 随着劳动分割性的分工以及大量使用机械操作工人,这种传统伦理崩溃了,劳动几乎丧失了它所有的魅力,尤其在改变工作或公司非常容易的工业社会,劳动就更没魅力了,工业社会具有一定的机械特征,这样的社会对于工人来讲很"凄凉",工作和工作之外的生活都陷入同样的无趣中,娱乐既是喧闹的,也是空洞无物的,掩盖着生活的无趣。

(2) 消费主义对生活的殖民化

在消费社会,物品和商品都获得了双重存在,既是可感知的,也是虚构的,可消费的东西变成消费的象征,消费者被符号、财富的象征,幸福和爱的象征所喂养,"在实践中,物体变成了符号,'第二自然'取代了第一自然,即最初可感知的现实。"②

"炫耀性消费(show-consuming)变成了消费性的炫耀(a show of consuming)。"③ 巨大的文化消费声称消费艺术作品和风格,但实际上是消费符号和元语言,消费艺术作品的符号,文化的符号,消费品不仅被这些符号美化,而且象征着美好,消费主要和符号而不是和商品有关,从而减少了体验价值,人们对一个地方的参观旅游,不是沉浸在这个地方,而是沉浸在有关这个地方的文字描述和图片中,纸质旅游指南的书面文字和图片,各种电子媒介的描述、视频和图片,导游的扩音器,景点的录音介绍中,他们听和看,用金钱换取的商品,仅限于对这些地方的口头评论,体验价值和事物本身让位于交谈和评论。

消费性炫耀指向下的日常生活炫耀需要,炫耀需要的物体,炫耀需要的满足。这种炫耀是日常生活的一种行为方式,一种反映自我满意的

---

① [法]亨利·列斐伏尔:《日常生活批判》(第2卷),叶齐茂、倪晓晖译,社会科学文献出版社2018年版,第295页。

② Henri Lefebvre, *Everyday Life in the Modern World*, translated by Sacha Rabinovitch, New Brunswick: Transaction Inc., 1984, p.113.

③ Henri Lefebvre, *Everyday Life in the Modern World*, translated by Sacha Rabinovitch, New Brunswick: Transaction Inc., 1984, p.82.

状态，这种炫耀延伸到日常生活整体中，用日常生活的粗俗腐蚀日常生活，粗俗不是源于姿态，而是源于一种涉及钱、衣服、行为和欲望的现实主义，一种被示众和被利用的现实主义。

"图像和符号的世界让人着迷，会掩盖问题，转移人们对'真实'的注意力。"① 符号主义泛滥或者信息太多，使社会文本与现实脱节，失去了易读性，并且无休止地重复自己，被冗余淹没，在现代城市规划中，在完美技术的操纵下，空气、光线和水等一切都会产生，一切都是人为的和复杂的，自然已经完全消失了，除了一些标志和符号，即使在标志和符号里，自然也只是复制品，街道不再有趣，日常生活也失去了趣味，城市变成了挤满汽车的信号系统，繁忙的活跃的街道，除了天空和云、几棵树和花，和自然没有任何联系，"自然消失了，到处都看不见文化，在这里，一切都是一个信号。"② 而一个好的社会文本，要信息量大，可读性强，不会过度延伸它的主题，通过其可及性来实现多样性，不断给人们带来丰富新奇的事物和可能性。

符号盛行下，信息工具以及媒体热衷投资于被剥夺的意识领域，使被剥夺的东西变得更加被剥夺，公共意识或集体意志被虚假和强迫的统一所操纵，产生了尼采所说的"从众心理"——"一种个人自由被剥夺和压制的多数人的暴政"③，因此带来对整个社会的虚幻看法。随着资本主义深化，抽象的虚假越来越成为自愿和本能，列斐伏尔警告说，日常市场的拜物教导致了其他拜物教，导致了多种类型的抽象，已经物化的头脑抵御不了其他物化和虚幻的教条。真正的自由已经消失，统治阶级并没有淹没在对符号的神圣狂喜中，而是竭尽全力调动人们对符号的狂喜，利用他们来达到自己的政治和经济目的。

2. 交往的意义丧失

物品的技术化和机器化把日常生活封闭起来，而不是打开日常生

---

① Henri Lefebvre, *The Production of Space*, translated by Donald Nicholson-Smith, Malden: Blackwell Publishing, 1991, p. 389.

② Stuart Elden et al., *Henri Lefebvre: Key Writings*, London: Continuum, 2003, p. 90.

③ Andy Merrifield, *Henri Lefebvre: A Critical Introduction*, New York: Routledge, 2006, p. 153.

活,古罗马的浴室是社区活动中心,是集图书馆、小吃城、健身房和美容院于一体的公共场所,后来,沐浴的机器化给了每一个成员独处的机会,一方面这些人得到了身体放松,另一方面以失去社交为代价。家用设备改变了日常生活,但不是向世界打开了日常生活的大门,而是强化了日常生活单调乏味的一面和线性过程,相同的对象保持着相同的姿势,从而使日常生活更加封闭起来。

(1) 社会原子化

列斐伏尔认为"真正'现代'的新事物是个人孤独与聚集在大城市、大企业、大办公室、军队和政党中的人群或群众之间的矛盾,在这里,我们见证了生活的某种'原子化'与过度组织之间的冲突。"[1] 这种组织把生活包裹其中,需要将其原子化作为必要的前提条件。随着关系和交流网络变得更密集、更有效,个体意识变得愈发独立,对"他者"一无所知。每天,每周,相同的地方、目标和路线,人们认识居住和工作空间之外的人的机会很少,人们与居住和工作空间之外的人的关系非常少,在他们自己的生活里,他们都是无名的。

原子是化学反应中的基本微粒,它们之间有间隔、不可再分且不停地做无规则运动,社会原子化的概念是西方学者将原子与社会发展联系起来提出的,齐美尔在比较大都会人和小城市人的过程中提出了原子化的概念,汉娜·阿伦特深入研究了原子化的概念,将现代人看作原子化的个体,吉登斯和涂尔干分别将社会原子化与法西斯政权和社会整合危机结合起来研究。

社会原子化的实质是指在现代社会剧烈变迁的过程中,中间组织缺失导致人类社会联结状态发生结构性变化的过程。社会原子化最主要的表现是个体与群体间联系薄弱,社会纽带逐渐被消解和破坏,农业时代的熟人社会,充满温情的集体意识、社区共同体走向解体,被陌生人为主体的城市社会取代。家庭和工作的变迁加速了社会原子化的进程,在农业社会,理念型意义上的家庭结构,过了数个世代其结构都还是相当

---

[1] Henri Lefebvre, *Everyday Life in the Modern World*, translated by Sacha Rabinovitch, New Brunswick: Transaction Inc., 1984, pp.189-190.

完整的，在古典时代，这种结构可能维持一个世代，到了晚期现代，一个家庭的生命循环，因为越来越高的离婚率和再婚率可能比一个人的生命还要短暂。① "作为社会凝聚力源泉的家庭与亲属关系的衰落，以及信任的不断下降，构成了大分裂的特点。"② 职业也一样，在前现代或早期现代社会，子承父业，同样的职业会持续几个世代，在古典时代，不再子承父业，职业结构基本每个世代都会改变，但选择了一个职业会做一辈子，相比晚期现代，一个人的工作生涯很难只从事一个单一的职业，换工作的速率越来越快。③ 极端个人主义成为社会主导思潮，个人之间的联系越来越弱，群体间的联系也被空间隔离，富人和穷人、白人和黑人被隔离在不同的社区中，他们很难凝聚成一个共同体。

社会原子化还表现为个人与公共领域的疏离和社会结构碎化，原子化的社会缺失作为中间联结的社会初级群体及其相应的组织团体，个人在维护利益、表达诉求时往往直接面对政府与社会，这会导致弱势群体无法上达利益诉求，政府的政策也失去下传的渠道。其次，集体意识的衰落使社会控制失去基础，社会陷入道德真空状态，社会成员分散于各个意识领域内，失去了社会凝聚力，社会成员之间互动少，公共生活匮乏，道德共识瓦解，社会陷入无序和混乱。对个人而言，缺乏对公共问题的热情，缺乏与他人合作共同解决问题的信心和兴趣，在消极中生存，表现为"普遍的漠不关心"，被狭隘的个人主义情绪所包围，不思考解决问题的共同途径。

（2）交往形式化

列斐伏尔在《元哲学》中指出随着社会网络化，人们将进入一种机器、链接和给定元素组成的单调和无聊的状态，人与人之间的关系被物化的抽象逻辑所支配，物的逻辑支配着经济领域的交往活动和生活世

---

① ［德］哈特穆特·罗萨：《新异化的诞生：社会加速批判理论大纲》，郑作彧译，上海人民出版社 2018 年版，第 19 页。
② ［美］弗朗西斯·福山：《大分裂：人类本性与社会秩序的重建》，刘榜离等译，中国社会科学出版社 2002 年版，第 67 页。
③ ［德］哈特穆特·罗萨：《新异化的诞生：社会加速批判理论大纲》，郑作彧译，上海人民出版社 2018 年版，第 20 页。

界的交往关系。

第一次世界大战后的法国，工厂工作逐渐采取流水线式的模式，重视合理化生产和效率，日常生活也受到合理化和效率的推动，在科学技术的支持下，核心家庭成为日常生活的常态，母亲可以独自高标准对家庭进行护理、提供营养和卫生管理，丈夫负责挣钱养家就行。这种新的家庭形式不需要与其他亲属或附近的家庭合作，与世隔绝，它没有传统生活在一起的大家庭所有成员的共同努力，老年人不再参与核心家庭的家务劳动，被迫休闲，最终他们也得不到下一代的照顾，而是有机构进行护理。家庭变得很脆弱，核心家庭随着孩子们离开父母，家庭的使命就结束了，家庭的临时性毋庸赘言，家庭只是一个微观的消费中心，占有一小块空间的场所，家庭作为情感维系的功能，作为社会道德保障补充的功能逐渐弱化，日常生活中以血缘关系维持的情感群体呈现衰退趋势，且逐渐加剧，在新的生产方式下，企事业单位逐渐替代家庭成为主要形象。

私人意识的崛起深化交往形式化，私人意识被列斐伏尔认为是一种被剥夺的意识，私人这个词的词源表明它既有私人的意思，也有缺乏和被剥夺的意思，当人们声称财产是私人控制的同时，也剥夺了更大的公众行为，剥夺了真正的自我，构成了一种损失。正如马克思在《1844年经济学哲学手稿》中所写的那样，私有财产使我们变得如此愚蠢和片面，拥有的感觉是资本主义一种真正重要的感觉，所有身体和智力感官都被拥有感的简单隔阂取代，私人意识以工具理性的原则行事，为了拥有越来越多的私人财产，为了更好的吃、喝、住、行条件，人们像机器一样努力工作，不愿与人交际浪费时间，即使与人交际，也是首先考虑这个人是否对我有用，而不是一种心灵的沟通，人们享受着"孤独的欢愉"，人丧失了他随处走走，与同类交往的动物性需要，人与人之间的关系形式化，导致个体内在抵御风险的能力减弱，产生典型的都市症候，即情绪问题引起的心理与身体不适问题。

日常生活对技术的依赖大于对人的依赖，家用电器越丰富、越智能，人们之间的交往就越稀少、越匮乏，列斐伏尔发出这样的疑问：

"小心，媒体、交流和信息真的不能分化人群吗？媒体、交流和信息难道不是从社会和政治需要出发而使用新技术，进而让人群分化开来的吗？"① 曾经，远亲不如近邻，邻里之间互相帮助、关系紧密，"那时，事件和正式的场合、节气、时令都是以集体的方式庆祝的。"② 现在关系紧密的社区生活不复存在，人与人之间的交往越来越形式化，人类交往越来越方便，从信件到邮件，再到各种聊天软件，我们的社会好像痴迷于对话、交流、参与、融合和凝聚力，但是不同寻常的是人满为患中的孤独和缺乏沟通更加普遍，沟通的地点总是在别处。

在亲情、友情形式化的趋势下，爱情也不能独善其身，不可避免地走向形式化，宁可坐宝马车上哭，而不肯坐在自行车后座上笑的婚姻观，一直攀升的离婚率，现代人性生活频率呈现大幅下降的调查结果，似乎都在诉说着婚姻已经不是琴瑟和鸣、志同道合、水乳交融的亲密关系，不过是物欲横流社会中寻找利益最大化，搭伙过日子，"在这无爱的日常生活中，色情成了爱情的替代品。"③ 神圣的爱情败给了令人不齿的色情，结发的妻子敌不过情人。性只和愉悦有关，和爱、生育繁殖割裂开来。

"技术正在被引入日常生活，……技术发明正在以一种残酷的、不连续的方式改变私人生活，……他们正在分割日常生活，并且未能将其融入更广泛的系统。"④ 分割成为时尚，时间和空间的分割，劳动和休闲的分割，家庭成员的分割，人们和社区的分割，爱情和性的分割，分割延伸到生活的各个角落，带来了更高强度的专门化，也带来交往的形式化。

迅速的发展改变了贫困的面貌，也牺牲了人们一定的生活方式，那

---

① ［法］亨利·列斐伏尔：《日常生活批判》（第3卷），叶齐茂、倪晓晖译，社会科学文献出版社2018年版，第549页。
② ［法］亨利·列斐伏尔：《日常生活批判》（第3卷），叶齐茂、倪晓晖译，社会科学文献出版社2018年版，第550页。
③ Henri Lefebvre, *Everyday Life in the Modern World*, translated by Sacha Rabinovitch, New Brunswick: Transaction Inc., 1984, p.172.
④ Henri Lefebvre, *Introduction to Modernity*, translated by John Moore, London: Verso, 1995, p.213.

些生活方式曾经也是辉煌美丽的,平常人慷慨的本性和与生俱来的原始多样性,地方风俗、人声鼎沸式的喧哗,原先那些耀眼的美已经消失了,随之产生的是单调、平庸和丑陋,是千篇一律的生活方式和形式化的交往关系。

3. 艺术的意义丧失

每一件作品都有一些不可替代的独特之处,但产品是可以精确复制的。[1] "即使在最完美的艺术复制品中也会缺少一种成分:艺术品的即时即地性,即它在问世地点的独一无二性。"[2] 在机械复制时代,艺术品的灵韵消失,霍克海默和阿多诺在《文化工业:作为大众欺骗的启蒙》一文中写道:"文化工业抛弃了艺术原来那种粗鲁而又天真的特征,把艺术提升为一种商品类型。"[3]

资本主义为人类带来了多方面前所未有的进步,包括经济社会的发展、政治结构的完善和科学技术的创新等,人们物质生活得到极大改善,但却戴上了精神层面的新枷锁,启蒙理性在不同领域得到发展,在文化领域,艺术本身成为一种可以用价值衡量的工业,成为蒙蔽和欺骗大众的工具,无法启迪人们思考,霍克海默和阿多诺认为这样的一种文化实际上是完全被商品化、工业化和标准化所腐蚀的文化工业。

艺术原本应表达自我的个性与诉求,但在工业时代,它在追求理性高效的过程中只能满足普遍的标准,丧失了文化艺术本身具有的自由现实性,无法用来表达富有色彩的见解,艺术的美学本质被破坏,而异化为启蒙、理性的一个环节,所谓个性与自我也只是普遍性概念之下的虚假标榜。"丰富——无论是体验的,还是柏拉图意义上的理想的——丧失了它的意义。所以,生产和创造之间有了另一道隔阂,文化生产已经成为很有势力的产业,它否认生产和创造之间有隔阂,或者它填补了这

---

[1] Rob Shields, *Lefebvre, Love and Struggle: Spatial Dialectics*, London: Routledge, 1999, p. 71.
[2] [德] 瓦尔特·本雅明:《机械复制时代的艺术作品》,王才勇译,中国城市出版社2001年版,第7—8页。
[3] [德] 马克斯·霍克海默、西奥多·阿多诺:《启蒙辩证法:哲学断片》,渠敬东、曹卫东译,上海译文出版社2020年版,第137页。

道隔阂。庸俗的艺术作品，一种产品，变得令人鼓舞安全的幸福艺术，相反，诞生于得到了或一直没有得到控制的痛苦之中的艺术作品是令人不安的。"①

列斐伏尔建议给予"作品"（类似于艺术品）而不是产品或商品特权，手工饰品、室内装饰、社区选美等都属于列斐伏尔"作品"的范畴，这些"作品"不一定是杰出的艺术品，但是却能成为异化的解药，因为它们使抽象成为可能的表征，能够呈现给观众和创作者一个不可能的乌托邦。因为这些"作品"不是商品化的产品，不是欲望的表现，而是具有灵韵的人类理想的延伸，能够带给人类幸福，而不只是满足人类虚假的需要。

在许多广告中，绝对平庸被美化并使其看起来很迷人，从而实现日常生活的商品化。艺术正通过市场和技术的双重媒介疯狂扩散，绘画成为某些群体投机购买的主要艺术品，就像一个股票交易所，有现状、价格和崩溃，这些群体把玩绘画，一次又一次的创新它们，改变了既定的单调的审美技巧，对艺术作品的技术理解不再是少数有修养的艺术家的专利，越来越多的公众对事物是如何制造的以及创造力有着广泛的理解，公众争先恐后地寻找新的、巧妙的技巧，公众的审美体验正在加速，而一部分批评家推动着这种加速，他们让人们明白令人兴奋的新事物正在发生，他们为公众提供容易消化的产品，为扩大市场以及市场内的投机活动铺路，他们缺乏真正的洞察力，只是不分青红皂白地糅合创造、诀窍、制作、技术和创新等和艺术相关的语言来推动审美体验的加速。

列斐伏尔主要从唯美主义下的"伪世界"对艺术意义的丧失进行批判。"在时尚、话题性、现代主义和势力感的引导下，当代唯美主义混淆了艺术知识和艺术命运，就像混淆了艺术技巧和艺术创造力一样。"② 唯美主义接受这样一种前提，即可以有一种艺术在本质上保持

---

① ［法］亨利·列斐伏尔：《日常生活批判》（第 3 卷），叶齐茂、倪晓晖译，社会科学文献出版社 2018 年版，第 621 页。

② Henri Lefebvre, *Introduction to Modernity*, translated by John Moore, London: Verso, 1995, p. 216.

在日常生活之外，从外部渗透到日常生活中，通过收藏绘画、复制品、古董和小摆设，资产阶级房子里的居民就可以成为非资产阶级的人，唯美主义假装填补不满意的主观和越来越难以企及的积累之间的鸿沟，它对"日常生活中的风格问题，以及艺术和日常生活之间的裂痕，以及人与自己之间的裂痕视而不见"[1]，忽视了艺术的未来，推动艺术走向消亡。唯美主义对总体性、统一性、连贯性和创造有其自己的主张，它接受碎裂和分裂，并且增加它们，它认为碎片化是将不安和痛苦带到超然世界的手段，唯美主义下艺术外在于日常生活，向虚幻转化，感性和情感的核心被屠杀。

艺术的商品化、工业化、标准化和唯美化在大众媒体的推动下广泛传播到大众生活中，在一定程度上提升了人们的思想觉悟和审美能力，但从根本上钳制了人们原本自由丰富的创造能力，带来了大众审美的同一性，消除了异质性个体的存在，使艺术在无意义的道路上越走越远。

(二) 暂时性崇拜

列斐伏尔在《神秘的意识》中说："资产阶级不需要过于精练和形而上学的思想，精心策划的平庸比形而上学更重要。"[2] "对暂时性的崇拜反映了现代性的本质，也是一种阶级策略。"[3] 过时把短暂作为一种利用日常生活的手段，短暂是渴望、意志、质量和吸引力，不是痛苦，是一个阶级的垄断，这个阶级主宰时尚和品味，并以世界为游乐场。

对暂时性的崇拜必须考虑到需求的过时，除了操纵物体，使其更不耐用，更要操纵动机，这就是欲望的策略，因为审美疲劳和物体的陈旧要迅速产生效果，需求必须变的过时，新的需求必须取而代之，是时尚还是不时尚是现代版的哈姆雷特问题，时尚的主要目标是事物的变化和淘汰，不是社会活动，不是人体，它不关心适应的问题，"时尚就是这

---

[1] Henri Lefebvre, *Introduction to Modernity*, translated by John Moore, London: Verso, 1995, p. 217.

[2] Andy Merrifield, *Henri Lefebvre: A Critical Introduction*, New York: Routledge, 2006, p. 145.

[3] Henri Lefebvre, *Everyday Life in the Modern World*, translated by Sacha Rabinovitch, New Brunswick: Transaction Inc., 1984, p. 38.

样一个系统，可以用衣服'说出来'，就像可以用花'说出来'一样：自然、春天、冬天、晚上、早上、哀悼、聚会、欲望、自由，这个系统利用一切，包括虚构和改编，什么或者几乎什么都可以说。"① 这个系统抓住触手可及的一切，使时尚蔓延到智力、文化和艺术等各个领域，时尚成为主宰日常生活命运的明星。

对短暂性的崇拜放大青春的光环，青春是时尚的代名词，是年轻的复调，是快乐和成就感的同义词，它以自己的形式促成了恐怖，有其运作组织和制度，限制了对这些状态的符号消费，对于那些失去青春的人，他们所做的只能是模拟青春，一种对虚构、补偿和逃避现实的渴望，这种减速的眩晕会带来一种不可避免的不适和不安的感觉，一种挫折感。

对短暂性的崇拜导致了奇怪崇拜，"一种既不是虚构的也不是真实的，既不是智力的也不是社会性的实体：被称为女性气质的实体。"② 需求的控制指向了女性气质，就像它指向年轻一样，女性是这个社会的象征，广告策略的对象，广告的主体，裸体、微笑和生活的展示单位，女性是优越的消费者，具有极高的贸易价值，一个好的身材、一副漂亮的面容可能是获得财富和名声的全部条件，女性疯狂地追求好的身材，姣好的面容，为了永葆青春，不惜付出生命代价进行一次次医美，女性气质成功地统治了日常生活，"女性占据了由特殊恒星组成的星座的重心，所有角色都是由女性气质及其轨道上的圆圈造成的。"③ 追求白、瘦、弱的极端审美，男性娘化的倾向，说明从女性形象及其所代表的一切角度助长了一种女性消费美学。

(三) 快乐经济

列斐伏尔认为资本主义经济是一种快乐经济。在组织、控制快乐的

---

① Henri Lefebvre, *Everyday Life in the Modern World*, translated by Sacha Rabinovitch, New Brunswick: Transaction Inc., 1984, p. 119.

② Henri Lefebvre, *Everyday Life in the Modern World*, translated by Sacha Rabinovitch, New Brunswick: Transaction Inc., 1984, p. 173.

③ Henri Lefebvre, *Everyday Life in the Modern World*, translated by Sacha Rabinovitch, New Brunswick: Transaction Inc., 1984, p. 173.

同时，也摧毁了快乐，掩盖了权力，快乐经济是一种有组织的浪费，是一种神秘的形式。① 快乐经济有泛娱乐化的特征，以享乐主义和消费主义为核心，将充满感官刺激的娱乐产品和令人陶醉的娱乐信息填满受众的生活，进而让受众在娱乐中丧失思考力和价值判断力。

1. 快乐经济的表征与负面效应

快乐经济注重视觉导向的感官刺激，导致认知浅表化。电视、电影，尤其是电脑和智能手机等的快速发展，把人类从"阐释年代"带到了"娱乐业时代"，"阐释年代"是波兹曼用来指称印刷机统治美国思想的时代，波兹曼认为印刷术偏爱阐释的特点使它发扬光大了所有成熟话语拥有的特征，包括"逻辑的复杂思维，高度的理性和秩序，对于自相矛盾的憎恶，超常的冷静和客观以及等待受众反应的耐心"②。

19世纪末期，阐释年代逐渐逝去，娱乐业时代开始显现，相比较阐释时代的文字认知方式，娱乐业时代更重视图像传播，更重视感性直观的视觉狂欢，娱乐业时代对应的是欲望美学，视觉文化在很大程度上是一种不需要大脑思维运作的快餐文化，图像本身构成审美对象，它无须读者还原，排除了读者的再创造，在图像接受过程中，接受者不需要文本阅读过程中的理性判断、自我意识和知识储备，观看影像时，人们只需要快速扫描眼前一闪而过的图像，无须思考，更没有时间沉思，想象空间被具体直观所驱逐，观众只是单向传播塑造的被动接受者，他们发挥想象力的空间越来越小。

如果说文字代表着富有逻辑的理性思维，那图像则代表着富有感性的直观思维，让受众在新奇酷炫等多种多样的娱乐消遣中，在轻松愉快的视觉享受中，不断接受感官刺激，受众沉浸在视听世界中，停留在简单快乐中，人们欲望的满足来自闪烁的荧屏和流动的图像，经由欲望，图像控制了主体，削弱了他们的思考和想象力，导致其认知浅表化。

---

① ［法］亨利·列斐伏尔：《日常生活批判》（第2卷），叶齐茂、倪晓晖译，社会科学文献出版社2018年版，第268页。

② ［美］尼尔·波兹曼：《娱乐至死·童年的消逝》，章艳、吴燕莛译，广西师范大学出版社2009年版，第58页。

快乐经济过度娱乐，弱化道德礼仪。快乐经济的题材丰富多样，但大量低俗化的内容影响着人们的思想，模糊了人们的道德观，波兹曼曾在著作中批判过电视节目大肆露骨的性表述，打着娱乐公众的旗号却行伤风化之实，当下网络时代，一些主播更是以刺激、劲爆、夸张来达到哗众取宠的效果，各种短视频演变成打破禁忌、放逐欲望的狂欢，不堪入目的作品和评论区出口成脏的评论，将低俗演绎到极致，偏离价值观，甚至侵犯人格尊严。人们沉浸在这些短视频构建的高刺激和高快感的虚拟世界里，脱离现实生活，强化群体享乐的欲望，"商业精神窒息了创造能力，商业精神充其量产生享乐主义。技术不利于自发性的意念，如同它不利于想象一样。"①

快乐经济迎合受众的口味，编织隐性牢笼。快乐经济是文化工业的产物，"工业所关心就是，所有人都是消费者和雇员，事实上，工业已经把整个人类，以至于每个人都变成了这种无所不包的公式。"② 网络时代给快乐经济插上了翅膀，网络平台能够根据用户偏好和用户习惯，实现智能推送，迎合用户的心理，让用户不断沉迷在视觉狂欢中，长此以往，用户接受的信息种类趋向单一化，信息内容趋向重复化，兴趣偏好趋向固化，用户深陷隐形的信息牢笼中。③ 信息牢笼的信息偏食、信息趋同和信息窄化特征会让用户建构起偏见的世界观、极端的价值观和虚无的人生观，形成观念极端化的问题，成为远离真实世界的孤独者。

2. 快乐经济的文化指向

快乐经济排斥理智思维，指向非理性与非逻辑性的文化。快乐经济借助无孔不入的传媒技术、娱乐至死的文化表现形式和后现代主义的传播方式，解构了现代性以来的中心——边缘文化结构，展现非理性和非逻辑性的价值内核，比如一些网络直播，为了受众，各显神通、极尽所

---

① ［法］亨利·列斐伏尔：《日常生活批判》（第3卷），叶齐茂、倪晓晖译，社会科学文献出版社2018年版，第620页。
② ［德］马克斯·霍克海默、西奥多·阿多诺：《启蒙辩证法：哲学片断》，渠敬东、曹卫东译，上海译文出版社2020年版，第150页。
③ 魏鹏程：《短视频泛娱乐化对高校思政教育的挑战及应对策略》，《传媒》2023年第4期。

能，为了流量，抛弃尊严、卖弄肉体、装疯卖傻、牺牲健康，娱乐反客为主，让人为其卖命，"在一定的情况下，幸福的因素就变成了不幸的源泉。"① 快乐经济指向下的文化并不寻求一种稳定的公共话语秩序，展现的是"狂欢文化""无底线文化""八卦文化"和"碎片文化"构成的失去理性的娱乐世界。

快乐经济指向文化异化，是愚民政策的工具。列斐伏尔认为："在新老异化类型的结合下，异化正在丰富化，有政治的、意识形态的、技术的、官僚的和城市的等。"② 异化不仅范围越来越广，而且越来越隐蔽，以至于看不出任何异化的痕迹。快乐经济让人们沉浸在娱乐中，不愿醒来，因为娱乐过程不用思考，不用面对工作和生活的难题，人们总能找到志同道合的娱乐内容，来与之相伴为乐，最终在迅速推陈出新的低俗娱乐中矮化思想境界，在某种程度上被洗脑、降智，影响了民众思想开化，它造就了一种大众被动接受而无法反思的强势文化，能够充当统治手段，降低社会和政治统治的成本，能够把个体纳入到统一的价值体系中，使社会更稳定。

快乐经济指向全景监狱式的文化空虚。人类历史先后经历了作为文字的传播革命、作为印刷术的传播革命、作为电子传播的传播革命和作为互联网的数字传播革命四个阶段，对应着农耕文明、工业文明和后工业文明不同发展时空，快乐经济主要诞生于作为电子传播的传播革命阶段，兴盛于互联网的数字传播革命阶段，在这样的阶段，人们生活在媒介构筑的强大迷宫里，"电视正在把我们的文化转变成娱乐业的广阔舞台。"③ "只要我们允许自己被机器驱使，我们就会惨败无疑。"④ 人们天真地以为电脑像受虐狂一样执行他们的指令，但事实上，电脑是削弱

---

① ［德］马克斯·霍克海默、西奥多·阿多诺：《启蒙辩证法：哲学片断》，渠敬东、曹卫东译，上海译文出版社2020年版，前言第5页。
② Henri Lefebvre, *Everyday Life in the Modern World*, translated by Sacha Rabinovitch, New Brunswick: Transaction Inc., 1984, p. 94.
③ ［美］波兹曼：《娱乐至死·童年的消逝》，章艳、吴燕莛译，广西师范大学出版社2009年版，第72页。
④ ［德］弗兰克·施尔玛赫：《网络至死：如何在喧嚣的互联网时代重获我们的创造力和思维力》，丘袁炜译，龙门书局2011年版，第10页。

人们大脑功能的施虐者。这种由多样化媒介簇拥、非理性驱使、碎片化进程巩固所构成的快乐经济就像全景监狱,人人看起来都很自由,但是却被圈禁在文化空虚中,丧失了基本的文化理性。

3. 快乐经济引发精神异化

快乐经济的主体是娱乐,娱乐休闲是人生活中不可或缺的组成部分,但过度娱乐会成为人类社会发展的危害,会让人荒废时间,不务正业。电视主导的娱乐生活已经让列斐伏尔、波兹曼深感忧虑,而如今智能化电子产品的无处不在,更是快速推进他们担忧事情的进程,轻巧方便的电子存储器、四通八达的网络让人们可以随时随地娱乐,人们为之欢欣鼓舞,但却为人类精神家园的丧失埋下了伏笔。

过度娱乐的可怕之处是娱乐成为人们的生活,而不只是存在于人们的生活中。微博热搜榜总是被明星八卦占据头条,各种传媒都以娱乐型素材为主,甚至非娱乐性质的信息为了广泛传播,也不得不以娱乐的形式传递,民族传统文化类节目通常会请明星坐镇,因为他们可以吸引眼球,制造话题,但明星带动的观众收看的目的并不是增长见识,因此并不能很好地达到宣传部门的教化目的。娱乐成为社会主流,社会财富流向娱乐业,真正推动社会发展的科研人员往往得到与自身价值不匹配的工资回报,社会呈现病态的趋势。泛娱乐化席卷社会各个领域,让人降低思想内涵、迷失公共道德、丧失奋斗意志。波兹曼总结当"文化成为一场滑稽戏"的时候,只能导致"文化精神枯萎"①。

快乐经济以符码的完美意义逻辑作用于人的心灵,突出表现为理性祛魅、符号崇拜、价值虚无、意义匮乏,控制人的思维方式和行为方式,产生强大牢固的奴役和控制力量,比如现在流行的摆烂文化,通过制作各种暗含"摆""烂"等消颓气质和悲观因子的语言、图像、文字、视频,同时借助网络媒介对这些消极情绪和负面心态进行大肆化渲染和模因式传播,制造"摆却无畏着""烂并快乐着"的快感和爽感,上演着"我摆烂我快乐"的网络狂欢图景,但如果长期遵循"我摆烂

---

① [美]波兹曼:《娱乐至死·童年的消逝》,章艳、吴燕莛译,广西师范大学出版社2009年版,第132页。

我快乐"的非理性行为，会陷入自我否定和自我怀疑的认知怪圈，引发严重的自我分裂和精神危机。①

"机器迁就人的软弱性，以便把软弱的人变成机器。"② 电视、电脑和智能手机给人们带来了娱乐，但耗费了人类的注意力，消磨了人类的记忆力，抑制了他们的创造力并扼杀了他们的阅读能力，赫胥黎在《美丽新世界》中告诉我们："人们感到痛苦的不是他们用笑声代替了思考，而是他们不知道自己为什么笑以及为什么不再思考。"③ 快乐经济的发展，使感性认知替代了理性批判，娱乐享受腐蚀了理想信念，抽离了日常生活的意义感，躺平、摆烂、佛系成为潮流，抑郁问题日益突出，快乐经济时代意义感的再造关系民众幸福，是值得深思的问题。

意义感的再造，能使人从无聊迈向有趣，摆脱对快乐经济的依赖。意义感的再造需要坚实的奋斗，需要做有理想、能吃苦、敢担当的时代新人，给自身的生命提出正当使命并赋予内容；意义感的再造需要积极创造，积极创造既涵盖日常生活的各类器物，也涉及社会制度、价值观和生活意义在内的精神财富的创造，创造是人类意志有目的性和主动性的体现，也是人类行为可实现性和有效性的体现；意义感的再造需要复调的生活，这样才能摆脱无聊，邂逅有趣，掌握好娱乐的度，合理规划利用空余时间，摆脱不了谋生之苦的古人尚且提倡利用三余——"冬者岁之余，夜者日之余，阴雨者时之余"来读书充盈自己的生活，衣食无忧的现代人更应该积极探寻生活的意义，不能耽于做快乐经济构建的隐性牢笼的笼中困兽。

三 大众媒体深化无聊

列斐伏尔在《现代世界中的日常生活》和《日常生活批判》等著

---

① 林峰：《"摆烂文化"的意识形态症结与治理》，《深圳大学学报》（人文社会科学版）2023 年第 3 期。
② ［德］马克思：《1844 年经济学哲学手稿》，中共中央马克思恩格斯列宁斯大林著作编译局译，人民出版社 2014 年版，第 120 页。
③ ［美］波兹曼：《娱乐至死·童年的消逝》，章艳、吴燕莛译，广西师范大学出版社 2009 年版，第 138 页。

作中揭示了媒体、出版机构和广告为什么和如何安排了日常生活，指出大众媒体建构的整体性世界是超现实的符号化世界，"现在的日常生活丧失了日常生活曾经具有的和消失了的品质与活力，这种日常生活被挤压成了扁片，然后按片出售空间。我们丢掉了日常生活的可爱之处。"①现代社会进入风格消失的时代，成了一个"餍足型"消费逻辑引导着的焦虑不安的文化心理世界，大众媒体支配下的世界，大众成为被操纵的客体，一切事物除了符号允许的意义外，不准表现出别的意义，灵魂是荒凉的，情感是冰冷的。

（一）促使个人生活概念化

列斐伏尔认为随着广播和电视等大众媒体的发展，语言、传统意义上的文化、价值和符号这类实在的媒介功能被磨损了、变模糊了。"大众媒体正在使习惯的、传统的文化，书的文化，与书面语和逻各斯分开""大众媒体没有解决日常生活的'丧失'。大众媒体所做的是把个人生活概念化。"②

大众媒体以受众为源头，用琐碎的事故、肤浅个性化的逸闻趣事，熟悉的家庭小事来吸引受众，它们有一个心照不宣的原则，就是每件事都可以变得引人入胜，它们在日常生活的大背景下，提取并纯化日常生活，用意义强化日常生活，使日常生活表现出不一般的特征，本应表达日常生活的艺术变成了高度熟练的技巧，是播音员、制片人和编辑幕后制作，通过大众媒体演出的一出伟大美好生活的"大戏"，"大众媒体以太真实和绝对表面的方式把日常生活与'世界'时事结合起来，从而瓦解了日常生活。"③观众被淹没在单调的新闻和时事性的话题里，新闻不再包含任何一件真正的"新"闻，受众每天接受着雷同的事件，它们削弱了受众的敏感性，消蚀着受众求知的欲望，使他们缺少酒神般

---

① [法] 亨利·列斐伏尔：《日常生活批判》（第3卷），叶齐茂、倪晓晖译，社会科学文献出版社2018年版，第550页。
② [法] 亨利·列斐伏尔：《日常生活批判》（第2卷），叶齐茂、倪晓晖译，社会科学文献出版社2018年版，第302页。
③ [法] 亨利·列斐伏尔：《日常生活批判》（第2卷），叶齐茂、倪晓晖译，社会科学文献出版社2018年版，第303页。

的狂喜。

列斐伏尔认为和大众媒体紧密相关的消费、奇观和奇观化、滥用形象、信息的极大丰富和冗余正在破坏社会性，使日常生活呈现出"无可争辩的满足"和"深陷难以琢磨的问题"的矛盾，它们"通过外部的、量化的和反复的因素，通过看不见的形象和陌生的声音，通过对每一件存在的事物所做的不着边际和让人惊讶的塑造，占用一般的'人'，占用作为整体的社会。"①

大众媒体带来的海量信息介入人们生活时，人们的生活并没有变得更加有意义，信息反倒让相互沟通不复存在，没有沟通、没有燃起激情的信息，事物的特征不复存在，冗余达到了不可思议的程度，千篇一律的时代厚颜无耻地利用日常生活，大众媒体将日常生活标准化并传播和毁灭日常生活，受众消失在单调的通天塔般的困惑之中。

（二）推动认知判断模糊化

"模糊性在社会学上是一个未知或无知的范畴，或者更准确地说，是一个意见不一和缺少认识的范畴，现象和事实在模糊性那里混为一体。"② 大众传媒使受众产生错觉，认为资本主义社会就是为了社会和个人的需要而生产，而忽视了消费社会操纵了需要，控制生产的也控制着消费，控制消费的按照他们认为应该生产的生产需要，生产和消费的控制者有意无意地把不符合他们要求的但同样有效客观的需要放置一边，因为需要不都是伪造出来的不真实的，所以这种现象不完全是一种现象，这种假象也并非完全都是假象，个人和社会的需要与欲望之间存在模糊性，这种模糊性掩盖了没有察觉的矛盾。

马尔库塞用"真实的需要"和"虚假的需要"来描述这种现象，认为"现行的大多数需要，诸如休息、娱乐、按广告宣传来处世和消

---

① ［法］亨利·列斐伏尔：《日常生活批判》（第3卷），叶齐茂、倪晓晖译，社会科学文献出版社2018年版，第566页。
② ［法］亨利·列斐伏尔：《日常生活批判》（第2卷），叶齐茂、倪晓晖译，社会科学文献出版社2018年版，第427页。

费、爱和恨别人之所爱和所恨，都属于虚假的需要这一范畴之列。"①科技和媒体异化着人的需求，人的真正需求归根结底是追求真正的自由，但是工业社会却剥夺了人们的自由，因为在科技推动下创造的大量产品，在大众媒体广告的诱惑下，人们失去了对这些产品的判断力，人们真正的需求被虚假的需求取代。

大众媒体引导着影响深远的生活诱惑力。现代技术转变了日常生活批判的方向，从用梦幻、诗歌、观念或超出日常生活活动所做的日常生活批判转向从内部展开对日常生活的批判，用日常生活的另一面批判日常生活的这一面，用可能批判现实，用具有先进设施的日常生活与较低生活标准的日常生活比，许多电影和电视剧上能看到奢华的展示，呈现出一个与观众自己的那个日常生活不太一样的日常生活世界，具有迷人的特征，把观众驱逐出他们熟悉的日常生活世界，用炫富魅力的一般物件，用在这些物件中走来走去的男男女女，让观众溜进这个虚幻的世界，引导着影响深远的生活诱惑力。

大众传媒训练它的受众，影响受众的品位，使他们的判断变得模糊。大众传媒的形象趋于饱和，新闻缺乏创意，大众传媒影响了思想的连贯性和思想、语言和词汇表达，对世界表达枯竭，威胁到语言本身，一个人成为另一个人的看点，实时转播正在发生的事件，大众传媒每天上演着超级同义重复的戏码，用它自己的成就模糊大众的判断。

（三）加剧日常生活再隐私化

再隐私化问题是无聊社会学的一部分。再隐私化是一种生活方式，但更像是剥离所有方式的生活。② 日常生活再隐私化既调整也确认了现代世界的日常生活，再隐私化就是把个人生活和日常生活合并起来，"日常生活原本应有的公共生活和公共意识被清退了，只留下个体对世

---

① ［美］马尔库塞：《单向度的人：发达工业社会意识形态研究》，刘继译，上海译文出版社2008年版，第6页。

② ［法］亨利·列斐伏尔：《日常生活批判》（第2卷），叶齐茂、倪晓晖译，社会科学文献出版社2018年版，第316页。

界的窥视欲望。"①

列斐伏尔认为再隐私化发生的重要条件是广播和电视的迅速普及，广播和电视为再隐私化提供了路径，让个人生活进入社会生活和政治生活，生活和意识正在变得全球化，不过是以一种萎缩方式实现的全球化，因为人们只是窝在家里的沙发上目睹着全世界，对这个世界没有任何影响，也不想去影响这个世界，默默地凝视着这个世界，"他全球化了，不过，既单纯又简单地作为眼睛全球化了。"② 人们没有了解到真正的知识，不去认识所看到事物的支配权力，也没有实际参与到事件中，他们的了解只是基于事物形象的社会凝视，是一种新的观看形式，"社会化的凝视替代了社会实践的积极意识，在它之下，社会实践过程高速消失在远方。"③ 再隐私化带来的是一个可以看见，没有实际参与，不能实际接近的完全被动感知的世界。

再隐私化是对私人意识的继承和发展，私人意识是列斐伏尔在《日常生活批判》（第一卷）中提出来的，他认为劳动分工使人们各有所长，他们不断强化自己的特殊技能，同时也强化自我意识和排外意识，变得狭隘。私人意识是消极的，因为个体只有在社会中，在与他人的交往中才是实在的，私人意识认为自己是自给自足的，把个人与其赖以开花结果和存在的条件分割开来，私人意识塑造的个人生活是对生活的剥夺，剥夺了现实，剥夺了与世界的联系，这种意识不是去扩大和征服世界，而是蜷缩自己，过上最狭隘、最贫瘠和最孤独的生活。"私人意识在努力把人塑造成一个人类个体的时候，私人意识也压制了个人，私人意识每时每刻地分割着个人，妨碍个人的发展。"④

再隐私化在两个方面强化了私人意识，首先是公共生活在个体的日

---

① 李巍：《生活的可能性与再隐私化：列斐伏尔〈日常生活批判〉中的大众文化批判》，《全球传媒学刊》2022年第2期。
② [法] 亨利·列斐伏尔：《日常生活批判》（第2卷），叶齐茂、倪晓晖译，社会科学文献出版社2018年版，第314页。
③ [法] 亨利·列斐伏尔：《日常生活批判》（第2卷），叶齐茂、倪晓晖译，社会科学文献出版社2018年版，第314页。
④ [法] 亨利·列斐伏尔：《日常生活批判》（第1卷），叶齐茂、倪晓晖译，社会科学文献出版社2018年版，第138页。

常生活中不复存在，个体的政治意识融于个体的私人意识之中。其次日常生活清理了个体的实践维度，在参与世界的过程中，个体就是一个旁观者、安全的偷窥者。日常生活变得更加狭隘化、专业化，人们感受不到社会的整体力量，更感受不到整体力量与自我之间的关系，"整体观见证了去整体化"①，"个体再也不是马克思主义意义上的人民大众，具备推动历史不断向前发展的根本性力量。"② 个体退缩到一个属于自我的特殊领域，甚至与历史渐行渐远，个人生活与政治意识、公共意识融合了，个人生活和日常生活也融合了。

日常生活再隐私化是大众传媒赋予个体的一种生活方式，列斐伏尔时期，再隐私化还未达到极致，因为以电视和广播为主要载体的大众传媒还带有或多或少的集体性，允许他人参与，凝视并非完全的个体化行为，观看电视多以家庭为单位，虽然集体很小，但凝视的对象也不是全然由个体把握，即使切换频道也要在家庭内部进行博弈。但智能手机和个人电脑的普及使再隐私化达到极致，个人电脑和智能手机是独享的个人工具，个体可以用他们窥视广播和电视传统大众传媒不可想象的色情与隐私，并且他们能够得到大数据为其量身定制的独享窥视套餐，个体自由的选择权、私欲窥视的盛行使个体越来越不想参与世界的实践，他们欣然接受大众传媒带来的人文关怀，用这份虚假的自由换取不与世界交流的勇气，但这种虚假的自由终将会在个体与集体的矛盾中，在实践中被击碎。

再隐私化的目的是通过对个人实践的剥夺及窥视的满足来阻止个人接近社会的、集体的、政治的生活，从而将日常生活完全转变为一种私人生活。大众传媒在这个过程中不断助纣为虐，加速并强化个体对实践的脱离，个人生活依然匮乏，全球化的信息填充个人生活这个窟窿和裂缝，大众传媒掩饰生活的绝望，看似生活被塞得满满当当，但个人生活依然是空空如也，弥漫着无聊。

---

① ［法］亨利·列斐伏尔：《日常生活批判》（第 2 卷），叶齐茂、倪晓晖译，社会科学文献出版社 2018 年版，第 312 页。

② 李巍：《生活的可能性与再隐私化：列斐伏尔〈日常生活批判〉中的大众文化批判》，《全球传媒学刊》2022 年第 2 期。

第二节 "都市社会"文化是消费再循环的产物

文化再循环就是指文化一心追求花样繁多和形式多变，成了低俗的时髦物，失去了精神实质的现象。文化在消费逻辑的引导下，成为欲望与科技结合的产物，其文本高度雷同化、模式化，它是没有深度意义的空洞能指，消解了传统文化的话语权力，以充满现实感的存在使文化精神显得苍白乏力，从而带来文化存在的危机，文化不再是理想的延伸，而成了欲望的延伸。

一 文化曾经是理想的延伸

雷蒙德·威廉斯认为文化是欧洲语言中最为复杂的两三个词之一，他用历史语义学的方法考察了文化极为复杂的词义演变史，他认为文化（culture）一词最接近的词源为拉丁文 cultura，可追溯的最早词源为拉丁文 colere，colere 具有"居住、栽种、保护、朝拜"等多重意涵，其中"耕种"或"照料"为主要意涵。"文化"早期的用法表示一个过程，即对某物（某种农作物或动物）的照料，16 世纪初，其"照料动植物成长"的意涵逐步延伸为"人类社会发展的历程"。时至 18、19 世纪，"文化"进一步具有了"心灵陶冶""有教养的""有礼貌的"或"人类自我发展的历史""精神培养""高雅的艺术和学术""审美或完美"等意涵。[①]

18 世纪之前，"文化"和"文明"是意义可以互换的术语，但是 18 世纪之后，文化与文明的语义开始分道扬镳，文明指一种外在的社会状态，文化则指内在的精神状态，"文化"成了"文明"的批判工具，站在了文明的对立面。从 18 世纪后期到整个 19 世纪，文化一词主要有四个基本含义：一是与人类追求完美的思想观念密切相关的"心灵的普遍状态或习惯"；二是"整个社会里知识发展的普遍状态"；三是

---

① [英]雷蒙德·威廉斯：《关键词》，刘建基译，生活·读书·新知三联书店 2005 年版，第 101—107 页。

"各种艺术的普遍状态";四是"一种物质、知识与精神构成的整个生活方式。"上面的四种内涵可以归纳为:文化既是记载人的精神、心灵等精神成果的文字文化或文献文化观念,也是作为人类整体生活方式的文化观念。① 文化指称人类最好的思想文字,文化就是美好与光明。

曾经的文化热,尼采、弗洛伊德和萨特是热门人物,受到人们的追捧,他们的著作主要探讨人性本质、生命意义等问题,他们是特别擅长想事的人,他们的思考和言说,会加深人们对社会现实的认识和理解,从而产生一种无形的力量,改变实践活动的逻辑和进程。文化曾经是孕育理想的土壤,是坚定信念的黏合剂,它们使人心灵充实,让人保持超越自我的进取精神和孜孜不倦的求索探寻精神。

列斐伏尔认为人类需要具有文化或培养性特征的闲暇活动,这些活动形式既可以是新的也可以是像读书、听音乐或随歌起舞等传统的,这些活动的内容不仅是娱乐的和放松的,而且应该具有知识性,这些活动不排除生产性活动,但是,生产性活动受闲暇控制,具有培养性特征的闲暇活动让"人们感受现时,向往自然的感受和感性的生活。"② 文化一定不能忘却初心,丢掉本真,要给人以精神力量,要能够在人们认识世界和改造世界的过程中转化为物质力量,没有作为理想延伸的文化,就难有恒定的理想和坚定的信念,人们的生活就会黯然失色。

二 文化成为欲望的延伸

伴随着商品化、工业化和标准化的文化产业的出现,文化成为消费社会的工具,文化从生产到消费贯穿着消费逻辑,文化不再是理想的延伸,更多的是激起人们的欲望并满足人们的欲望,再激起新的欲望并满足新的欲望,无限循环,文化成为消费再循环的产物,成为欲望的延伸。

在艺术领域,当代的文学、电影也好,绘画和音乐作品也好,本能

---

① 陶水平:《文化研究的学术谱系与理论建构》,社会科学文献出版社2019年版,第236页。
② [法]亨利·列斐伏尔:《日常生活批判》(第1卷),叶齐茂、倪晓晖译,社会科学文献出版社2018年版,第38页。

欲望成为一个突出的主题，欲望被看作不可否认与抹杀的驱动力，欲望不再是可耻的，甚至是正当的和值得赞美的，是充满生命力的真实人性。在欲望和理性的冲突中，压抑欲望的理性好像很残忍，在欲望和道德的冲突中，道德内疚感显得虚伪或者愚昧，超越欲望的卑微，走向人性的崇高这个现代精神危机中的重要问题被取消了，越来越多的艺术谈论欲望，表达欲望。

列斐伏尔认为大众文化具有模糊性和内在辩证性的特点，大众文化促进了培训、教育，提高了人们文化的平均水平，信息量大而有趣。但却将人们淹没在信息中，它贪婪地掠夺文化积累的财富，无休止地利用旧符号、神话、形式和风格，将历史的整体转化为话语，用视觉图像粉碎话语，"将文化倒退到生物学和兽性（通过性或暴力肢体语言）。它的虚假挑衅加速了经验磨损，破坏了表现性世界。"[1] "资本主义……征服文化，把文明减至文化产业，并且从属于文化产业。"[2] 这也是现代无聊社会学的主要特征。

"20世纪中叶前后，我们还有可能在日常生活的核心上把握想象（超常的、超自然的、魔幻的，甚至超现实的，所以，是否定的）。所以，许多年后，想象成了无源之水，无本之木，这种想象是强加于人的：照片、电影、电视被渲染成一种奇观的世界。"[3] "我们进入巨大的虚幻反转形象王国。"[4] 虚幻的世界把自己表现为真相，密切地模仿现实生活，以替代现实世界，满足人们的深层欲望，这个世界很大一部分是电影、剧场、出版物和音乐厅的世界，是闲暇活动的世界。现实世界和它的反转形象之间的分裂不过是一种廉价的、伪奇异的和可恶的无孔不入的故弄玄虚而已。"现代性在鼓噪什么呢？幸福，所有的需要的满

---

[1] Henri Lefebvre, *Introduction to Modernity*, translated by John Moore, London: Verso, 1995, p.231.
[2] [法] 亨利·列斐伏尔：《日常生活批判》（第3卷），叶齐茂、倪晓晖译，社会科学文献出版社2018年版，第565页。
[3] [法] 亨利·列斐伏尔：《日常生活批判》（第3卷），叶齐茂、倪晓晖译，社会科学文献出版社2018年版，第569页。
[4] [法] 亨利·列斐伏尔：《日常生活批判》（第1卷），叶齐茂、倪晓晖译，社会科学文献出版社2018年版，第32页。

足。不再是通过美，而是通过技术手段。"①

虚幻和闲暇世界利用情感、犯罪和性，比如性本身成为超级商品。自古以来，不管是卖淫还是婚姻，性一直都出现在买卖中，近来直接出现以交换为目的的性商店，尤其是"性幻想和性形象已经广泛渗透到了广告和日常生活之中，性本身已经成为用来兜售其他产品的超级商品。"② 各种偶像剧、网络小说就是一种潜在的性幻想和性形象消费，在大众文化中，性不再是一个禁忌的话题，这种观念真正改变和塑造人们的精神生活和道德生活。

虚幻世界和闲暇世界利用体育，观看赛马比赛的人，把赌注下在自己看中的马身上，也被叫作体育运动爱好者，稍微有名气的球队俱乐部都有支持者，但支持者一生也没上场摸过球，他们开车去看比赛，通过媒介参与体育赛事，他们时而热情无比，时而焦躁不安，但是从来没有离开他的座位，这是在虚构和人们共享的错觉中产生的奇迹，是一种奇妙的"异化"。体育原本与幻觉毫不相干，但是体育让我们面对一个反转现象，闲暇中如同劳动中一样，存在着异化。

列斐伏尔认为改造日常生活需要一个审美性质计划，这个计划提出艺术是高层次的创造性活动，激烈地批判被异化活动所支配的艺术，比如产生于日常生活之外的、超越日常生活之上的特别作品。③ 艺术经过最原始的来自日常生活，到中间各种离经叛道的先锋派，还必须回到日常生活，因为艺术的土壤不在于艺术，而在于生活，只有源于生活的艺术才能经久不衰。

三 无法建立的主体性

现代大众市场是没有人情味的。在流动性非常有限的封建时代，生

---

① ［法］亨利·列斐伏尔：《日常生活批判》（第3卷），叶齐茂、倪晓晖译，社会科学文献出版社2018年版，第584页。
② ［法］亨利·列斐伏尔：《日常生活批判》（第3卷），叶齐茂、倪晓晖译，社会科学文献出版社2018年版，第588页。
③ ［法］亨利·列斐伏尔：《日常生活批判》（第2卷），叶齐茂、倪晓晖译，社会科学文献出版社2018年版，第267页。

活在乡村的个体户重视独立和正直的品格，而拥有官僚组织的现代社会重视"融入"和"相处"的能力。现代社会，能够靠孤身一人独自发财的机会大大减少，一个人想要出人头地，必须适应大型组织，他扮演预期角色的能力是他的主要财富，在匿名城市中心为不知名大众服务的工人们的成功不仅取决于他们的技能，而且取决于是否有人愿意雇用他们，购买他们的商品与服务，不管社会的哪个工种，都必须培养赢家的个性，每个人的一生都必须能够"展示自己"，"把自己"卖给别人，在这种关系中，人的价值取决于自身无法控制的条件。因此，在追求成功的过程中遇到任何挫折都会对自尊造成严重的威胁，当对方没有以适当的方式回应时，无助、不安全感和自卑就会油然而生，这破坏了自主和独立意识，每一个人想方设法变成市场"想让他们成为的任何人"。

人与人、人与组织之间逐渐变成一种"供求关系"，"人力资源""人才市场"等词汇就是最好的说明，"人"怎么会是一种资源，那是因为人变成了某种商品，所以人要在买家面前互相竞争，要不断自我发展，提高自己的竞争力，提升自己作为商品的价值，在人才市场上才能出人头地。

在市场引导人们把自己和他人都视为商品的时代，人们努力寻找"有意义"的关系，人们根据官方认可的价值观，根据对方的智力、吸引力、影响力和成功程度对对方进行排名，对方不是一个特质受到重视的独一无二的存在，对方是可以和其他类似事物相比较的，是比我更好或更差、更高或更低的人，关系变得肤浅。无论对于人还是商品，包装、标签和品牌变得越来越重要，人要努力包装自己，最好让市场贴上比较高的价值标签，形成自己的品牌效应，才能与更多的人建立"有意义"的关系。然而"不可忽视的事实是，不安感确实普遍存在。"①

现代社会看似给了人们很多自由，也强调发展人的个性，但却没有给人们去干这些事情的时间，人们每天都面临一项迫切的任务，"满足

---

① Henri Lefebvre, *Everyday Life in the Modern World*, translated by Sacha Rabinovitch, New Brunswick: Transaction Inc., 1984, p.79.

社会机器对一个零件的要求"①，人们要努力在激烈的竞争中成为一个合格、优质的零件。韦伯曾说过，专家没有灵魂，意思是即使是知识丰富的专家，也只不过是一种高级零件罢了，人类虽然被视为万物的灵长，但那些生命和灵性发展的需求在日常生活中被忽视和淹没了。

在市场导向下，理性必须与其他人不断变化的期望保持步调一致，迅速检索数据并进行快速准确地计算比探索深刻的问题有价值，思考的榜样是计算机不是人，思想的果实是成功不是智慧，弗洛姆认为一个人在现代社会取得成功必须客观而空虚，要适应能力强，反应灵敏，不受个性和主观性的影响。

现代社会培养了一种不断寻求需要认可的孩子气个性的人，一个除了成功，既不沉湎于过去，也不致力于未来的人。他可以根据老板和客户的要求，随时随地调整自己，是一个没有原则的人，一个知道机不可失、失不再来的人，漫无目的，前后矛盾，营销导向成为每一个人的一部分，为了寻找工作之外的安慰，人们就会期盼工作以外的休闲时间，去发展工作以外的不同人格，去寻找别人为我们服务的安慰，去不熟悉的地方寻找自然或令人兴奋的关系，但其实休闲时间也逃不脱主宰职场的经济安排，人们必须购买与休闲相关的产品，这些产品包裹着爱、快乐、成就感、安全感和认同感的外衣，带有工作之余补偿性的光环，但休闲也在塑造一种角色，一种休闲之后更好适应市场需求的角色。

与以往个体及物品都有自身个性和风格的社会相比，现代社会的人被带入一种钟摆式的生活，被一架精密的生产机器所控制，时间和空间都被计划好、安排好，一种被系统组织控制的生活植入人们心里，人们无法建立主体性，日常生活风格消失。列斐伏尔认为改变这种现状，要履行完整的人的思想，要让人以整体的方式拥有他的完整本质，把生命作为一件作品，一件需要充分投资，使思想与生活、心灵与肉体关系和谐的艺术品，促进人与自我的统一，人与社会的统一。

---

① 刘擎：《刘擎西方现代思想讲义》，新星出版社2021年版，第56页。

第三节　"都市社会"日常生活需要文化革命

列斐伏尔很早就说过,"生活就是一场冒险,必须充实地活着,拒绝所有的妥协,拒绝无聊。"① 他希望通过文化革命实现人的实践、生活和生存的彻底解放,他重点捕捉日常生活充满活力的全部内容,性欲和爱的觉醒,游戏的乐趣,节日的诱惑力,庆祝活动中体验到的休闲等,他认为人类实践并不限于通过工具作用于自然而进行的功利性改变,它还涉及"爱、感官、身体、情感——丰富的创造性、情感性和富有想象力的实践。"② 其实就是倡导节日的复归和让日常生活成为艺术等诗性的创造实践,借此摆脱日常生活的无聊状态。

一　文化革命是日常生活的解放方案

列斐伏尔的文化革命是一种旨在在哲学上恢复人们主体性,揭示资本主义生产本质的革命,列斐伏尔文化革命是马克思主义的,因为它对资本主义生产和生活方式进行了批判,是一种集政治、经济、文化为一体的革命设想。

(一) 文化革命的缘起

列斐伏尔和情境主义者都认为日常生活经受着无处不在的平凡和乏味,人们盲目地奔向丰富的商品世界,寻求隐含在那里的完整、满足和团结的承诺,借以逃离自身的碎片化和平庸化,在这种能够感受生命可能性和贫困的生存现实断裂的混乱中,促成了革命的可能性。

文化革命理论的形成深受先锋派艺术家和人文主义思潮的影响,达达主义的超现实主义主张要摆脱现实中的一切束缚,必须超越现实的"无意识"世界,还原客观现实的真实面孔,还原的方式是将平凡的日

---

① Rob Shields, *Lefebvre, Love and Struggle: Spatial Dialectics*, London: Routledge, 1999, p. 71.
② Rob Shields, *Lefebvre, Love and Struggle: Spatial Dialectics*, London: Routledge, 1999, p. 100.

常生活变得不平凡,找寻日常生活的奇妙之处。列斐伏尔充满创造力和想象力地将超现实主义和人文主义思潮纳入都市革命的构想中,形成了以文化革命推动都市革命的核心理论线索。①

列斐伏尔提出的文化革命突破了对日常生活考察的政治和经济视角,但又没完全脱离政治和经济活动,是一种新的都市革命图绘,符合他构建的"都市战略"内涵,即"包含政治实践与社会实践的区别,日常实践与革命实践的区别"②。一方面与城市权力的争取和空间正义的追求等政治目标紧密联系,另一方面指出人的异化的根源在于资本主义文化的统治与压迫。与无产阶级革命强调的经济革命和政治革命相比,列斐伏尔更重视文化革命的先导力量,他认为政治制度和经济制度的革命在当今社会不足以改变西方统治机制和社会结构的现状,只有文化革命才是最有效的方式。

(二) 文化革命的内涵

现代文化迫使人们生活在两个互相矛盾的世界里。一方面,人们生活在平凡、短暂的世界中,饱受物的奴役;另一方面,他可以使自己成为理想的化身,因为他是规则的制定者。所以,肉体和精神、现实和理想、实际奴役和知识理论的力量、具体的不幸和辉煌的假想,一切都是互相冲突的,人们好像找不到真正痛苦的根源。

现代社会的失败在于人的异化,一种试图影响人类生活世界的无力感,一种寻找日常行为和信仰指南的无意义感,一种与他人隔绝的感觉,一种与自我疏远的感觉,现在社会要想有意义,传达凝聚力,摆脱消费受控的官僚社会下黯淡无光的日常生活,就必须找到超越消费的目的,能够自主思考,解决自己的欲望并形成自己的生活风格。

文化革命具有双重特征,它既是乌托邦的,也是现实主义的,改变世界,而不是解释世界,意味着不仅要改变外部世界,而且,归根结

---

① 董慧、赵航:《文化、日常生活与乌托邦:列斐伏尔都市社会建构的文化路径》,《山东社会科学》2021 年第 10 期。

② [法] 亨利·列斐伏尔:《都市革命》,刘怀玉等译,首都师范大学出版社 2018 年版,第 83 页。

底，要改变日常生活。列斐伏尔的文化革命不是宣布一个适应未来的一劳永逸的决定，也不是对未来社会的推断，而是向世界表明究竟该为了什么而奋斗，是一个斗争的口号，是一种具有多维度的革命策略，是一种摆脱日常生活异化的方式，是对"都市社会"文化批判的一种理论建构。文化革命的内涵有广义和狭义之分，广义的文化革命是通过把日常生活和艺术创造性的融合，构建一种全新的生活风格；狭义的文化革命是从道德规范和传统习俗等文化因素着手进行变革，解决日常生活异化问题。列斐伏尔的文化革命不是变革人的意识观念和思想方法，而是转变人的根本生存方式。

(三) 文化革命的目标

列斐伏尔认为为了完成达达粉碎碎片的任务，有必要超越达达，但不是在艺术家的歌舞表演中，而是在更广阔的日常生活领域做出持久的改变。[①] 日常生活目前已经沦为"一种私人的抽象：言辞、修辞、道德主义、唯美主义、或者是电影和电视在闲暇时间提供的关于美好而无法企及的生活图像。"[②] 人们一心想获得感官上的满足，却被证明是徒劳的，迷人的物体、迷人的人、迷人的主题激增，如此丰富，充满惊喜，一个变成另一个的速度快得令人难以置信，有趣的背后潜伏的是无聊，因为经验和意义不断枯萎，痛苦和失望的感觉油然而生。

现代人处于风格的消亡和重生之间，因此必须制订一个革命性的计划，对比风格与文化，意识到文化的碎片化特征，重新创造一种风格，复兴节日，并将碎片化的文化聚集起来，改变日常生活。[③] "把'日常生活变成节日'——让我们的身体、时间、意识和某些事物一起组成一个艺术作品，组成某种事物，不满足于把形式赋予活生生的经验，而是

---

① Rob Shields, *Lefebvre, Love and Struggle: Spatial Dialectics*, London: Routledge, 1999, p. 106.

② Henri Lefebvre, *Introduction to Modernity*, translated by John Moore, London: Verso, 1995, p. 194.

③ Henri Lefebvre, *Everyday Life in the Modern World*, translated by Sacha Rabinovitch, New Brunswick: Transaction Inc., 1984, p. 38.

转变活生生的经验。"①

文化革命不是一场基于文化的革命，它没有纯粹的文化目标，文化不是它的目的和动机，文化革命的目标和方向就是创造一种不是制度，而是一种生活方式的文化，引导文化走向体验，走向日常生活的变形，让日常生活成为一件艺术品！让我们用各种技术手段来改变日常生活。创造不再局限于艺术作品，而意味着一种自觉的活动，自我构思、创造自己的术语，适应这些术语和自己的身体、欲望、时间和空间，是自己的创造。②

真正的文化应该是一种生活方式、思维方式和行动方式，是一种融入人类社会的生活情怀，它涉及人和社会之间的关系，"伟大的文化应该把宇宙和人类结合起来，把本能和知识结合起来，这将是'整体的人'（total man）的文化。"③ 它是一种改变意识神秘性，植根于日常生活的文化。

二 文化革命需要文化战略

实现文化革命需要一个有规则可循的文化战略，首先是使艺术观念、创作观念、自由观念、改编观念、风格观念、体验价值观念和人的观念恢复和重新获得应有的意义，其次要对生产主义思想、经济理性主义、经济主义，以及参与、融合和创造等神话和伪概念及其实际应用进行无情的批判。④

日常生活分成两端，一端是沉浸在日常生活中被日常生活淹没了的底层的男男女女，另一端是对日常生活没有感觉的、独立于生活之外，致力于奇异的、人为造成的、虚假活动上的不接地气的男男女女，处于

---

① [法] 亨利·列斐伏尔：《日常生活批判》（第3卷），叶齐茂、倪晓晖译，社会科学文献出版社2018年版，第571页。

② Henri Lefebvre, *Everyday Life in the Modern World*, translated by Sacha Rabinovitch, New Brunswick: Transaction Inc., 1984, pp. 203-204.

③ Rob Shields, *Lefebvre, Love and Struggle: Spatial Dialectics*, London: Routledge, 1999, p. 93.

④ Henri Lefebvre, *Everyday Life in the Modern World*, translated by Sacha Rabinovitch, New Brunswick: Transaction Inc., 1984, p. 199.

两端的人都生活在一种异化状态，其实两端的生活并非完全冲突或者分离，因此所有的人类应该重新认知日常生活，回到真正的日常生活中。

家庭妇女时刻沉浸在日常生活中，被日常生活淹没，除非待在做梦、浪漫的媒体等非现实的世界里，从来都逃不出日常生活，她需要浮出日常生活的表面，才能摆脱无聊的来袭。数学家如果只是一个数学家，沉浸在极端特殊的数学活动中，远离日常生活，也是无趣的，"一种活动的品质越高，它就离开支撑这个活动的日常生活越远，也就更紧迫地需要回到日常生活中。"① 对于数学家，应该重新发现日常生活，以便既是一个学者，也是一个普通人，是一个整体的人。

文化战略的推进需要"整体的人"，"整体的人"是"一个自由而聪明、多才多艺而感性的酒神，他剥开了资本主义神秘化和商品物化的层层面纱，他不仅能够认清真实的自我，也清楚地知道与其同胞的真实关系。"② "整体的人"呼吁超出人们目前的视野，发挥无限的想象，"整体的人"代表的是一个目标、一个理想、一种可能，而不是一个历史事实，它是一条通向积极人类实践的道路，通过主观的改变，来克服世界上客观条件的奋斗和实践的道路，世界上没有什么是注定的或确定的，没有什么是决定性的，人就是一个开放的整体，"整体的人"不是现实主义艺术中描绘的快乐、微笑的人，而是"拥有与社会不相容的活力和清醒的品质，对劳动的谦逊决心和对创造的无限热情"。③

"整体的人"是"所有自然"，是一个超级角色，一切都在他的掌握中，他包含了"物质和生命的所有能量，以及世界的整个过去和未来。"④ 他是失控世界的良心，他让一心想要毁灭自己、自相残杀的人类保持警醒，列斐伏尔希望人类能抬起头来看看"整体的人"的眼睛，

---

① ［法］亨利·列斐伏尔：《日常生活批判》（第 2 卷），叶齐茂、倪晓晖译，社会科学文献出版社 2018 年版，第 280 页。

② Andy Merrifield, *Henri Lefebvre: A Critical Introduction*, New York: Routledge, 2006, pp. 161-162.

③ Andy Merrifield, *Henri Lefebvre: A Critical Introduction*, New York: Routledge, 2006, p. 162.

④ Andy Merrifield, *Henri Lefebvre: A Critical Introduction*, New York: Routledge, 2006, p. 162.

希望人类能跨越深渊与其交流，不要把自己培养成恋物癖的受害者，不要被蛊惑的意识形态所包裹，要有一种坚韧和怀疑的意识，揭开日常生活文化神秘的面纱。

文化革命要让生活成为艺术。"日常生活，应该成为一种艺术作品，一种能让他自己快乐起来的艺术作品。"① 生活艺术要变成一种真正的艺术，不能被简化成几个小工具、几个简单的公式，让它们帮助有效安排时间、舒适和愉悦，"真正的生活艺术意味着人的现实，个人现实和社会现实，比这还要广阔很多。"② 像所有艺术一样，生活艺术来源于现实，高于现实，基于技巧和知识不断发展自己，并不断超越自己，生活艺术既是一种手段，也是一种目标，生活艺术假定人不仅把自己的生活看成实现另一个目标的手段，还把自己的生活看成目标本身。"生活艺术意味着异化的终结，生活艺术会推动异化的终结。"③

文化革命要让日常生活充满自发的瞬间，这些瞬间是工作以外革命性变革的土壤，因为它们逃离了线性时间结构。瞬间被情境主义者认为是个人日常生活中的狂喜、加速、革命的时刻，扰乱都市人的无聊态度和日常生活规范的情境的创造是为了构建一种审美媒介，这些情境是短暂的生活氛围的具体构建，它们能够转化成一种优越的激情品质。

文化革命需要积极探索差异化的方法。差异化是一支揭露现状和乌托邦之间的利剑，一个人必须为与众不同的权利而奋斗，为了超越现代性建构的商品化的生活方式，必须用差异化的方法把对现有世界的分析和探索未来的可能性链接起来。

三 节日复归是文化革命的实践路径

列斐伏尔在其《日常生活批判》3卷本中多次提到节日，这与他自

---

① ［法］亨利·列斐伏尔：《日常生活批判》（第1卷），叶齐茂、倪晓晖译，社会科学文献出版社2018年版，第184页。
② ［法］亨利·列斐伏尔：《日常生活批判》（第1卷），叶齐茂、倪晓晖译，社会科学文献出版社2018年版，第184页。
③ ［法］亨利·列斐伏尔：《日常生活批判》（第1卷），叶齐茂、倪晓晖译，社会科学文献出版社2018年版，第184页。

身的实践经历有关，他常从隆重的节日庆典中感受到乡村生活的美好浪漫，"乡村节日不仅在酒与狂欢的生活中体现愉悦、共享与参与，而且，乡村节日还体现了与大自然秩序的协调。"① 在其之后的城市生活中再也找不到乡村节日带来的感受，这促使列斐伏尔提出节日复归的主张，通过节日复归，改变主体精神异化现状，使其回归自然完整的状态，这也是列斐伏尔构想的文化革命的具体实践路径。

节日既是列斐伏尔文化革命理论的起点，也是其落脚点，节日的重要意义在其早期的文本中反复提到，认为要想摆脱日常生活的无聊单一枯燥状态，必须把日常生活节日化，但在其后期研究中，列斐伏尔认为在现代性的制约下，节日原始纯真的特点已经消失殆尽，它本身成为日常生活异化的一个领域，因此，节日复归有两个含义，既指恢复日常生活中的节日，也指恢复往昔节日的内涵。

在节日的狂欢状态下，人们能够释放真实的自我，给平日平庸单调的生活增添活力，实现了对日常生活的颠覆。"节日呈现出日常生活的奇异性，在揭示人们熟悉现象中的矛盾时，也揭开了日常生活的平常与超常。"② 节日不仅为日常生活注入活力，而且还能够扩大活力，从而释放被日常生活压抑的身体、感觉和精神等。

节日与日常生活代表着现实中两种截然不同的生活方式，但消费社会的节日不像早期社会的节日那么美好浪漫，呈现出异化状态，于是，列斐伏尔提出节日的复归：回归乡村节日"与大自然秩序的协调"以及"体现愉悦、共享和参与"③ 的原本状态，使节日成为日常生活的理想和升华，让人们尽情释放被日常压抑的活力与激情，实现人与自我，尤其是人与社会的统一，促进人的全面发展。节日对社会发展也有重要意义，通过节日的狂欢，打破资本主义社会中高低有别的身份差异和等

---

① [法] 亨利·列斐伏尔：《日常生活批判》（第 1 卷），叶齐茂、倪晓晖译，社会科学文献出版社 2018 年版，第 188 页。

② Henri Lefebvre, *Critique of Everyday life* (Vol.I), translated by John Moore, London: Verso, 1991, p.20.

③ [法] 亨利·列斐伏尔：《日常生活批判》（第 1 卷），叶齐茂、倪晓晖译，社会科学文献出版社 2018 年版，第 288 页。

级森严的科层制，促进社会的公平正义。

列斐伏尔提出"未来的革命将结束日常性"，"未来的革命不再局限于经济、政治与意识形态领域，其独特的目标是消灭日常生活。"① 以节日复归作为实践路径的文化革命消解了充斥单调乏味、等级制度的日常生活，化解了狂欢放松与紧绷的日常生活之间的矛盾。列斐伏尔认为每个人都有发现美和创造美的能力，这些能力不应该被全面异化的日常生活所遮蔽，节日复归可以唤醒人的审美旨趣，使得"人也与他自己，他的思想，美的形式、智慧、疯狂、狂热和宁静，处在同一个层面上。"②

节日复归是列斐伏尔幻想的一种理想情形，实践时会面临困境，节日的根本动机和目的仍然是人们的欲望和需求，欲望和需求真正发挥作用时不会一直处在人们的控制中，它们会无限膨胀，这必然会影响节日庆典产生的积极解放状态，可能会导致人性的堕落，整个社会秩序的失控和混乱，节日复归在实施中必然会遇到困难，成为一种海市蜃楼般的美好愿景。

列斐伏尔的文化革命理论把文化置于主导层面来寻找医治现代性问题的良方，抛开了经典马克思对资本主义政治经济制度的批判模式，是一种舍本逐末的文化决定论方式，仍囿于西方马克思主义的新人本主义传统。列斐伏尔选择浪漫主义美学作为日常生活异化的解毒剂和解放的最后希望，绕开了马克思对资本主义现实社会内在基本矛盾的批判和历史发展必然趋势的分析，这种艺术化的批判话语无法与晚期资本主义建设话语的水平相抗衡，微观的艺术化的都市生活想象也绝对不能代替马克思历史解放的宏观愿景，文化革命与庞大的、理性化的国家机器相比，力量有限，不可能解放整个人类，但是这种乌托邦拒绝现实性，努力寻求一种可能性的解放，使列斐伏尔的哲学具有文化批判的震撼力。

---

① Henri Lefebvre, *Everyday Life in the Modern World*, translated by Sacha Rabinovitch, New Brunswick: Transaction Inc., 1984, p. 36.
② ［法］亨利·列斐伏尔：《日常生活批判》（第1卷），叶齐茂、倪晓晖译，社会科学文献出版社2018年版，第191页。

第二章 列斐伏尔"都市社会"日常生活文化批判

小 结

　　日常生活最近这些年发生了一些变化,但究竟发生了多大的变化,这些变化是改善了日常生活还是让日常生活变得更糟,列斐伏尔进行了公开辩论,他的日常生活文化批判思想批判地提出人们如何生活的问题,他们生活如何不好的问题,或他们如何完全没有生活的问题。相比经济变革,列斐伏尔更加关注所有人是否过上了有意义的生活,这使列斐伏尔远离政治,更接近艺术先锋和激进的改革者。

　　列斐伏尔对日常生活文化的批判着眼于生活质量,肯定了爱、独立、创造性思维、自由时间和有意义的工作对人类生存的重要性,探讨了实现这些目标的条件,包含了激励各种社会运动的乌托邦式的愿景,可能有的虽远未至,但至少给了人们生活的希望和方向,如果没有乌托邦的感觉,我们就会迷失。列斐伏尔认为乌托邦非常必要,并为自己是一个乌托邦主义者而自豪,他说:"我们已经败坏了乌托邦的名声,需要恢复它,乌托邦可能永远不会实现,但它可以刺激变革。"[①]

---

　　① Andy Merrifield, *Henri Lefebvre: A Critical Introduction*, New York: Routledge, 2006, p. 163.

第三章
列斐伏尔"都市社会"空间生产文化批判

在《共产党宣言》的开篇中，马克思和恩格斯写道："一个幽灵，共产主义的幽灵，在欧洲游荡。"① 后来，鲍德里亚模仿这句话在他的著作《生产之镜》的序言中写道："一个幽灵，一个生产的幽灵在革命的想象中徘徊。"② 那么，城市生产空间的现状也可以用"一个幽灵，一个空间的幽灵，在消费文化语境的想象之中徜徉"来概括。

第一节 空间生产下城市空间的价值诉求

在列斐伏尔看来，第二次世界大战以后的资本主义社会，既不等于工业社会，也不是名副其实的休闲社会和单纯的技术社会，更不是一个丰裕社会，也主要不是消费社会，而是一个消费受控制的官僚社会。消费受控制的官僚社会是列斐伏尔精心打造的概念，是他日常生活批判的关键词，其主要内涵是资本主义发展与统治的重心经历了从生产到消费的转变，现代资本主义社会的日常生活在消费体制和技术体制的双重压迫下，已经殖民地化，成了市场经济下消费体系的一个从属体系，是一个受操控的消费世界。列斐伏尔认为："在现代世界中，日常生活已经

---

① 《马克思恩格斯选集》（第1卷），中共中央马克思恩格斯列宁斯大林著作编译局编译，人民出版社2012年版，第399页。
② ［法］鲍德里亚：《生产之镜》，仰海峰译，中央编译出版社2005年版，序言第1页。

成为了社会组织系统的客体,而不是富有潜在主体性内涵的主体。"[1] 在消费受控的官僚社会中,全方位的工具理性主义的现代性通过技术专家隐秘地规划着日常生活,它们认为"必须对日常生活进行规划,而不能只是进行划分和组织。消费受控的官僚社会确信自己有这个能力,并且为自己已经取得的成功而感到骄傲,它正在实现自己的目标,且其模糊意图正逐渐明朗化,即通过日常生活这个中介来控制社会。"[2] 在这种认为消费即是对幸福的占有的消费意识形态的操控下,日常生活被神秘化,人们反抗自身和日常生活异化的意识被无情地镇压。阿尔都塞认为"意识形态国家机器"已经取代"强制性的国家机器"成为现代资本主义社会统治的主要形式。[3]

日常生活是在一定空间中发生的,城市空间既是日常生活的中心,也是消费的中心,所以集中体现了消费受控的官僚社会的各种现象,尤其在空间短缺的情况下,"从前,我们受着食品匮乏的折磨,但从来不受空间不足的干扰;现在食物十分丰富(虽然在世界部分地区仍然缺少食物),但空间却供不应求。"[4] 城市空间更是弥足珍贵,受到资本的青睐,在列斐伏尔看来,资本不断向空间渗透,空间被资本控制,充当资本运行的工具且执行资本增值的功能。也就是说,在现代社会中,资本剥削已经从传统的商品生产方面转向了现代社会空间领域,以实现缓和资本主义危机的目的。

列斐伏尔认为人类的空间已经失去了其天真无邪的面貌,已经不再是纯自然的空间,而是一种人化的空间,是一种被工具化和具体化了的自然语境,是有目的的人类的劳动应用,里面蕴含着各种社会关系。空间往往是强者的地盘,弱者永远处于被动的地位。人的社会空间形态可

---

[1] Henri Lefebvre, *Everyday Life in the Modern World*, translated by Sacha Rabinovitch, New Brunswick: Transaction Inc., 1984, pp. 59-60.
[2] Henri Lefebvre, *Everyday Life in the Modern World*, translated by Sacha Rabinovitch, New Brunswick: Transaction Inc., 1984, p. 64.
[3] Althusser, *Lenin and Philosophy and Other Essays*, translated by Ben Brewster, New York: Monthly Review Press, 1971, p. 142.
[4] Henri Lefebvre, *Everyday Life in the Modern World*, translated by Sacha Rabinovitch, New Brunswick: Transaction Inc., 1984, p. 52.

以分为三种形式：基本行为是满足需要的农业社会、基本行为是劳作的工业社会和基本行为是娱乐的城市社会，因此消费受控制的官僚社会的城市空间必然呈现出娱乐为主的欲望化、狂欢化和时尚化的倾向，以满足资本逻辑对空间控制的需求。

一　充满欲望的躁动不安的城市空间

（一）被操控的欲望

列斐伏尔认为现代社会是欲望被控制的恐怖主义社会。列斐伏尔的恐怖主义社会，与福柯的规训社会，与阿多诺和霍克海默的文化工业社会以及马尔库塞的单向度社会有异曲同工之妙，也受到德波的景观社会、巴特的流行体系以及鲍德里亚的拟像化社会等观点的影响。如果说古典资本主义社会主要是追求生产效率和剩余价值利润，那么在列斐伏尔看来新资本主义社会的目标则是控制人的欲望，是一个以充分制造并满足消费欲望为特点的社会。这是一个商品变成景观图像、固化的需求变为流动的欲望的社会，是一个人的需要被风干、抽象为欲望的社会，是一个人的深层精神欲望世界被殖民化的社会，是经济文化政治制度被各种"次体系"所替代的社会，是间接的自我压抑、自我异化和自我欺骗代替直接的物质暴力统治的社会，是一个恐怖主义社会。这与马尔库塞所说的丧失反抗能力和苦恼意识，只追求快乐意识的单向度社会，情境主义国际的被迫感觉舒服的社会，以及鲍德里亚恩宠与压制的社会的思想实现了某种契合。

列斐伏尔认为，"在以大众消费和批量生产为基础的'消费社会'中，生产消费品的制造商总是绞尽脑汁生产出消费者。"[①] 在这样的社会中，需要与欲望势必发生分离，其本来畅通的回路被阻隔。于是，合乎消费社会本身要求的欲望和需要被生产出来，且电子媒介为这种欲望的生产起到了推波助澜的作用，使人们无视自己的灵魂而不停地追求满足。资本主义在大多数情况下，通过制造这种虚假的满足和需要来实现

---

① Henri Lefebvre, *Critique of Everyday life* (Vol. II), translated by John Moore, London and New York: Verso, 2002, p. 10.

自身的控制。"满足是社会和官方正当理由的目的和目标,每一个已知的和想象的需要都会(或将会)被满足,就需要尽可能地被满足方面而言,这种满足有点过度。当导向满足的手段刺激需要时,需要就展现了社会的缺口,这种缺口会被消费和消费者所填满,直到获得一种满足感。因此需要会不停地被效果良好的方法重新刺激直到其再次有利可图,因此需要就在满足与不满足之间来回摆动,需要和满足都处于被操控之中。"① 导致现代社会成为一个各种物品—符号竞相表演竞争的舞台,"消费主要和形形色色的符号而不是各种商品本身相关联。"② "展览的消费,消费的展览,消费的展览的消费,符号的消费和消费的符号。日常生活中的每一种次体系都试图去结束这种循环,但却导致了自我毁灭式的新一轮的循环。"③ 这就是消费社会,貌似让人轻松,给人带来幸福和快乐,甚至使人感恩戴德,但却使人失去了主体性,消费的目的不再是满足实际的生存需要,而是为了实现某种欲望。

(二) 躁动的城市空间

列斐伏尔以现代文学所喜欢描述的欲望的畸形膨胀现象说明日常生活中充斥的躁动感是当代文学的重要主题之一,这也是对消费欲望受操控的社会现实的一种艺术表现。这表明"我们生活的社会的内在躁动已经成为一种社会和文化的现象"④,城市空间当然难以逃脱这种躁动的欲望的困扰。

首先是城市空间中的城市规划与设计,在消费语境下,"博耶(Boyer)、雅克布斯(Jacobs)以及艾普利亚德(Appleyard)指出,当代设计师们都没有能力去规划城市的形态,它们都让位给市场力量去控制城市的形态。这些作者以及克鲁姆霍尔兹(Krumholz)都十分惋惜设计师

---

① Henri Lefebvre, *Everyday Life in the Modern World*, translated by Sacha Rabinovitch, New Brunswick: Transaction Inc., 1984, p. 79.

② Henri Lefebvre, *Everyday Life in the Modern World*, translated by Sacha Rabinovitch, New Brunswick: Transaction Inc., 1984, p. 91.

③ Henri Lefebvre, *Everyday Life in the Modern World*, translated by Sacha Rabinovitch, New Brunswick: Transaction Inc., 1984, p. 108.

④ Henri Lefebvre, *Everyday Life in the Modern World*, translated by Sacha Rabinovitch, New Brunswick: Transaction Inc., 1984, p. 80.

们明显缺乏社会理想。他们不是作为改革者致力于提高城市中的生活之力量，而是被动地去适应市场的需求。规划是一种运作项目，是一种对市场要求的反应，而不是一种对城市未来的想象。"[1] 空间规划渗透着资本的欲望，越来越强调独特性，列斐伏尔认为，"大体来看，水平空间使顺从符号化，垂直空间使权力符号化，地下空间使死亡符号化。"[2] 日常生活中的物理空间，在符号消费的影响下逐渐消解，空间逐渐成了充斥着资本的等级和秩序、充满消费欲望的空间。这就导致城市空间中各种奇形怪状的建筑层出不穷，建筑最狂野的冲动就是建造怪物，它们破坏了城市的完整性与有机自然性，确证了城市的分裂性与非生态性，损害了城市原有的和谐统一的面貌。除了这种标新立异的异质性，由于在设计过程中缺乏对文化背景的重要性的考虑，城市空间也出现了同质化的倾向，导致了地方特色的丧失。朱尔格拉说道："我相信正是时间、历史以及文化……的有机结合，才使一座楼房成为真正的建筑。将建筑与过去和现在的文化结合在一起，是完全不同于当今经常冒充建筑的那种对外形的复杂玩弄。"[3]

其次，城市空间作为生产资料主要用来制造满足人们欲望需求的空间。城市空间被装扮成美轮美奂的梦幻世界，实现资本的增值，各种技术手段大显神通，比如随着现代建筑技术的发展，传统意义上墙与窗的界限被打破，以玻璃幕墙、磨光大理石和釉面砖墙为装饰性外观的建筑物层出不穷，这种看似装扮了空间的技术却会引起一种白光污染，它们在强烈阳光的照射下，会给人带来头晕目眩的感觉，尤其是玻璃幕墙，甚至被专家称为"光明杀手"，长期生活在这样的环境下，不但人的视力会下降，甚至会引起白内障等眼疾和神经衰弱等病症。且现代大城市为了使自己成为不夜城，大量使用各种灯光，制造了一种人工白昼，夜

---

[1] [美]史蒂文·C. 布拉萨：《景观美学》，彭锋译，北京大学出版社2008年版，第184页。

[2] Henri Lefebvre, *The Production of Space*, translated by Donald Nicholson-Smith, Malden: Blackwell Publishing, 1991, p. 236.

[3] [美]史蒂文·C. 布拉萨：《景观美学》，彭锋译，北京大学出版社2008年版，第192页。

幕来临，街上灯火通明，华灯溢彩；大大小小的广告牌，霓虹闪烁，令人眼花缭乱；商场，酒吧等安装的闪烁的彩色光源构成了五颜六色的彩光污染；甚至一些强光束穿破云霄，使城市出现"火树银花不夜天"的壮丽场面。不可否认，这些灯光美化了城市，但是同样也打破了昼夜生活的生活钟节奏，不管是动物、植物还是人类都免不了受其危害。诚然，美的构成离不开光明，但是超过一定度的过亮和过暗的光环境都是与人类需求相悖的，应该维护和追求正常生活的适度的光环境。大到上面提到的整座城市，小到商场内部的橱窗都是充满了欲望化躁动的空间。商场的橱窗装饰艺术为了吸引顾客，总是充分地利用人工灯光和平板玻璃，其商品的陈列和立体活动画面是对商场本身的展示，且橱窗通过分散街上行人的注意力而影响了街道空间。它们改变了城市生活方式，是在无限扩大地展示人们渴望拥有的商品。这是一种政治上的美学化，通过这种美学化，一方面统治者对城市空间操控的要求不断得到满足，另一方面被统治者的需求也在美学化的过程中从表面上得到了一种错误幻象欺骗的满足。

最后，城市空间在欲望的操控下一片混乱。在当代城市空间，有一种虚无主义的倾向和破坏的快感，不是去挽救病入膏肓的世界而是给其致命一击，城市空间热衷于各种极端情境，醉心于分裂、震惊和体验的直接性，也着迷于丑陋事物、恐怖事物和被禁忌的事物，"这就是一种'恶之花'美学。"[①] 类似于本雅明的"震惊"和德国哲学家博赖尔的"恐惧的美学"。这种美学是对当前现实的造反，也带有彻底颠覆历史传统的快感，这是和自浪漫主义以来认为现代世界是工具理性和平庸支配的世界、是冲突和分裂的世界，且审美是超越这个世界的一个重要途径的美学观念紧密相关的。这也是一种体现在对平庸的日常生活方式和资产阶级价值观进行批判的政治化美学。在对待现存的文化和社会时采用尼采式的极端方式，看似痴迷极端与恐怖，实则向往超越与升华。

---

① 周宪：《审美现代性批判》，商务印书馆2005年版，第308页。

二 虚伪狂欢掩盖下的被殖民化的城市空间

（一）虚假的城市空间狂欢

城市空间作为生产资料想要生产产生更多的剩余价值，就必须具有自身的特色，所以城市空间往往被投资者和开发商利用各种手段进行精心包装，使其成为更具有代表性、更为典型和更具有诱惑力的狂欢化的消费空间，目的当然是为了确保其不可复制性和区位价值的绝对优势，让消费者投入其中消费、休闲和娱乐。

展演式的主题乐园和魔法般的购物商场是城市空间狂欢的典型代表。主题乐园的特色是密闭且与周围更广的社会领域的分离，这里能够使人忘却与真实世界有关的联想，是对社会结构的集中紧凑的叙述，它重新规划了大众的集体记忆，通过奇观的创造虚构社会认同，建立了享乐主义的公共空间消费文化，这是一种重心在于休闲、消费和仿真的狂欢化的魅惑空间，是借由幻想而生产的消费与休闲体验取代非本真化的异化经验的空间，从而使这种理性化的空间更加吸引人，达到通过空间对人的消费意识殖民的目的。其实以迪士尼为代表的主题乐园，虽然有着光彩夺目的外表，各种无法实现的异想天开的暗示，但不得不说它是一个在虚假外表伪装下的平庸的产品，是一个通过对自由和冒险的模仿而被掩盖的、刻板的、地道的商业组织，尤其是其充满诱惑的、出于商业目的而进行的广告宣传，这一切无不代表着商业区的发展特征，无不在诉说着城市空间在消费受控制的官僚社会的处境。购物商场作为消费的剧院，是休闲空间，也是旅游景点，更是娱乐与享乐、集体做梦消遣的地点。它通过精心设计的背景比如音乐、气味和景象来唤起人们在其中产生愉快的联想从而达成销售的目的。商场的再现空间是商品化的症候表现，说明幻象、展演与逃避主义逐渐侵入到城市地景之中。购物商场开始使用魔法与幻想的制造、时尚表演、嘉年华式狂欢和怀旧等手段形塑消费的主体性与欲望。通过操弄空间与时间而建构的商场环境给顾客提供了"他方性"的迷思，以唤起和其他地方相关的理想经验，从而创造出一种有别于日常生活的世界幻想，这里能够使人们暂时忘却世间的平凡俗事，也使人们享受着透过消费商品表达自我的自由。但是高斯强调:"在消费受到严格监视的排他政治运作下,消费自由其实是象征性的。"① 因为购物商场空间是一个布满了欲望符号和诱惑的世界。整个空间的设计都是为了劝诱,它似乎把自己的目标定位为培植不加批判的审美感性并产生净化的集体记忆。在这里,一切商场的布置和商品的外观均脱离了纯粹的物质环境和物,它们成为了某种文化和社会意义的符号与象征,成了一种消费空间的物质文化,消费者除了消费这种物质文化、无止境的资本积累和科技幻想结合在一起提供的东西而别无选择。

主题乐园、购物商场等是人们的欢乐场,但是也是被技术化、组织化控制的貌似井然有序但是却失序的消费空间。人们把它们当成特定的放松场所,品味着这些空间的文化意味,享受着这些空间带来的惬意和满足,但殊不知这些空间却是处在多种力量——在场的或不在场的控制之下,因此必须进行空间革命,解放空间。列斐伏尔指出,空间革命将是经济、文化、政治变革的结合,将打破日常生活的庸常性。"空间审判不可避免地达到一个剧烈的时刻,无论什么在这个时刻都将会被审判——哲学或者宗教,意识形态或者已有的知识,资本主义或者社会主义,国家或者社区——都会遭到彻底的质疑。"② 列斐伏尔认为节日能够打破空间拜物教的僵化体系,激发人们创造新空间秩序的活力。

(二) 节日的艺术想象对空间的拯救

列斐伏尔在《日常生活批判》(第一卷)中提出的"让日常生活成为节日"的艺术想象强调恢复感性的权威,列斐伏尔指出空间拜物教的教条和平庸必须用灵活的感性清除,以便让生活丰富多彩,从而恢复人的总体性。

列斐伏尔"让日常生活成为节日"的想象深受尼采的酒神精神和巴赫金狂欢化理论的影响,酒神精神既是尼采哲学思想的线索,更是其

---

① [新西兰] Juliana Mansvelt:《消费地理学》,吕奕欣译,韦伯文化国际出版有限公司 2008年版,第76页。

② Henri Lefebvre, *The Production of Space*, translated by Donald Nicholson-Smith, Malden: Blackwell Publishing, 1991, p. 417.

哲学思想的核心,贯穿于其哲学思想的始终,他号召人们发扬酒神精神,肯定生命,反对传统的理性主义,批判理性主义欺人且使人僵化的弊端,批判科学导致人成为只会工作的机器的危害,批判宗教对人的本性的扼杀,认为酒神精神能够使人与人、人与物之间建立平等与亲和的关系。"在酒神的魔力之下,不但人与人重新团结了,而且疏远、敌对、被奴役的大自然也重新庆祝她同她的浪子人类和解的节日。"[①] 人们在酒神节的狂欢中,没有了个体化的差别,都沉浸在放弃自我,拥抱本我,感受超我的状态中,所有的人融入整体的气氛中,分享着平等的情感。巴赫金的狂欢化理论是对欧陆狂欢现象进行了系统研究之后得出的深刻洞见,并不是一种想象性的虚构。巴赫金指出,狂欢节是出现在社会不稳定的混乱时期,即中世纪与文艺复兴之间的过渡阶段的批判性的亚文化。人们通过狂欢节可以暂时摆脱"统治者"的压迫和奴役,感受到难得的自由自在,可以成为一种反抗霸权的力量。因为狂欢要求破除特权专制,打破等级,营造一个能够对话的环境,所以它的核心内核是自由平等的对话精神。狂欢节嘲弄了那些阻碍创造力发展的僵死的传统观念和陈规陋习,解放了人们的生命力和创造力,使人们能够透过缝隙窥探到未来的公平自由的生活理想。

列斐伏尔的"让日常生活成为节日"的艺术想象,就是要求助于具有狂欢性和酒神精神的节日。列斐伏尔所向往的节日是前现代社会那种与日常生活融为一体的以狂喜为代表的节日,这种节日是所有成员平等参与,不分等级贵贱,是每个人身体、所有的感觉与精神品质的无拘无束和自发的全心倾注,与自然界的节奏相一致,而不是现代社会那种例行公事般屈从于商品化的节日。与过去节日作为人生活中有意义的庆典相比,现代的节日更倾向于成为强迫人们消费的商品倾销手段。现代节日的国家化和组织化超越了节庆性,逐渐丧失了节日原初的狂欢意义。但列斐伏尔对现代的节日并没有持完全悲观的态度,他认为现代技术理性不能完全遮蔽节日的光彩,"当涉及日常、

[①] [德] 弗里德里希·尼采:《悲剧的诞生》,周国平译,译林出版社2014年版,第8—9页。

仪式、庆典、节日、规则和规律时,总是有一些新的和出乎预料的东西反复出现:差异。"①

但是,目前来看,现代的节日被用来与城市空间相媾和,成为空间生产的一种催化剂,也是虚假的城市空间狂欢的主要表现形式之一,这是感官之狂欢,忽视了精神内涵,是对人民消费意识的殖民。列斐伏尔认为亟须进行一场非殖民化的运动,"让日常生活成为节日",这是一种新型的生活,按照自己的心愿创造出生动、适宜人类生存的生活空间,一扫工业化社会官僚制度的阴霾,使人类走出消费社会各种恐怖的隐性的次体系的统治,告别令人窒息的城市空间,而走向一片玲珑剔透的新天地,也就是说,真正的节日可以成为日常生活断裂处的诗性的瞬间,能够激发人沉睡的潜能,陶冶人的性情,从而实现社会空间的非政治化运动,使人的自由意志免受空间政治霸权的干预。列斐伏尔认为:"都市社会虽然起源于各种冲突,但它必须排除隔离,且以能够为个人和集体的聚会提供时间和地点,让来自于不同阶层、不同职业和不同生活方式的人们聚集在一起而标榜自己。"② 而节日空间是实现这个目的的很好的手段,在节日空间狂欢的氛围中,人可以释放积压已久的身体能量。并且列斐伏尔指出,在节日空间中,人的身体的本能能够得以充分发挥,"身体的感觉,比如说话、声音、嗅觉、听觉、性冲动等完全获得解放。"③ 只有这样,人才能成为总体的人。

列斐伏尔"让日常生活成为节日"的艺术想象的观念,通过节日的诗性瞬间和狂欢化来解构平庸的日常生活,解放被殖民化、组织化的城市空间,以真正的节日空间来消解现有空间的伪狂欢化,缓解平庸的日常生活,反抗一切暴力和强权,展现了感性审美的力量,体现了对工业文明的反叛。

---

① Henri Lefebvre, *Rhythmanalysis: Space, Time and Everyday Life*, translated by Stuart Elden and Gerald Moore, London: Continuum, 2004, p. 6.

② Henri Lefebvre, *Everyday Life in the Modern World*, translated by Sacha Rabinovitch, New Brunswick: Transaction Inc., 1984, p. 190.

③ Henri Lefebvre, *The Production of Space*, translated by Donald Nicholson-Smith, Malden: Blackwell Publishing, 1991, p. 363.

节日期间，人们的生活处于集体着魔的非常态化状态，基于公共的时间与空间的节日活动过程有一种戏剧表演的性质，不但可以使人们暂时摆脱理性的束缚，释放自身的天性，从而恢复人类的感性，而且通过节日可以使人们的生活空间得以拓展，建立有效沟通社会人际关系的文化机制，但这里所说的节日必须是依托传统的节日，而不是为了经济目的而设立的一些毫无文化底蕴的新型节日活动，因为新型的节日活动往往有形无质，不能很好地满足城市民众的精神需要，从而不能激发民众的参与热情，也并不能真正建立起来民众所需要的文化空间。但如果依托传统的节日，且不只是注重感官的刺激，而是注重精神内涵的挖掘，不只是为了利润，而是为了加固文化记忆和建立集体的文化认同，那么这种节日就可以很好地把城市中多种元素连接起来，使公共空间成为带给市民欢乐的有益场所，比如上海的桂林公园与中秋节相结合，形成了可供市民游乐观赏的体验式消费空间。桂林公园依靠其本来的古典园林气质，凭借历史上因"唐诗"与"大唐气象"形成的"唐韵"，再加上中秋节，营造了以"唐韵中秋"为主题的公园，主题确定后，借助各种技术手段、符号元素和空间形态凸显了主题的场景氛围，强化了节日气氛，且竭尽所能调动消费者参与到比如桂花茶品茗、萌动六十分和九子游戏等各种项目中，享受体验的快乐。在这种以主题化为基础，以情境化和可参与度为灵魂的空间中，空间不仅因为空间体验消费而实现了物质增值，更是取得了不可低估的文化效益和公共效益，促进了精神文明建设和美好和谐社会环境的建构。

但是列斐伏尔节日狂欢的思想在非理性的道路上走得太远，虽然看似有一定的合理性，但实质是一种乌托邦的思想，有其困难和矛盾，其结果或许只能是浪漫主义的狂欢，因为在技术理性横行的天下，审美救赎的思想肯定是不合时宜的，所以作为指导人类生活的规则可行性不强。但列斐伏尔"让日常生活成为节日"的艺术想象，注重感觉的重要性，可以作为诗人的追求和归宿，同时也提醒人们日常生活中除了要有面包，也要有诗和远方，所以是有一定积极意义的。

三　城市空间的时尚化

（一）消费社会一个重要的次体系

列斐伏尔认为，在消费受控的官僚社会，日常生活世界成为一个被汽车、旅游、时装、休闲、网络、电视、广告和时尚等无形的流动着的次体系所控制、所操纵和所奴役的世界。因此，城市空间的时尚化也是控制人们消费的一个很重要的次体系。

时尚化之于消费社会的空间就像商品美学之于商品一样不可或缺。在《商品美学批判》一书中，豪格通过详尽地考察西方社会商品美学的发展史，重点分析了商品美学与商品拜物教之间的关联。他发现消费者对商品的确认往往离不开通过广告、包装、设计、商标和展示等种种手段来发挥操纵功能的商品美学的诱惑。作为商品化进程的产物，商品外观的生产已经成为一门专门的技术，凭借这种技术可以为商品外观赋魅，从而吸引人们购买，实现一种感性的技术统治，是以科学的方式创造出来的商品拜物教的新形态。空间装饰上的时尚化正是利用了感性的技术控制，达到了空间生产的目的。

"时尚还是过时，这是现代版本的哈姆雷特难题，时尚统治日常生活的方式是排斥日常生活，因为日常生活不够时尚，所以不能存在……这是恐怖的统治，尤其是时尚现象弥漫于知识、艺术和文化等所有的领域。"[1] 在现代这样一个欲望躁动不安的世界中，人们关心的不再是自己的真实需要和真实处境，而是担心老土、过时，害怕自己被流行时尚所抛弃，这就是马尔库塞所说的"流行的就是美好的"，消费正是通过人们对时尚的追逐来实现对日常生活控制的诡计。"专家非常熟悉物品的使用年限，浴室为3年，起居室为5年，卧室为8年，商品和汽车为3年等。这只是物品使用年限的一部分统治数据，这些数据与产品的成本、利润的多少密切相关，因此生产商能够利用它们以便减少使用年

---

[1] Henri Lefebvre, *Everyday Life in the Modern World*, translated by Sacha Rabinovitch, New Brunswick: Transaction Inc., 1984, p.165.

限，从而促进商品和资本循环。"① 于是，"'需要的过时性'和'日常生活的流动性'变成了现代社会最流行的意识形态。"② 时尚的主要目标不是适合，而是变化与过时，衣服款式日日更新，电子产品月月换代，空间当然不可能逃脱这种意识形态的控制，城市空间的时尚化势在必然，购物商场、酒吧、咖啡馆，各种街边小店在时尚的大潮中趋之若鹜，把对自身空间装扮看成其促销的主要手段。

城市空间的时尚化不仅成为促销的主要手段，甚至被用来当作一种文化品位和身份的象征，在不同的空间中消费，代表了不同的文化品位和身份，时尚化的城市空间既是一种物理空间，更是一种话语实践，也是一种文化认同。五星级酒店相对时尚，但却不是普通百姓经常消费的场所。而远离时尚的农贸市场也绝非高端人士经常出入的场所。比如酒吧这种代表时尚的现代城市空间，往往与其相对应的是追求时尚的城市青年男女，而不是普通的市民大众。在时尚化的城市空间中，人们消费的不是空间的使用价值，往往是一种符号价值，这种符号消费，使得人们丧失了自主意识，把符号看成是现实的存在，丧失了对真实日常生活世界的感觉，使人们认为只有与时尚消费保持一致，才是真正的主体。

城市空间的时尚化表面上好像展现了现代城市的审美风格，给人们提供了一个满足各种想象的空间，比如王宏图等对上海 Sasha's 酒吧的描述："那青灰色的壁砖，天花板上吊垂下来的古色古香的圆形灯笼，桌台上摆放着的中间点着一小根蜡烛的仿古煤油灯盏。更重要的是你仿佛是到了欧洲，到了西方，置身于一个种族、文化与你截然不同的国度中，但又不是。"③ 这说明像 Sasha's 酒吧所代表的这种时尚空间，不只

---

① Henri Lefebvre, *Everyday Life in the Modern World*, translated by Sacha Rabinovitch, New Brunswick: Transaction Inc., 1984, p. 81.
② 刘怀玉：《现代性的平庸与神奇：列斐伏尔日常生活批判哲学的文本学解读》，中央编译出版社 2006 年版，第 284 页。
③ 包亚明、王宏图、朱生坚等：《上海酒吧——空间、消费与想象》，江苏人民出版社 2001 年版，第 88 页。

是对现代城市审美风格的展现，也不只是单纯满足人们对异国想象的空间，而更多接近于亨利·列斐伏尔所说的抽象空间，但也与其他社会空间相互交叠，多种社会空间往往矛盾性地彼此渗透，"我们所面对的不是一个而是许多社会空间——确实，我们所面对的是具有无限多样性或不可胜数的社会空间。"① 正像列斐伏尔所论述的空间不是作为静止的容器或平台来用于社会关系的演变，而是作为权力和资本合力运作的工具，与各种话语纠缠在一起。无论时尚空间呈现的是爱尔兰情思还是英伦风情、抑或是东方香榭丽舍，都只不过是资本和权力表演的一个舞台。城市空间被时尚征服和整合，成为消费主义赖以生存的重要手段。

时尚化的空间展示了审美现代性的重要特征——"当下的现时感"或"转瞬即逝性"。在这种情形下，空间已经成为社会组织作用的客体，而不是主体性的存在。通过消费，空间身份实现了变迁。空间成了充满意识形态和想象投射的记号物，列斐伏尔认为："社会空间既不是许多事物中的一种，也不是许多产品中的一种……它是一系列和一套操作的结果，因此不能只被视作简单的物体……社会空间本身是过去行为的结果，社会空间允许新行为的产生，同时暗示着一些行为并禁止另一些行为。"② 日常生活的丰富性被遮蔽，人们的厌倦感和孤独感不断增加。

（二）城市空间时尚化的负面影响

居伊·德波认为商品形象"并不是对客观世界的补充，也不是多余的装饰"。形象既是消费社会的核心，也是资本积累的结果。"形象即资本：资本积累使资本变成了资本的形象。"③ 城市空间作为一种追逐时尚的商品，更是注重形象，这就可能导致破坏城市的归属感、和谐感和连续性，比如一座原生态的村庄，依靠古老的树木、朴素的小桥和长着青苔的古屋在逝去的岁月和现在的生活间架起了一座桥梁，保持了这

---

① Henri Lefebvre, *The Production of Space*, translated by Donald Nicholson-Smith, Malden: Blackwell Publishing, 1991, p. 86.

② Henri Lefebvre, *The Production of Space*, translated by Donald Nicholson-Smith, Malden: Blackwell Publishing, 1991, p. 73.

③ 转引自周小仪《唯美主义与消费文化》，北京大学出版社 2002 年版，第 97 页。

个地方的地域特征和个性，容易让人产生归属感，感受到和谐的氛围，使人的生活也具有了某种连续性。但是现代的城市空间，为了追求时尚，仅仅基于狭隘的经济考虑或执行标准化的错误实践，不断地拆除古建筑，割断了一个城市的历史，切断了生活的连续性，甚至破坏了城市本来的地域特征和个性，比如国家大剧院的半椭圆形的壳体结构、钢和玻璃幕墙构成的外观，与其周围的建筑结构和外观格格不入，破坏整个城市空间的和谐感。城市空间不应只注重时尚感，而应当遵循建筑地质学的观念，将建构融入自然环境的物理特性之中，使位置与结构结合为一体。就像阿诺德·伯林特所言："建筑的另外一种不同模式试图制定一种结构，使之对其所在的位置的物理特性保持敏感，将这些特性合并到建筑的设计之中，从而达到建筑结构与场所位置的和谐统一。这里，设计补充着位置并发掘该位置的潜在特性，将它的区别性特征包含进来，通过适应环境而不是强加给环境来确证它的场所。"[①]

城市空间过分地追逐时尚化，注重形象，会导致对视觉审美的偏爱，从而影响人们的审美体验。列斐伏尔认为，视觉逻辑在资本主义社会统治且主导着所有社会实践。"视觉超过其他感觉取得了支配地位，来自于味觉、嗅觉、触觉甚至听觉的所有感受，首先丧失了它们的清晰性，直到一起消失殆尽。"[②] 视觉霸权地位的确立，致使其他感觉都简化为视觉领域，在这种逻辑下，"所有的社会生活都成为眼睛解读的信息和文本。"[③] 社会空间完全成为富有压迫性、强烈攻击性的视觉空间，这造成的直接后果便是"视觉摧毁了身体的整体性并篡夺了它的角色。"[④] 这种对视觉审美的偏爱，割裂了视觉审美感受力与其他知觉模

---

① [美] 阿诺德·伯林特：《美学与环境——一个主题的多重变奏》，程相占、宋艳霞译，河南大学出版社2013年版，第25页。
② Henri Lefebvre, *The Production of Space*, translated by Donald Nicholson-Smith, Malden: Blackwell Publishing, 1991, p.286.
③ Henri Lefebvre, *The Production of Space*, translated by Donald Nicholson-Smith, Malden: Blackwell Publishing, 1991, p.286.
④ Henri Lefebvre, *The Production of Space*, translated by Donald Nicholson-Smith, Malden: Blackwell Publishing, 1991, p.286.

式的关系。并且"从视觉方面考虑环境,将会导致静观的态度,使我们与我们正在看的东西拉开距离。它鼓励主观性,将我们的体验化约为态度或心理状态。就我们视知觉的审美目的而言,它也将审美价值缩减为我们环境体验的碎片。"① 无疑,这种对视觉审美的偏爱是具有误导性的。对于城市空间环境审美而言,除了视觉以外的其他知觉属性如听觉的、触觉的也很重要,就如在海滩漫步,不只有大海的辽阔和飞翔的海鸥让人感觉到惬意,海浪的声音和光脚踩着海岸沙子行走的美好也是记忆中最深刻的部分,海风轻抚脸庞、拨动头发以及阳光对皮肤的触摸都会给人们留下生动的印象。

消费语境下城市空间的欲望化,狂欢化和时尚化都是资本和权力实现空间增值的手段。城市景观如西美尔所言变幻莫测,人类反应的速度和数量在单位时间内迅速增加,人类神经被这种状况野蛮粗鲁地撕扯着,以至于没有时间自我更新,直到所有力量消失殆尽,西美尔称这种精神状态为"自我隐退(reserve)。"② 如列斐伏尔所说,这是一个消费受控制的官僚社会,也是一个充斥着恐怖主义的社会,"在恐怖主义社会,恐怖弥漫,暴力潜伏,各方的压力压迫着每一个社会成员,他们只有凭借超人的能力来预防和缓解这种压力。每个成员都因为想要拥有权力(哪怕是短暂的)而成为恐怖分子,因此这个社会不需要独裁者。每个成员都会背叛和惩罚自己。恐怖既是来自四面八方的,又是和每一个具体事件相关联的,因此它是不固定的。这个体系(如果可以称作'体系')分别控制着每个社会成员而又让他们服从于整体,也就是说,服从于一种策略、一种隐藏的目的,受权力控制而又无人知晓和质问的各种目标。"③

---

① [美]阿诺德·伯林特:《美学与环境——一个主题的多重变奏》,程相占、宋艳霞译,河南大学出版社2013年版,第62页。
② [德]西美尔:《时尚的哲学》,费勇、吴蕾译,文化艺术出版社2001年版,第191页。
③ Henri Lefebvre, *Everyday Life in the Modern World*, translated by Sacha Rabinovitch, New Brunswick: Transaction Inc., 1984, p.147.

第二节　空间生产下城市空间的审美取向

一　审美观念的变迁

审美经历了从审美非功利到审美功利性的转变，非功利（Disinterestedness），也译为无利害，这个概念出现在 18 世纪，当时在英法两国理论家的著作中非功利性这个概念频频出现，处在被簇拥的中心。但这个概念最初首先被理论家们用来确定道德经验，是一个实践的伦理学概念，然后才确定为审美经验。因为这些理论家们认为，审美和道德面临的共同情境是功利的缺席，即它们都与自我有关的利害关系无关。非功利后来首先在夏夫兹伯里（Shaftesbury）那里发展为不考虑实践和伦理的审美知觉方式，获得了审美观照的内涵。但非功利性这个概念还没有取得理论上的重要地位，还不像非功利性作为现代美学的一个范畴那样举足轻重，专门用来指在审美状态下，审美主体没有个人私利。后来又经由哈奇森（Hutcheson）和爱利森（Alison），非功利性的概念逐渐清晰起来。哈奇森进一步提炼和限制了夏夫兹伯里的这个概念，把个人的实用兴趣和对待自然的认知兴趣全部排除在外。到了爱利森那里，非功利性观念作为一个审美概念，得到了很大发展，它被用来指一种空灵闲逸的心灵状态，当代美学使用的非功利性概念主要是基于爱利森的概念。后来非功利性到了康德那里，被他纳入审美鉴赏的第一契机，他说："鉴赏是通过不带任何利害的愉悦或不悦而对一个对象或一个表象方式作评判的能力。一个这样的愉悦的对象就叫作美。"[1] 就这样，经过康德那无与伦比的思辨，审美非功利性的概念作为一个无可置疑的教条被现代美学接受下来，并成为审美理论中的一个关键术语。杰罗姆·斯托尔尼兹说："除非我们能理解'无利害性'这个概念，否则我们就无法理解现代美学理论。"[2]

---

[1] ［德］康德：《判断力批判》，邓晓芒译，人民出版社 2002 年版，第 45 页。
[2] ［美］杰罗姆·斯托尔尼兹：《"审美无利害性"的起源》，中国社会科学院哲学研究所美学研究室《美学译文》（第 3 辑），中国社会科学出版社 1984 年版，第 17 页。

审美非功利性的确立，其实是宣告了一种特殊的知觉方式，带来一定的积极影响，它要求人必须放弃自身的政治、道德以及生理的功利性心态，从而以一种分离、静观、不可传递性、自主性和非人性化的独特的审美态度来创造美、欣赏美，这样才能有美的事物和美感的产生。审美主体在审美非功利性的保护下，摆脱了现实世界中许多功利性因素的制约，从而获得了审美独立。并且，审美非功利性为艺术的特性与独立性提供了智力理由，使其能够不再屈从于政治、道德、信仰或者认知的目的，不再是因为它对国家的某个目标或者教会有贡献才显得重要，它有自己的道路和目标，为摆脱外界职责束缚的文化生活添砖增瓦。

但审美非功利性，真的可以做到吗？比如听贝多芬的《英雄交响曲》，难道不会感到心潮澎湃吗？读弗罗斯特的诗，不为其中的人生哲理而触动吗？那么，怎么会有列宁认为列夫·托尔斯泰是俄国革命的一面镜子的论断呢？怎么会有培根读史使人明智，读诗使人灵秀的感慨呢？除了音乐、诗歌和小说外，绘画作品也一样，欣赏了拉斐尔的《雅典学园》，不为其中的历史感所折服吗？看了米开朗琪罗的《创世记》，能不为之所动吗？所以，来源于夏夫兹伯里和康德的审美非功利观念，"原本只是一种关于审美的最纯粹的假定。审美被假定为不是获得知识，不是欲望的满足，而只是知解力与想象力的和谐。这种纯粹的审美活动，在现实生活中并不存在。"①

审美非功利性这种阐释的无力，必然会引起人们深深的质疑和强烈的反对，尤其是随着以"文化"扼杀了独特的审美领域的文化研究、消弭了审美与生活界限的先锋派艺术理论、主张介入式体验的环境美学和借助艺术体制论来解决艺术问题从而否定艺术自足性定义的分析美学等实质是对"审美非功利性"观念解构的研究的推进，审美非功利性必须反思自身，寻求突破。余开亮就此提出了"小美学"和"大美学"的概念，认为"小美学"是注重感性、情感与艺术的独立型的现代性美学，而"大美学"是把"小美学"与政治、道德和社会等关联起来，不再局限于独立的美学领地和对美的特殊感知方式的关联型当代美学，

---

① 高建平：《美学的超越与回归》，《上海大学学报》（社会科学版）2014年第1期。

从而把审美和艺术置放在更广阔的天地中，以发挥其更大的社会影响力。①

其实，对审美非功利观念，质疑的声音从未中断，圣西门、傅立叶等19世纪欧洲早期社会主义运动的代表人物就强调建立理想社会离不开艺术的观点；英国的罗斯金也为艺术的社会责任辩护；而法国的社会学美学家让-马里·居约认为艺术的本质是具有道德性和社会性的，且这种本质给社会带来健康和活力；美国的爱默生则指出美离不开实用事物的完善；俄国的托尔斯泰则认为艺术可以增强人与人之间的爱；当然，19世纪的马克思主义美学更是强调美学的社会功能。这说明在美学的圈子里，审美非功利观念并不是一统天下的，而只是占据了主导地位而已。② 后来的实用主义美学家杜威更是对将审美和艺术孤立于日常生活之外的主张进行了尖锐的批评，在他的著名美学著作《艺术即经验》中，杜威把从其他经验中区别出来的艺术的行为形容为一个"具有讽刺意味的反常现象"③，主张"恢复审美经验与生活的正常过程间的连续性"④。自从20世纪90年代，走出审美非功利无论是在西方还是在中国都成为了一个普遍要求。⑤ 在西方，迈克·费瑟斯通、沃尔夫冈·韦尔施和理查德·舒斯特曼都开始关注日常生活审美化的问题。走入新世纪的中国，更是以2001年《哲学研究》第10期上周宪发表的题为《日常生活的"美学化"——文化视觉转向的一种解读》和陶东风在2001年12月由《文学评论》杂志社和中国人民大学中文系联合主办的题为"人的全面发展与文艺学建设"理论研讨会上提出的"审美的泛化与日常社会生活的审美化"为契机，展开了一场轰轰烈烈的日常生活审美化的大讨论。

---

① 余开亮：《中国古典政治美学的理论契机、基本原则及美学史限度》，《文艺争鸣》2017年第4期。
② 高建平：《美学与艺术向日常生活的回归——兼论杜威与"日常生活审美化"的理论渊源》，《文艺争鸣》2010年第5期。
③ ［美］约翰·杜威：《艺术即经验》，高建平译，商务印书馆2010年版，第3页。
④ ［美］约翰·杜威：《艺术即经验》，高建平译，商务印书馆2010年版，第12页。
⑤ 高建平：《美学与艺术向日常生活的回归——兼论杜威与"日常生活审美化"的理论渊源》，《文艺争鸣》2010年第5期。

走出审美非功利，审美就是要接地气，丹尼尔·贝尔在他的《资本主义文化矛盾》一书中早就指出资本主义社会最基本的动因是审美动因。法国研究者奥利维耶·阿苏利（Olivier Assouly）在《审美资本主义：品味的工业化》一书中明确高歌审美动因是当代经济增长的动力，审美资本主义是当今资本主义发展的主要趋势。王杰说："审美资本、美学产业和美学人生已经在我们的日常生活中屡见不鲜。"[1] 高建平则指出，美学家既要关注美学的理论品格，确保其从各种理论资源中汲取营养，也要关注美学的现实功效，将理论指向艺术、文化、生态和城市。[2]

美学摆脱审美非功利观念的束缚，走向日常生活，是社会发展的必然趋势，城市空间是日常生活发生的主要场所，在其中，必然会与美学发生千丝万缕的联系，尤其当空间成为一种生产资料后，在资本和美学的合谋下，呈现出与以前时代完全不同的特征。

二　城市空间的负审美取向

列斐伏尔认为："从19世纪以来，城市空间的交换价值超越了其使用价值后，资本主义的设计者就不再根据使用者的要求来设计城市而是把城市作为资本主义投机者、建设者和技术人员的剥削场所。"[3] 他还认为，现代城市空间尤其是建筑物是"许多社会关系的粗暴浓缩"[4]，它们作为资本主义空间同质化的摇篮，在权力控制和商品交换的媾和方面具有先天的优势。放眼当今的城市空间，千城一面，盲目跟风，四合院、徽派民居、岭南风格等中国特色建筑正在消亡，仿造的欧陆风格取而代之，克隆的国外广场、建筑和园林景观大行其道，连小区的名字都是剑桥城，维多利亚城等洋名字，使城市展现出不伦不类的风貌。现代

---

[1] 王杰：《文化创意时代的美学转型》，《人民日报》2017年4月11日第14版。
[2] 高建平：《2017年西方美学研究动态——走向实践的当代西方美学》，2017年2月27日，http://www.51meixue.cn/?p=3942&winzoom=1，2023年12月24日。
[3] Benjamin Fraser, *Towards an Urban Cultural Studies: Henri Lefebvre and the Humanities*, New York: Palgrave Macmillan, 2015, p.31.
[4] Henri Lefebvre, *The Production of Space*, translated by Donald Nicholson-Smith, Malden: Blackwell Publishing, 1991, p.227.

· 143 ·

城市空间这些负面的影响被阿多诺·伯林特称之为"负审美"（negative aesthetics）。① 在阿诺德·伯林特看来，审美不再局限于传统的艺术美和自然美，不只是漂亮的同义词，它也包括丑陋的、怪诞的、普通的和令人厌恶的事物。从审美的词源学来看，审美的核心应为感知（sense perception），但是感官经验并非总是积极的，一旦感官经验令人痛苦、不安甚至具有破坏性的后果，审美的负面就呈现出来。阿诺德·伯林特说："负审美就是个人感觉完全由负面价值所支配。"② 也就是说，当作为整体的经验在某种意义上是令人不满的、使人痛苦的甚至是有害的，负审美就产生了。并且他认为负审美中最常见的形式和艺术作品没有直接关系，而是和通常认为没有审美性的情境相关：比如城市环境、宗教仪式上的文化习俗等。阿诺德·伯林特论述的负审美形式主要包括审美损伤（aesthetic damage）、审美冒犯（aesthetic offence）、审美剥夺（aesthetic deprivation）、审美疼痛（aesthetic pain）、审美危害（aesthetic harm）、审美暴行（aesthetic outrage）。

（一）审美的泛化催生了负审美

伴随着大众文化的勃兴和技术传媒的不断进步，艺术和审美正不断冲破博物馆和象牙塔的限制而转向一个广泛扩张和泛化的状态，审美成为日常。审美好像到处都在又好像哪里都不存在，从广告牌到建筑物，甚至到书的封皮，电视里不间断地传输着美的东西。甚至许多以前和审美没有直接关系的诸如车站、生产车间、车厢、街道等许多领域也被规划、设计和装饰，在周围的环境中融入了许多艺术的元素。用韦尔施的话说："差不多每一块铺路石、所有的门户把手和所有的公共场所，都没有逃过这场审美化的大勃兴。"③

审美泛化是资本全方位渗透的表现形式之一，审美领域完全渗透了

---

① 徐碧辉：《审美权利和审美伤害——马克思主义美学研究的一个新视阈》，《探索与争鸣》2013年第4期。
② Arnold Berleant, *Sensibility and Sense——The Aesthetic Transformation of the Human World*, Exeter: Imprint Academic, 2010, pp. 159-160.
③ ［德］沃尔夫冈·韦尔施：《重构美学》，陆扬等译，上海译文出版社2006年版，第4页。

资本的逻辑。因此实现资本的增值是审美泛化的目标,因为一旦同美和艺术联手,商品就会增值,甚至滞销的商品也会借助审美而热销起来。且审美时尚的短暂性,会加速风格化产品的更新换代,这就更加刺激消费需求,从而拉动经济增长。

审美泛化好像实现了人们通过把美引进生活,从而改变生活和现实的古老梦想。但殊不知,在随处可见的审美形式中,已经很难发现传统美学所寄予希望的精神内涵。在《判断力批判》一书中,康德提出了两种鉴赏判断,一种是不涉及任何感官享受的对单纯形式喜爱的纯粹鉴赏判断,另一种是混合了道德诉求、生理欲望和感官享受等功利性因素的非纯粹鉴赏判断。依照这样的分类,可以说,在审美泛化的环境中,纯粹的艺术正在萎缩,非功利的审美已经不存在了。艺术和经济联姻,美不再处在自律的状态,开始转移到感知领域,满足人们对视觉快感追求的基本需要。审美的泛化使从艺术中搬来的最浅薄的因素在最粗糙的形式中呈现出来,优美充其量不过是转换成了美丽的外表。因此,城市空间作为审美泛化的主要领域,呈现出否定性的、无序的、混乱的和美丑不分的倾向。

(二) 城市空间的负审美现象

空间在消费受控制的官僚社会中,和汽车、时尚、旅游一样成为了消费社会一个重要的次体系,空间成为社会组织的客体,成为资本主义幸存下来并获得增长的源泉,空间不再是默默无闻中立的存在或被遗忘的角落,而成了资本主义统治和竞争的工具,成为资本主义争先恐后追逐利润的地带。列斐伏尔认为,城市空间是注入了资本主义逻辑的产物,空间成了城市化规划和设计的要素。列斐伏尔非常反对城市规划所带来的抽象空间的统治,认为正是这种规划使人类非异化的生存活动的社会条件被破坏。"在资本主义条件下,空间被私有财产的社会关系、可交换的碎片化要求和科学技术能够在更广阔的层面上处理空间的能力所摧毁。"[1] 空间在这样的语境下出现了各种负审美的现象。

---

[1] Rob Shields, *Lefebvre, Love and Struggle: Spatial Dialectics*, London: Routledge, 1999, p. 177.

1. 城市空间视觉方面的负审美

(1) 尺度和负审美

对亚里士多德而言，尺寸是具有审美意义的，他认为一幅图画或任何其他复合物，要具有美的特征，除了各部分之间比例安排恰当，还要有一个合适的尺寸，因为结构和尺寸对于美的形成同样重要。[1] 正如图画和身体要有合适的尺寸才能产生美一样，城市也要有符合人类的审美尺寸。在《建筑十书》中，"维特鲁威建议建筑应该符合人类的比例。寺庙的规模和几何形态应反映出人类的形态。"[2] 维特鲁威的按照人体的比例来建造建筑且将人类形态看作建筑的基本评估标准之一的理念成为古典建筑的持续诉求。以至于约翰·伦尼·肖特说："当独特的人类形态不再是建筑评估和构建的基本单位之一时，我们会丧失了一些宝贵的东西。"[3]

中国古代的城市就非常注意人与尺度的关系，如安徽西递、浙江义乌等传统城镇街巷，其移步换景的空间设置和街道宽窄的处理，都表现为合理的人体感觉和人性尺度，给人们带来无尽的感觉和空间意象。[4] 列斐伏尔认为："街道代表了我们日常的社会生活。街道几乎是它完全的表达。如同日常一样，街道不断在变化和重复。……街道失去趣味，生活也就失去乐趣。"[5] 芦原义信也一再提倡街道美学，把"为了人，肯定人的存在"[6] 作为根本出发点，认为最好的街道宽度大约应该为二三十米，因为这样可以看到街对面人的脸。而现如今城市空间的建设却忽视了尺度与人的关系，中国的摩天楼不断刷新着高度，高度似乎成了

---

[1] [芬] 约·瑟帕玛：《环境之美》，武小西、张宜译，湖南科学技术出版社 2006 年版，第 184 页。

[2] [英] 约翰·伦尼·肖特：《城市秩序：城市、文化与权力导论》，郑娟、梁捷译，上海人民出版社 2010 年版，第 435—436 页。

[3] [英] 约翰·伦尼·肖特：《城市秩序：城市、文化与权力导论》，郑娟、梁捷译，上海人民出版社 2010 年版，第 436 页。

[4] 张鸿雁：《城市文化资本论》，东南大学出版社 2010 年版，第 72 页。

[5] Henri Lefebvre, *Critique of Everyday Life* (Vol. II), translated by John Moore, London: Verso, 2002, p. 226.

[6] [日] 芦原义信：《街道的美学》，尹培桐译，百花文艺出版社 2006 年版，第 158 页。

一种美学炫耀或是美学象征。列斐伏尔认为,"摩天大楼傲慢的垂直状态……向每一个旁观者传达着权力。垂直和傲人的高度一直是潜在暴政的空间表达。"①但是面对这种体积庞大的建筑,会给渺小的个体带来压抑的情绪,邱华栋写道:"当我站在那高高的楼厦组成的城市空间中,被风吹得一摇一晃的时候,我感到了怨恨、茫然和感伤,这是一种无目的情绪,无非是一种孤独。"②"人类身体堪为对城市进行想象设计的最有效模板。"③但超出人体尺度的摩天楼却打破了数百年来人类在进化过程中与大自然建立起来的相协调的生理和心理平衡,形成了审美伤害,因为凡是美的东西都应该是和谐的,也应该是比例合度的。

伴随着消费主义的到来,空间被欲望和无限扩张的资本逻辑所支配,城市空间变成了抽象空间形态,也就是说,空间越来越被作为中立的科学对象和空洞的容器来思考,被理性化控制。"可以说这种空间预设并暗含了可视化的逻辑。"④空间没有给城市的更新和城市赋予应有的节奏,它们只是以使观光客惊异为目标来增加自身的吸引力,导致城市空间的规划和建筑物的建设忽视了以人的尺度为标准进行建设。高楼大厦、汽车和立交桥填满的城市简直就像长满了触须的海底怪兽大章鱼,人群成为川流不息的大街的点缀,建筑和汽车才是主角,这不但会给人的身体健康带来危害,也会戕害人的感官,可以说是一种审美暴行。

(2) 韵律与负审美

中国传统的城市空间因为遵循主次有序、虚实交融和四方和谐的原则,因此空间具备同一性和完整性。不论是一般道路,道路两侧的实体建筑还是滞留的空间形式,都让人感觉到和谐统一与韵律。传统街区在

---

① Henri Lefebvre, *The Production of Space*, translated by Donald Nicholson-Smith, Malden: Blackwell Publishing, 1991, p. 98.
② 邱华栋:《城市战车》,作家出版社1997年版,第195页。
③ [英] 约翰·伦尼·肖特:《城市秩序:城市、文化与权力导论》,郑娟、梁捷译,上海人民出版社2010年版,第436页。
④ Henri Lefebvre, *The Production of Space*, translated by Donald Nicholson-Smith, Malden: Blackwell Publishing, 1991, p. 98.

空间上拥有十分美妙的曲折关联的视觉感受，这是一种在变化中变化的空间，在变化中获得灵感、找到新生和意趣盎然的感觉的空间，恰似给人以跌宕起伏魅力的音乐，可以激起人们的审美感受。这种空间可谓是"'曲则全，枉则直''曲径通幽'，……在'收''放'自如的曲折中，获得变幻丰富的诗一样的空间。"① 古代欧洲街道的建设也给人视觉和行走的双重快乐，其街道会依照地形建造，也会受两旁建筑形式的制约，还会配合风光怡人的自然环境，或宽或窄，或转折交叉或自由弯曲，街道充分体现了人性化的设计，再加上具有文化底蕴的两侧建筑，使人们从容地行走在有典雅的房屋做伴、和谐的韵律相陪的优雅环境中，城市画面映入脑海。而现代的城市空间，正在被街道两旁庞大的钢筋水泥建筑挤得七零八落，很难见到传统的收放自如的空间，整齐划一的道路两旁是笔直而整齐的建筑物，这些建筑物呆板且单调，缺乏美感和韵律，生成了了无生趣的城市环境。"空间已经或正在被破坏。"② 且街道两侧的建筑形式和风格在拆旧建新的过程中，不再能与历史阶段相呼应，所以不能赋予街道空间历史特征，同质性的符号取代了地方特色的传统街巷，城市空间的无差异性让人们茫然无措，走在武汉的汉正街上，竟然恍如漫步在北京的王府井街，因为街道两旁的霓虹灯和商店都如克隆的一般。卡尔维诺发出感慨，认为这个世界好像被地球上唯一一座城市构成，"市中心的街道陈列着同样的商品、装潢和招牌"。③ "空间看起来很怪异，同质化、理性化、受控化，但同时又彻底混乱化。城镇与乡村、中心和边缘、郊区与市区、车的领域和人的领域之间的正式边界消失殆尽。"④ 这是一种忽视人的身体感觉和自主性的审美剥夺。

街道与人联系的逐渐疏远不得不归功于城市空间的消费化趋势，在

---

① 张鸿雁：《城市文化资本论》，东南大学出版社 2010 年版，第 73 页。

② Henri Lefebvre, *The Production of Space*, translated by Donald Nicholson-Smith, Malden: Blackwell Publishing, 1991, p.97.

③ [意] 卡尔维诺：《看不见的城市》，张宓译，译林出版社 2006 年版，第 130 页。

④ Henri Lefebvre, *The Production of Space*, translated by Donald Nicholson-Smith, Malden: Blackwell Publishing, 1991, p.97.

这个进程中，街道建设的理念是以发展经济为驱动，这就"导致街道'道路化'和街道功能单一化"①。街道作为活动场所和生活居住等的功能逐渐被其经济功能所取代。

(3) 色彩与负审美

每个城市都有自己的色彩，有的是和谐的、明亮的、斑斓的使人向往的色彩，有的是古怪的、暗淡的、单调的令人讨厌的色彩。城市色彩是否合理，会对生活在其中的居民有至关重要的影响。3000多年前古希腊的一些滨海移民城邦就非常注重将自然环境所呈现的底色与城市人工建筑的色彩完美结合起来，这些城市的建筑采用白色的墙壁和橘红色的屋顶相结合，与碧蓝的大海构成了甜美的色彩主题，至今一些海滨城市仍然效仿这种迷人色彩。这种完美色彩结合所呈现的环境，给人带来恬静、舒心的视觉享受。古代北京，也比较讲究色彩的运用，灰色的民居映衬着故宫红墙黄瓦的神圣壮丽，诉说着市井民风和皇家意蕴，透出了其浑厚、素雅、稳重、宁静的文化底蕴。城市空间生产导致了建筑更新换代的步伐加快，大量的建筑拔地而起，且"每种空间都被分隔开来，这些空间被赋予风格迥异的时尚，空间像社会和技术分工一样被专业化了。"② 在这种空间观念的影响下，城市规划与建设对空间中建筑与环境色调的认识就缺乏统一的色彩规范和监督管理，因此很多城市对自身的色彩既没有建设性的长远思考，更没有自觉的创造，造成色彩应用在建设领域的混乱，形成了视觉污染，比如现在很多城市的新区，新的楼盘如雨后春笋，每一个楼盘为了彰显个性，都有自己的独立色彩体系，缺乏和谐的色调构成，这些建筑的"自命不凡"扰乱了周边环境的协调性和整体感，给城市形象的塑造带来了负面影响，给视觉带来了美学侵犯。

人们在现实生活中"不再生活在事物的直接实在性之中，而是生活

---

① 徐国源主编：《空间性、媒介化与城市造像：文化诗学与城市审美》，上海人民出版社2015年版，第61页。

② Henri Lefebvre, *The Production of Space*, translated by Donald Nicholson-Smith, Malden: Blackwell Publishing, 1991, pp. 97–98.

在诸空间形式的节奏之中，生活在各种色彩的和谐和反差之中，生活在明暗的协调之中。审美经验正是存在于这种形式的动态方面的专注之中"①。色彩是生活的音符，是一种创造的心情，是城市活力的体现。因此城市规划和建设者一定要在城市色彩规划中融入历史积淀下来的色彩和自然环境中的色彩，营造色彩和谐美丽的现代城市。

列斐伏尔说过："人们会认为建筑师面对的只不过是从较大整体上切割下来的一片或者一块空间，他可以根据自己的口味、技术技巧、想法和喜好来加工处理这个给定的空间……然而事实并非这样，建筑师所有的这部分空间，或者是开发商的，或许是政府机构的……它们是符合某种策略或战略的空间，并非清白的空间……是资产阶级统治的资本主义的空间。"② 列斐伏尔认为，建筑师的眼睛并不清白，"他的主观空间负载了很多客观的意义。它是一个视觉的空间，一个简化为蓝图，或者只是形象——想象力天敌的形象世界的视觉空间。"③ 可见，资本主义意识形态对空间的控制是城市空间视觉化的实质。列斐伏尔认为，与景观化相比，遮蔽资本增值缺陷且让资本成为形象的视觉化是更重要的范畴，因为它可以为资本意识形态呐喊助威，因此，城市空间在视觉方面呈现出负审美现象也就不足为奇了。

2. 城市空间听觉方面的负审美

阿诺德·伯林特说："认为任何环境都毫无例外是视觉的，这种观念是误导性的，因为，这种观念将视觉审美感受力从与其相伴的其他各种知觉模式中割裂开来。"④ 因此要想改善城市环境，除了注意城市空间中视觉方面的负审美，还要注意听觉方面的负审美。刘士林认为"研究和重建基于'听觉'的城市声音系统，有助于构建一种更加均衡和

---

① 高建平、丁国旗主编：《西方文论经典》（第5卷），安徽文艺出版社2014年版，第434页。

② Henri Lefebvre, *The Production of Space*, translated by Donald Nicholson-Smith, Malden: Blackwell Publishing, 1991, p.360.

③ Henri Lefebvre, *The Production of Space*, translated by Donald Nicholson-Smith, Malden: Blackwell Publishing, 1991, p.361.

④ [美]阿诺德·伯林特：《美学与环境——一个主题的多重变奏》，程相占、宋艳霞译，河南大学出版社2013年版，第62页。

协调的城市文化生态。"①

现代城市的声景与旧时发生了很大的变化，胡同的叫卖声作为过去城市典型的声景，有着独特的魅力，张恨水曾如此评价过："北平小贩的吆唤声，复杂而谐和，不论其是昼是夜，是寒是暑，都能给予听者一种深刻的印象，虽然这里面有部分是极简单的，如'羊头肉''肥卤鸡'之类，可是他们能在声调上，助字句之不足。至于字句多的，那一分优美，就举不胜举，有的简直是一首歌谣。"② 而随着北京城的变迁，这种声景已经不复存在，取而代之的是工厂的、交通的、建筑工地的噪声和商业及娱乐等社会活动造成的噪声。阿诺德·伯林特认为这种人们被迫接受的噪声是一种美学伤害。③ 这些噪声是现代城市工业化、商业化的直接后果，反映了欲望、技术和商品的胜利与霸权，使"原本自然有序的城市声音出现了严重的'无主题变奏'"④。现代化的城市空间中，过度聚集和强大的物的声音压抑和遮蔽了心灵的声音，是对丰富的感觉和知觉的否认，各种噪音以武断的形式减弱、阻止，甚至伤害人类的体验能力，这就是一种审美伤害。

3. 城市空间嗅觉、触觉和味觉方面的负审美

审美的感官不能只限于眼睛和耳朵，虽然从古希腊开始就开启了对视听感官的崇拜，并且随着现代美学的无功利假定和理性主义传统把这种崇拜推向极致，"如果审美是一种感性的享受与感性能力的提升的话，那么，只局限于视听的感性，是一种被阉割的感性。"⑤ 经验不仅是视觉的，而且包括嗅觉、味觉、触觉等。阿诺德·伯林特特别强调，人们在参与审美的时候，不能只局限于"观看绘画的眼睛"和"欣赏音乐

---

① 刘士林：《城市声音：一种新的城市史与城市文化研究》，《天津社会科学》2016年第5期。
② 于润琦：《文人笔下的旧京风情》，中国文联出版社2003年版，第110页。
③ [美] 阿诺德·伯林特：《生活在景观中——走向一种环境美学》，陈盼译，湖南科学技术出版社2006年版，第59页。
④ 刘士林：《城市声音：一种新的城市史与城市文化研究》，《天津社会科学》2016年第5期。
⑤ 高建平：《美学的超越与回归》，《上海大学学报》（社会科学版）2014年第1期。

的耳朵"这些传统的审美感官,还有味觉系统、触觉系统乃至皮下组织的各种被视为具有功利品格的感官也都参与其中,承担了审美的重任。① 中国古典美学也强调各种感官的联合,不管是佛教所谓"尘"上的色、声、香、味、触和"根"上的耳、鼻、身、心、意的说法,还是原始时代的"诗""乐""舞"的"合乐如一"的积淀,都是一种"圆融"的全面审美观。② 这说明传统美学认为是低级感官的触觉、嗅觉和味觉也可以产生美感,因此,必须重视城市空间中嗅觉、触觉和味觉方面的负审美问题。

首先,工业革命以前的城市,人类和自然基本能够和谐共处。而在工业革命后,大气污染日益严重,英国伦敦是空气污染最为惨痛的城市,有人回忆1952年举世闻名的伦敦毒雾事件的情况:"走在街上,一股硫黄和煤烟的气味迎面扑来,嘴里杂有金属味道,鼻子、咽喉和眼睛感到像剥开葱皮时所感到的那种刺激。"③ 这充分说明,在现代城市中,嗅觉方面的负审美不容忽视。出自宋·李昉《太平广记》卷十七引唐·牛僧孺《续玄怪录·裴谌》:"香风飒来,神清气爽,飘飘然有凌云之意"中的成语神清气爽也好,成语清爽宜人也罢,无不说明,芳香的气味和洁净的空气可以影响人的心情,提升人的精神境界,这种精神境界其实是良好的空气给人带来的情感上的愉悦,而情感的愉悦就是一种审美。反之,污浊的空气显然是对审美的一种伤害,它使人们的嗅觉变得迟钝,使他们的感官受到凌辱。

其次,触觉方面,大气污染造成的城市"热岛效应"是世界各地城市的常见现象。城市面积、人口密度和人口规模愈大,城市热岛强度愈烈。炎炎夏日,人们都期待习习凉风,但怎奈只盼来了由于热岛效应导致的气温更高,酷热期更长的酷暑炎热。人们整天像蒸桑拿一样,甚至连柏油路都被融化了,人们走到路面上,有种软绵绵的感觉。长期生

---

① [美]阿诺德·伯林特:《环境与艺术:环境美学的多维视角》,刘悦笛等译,重庆出版社2007年版,译者前言第3页。
② [美]阿诺德·伯林特:《环境与艺术:环境美学的多维视角》,刘悦笛等译,重庆出版社2007年版,译者前言第3页。
③ 殷京生编著:《绿色城市》,东南大学出版社2004年版,第37页。

活在这样的环境中，人们不但会中暑、会患上心血管功能失调等疾病，而且分布于全身皮肤上的神经细胞接受来自外界的温度、湿度、疼痛、压力、振动等方面的感觉、触觉也会出问题，如果连基本的生理需要和安全需要都达不到，怎么能有审美的需要呢？

最后，味觉方面，水是城市的活力所在。水环境可以孕育独特的城市水文化，增加城市形象的亮色和灵气。世界上有名的城市，大凡都是依水而建。可是随着城市化进程的加快，水污染变得越来越严重。从曾经的清泉四溢到现如今的有河皆臭、有水皆污。人们的健康不令人担忧吗？水是生命之源，在做饭都不敢直接用自来水，不得不再次过滤，或者使用矿泉水和纯净水的时候，其味觉还能保持正常吗？像品酒一样和品味相关的审美活动还能进行吗？

列斐伏尔指出："当感觉的器官丰富起来的时候，……当感觉器官渐渐成为'文化器官'（由于整个社会生活和实践，而不只是通常所理解的文化）的时候，这时就产生了艺术。"[1] 这充分说明，感觉器官的丰富和发展与艺术和审美紧密相关，因此，人对城市空间的审美感受只有在所有感官的刺激形成一个统一的场时，审美对象才能给审美主体以整体性美感。所以，必须想办法缓解城市空间的各种负审美现象。

(三) 克服负审美的途径

在现在的城市空间中，由于各种负审美的存在，人的感觉得不到充分发展，这势必会影响人的审美体验和人性的发展。因此，为了人们在城市空间中诗意地栖居，可以从制度层面、思想层面和实践层面三方着手来解决城市空间中的负审美现象。

1. 制度层面

在一个审美损伤和审美剥夺充斥的社会里，要从制度层面来确保人们获得审美的满足，徐碧辉提出要赋予人们审美权利。[2] 潘知常也认为

---

[1] [法] 亨利·列斐伏尔：《列斐伏尔文艺论文选》，杨成寅、姚岳山等译，作家出版社1965年版，第35页。
[2] 徐碧辉：《审美权利和审美伤害——马克思主义美学研究的一个新视阈》，《探索与争鸣》2013年第4期。

审美权的给予在美育教育中尤为重要，认为真正的美育始于审美权的给予和对审美权剥夺的拒绝。在一个我们看什么不看什么，听什么和不听什么都是由他者来安排，我们的审美被他者越俎代庖，按照他者的要求这样去审美而不是那样去审美的情况下，美育又何从谈起。①

审美权利还体现在构建审美知觉的生存环境。不管是个人的生存也好，种族的生存也好，都比较偏好增强生存能力的景观，在人们那里产生积极反应的环境必须是满足生物需要的环境。所以为了人们的审美权利，也要保护公民的环境权，且公民的审美权和环境权都应该通过更加详细的法律制度确定下来。

2. 思想层面

现在城市的负审美很大程度上始于对身体的蔑视，从春秋战国时代或古希腊时代人类开始崇尚智慧并贬低体力劳动，从此身体便进入了被蔑视、无视和欺辱的时代。现在，"智慧高于一切""思维就是金钱""知识就是力量"的观念更加盛行，因此身体就成了毫无顾忌地被消费、使用乃至摧残和践踏的对象。

城市负审美的改变必须意识到身体感觉的重要性，马克思说："五官感觉的形成是迄今为止全部世界历史的产物。"② 德勒兹也强调了身体感觉的重要性，他说："我在感觉中生成，同时某事也因为它发生。"③ 这说明身体感觉是创造性活动的起源，人们的创造力和洞察力的产生离不开丰富的身体感觉，它能够帮助人们取得伟大创举。富兰克林说："当水温与体温一致时，我的思绪就会张开翅膀自由飞翔。"④ 还有喜欢写作时闻坏苹果味道的德国作家席勒，喜欢一丝不挂写东西的法国作家雨果，都是在独特的身体感觉和体验中完成了自己的伟大创举。

---

① 潘知常：《美学的重构：以超越维度与终极关怀为视域——关于生命美学的思考》，《西北师大学报》（社会科学版）2016 年第 6 期。
② 《马克思恩格斯文集》（第 1 卷），人民出版社 2009 年版，第 191 页。
③ 汪民安主编：《生产·第 5 辑，德勒兹机器》，广西师范大学出版社 2008 年版，第 305 页。
④ ［美］黛安娜·阿克曼：《感觉的自然史》，路旦俊译，花城出版社 2007 年版，第 324 页。

人类的审美实践和对美的鉴赏都离不开身体，19世纪尼采的"身体一元论"、叔本华的"生殖意欲论"、西美尔的"社会审美观"以及狄尔泰的"生存体验论"等审美观都开始将审美转移到对生命和身体本身的关注，20世纪以来也不乏围绕人的身体发生的艺术革命。[①] 因此，要改变城市的负审美，必须把身体看作人类全部存在及其意义的大本营。

3. 实践层面

现代城市空间的发展走向了依靠浮光掠影皮相的一面，过分注重感官的刺激和经济效益，而忽视了个人对城市的情感。城市空间建设必须以生态美学为指导思想，建设有地方特色、文化氛围和历史感悟的空间，以解决城市空间中的负审美问题。

城市空间的建设应该坚持以人为本的原则，使生态美学的有机生命之美成为城市空间建设的灵魂，工业革命时代的城市空间建设受传统美学强调视听觉的支配，形成了炫目的光彩和刺耳的噪声。与传统美学不同的是生态美学将东方的生命美学作为主要的理论内涵，认为应当把城市建设成美好的生活场所，要把家园意识当成城市建设的目标，而不是像工业革命时代一样，把将城市建设成市场和工场当成城市建设的目标，导致嘈杂的机器声、污浊的空气、光怪陆离的色彩、令人作呕的垃圾与无家可归的流浪者成为城市的独特景观。

家园意识的建设目标与地方特色密不可分，要把城市建成身心栖居的家，就不能动辄伦敦模式先行，动辄纽约模式占上风，以西方的传统建设理念为主导，清一色的摩天高楼，整齐划一、缺乏韵律的宽广马路，而应当以生态美学所包含的东方智慧为指导，遵从天人合一的理念，吸收我国传统建设理念，使城市空间呈现出中国特色。在此基础上，每个城市要根据自己的气候条件、地理特征、民俗传统和历史背景，建构具有地方特色的城市空间。

城市空间的建设还应注意孕育文化氛围，使城市空间中洋溢着一定

[①] 张之沧、张㠀：《身体认知论》，人民出版社2014年版，第367页。

的情调和文化气息，给人们带来积极的审美体验，以减轻负审美带来的感官的凌辱与戕害。文化氛围的营造要以自己城市的历史和文化特色为依托，以雅典为例，每年来自世界各地成千上万的游客去看雅典古城的建筑遗迹，很大程度上依赖这些古代建筑蕴藏的丰富的艺术文化信息。雅典永恒的魅力也在于雅典娜、厄瑞克提翁，以及古希腊的戏剧与神话故事，是它所代表的人类文明的高度，而不是建筑的高度。城市文化是城市文明不断进步的动力和向导，城市的文化氛围不但反映了市民的精神状态和文化素质，而且会反过来影响他们的精神状态和文化素质，当然也关涉着他们的审美体验。

城市空间的建设还应重视历史的延续性。目前我国许多城市遵循大拆大建折腾的建设模式，许多承载了历史文化的传统中国建筑在各地争建地标性建筑的过程中被"洋气美观"的高楼大厦所代替，建筑工地的噪声和同质化的建筑成为日常生活的常态，是对人感官的伤害和审美的剥夺。冯骥才认为城市也像人一样，拥有完整的生命历程，"它们纵向地记忆着城市的史脉与传承，横向地展示着城市宽广深厚的阅历，并在这纵横之间交织出每个城市独有的个性。"[1] 因此，城市中的历史性建筑、名人故居、历史事件的发生地等作为城市历史的见证物在城市发展建设的过程中应该被以不同的形式保存。只有依托这些沉淀了历史岁月痕迹的遗产，城市才有记忆，城中的人才有地方安放乡愁。但这并不是说城市建设必须止步不前，而是说城市建设要在开拓前进、勇于创新的过程中注意历史的连续性，立足于记忆保存、传统文化的赓续，做好民俗文化的保护与传承。

城市空间中负审美的存在是社会进步过程中的必然产物，它具有大众文化审美的品格，其文化定位只是为了制造一种身体的幻象，而置观念和思想的追求于不顾，这就可能造成城市空间审美在审美物化中丧失自省的可能性。因此，在城市空间的审美追求中，要坚持生态美学的原则，把城市环境看成一个有机整体，既注重人的感觉的充分发展，又注重自然环境的保护，还充分整合城市空间的文化与历史内涵，使城市空

---

[1] 冯骥才：《城市为什么需要记忆》，《人民日报》2006年10月18日第11版。

间带给人身心的愉悦，审美的享受，尽量保护人们的审美权利，减少负审美带来的审美伤害。

列斐伏尔在《接近享受的建筑》(Toward an Architecture of Enjoyment)一书中通过分析古罗马的浴场，古普塔的艺术和土库曼人的帐篷，总结出的享受空间（space of enjoyment）的特征也许对城市空间负审美问题的解决会有一定启示意义。他认为，首先享受空间并不仅仅依赖于视觉和某一单一的建筑功能，而是强调全方位的感官体验，这是一个将感官铭刻在其中，并按照感官的丰富性和愉悦而建造的空间，"它不提供现成的，可供享受的消费形式。"[①] 真正的极乐空间应该是"不但充满了瞬间、交往、友谊、节日、休息、安静、快乐、狂喜、爱和性，而且也充满了理解、奥秘、未知、已知、奋斗和游戏。"[②] 它应该是一个充满各种可能的、开放性的空间；是一个蕴含着生命之流的、审美化的空间；是能够体现自然和人之间永恒而深刻联系的空间。

三 对审美救赎功能的呼唤

艺术在现代主义的美学实践中往往被看作是对日常经验的否定。黑格尔认为审美带有令人解放的性质，席勒指出审美的人才是完全意义上的人，韦伯则断言只有艺术才能把人们从现代科层化和理性化的社会"铁笼"中拯救出来，因而艺术具有拯救的功能，这充分说明，艺术的审美功能本来具有振聋发聩的作用。但在审美的批量生产和市场化带来的审美贬值面前，在日常生活美学化的"麻痹化"中，审美潜能的实现成了值得思考的问题。

消费社会审美的变化确实带来了一系列问题，标准化的形象与设计、广告影视的包围与轰炸、人为形象符号所压抑，城市的视觉环境日益恶化等，尤其是在城市空间中表现得最为突出，不仅城市中心被时尚改变，甚至也波及市郊和乡野，差不多所有的公共场所，甚至每一块铺

[①] Lukasz Stanek ed., *Toward an Architecture of Enjoyment*, translated by Robert Bononno, Minneapolis: University of Minnesota Press, 2014, p. 86.

[②] Lukasz Stanek ed., *Toward an Architecture of Enjoyment*, translated by Robert Bononno, Minneapolis: University of Minnesota Press, 2014, p. 152.

路石都难以逃脱审美化的整合，购物场所被装点得格调不凡，时尚而富有生气，连自然环境也不能幸免，它也趋向于被改造成一个超级审美世界，在这个过程中，艺术只是被抽去了最肤浅的部分，然后为了满足消费需求的目的以一种粗滥的形式把它表征出来，美在这个过程中充其量只是游移在肤浅的表层，甚至是浅薄地滑稽取代了伟大的崇高，它已经失去了深邃的感动人的内涵，消费主义条件下的审美活动已经远离了审美的解放功能。列斐伏尔注意到了这个问题，号召"让日常生活成为一件艺术品"①。他认为，艺术是人类理想的表征，是值得倡导的生活方式。"艺术过去和现在都使人摆脱限制和束缚着他们的羁绊。艺术过去和现在都提出人类崇高的理想——值得仿效的典型、范例。"②

（一）"让日常生活成为一件艺术品"

列斐伏尔的"让日常生活成为一件艺术品"的呼吁是其新浪漫主义美学的体现。列斐伏尔是法国最早翻译马克思《1844年经济学哲学手稿》的人，对建构人本主义的新浪漫主义的倡导就是在认清了《1844年经济学哲学手稿》中关于人在资本主义社会这样的阶级社会中日趋异化的事实和试图找到实现人性复归的途径的基础上进行的。"可能"是新浪漫主义美学的基本原则。"可能"原则意味着对于异化的批判和对于现实的关注，"它提倡了解，为了揭露人生的异化，首先是确定何为异化，并且加以了解。……它有的不是装模作样的激动，却是冷淡——表面的冷淡——，而这冷淡正是由于它从'可能'出发，根本反对'现实'。"③"可能"原则了解、关注、揭露并批判现实中的异化，面向未来，寻求未来人性的复归。正是在以"可能"原则为中心的新浪漫主义美学中，列斐伏尔反异化的人本主义思想得到了发展和深化。列斐伏尔认为，当前发达资本主义社会中大众文化无孔不入，消费

---

① Henri Lefebvre, *Everyday Life in the Modern World*, translated by Sacha Rabinovitch, New Brunswick: Transaction Inc., 1984, p. 204.

② [法] 亨利·列斐伏尔：《美学概论》，杨成寅、姚岳山译，朝华美术出版社1957年版，第48页。

③ [法] 亨利·列斐伏尔：《列斐伏尔文艺论文选》，杨成寅、姚岳山等译，作家出版社1965年版，第224—225页。

主义泛滥，这导致原本丰富、独立的审美情趣趋向单一化，世界被繁多的符号体系分裂为碎片，异化笼罩了全部的生活，"异化恰恰是在最大的'非异化'逼近的时候，变得更加剧烈和复杂，因此便必须有对异化的一切形式最为尖锐的意识，才能拒绝这些异化的形式。"① 列斐伏尔认为，这种最为尖锐的意识非新浪漫主义美学莫属。新浪漫主义美学能够引导人们摆脱消费控制，对当代资本主义文化领域和日常生活中的全面异化进行批判和清算，最终使人成为完全发展了的总体的人。列斐伏尔的新浪漫主义摒弃了旧浪漫主义把理想寄托在回归人类远古时代和中世纪生活，实则倒退的消极态度，主张面向充满无限希望的"可能"的未来。列斐伏尔倡导用美学来扬弃异化的生活，"他按照一贯的人道主义美学思路，主张利用美学克服空间政治异化现象，倡导在短暂的生命体验中凭借审美去感受人类自己的智慧。"②

"让日常生活成为一件艺术品"就要激发生活中令人愉悦的瞬间。瞬间是列斐伏尔在《日常生活批判》（第二卷）中提出的一个新概念，也是其在《总结及其他》中重点阐述的一个概念，也多次出现在他的其他著作中。他认为"瞬间既是断裂的汇聚点，也是各种潜能的本质显现和强烈的愉悦。"③ 瞬间体验和感觉将动物与人区别开来，瞬间以多种形式呈现，是人的一种选择，既混沌又模糊，它具有创造性的特点，是客观和主观共同构成的时空。它是超凡脱俗的那一刻，能够冲破日常生活单调乏味的层层乌云，从而使日常生活获得解放，发出耀眼夺目的灿烂阳光。瞬间能够拯救日常生活，"单调性除以在场的瞬间就是日常生活"④。

列斐伏尔"让日常生活成为一件艺术品"的观念有助于被工具理

---

① [法] 亨利·列斐伏尔：《列斐伏尔文艺论文选》，杨成寅、姚岳山等译，作家出版社1965年版，第229页。
② 孙全胜：《列斐伏尔"空间生产"的理论形态研究》，博士学位论文，东南大学，2015年。
③ Henri Lefebvre, *The Production of Space*, translated by Donald Nicholson-Smith, Malden: Blackwell Publishing, 1991, p. 429.
④ Rob Shields, *Lefebvre, Love and Struggle: Spatial Dialectics*, London: Routledge, 1999, p. 61.

性割裂的人性的愈合，使人不断完善发展，走向"总体的人"。把生活直接看作艺术并不是列斐伏尔的专属，杜尚等人带有禅宗意蕴的艺术人生，宗白华倡导的同情生活感悟世界以及福柯略带冒险性质的艺术生活都表明了把生活当作艺术来经营的新的艺术理念。这实质上正是日常生活审美化致力于解决的问题：从现代性的刻板生活中将人类解放出来，使生活充满意义，走向审美与自由。在日常生活中引进审美的态度以便消除异化。日常生活审美化还有一面是审美日常生活化，审美日常生活化致力于抹平艺术和日常生活的边界，因为生活和艺术之间的距离被抹去，会导致艺术精神超越维度的缺失，被消费主义所利用，成为娱乐的对象，失去艺术的"韵味"和"灵光"，艺术作品的崇高价值和神秘性消失得无影无踪，审美的泛化无处不在。这就是说，日常生活审美化具有双面性，它可以愈合工具理性割裂的人性，培养"总体的人"；也可以消灭生活和艺术的距离，使艺术的崇高意义不复存在，审美被感性操纵，丧失了自由和自主性。列斐伏尔对日常生活审美化保持着警惕的态度，他对消费主义带来的审美盛宴以及这场盛宴下掩藏的审美的空洞和缺失进行了严肃的批判，他更注重审美和艺术的超越和反异化功能。他认为，"消除异化的美好社会应该是自然生命的自发性将被重新发现，接下来人类原初的创作冲动将被恢复，能够用艺术家的眼睛去感知世界，用诗人的语言、音乐家的耳朵和画家的眼睛去享受感官的愉悦。最终超越这些，将艺术吸纳进已经实现变革的日常生活之中。"[①] 日常生活重塑的重要文化力量必须依赖于让艺术回归到日常生活的实践，使审美贯穿于日常生活之中而不是外在于日常生活，这不但使日常生活摆脱了工具理性的控制，更是通过"让日常生活成为一件艺术品"的精神乌托邦的营造，解答了生命意义。

列斐伏尔"让日常生活成为一件艺术品"这个口号既表达了列斐伏尔变革日常生活的浪漫主义情怀，也表达了他对现存日常生活的不满。他认为，现在的日常生活连休闲活动都表现出受控性和被动性的高

[①] Henri Lefebvre, *Critique of Everyday Life* (Vol. II), translated by John Moore, London and New York: Verso, 2002, p. 37.

度商品化和组织化的特征,必须让日常生活摆脱资本主义意识形态的控制和压迫,彰显日常生活的原始性和本真性,恢复到其原生态,这当然也包括日常生活中被消费主义青睐的高度组织化的空间。

列斐伏尔的"让日常生活成为一件艺术品"和尼采的唯意志主义具有相同之处,因为过分推崇艺术而具有乌托邦的色彩,但这是一种希望,一种可能性,努力践行这样一个理想,会使人更接近理性和感性充分发展的"总体的人"。

(二)注重城市空间的精神性内涵

列斐伏尔认为:"表征空间是活生生的,它不仅会说话,而且拥有一个情感的内核。"[①] 虽然物质内容是空间的基础,但空间绝不仅仅是冰冷的物质,一座庙宇不仅是瓦块、水泥和砖头等物质的内容,它也是宗教文化,建筑学知识和建筑师审美情趣等精神性东西的展现,正是这些精神性的东西赋予了建筑物灵性和情感。空间消费在"让日常生活成为一件艺术品"的指导下,不仅注重空间的功能性,也开始注重空间的精神性内涵。

注重空间精神性内涵,可以创造出激发人的聪明才智、陶冶情操和愉悦身心的美好环境。面对大量机械复制的同质化的缺乏灵韵的空间,如果再不注重空间的精神性内涵,不倡导具有美学价值的空间消费,那么人类的心理可能会扭曲。这种空间情境与人的情感结构之间的关联,在中国传统文化中有着大量的记载,钟嵘的"气之动物,物之感人,故摇荡性情,形诸舞咏"(《诗品序》),刘勰的"情以物迁,辞以情发"(《文心雕龙·物色》)都说明了这个道理。因此在空间消费的过程中,应注重创造出具有给人以美学陶冶和美的享受的,能够激发享用者各种灵感的具有精神性内涵的空间。比如星巴克里通过爵士乐、蓝调、歌剧、木质的桌椅、舒服的沙发、精致的灯饰和前卫艺术的壁画等建构的慵懒的、温馨舒适的空间,充满了生活美学的气息,这种空间摆脱了功能性满足的控制,更注重空间本身的气氛、感觉和趣味。

---

① Henri Lefebvre, *The Production of Space*, translated by Donald Nicholson-Smith, Malden: Blackwell Publishing, 1991, p. 42.

注重空间的精神性内涵，能够让市民在空间中随时邂逅艺术。现在的许多商场、酒店、会所等，都开始关注艺术品的介入，这似乎成了时代的趋势。北京的侨福芳草地购物中心是一座集艺术博物馆和购物中心于一体的场所，是艺术与商场的完美结合。艺术品进驻商场，使其不再是悬挂在美术馆或者博物馆的高高在上的精英文化，而是将艺术带入我们的生活中，成为真正摸得着、看得见的文化和消费品，艺术家的作品在商场也获得了任何一个艺术博览会和画廊上无法达到的更好的交流和展示的效果。艺术融入生活，让市民与艺术邂逅，使公众享受到艺术之美。在这样的空间中，人们能够感受到浓厚的艺术氛围，商场因此可以作为对公众公共艺术教育的场所和认知的起点，成为担负起公共文化传递使命的公共空间。

但是在空间精神性内涵的形成过程中，一定要强调审美意识的核心是积极向上的、充满正能量的、符合人类自身发展的思想价值，这就要求以进步的审美意识和人类先进的思想观念指导空间中的艺术，使其成为引导人们努力向上的精神文明力量，丰富和充盈人们的内心，避免在其形成的过程中，只是以审美现象美化生活，或者给技术披上审美的外衣，美只不过沦为了一个粉饰现实和提高身价的道具，成为消费主义的幌子，美无关心灵的自由和精神的超越，只是身份的象征、欲望的修辞、华丽的符号和快感的宣泄，甚至在商家的蛊惑下，审美日益泛滥以至于转化为审美暴力。更要防备空间、美学与媒体文化的合谋，因为这可能会导致消费快感取代审美体验，审美具有的精神性意义丧失殆尽，且容易缔造一个遮蔽个体的精神困境的"美学神话"——艺术魅力、优雅、格调、质感、精神特质、品位、自由、视觉冲击力成为特定人群炫耀和标榜的标签，这是与美学精神背道而驰的，也是有违空间精神性内涵建构的。

总之，对城市空间精神性内涵的关注，使城市空间里多了艺术的元素，能够让人们在城市空间畅游时不断邂逅诗意，是对工具理性统治的一种有力反抗。

第三章 列斐伏尔"都市社会"空间生产文化批判

第三节 以人为本重构空间生产文化

社会发展推动"空间中的生产"向"空间的生产"转变，空间成为供不应求的生产资料，自然空间转变为具有组织化特征的社会空间，蕴含着特定的经济、文化、政治和浓厚的意识形态关系，影响着人的情感。

空间生产要时刻牢记人民对美好生活的向往，以人为本重构空间生产文化。习近平总书记曾多次提到美好生活一词："中国梦是人民的梦，必须同中国人民对美好生活的向往结合起来才能取得成功。"[①]"人民对美好生活的向往，就是我们的奋斗目标。"[②] 在党的十九大报告中，习近平总书记明确指出："我国社会主要矛盾是人民日益增长的美好生活需要和不平衡不充分的发展之间的矛盾。"[③] 在2021年的七一讲话中，习近平总书记强调"必须团结带领中国人民不断为美好生活而奋斗。"[④] 党的二十大报告中再次强调"坚持把实现人民对美好生活的向往作为现代化建设的出发点和落脚点。"[⑤] 因此空间生产要以主体间性为原则，使空间与城市同频次发展，实现空间与城市的共生共创，打造人与城市的共情能力，铸牢城市精神共同体。

一 注重城市空间生产中的文化再生产

"城市是人民的城市，人民城市为人民。"[⑥] 城市空间生产要避免商

---

① 习近平：《习近平谈治国理政》（第2卷），外文出版社2017年版，第30页。
② 习近平：《习近平谈治国理政》，外文出版社2014年版，第4页。
③ 习近平：《决胜全面建成小康社会 夺取新时代中国特色社会主义伟大胜利——在中国共产党第十九次全国代表大会上的报告》，人民出版社2017年版，第19页。
④ 习近平：《在庆祝中国共产党成立100周年大会上的讲话》，人民出版社2021年版，第11页。
⑤ 习近平：《高举中国特色社会主义伟大旗帜 为全面建设社会主义现代化国家而团结奋斗——在中国共产党第二十次全国代表大会上的报告》，人民出版社2022年版，第22页。
⑥ 《习近平在上海考察时强调 深入学习贯彻党的十九届四中全会精神 提高社会主义现代化国际大都市治理能力和水平》，《人民日报》2019年11月4日第1版。

业化、官僚化的趋势，要依托文化，文化是一座城市的魂魄，在千篇一律的高楼大厦间，文化元素是城市鲜明的可识别性的特征，是营造具有中国气派与古今辉映的城市空间的撒手锏，只有依托文化建设城市空间，才不至于千城一面，让许多人找不到回家的路。

城市空间生产要依托历史文化遗产。"以古人之规矩，开自己之生面"，实现历史文化遗产的创造性转化和创新性发展。习近平主席在多地考察时都提到要注意城市历史文化遗产保护，指出"要像对待'老人'一样尊重和善待城市中的老建筑……让人们记得住历史，记得住乡愁，坚定文化自信，增强家国情怀。"[①] 对于历史文化资源比较丰富的城市来说，不能打着经济增长和改变城市落后面貌的口号去拆除、破坏古道街巷、历史建筑等这些识别城市历史最直白简单的符号，这些历史文化元素是城市的灵魂精华，是漫长历史积淀中形成的乡愁记忆，是当地群众情感归属认同的重要部分，对它们的拆除等于破坏城市的根与魂，使人们与空间之间难以建立亲密的关系，空间成为没有故事，没有回忆，没有认同感的异化于人们的"非空间"。

城市规划与更新应当顺应城市肌理。城市空间生产过程中除了不能破坏承载着中华民族基因和血脉的历史文化遗产，还要合理开发利用好历史文化遗产，发挥其在公共文化服务方面的重要作用，还可以与旅游相结合，实现文旅融合，激发城市活力、培育发展动能，挖掘其多重价值，营造中华文明传承的浓厚社会氛围。城市空间生产要善于在历史文化遗产的基础上画龙点睛，把老街区、旧时光和新生活呈现好，使城市空间发展能经得起时间和历史的检验，更能经得起人民的评判。

城市空间发展除了保护和利用历史文化遗产，更要发掘、整合系统化地方文化元素。在制定城市规划方案时，不能只注意城市的工具性特征，更要关注城市的人文性特点，城市发展"既要善于运用现代科技手段实现智能化，又要通过绣花般的细心、耐心、巧心提高精细化水平，

---

① 《习近平在上海考察时强调　深入学习贯彻党的十九届四中全会精神　提高社会主义现代化国际大都市治理能力和水平》，《人民日报》2019 年 11 月 4 日第 1 版。

绣出城市的品质品牌。"① 地方文化就是绣出城市品质品牌的线，只有地方特色的东西，才能进入人心。将地方优秀传统文化深耕，嵌入人们的日常生活中去，做到真正的推陈出新，不管是像图书馆这样的文化空间，还是商场这样的商业空间，以及公园这样的日常空间，都要注意沉浸式场景的营造，把在地文化与设计语言、艺术语言甚至是传播语言相结合，实现空间生产与社会服务功能、社会文化功能的结合，最终形成具有温情内容体验和情感记忆的地方。

二 注重市民日常生活秩序的重建

在功能性空间侵占社会性和精神性空间的趋势下，广场、绿地、人行道等面积减少，适合普通大众闲逛、聊天的场所减少，人们的步伐加快，生活节奏逐渐脱离了自然节奏和生命节奏，而成为一种机械的社会节奏，为了消解这种隐形机械节奏对日常生活的统治，城市空间的生产要遵循协调、对称、比例和均衡等节奏法则，以人为本，要增加社会性和精神性空间生产，留出人地和谐的休憩空间和社交空间。

日常生活秩序的重建既依赖增加社会性和精神性空间，更依赖对原有公共空间的活化。线上消费的下沉，网络游戏的吸引，很多人的吃穿住行甚至情感都通过网上解决，人越来越原子化，社群化特征消弭，公共空间持续衰败，在这种情况下，城市空间生产要在设计上下功夫，"立足社会风潮，结合数字科技与现代设计理念，对中华优秀传统文化进行反复咀嚼、深入理解。"② 城市空间生产要用空间讲好中国故事，让陈列在广阔大地的遗产，收藏在博物馆的文物，书写在古籍里的文字活起来，城市里除了高楼大厦和商业气息，还能有多彩的文化元素和雅致的文化味道，这样的城市才是既美又有温度的城市，才能让人们愿意走出家门，回归公共空间，增加城市的烟火气。

城市空间生产应该以城市生活更美好的善为目标，致力于改善城市

---

① 《习近平在上海考察时强调 坚定改革开放再出发信心和决心 加快提升城市能级和核心竞争力》，《光明日报》2018年11月8日第1版。
② 罗仕鉴：《设计艺术点亮美好生活》，《人民日报》2022年7月21日第20版。

环境和生活质量，既要做好大空间的规划，注重空间正义和空间伦理，减少空间区隔和空间绅士化的趋势，也要做好小空间的设计，利用好街道小品等空间符号，比如候车廊、雕塑、喷泉、花坛等小型造型艺术，建造出既有整体意识又有鲜明特征的城市空间，"让日常生活成为一件艺术品。"① 艺术能够激发生活中令人愉悦的瞬间，是人类理想的表征和值得倡导的生活方式，能够冲破日常生活中的单调乏味，解放日常生活，摆脱工具理性的控制，使生活充满意义，提升城市品质，涵养城市魅力。

三 注重建设多感官的城市空间

城市空间生产过程存在忽视嗅觉、味觉、听觉和触觉的视觉主导倾向，嗅觉、味觉、听觉和触觉几乎完全被视觉吞噬和吸收，"萎缩的器官一定有些致病性。"② 在视觉器官胜过其他感官的过程中，所有来自味觉、嗅觉、触觉甚至听觉的印象都会首先失去清晰度，然后完全消失，只剩下线条、颜色和光线，身体与周围环境的关系变得相对贫瘠，人不能充分体验融入空间，所有的社会生活都成了眼睛对信息的解读。"视觉压倒了整个身体，篡夺了它的角色。"③ 列斐伏尔认为"空间的生产，开端于身体的生产"④，"身体是空间中不可分割的组成部分。"⑤ 因此空间生产应以身体为重要的衡量标准，"身体是空间和权力话语的核心，是不可简化和颠覆的，它拒绝那些剥夺并摧毁它的关系的再

---

① Henri Lefebvre, *Everyday Life in the Modern World*, translated by Sacha Rabinovitch, New Brunswick: Transaction Inc., 1984, p. 204.
② Henri Lefebvre, *The Production of Space*, translated by Donald Nicholson-Smith, Malden: Blackwell Publishing, 1991, p. 198.
③ Henri Lefebvre, *The Production of Space*, translated by Donald Nicholson-Smith, Malden: Blackwell Publishing, 1991, p. 286.
④ Henri Lefebvre, *The Production of Space*, translated by Donald Nicholson-Smith, Malden: Blackwell Publishing, 1991, p. 170.
⑤ Henri Lefebvre, *The Production of Space*, translated by Donald Nicholson-Smith, Malden: Blackwell Publishing, 1991, pp. 166-167.

生产。"① 虽然空间生产质的变化不能指望身体反抗，但绝对不能离开身体反抗，空间生产要以人类身体的感官系统为基础，要充分调动人的各个感官系统。不仅是视觉主导的华丽空间，而是能感知、能抵达人体心灵内部的能听、能触摸、能闻、有味道的空间，"身体美学鼓励人们从对身体外在形态和吸引力的注意转移到对身体经验和身体机能的一种改善的品质感受上。"② 多感官体验的空间生产成为构建美好生活的重要组成部分。

嗅觉能够提供一种与环境之间更直接的相遇，使主体与空间产生亲密关系，"气味，暗示着大自然的暴力与慷慨……大自然的气味是富有表现力的。"③ 文学创作中，经常使用嗅觉描写来唤起人们内心深处对某一特定地方的回忆，影视作品中也常用妈妈的味道、老家的味道等来描述对事物、人或者空间的喜爱，因此，每个城市都应该从生态嗅觉和人工嗅觉两个方面打造自身特有的嗅觉识别系统。生态嗅觉主要借助地方特色的花草树木等植被营造，人工嗅觉主要通过打造地方风味小吃品牌实现，通过植被和美食散发的芳香，造就充满家乡味道的空间。

城市空间生产也要注意声景的建设，城市不应只有建筑工地机器的轰鸣声、街道上汽车的鸣笛声等噪声伤害，这些噪声是城市商业化的后果，是欲望和技术的胜利，湮没了鸟鸣虫吟、潺潺流水等自然的声音，也湮没了街道烟火气的叫卖声，"北平小贩的吆唤声，复杂而谐和，……有的简直是一首歌谣。"④ 噪声使"原本自然有序的城市声音出现了严重的'无主题变奏'。"空间声景建设首先要降噪，"降噪是社区空间声景应遵循的首要原则。"⑤ 通过物理隔离或者乐音等人工声景降噪，使声

---

① Henri Lefebvre, *The Survival of Capitalism: Reproduction of the Relations of Production*, translated by Frank Bryant, New York: St Martin's Press, 1976, p.89.
② Richard Shusterman, *Performing Live: Aesthetic Alternatives for the End of Art*. Ithaca: Cornell University Press, 2000, p.152.
③ Henri Lefebvre, *The Production of Space*, translated by Donald Nicholson-Smith, Malden: Blackwell Publishing, 1991, p.198.
④ 于润琦：《文人笔下的旧京风情》，中国文联出版社 2003 年版，第 110 页。
⑤ 肖源远、黄璐、唐馨：《社区公共空间声景设计原理初探》，《南方建筑》2022 年第 6 期。

景更自然宜人。其次，充分利用自然声景，在声景设计时先设法保留空间内可以加以利用的声景元素，再通过增加植被，因地制宜地创造自然声景。再次，要体现人文主义的关怀，能够满足大部分人的参与情感需求。最后，声景要与空间功能相协调，使场所精神更加鲜明。声景设计要基于人们的审美心理，用无形有声、以声动情等多种方法提高空间环境品质，使人们既能够聆听自然的声音，也能够感受人间烟火，疗养身心。

随着城市的快速发展，人们愈发远离自然，感知能力不断下降，城市空间必须用富有特色的感官体验，恢复各个感官机能。人们要用所有感官，用整个身体，而不仅仅是眼睛和智力去感受空间，才能将生活体验与感知的世界联系在一起，加速身体与周围环境的相互作用，才能更好地参与到空间中，强化生活体验，产生归属感。

"大鹏之动，非一羽之轻也；骐骥之速，非一足之力也。"城市空间建设需要多方联动，在建设过程中既需要工具理性，更需要交往理性，注意空间的主体间性建构，空间要承认主体的存在，以城市和城市里的人需要什么为思考源泉，对主体有爱和尊重的精神，城市应该足够灵活，允许人类自由生长，培育有利于不同文化和社会不同群体和谐共处的环境，鼓励社会融合，提高各阶层的生活质量，把"留下记忆，记住乡愁"作为城市建设的大概念，统领城市空间的主体间性建设，增加城市的归属感，促进城市精神共同体建设，增强城市软实力。

小　结

在空间生产的语境下，城市空间的价值诉求、审美取向和时空体验都发生了改变。在价值诉求上，城市空间呈现出欲望化、狂欢化和时尚化的特征。首先，空间成为各个群体各色欲望的工具，在欲望操纵下，空间一片混乱。其次，城市空间受市场经济规律的支配，如果想在竞争中占据优势地位，必须利用各种手段包装自己，使自身成为有代表性的、典型的和具有诱惑力的狂欢化空间，保证其让人流连忘返的特质和不可复制的优势。最后，时尚化是空间生产的撒手锏，城市空间在时尚整合和征服下成为消费主义赖以生存的重要手段，它能够提供给人们一个满足各种想象的空间。但是由于时尚化的空间具有强调"当下的现实感"和"转瞬即逝性"的审美现代性特征，因此必然会破坏城市的归属感、和谐感和连续性，且表现出对视觉审美的偏爱，导致文化取代风格、审美和艺术革命性的丧失，从而影响人们的审美体验。城市空间的欲望化、狂欢化和时尚化都是资本和权力实现空间生产的有效手段。

在审美取向上，空间呈现出负审美的特征。伴随着大众文化的勃兴和技术传媒的进步，艺术和审美转向了一个广泛扩张和泛化的状态，审美成为日常，在审美泛化的环境中，非功利性的审美已经不存在了，美不再处于自律的状态，而是与经济联姻，开始转到感知领域，满足人们对快感追求的基本需要，因此城市空间在审美泛化的影响下，呈现出否定性的、无序的、混乱的和美丑不分的倾向。

城市空间文化的健康发展需要遵循以人为本的原则，注重城市空间生产中的文化再生产，注重市民日常生活秩序的重建，注重建设多感官的城市空间，在多方联动中，营造城市的根植感和地方感，铸牢城市精神共同体。

第四章

列斐伏尔"都市社会"空间消费文化批判

　　城市建设作为一种人类的文化活动，必然受到正在逐渐成为主流文化之一的消费文化的影响，消费文化正在潜移默化地影响着人们有关空间的理解、认知、实践等诸多活动。城市空间已经打上了消费文化的烙印，空间本身的消费已经代替了空间中的消费，众多人参与的空间消费已经取代了只和少数人相关的空间消费。换句话说，空间消费正在成为一种新型的消费、成为城市消费文化的象征，对城市的发展有着重要的作用。因此，必须重视消费文化对城市空间产生的作用和影响。

第一节　空间消费思想的三种属性

　　列斐伏尔空间生产的思想促进了空间消费的诞生，空间消费转变了空间作为消费载体的角色，空间不再是背景、幕布、舞台和容器，而是成为消费社会赖以生存的方法和手段，成为了消费对象，这是消费主义影响下的一种必然结果，同时也给空间带来了无限的可能性，作为消费产物的空间消费，将空间视为一种商品进行展示、包装与售卖，空间消费以前所未有的能量在发挥作用，影响着人们的生活和社会发展。
　　列斐伏尔通常被认为是最先提出空间消费的人，他认为"如同工厂或工场里的机器、原料和劳动力一样，作为一个整体的空间在生产中被消费。……居民南下，到成为他们的休闲空间的地中海地区时，他们正

第四章 列斐伏尔"都市社会"空间消费文化批判

是由生产的空间（space of production）转移到了空间的消费（consumption of space）。"① 这段话表明以下两点内容，第一，空间作为商品被消费，必然要受到列斐伏尔"消费受控制的官僚社会"（the bureaucratic society of controlled consumption）（所谓官僚社会就是指当下社会的科层制、组织化与体系化的特征）的影响。"消费受控制的官僚社会"包含两层含义：其一是资本主义发展和统治的重心已经不再是生产，而是消费。其二是作为消费运行平台的日常生活受到了官僚主义的控制。在"消费受控制的官僚社会"，资本主义利用消费意识形态及其所编制的诸多"次体系"牢固地引导和统治着社会各个阶层，这种统治采用的是一种隐蔽的、温柔的整合方式而不是血腥的暴力和残酷的镇压，它在为人们提供五花八门、名目繁多的消费品与考虑周到的消费引导的同时，轻松地俘虏了人们。此外，在"消费受控制的官僚社会"，人们所消费的是形形色色的符号而不再是实体物的使用价值。列斐伏尔认为，"消费受控制的官僚社会"中充满着各种符号，符号美化和粉饰消费物，与消费相关联的不再是物本身，而是符号。消费物的所指是符号，所以符号代替物本身去满足人们的需求。"每一个物体和产品都具有双重属性，真实的和虚幻的；凡是能够被消费的东西都变成了一种消费的符号，消费者依靠符号、符号的多义性和财富的符号性而存活；现实被符号和意指所取代，从而产生了许多替代物和变形物。"② 因此，现代消费社会在符号消费和广告意识形态的双重控制下，成为一个巨大的"假装（make-believe）"世界，是一个能指与所指、符号——物脱离真实存在物、消费与生产相颠倒的世界。第二，空间消费作为人们闲暇时间的休闲享受，必然更注重空间的体验满足感。由此可知，列斐伏尔所说的空间消费文化思想必然具有阶层性、符号性和体验性三个突出的特征。

---

① ［法］亨利·列斐伏尔：《空间：社会产物与使用价值》，王志弘译，包亚明《现代性与空间的生产》，上海教育出版社2002年版，第50页。
② Henri Lefebvre, *Everyday Life in the Modern World*, translated by Sacha Rabinovitch, New Brunswick: Transaction Inc., 1984, p.108.

一　空间消费的阶层性

空间以往只作为几何学意义上的存在实体或者一种地理环境，而现在，空间成为资本存在的新形态，为资本主义存续开辟了新的发展路径，成为资本家争相追逐和占有的对象。空间被资本整合进资本主义的逻辑，成为一种追求剩余价值的工具。因而空间就从物品变成了可供生产、交换和消费的商品。事实上，"对于空间的征服和整合，已经成为了消费主义赖以维持的主要手段。……社会空间被消费主义所占据、所分段、被降为同质性、被分成碎片，成为了权利的活动中心。"[①] 显然，资本主义把空间作为最重要的统治工具已经成为事实。因此，为了维护自身的利益，空间消费不可避免地具有阶级性的特点。比如，城市中心地区往往被商业功能所占据，成为资本主义统治者谋利的空间，而低收入阶层因为其阶级地位的限制，其居住的区域被驱逐到边缘地区，成为空间消费的受害者。

列斐伏尔认为，消费的形式和性质在资本主义发达阶段已经发生了重大变化。除了传统的消费形式，即劳动者用工资直接购买生活资料的个人消费外，由国家统一提供的不经过市场交换的公共物品的集体消费形式在城市生活中扮演着越来越重要的角色。这些集体消费推动了作为消费内容的空间的生产，也重构了都市社会不同人的社会生活方式。如地铁、城市公园等具有普惠性质的集体消费空间，看起来这种服务对所有人是公平的，他们都有权进入这个空间环境且享受这种服务，但实际上隐含着社会关系深层的身份冲突，很多人生活在这样的空间但却并没有进入消费活动。高架桥下、城市公园中出现的流浪汉便是明证。空间消费越来越具有人群区分的功能，一个人地位的高低在现代西方消费社会的判定不再像传统社会一样依赖他的血统、阶级成分和种性等级，而是倚重他所使用的或者消费的物的等级、生活和消费的空间来识别。

[①] 包亚明主编：《现代性与都市文化理论》，上海社会科学院出版社 2008 年版，第 267—268 页。

二 空间消费的符号性

在资本主义社会中,人与人之间的社会关系被一种想象性的物与物之间的关系遮蔽和取代。商品不仅仅是作为一种物性的存在陈列在商品柜台上,它是日常生活中的一种格调、品位和意象,人们购买商品时是想从中获得一种品位格调和生活方式,而不是关心的使用价值。

列斐伏尔认为,在前现代性的时期,人们的消费都是直接与物相关,以满足人们的基本需要为目的的。而资本主义消费时代的消费对象却是意象。因此,"消费主要和形形色色的符号而不是各类商品本身相关联。"[1] 以旅游观光这种空间消费为例来看,人们在观光中,关注的不是自然景观,也不是历史文化遗迹,更多的是关注旅游观光对象的文化意象、奇人奇事或者历史传说等构建起来的意象和符号。列斐伏尔说:"威尼斯的参观者并不是被威尼斯本身所吸引,而是被旅行手册中,演讲者口中,扬声器中和录音机中那些有关威尼斯的描绘所吸引。"[2] 也经常见到一些房地产的广告,比如,"拥有这样一套房子,你才活的体面"。这都是空间消费符号性的体现。

人们在空间消费中注重的不是消费品的实用性,而是消费的一种靠广告、传媒等为中介宣传和制造出来的符号和意象。"物的消费"被"符号消费"所取代,意味着"真实的消费"与"虚假的消费"已经很难界定和划分。马尔库塞所强调的"真实需求"和"虚假需求"更是难以分辨。所有的物品消费都被符号化了,包括空间消费。

三 空间消费的体验性

在传统社会,人们关注的是空间中的商品,而在消费文化的影响下,人们逐步开始关注空间本身,因为生产力水平的提高极大地满足了人们的物质需求,人们逐渐摆脱了物质匮乏的困扰,因此对非物质消费

---

[1] Henri Lefebvre, *Everyday Life in the Modern World*, translated by Sacha Rabinovitch, New Brunswick: Transaction Inc., 1984, p.91.

[2] Henri Lefebvre, *Everyday Life in the Modern World*, translated by Sacha Rabinovitch, New Brunswick: Transaction Inc., 1984, p.133.

的欲望愈发强烈，这种需求导致了注重空间环境产生的各种感官体验的空间消费的出现，因此空间消费从一开始就具备了体验性的特征。空间能否成为消费的对象，在很大程度上由空间的特色决定，城市中的各种购物中心、历史商业街以及主题公园就是因为环境优美，给人带来与众不同的体验而受到人们的欢迎。

空间消费体验性特征的建构离不开美学和文化的助力以及媒介的推动。奥利维耶·阿苏利说："审美品位，即鉴赏与享受的能力对促进消费正发挥着前所未有的重要作用""审美资本主义决定了消费者的审美品位将成为推动工业发展的动力""为了应对市场饱和问题，一些大企业不得不通过大规模施展审美营销手段来刺激或维持消费。"① 德国学者 W.F. 豪格在他的著作《商品美学批判》中揭露了商品美学如何助力"商品拜物教"。他认为，商品外观，这种独立于商品的物质躯体的美丽的包装"不仅是用来保护物品在运输过程中不会受到损害，也是作为商品的脸面——它代替了商品的物体本身来首先吸引潜在的购买者的目光，它如同圣灵国王的女儿，穿着羽衣云衫，包裹着、变化着造型，向着市场和市场的形式的变化迎面飞去。"② 空间作为一种商品被用来消费，要想使自己在市场中拥有好的运气，也必须通过美学、文化以及媒介来生产出来更加富于魅力的外观或内在效果，以便增加自身的体验性，比如主题公园对高科技虚幻空间的利用、大型购物中心对电子屏幕的利用以及咖啡馆对音乐的利用等。

可以说，列斐伏尔的空间消费思想蕴含着三重批判维度，分别是日常生活批判、政治批判和生态批判。日常生活批判主要批判异化的日常生活空间，资本家依靠空间生产获取利润，因此一切日常生活空间都成了资本增值的载体，被资本关系渗透，成了获取剩余价值的工具，呈现出异化的趋势；政治批判主要批判政治化的空间消费，考察了空间消费与全球化、城市化的密切关系，认为资本主义政治意识形态紧密控制了

---

① ［法］奥利维耶·阿苏利：《审美资本主义：品位的工业化》，黄琰译，华东师范大学出版社 2013 年版，第 7—8 页。
② ［德］沃尔夫冈·弗里茨·豪格：《商品美学批判：关注高科技资本主义社会的商品美学》，董璐译，北京大学出版社 2013 年版，第 50 页。

空间消费过程,这种政治操控空间消费集中表现为空间规划,其实在政治批判的过程中蕴含着对空间正义的追求;生态批判主要批判空间消费带来的非生态化现象,资本家为了资本增值而不是克服空间生态问题发展技术,先进的技术手段使自然空间的人化加剧,破坏了原本自然空间的生态平衡,因此需要倡导空间消费的生态伦理化的实现。列斐伏尔在空间消费思想中表现出来的现实关切和理论焦虑可以说是对发达工业社会无节制扩张的城市空间消费的生态伦理反思。

马克思、西方马克思主义者和社会学家的消费思想奠定了列斐伏尔空间消费思想的理论基础,空间转向为列斐伏尔空间消费思想的提出提供了契机,列斐伏尔自身的社会空间观理念是其空间消费思想的直接思想渊源,空间消费的兴起表明它的运作离不开政治、资本和符号等深层机制的支配。

第二节 空间消费对日常生活的影响

作为列斐伏尔社会政治理论和哲学理论的一个关键主题的异化理论,可以说是他的其他理论的出发点。但是,列斐伏尔强调,不能不加批判地把异化理论直接运用到日常生活中,而应该"用一种普遍而具体的方式辩证地思考异化概念,换句话说,在它的普遍性的广度上加以规定,并通过日常生活的细枝末节来理解它。"[1] 对于空间消费异化的研究自然也应该在日常生活的层面上进行。

一 变化的城市景观

列斐伏尔认为当今社会是一个消费受控的官僚社会,资本主义国家利用消费来区隔和组织日常生活空间,流行的、大量的、隐性的科层体系和各种各样的国家组织更是无孔不入地控制日常生活空间领域,使之成为组织化的客体和对象。日常生活空间的新特征正是由消费领域被控

---

[1] Henri Lefebvre, *Critique of Everyday Life* (Vol. I), translated by John Moore, London: Verso, 1991, p.76.

制的高度组织化的社会造就的，这样的空间蕴含着政治、经济、意识形态和文化等多重关系。列斐伏尔认为，社会空间既是具体的也是抽象的，既指向自然也指向人类，既是消费的客体也是斗争场所和统治工具，因此是多维度的双重属性的辩证统一。空间生产具有抽象性、隐秘性和同质化的特点，能够让人无意识中实现自我空间殖民，具有全景式规训和惩戒的功能，包含和意味着新资本主义社会中全部活动的共同方向和普遍目的，空间消费与空间生产在这方面有着异曲同工之妙。

（一）宏观层面的景观改变

（社会）空间可以在生产的世界中作为结果、原因和理由而同时发挥作用，但它用这种生产方式改变了一切！很容易理解；它改变着社会，如果你愿意这样说的话。[1] 随着城市空间统治的重点由工业生产领域转移到消费活动领域，空间成了资本的操控工具，被放置在资本剥削的首要位置。社会需要与资本利益之间冲突的焦点便是对空间的使用和对日常生活的控制。

空间消费的发展改变了非消费空间。城市空间消费是发达工业社会生产力进步的结果，带有资本增值的逻辑，是资本获取利润的媒介。城市空间在消费模式的主导下，其潜在规则就是为资本增值服务。城市空间成了激烈争夺的场所，它的设施、规划和建设都成了资本增值的手段。城市空间作为生产方式的载体，是蕴含着意识形态的规划。城市空间不断消解着传统空间，创造着新的空间，让消费休闲占据了日常生活舞台的中心。

空间的利用、占有、支配、创造和控制在空间的征服和整合成为消费主义赖以生存的条件下，已经是阶级之间抗争、对立和协商的重要议题。由于商业地景的价值远远高于工业城镇的经济价值，因此政府的经济政策趋向于把大规模的非消费空间改建成办公大楼、购物中心和高档住宅区，并对其进行"绅士化"的处理，使其成为精英们的专属场所，造成空间区隔，满足物欲的消费型场所占据了原来的非消费空间。

---

[1] ［法］亨利·列斐伏尔：《空间的生产》（新版序言）（1986），刘怀玉译，张一兵《社会批判理论纪事》（第1辑），中央编译出版社2006年版，第181页。

空间消费的过度发展使非消费空间丧失了原来的非消费功能，空间结构面临着转型。新的作为商品的消费空间大量出现并逐渐湮灭独具特色的非消费空间，这不仅加剧了空间区隔在非消费空间中的扩散，而且毁坏了城市空间原有的特质。抽象空间通过商品化和官僚化的多重空间实践殖民了日常生活，并成为历史沉淀下来的、古老的具体空间萎缩的根源。

空间消费的发展加剧了空间绅士化的现象。空间绅士化（Gentrification）是一种社会空间隔离现象，出现在西方城市中心复兴时期。它早期只与居住空间消费品相关，指中产阶级通过消费，替代低收入的原居民占据城市中心改造后的良好居住环境，从而造成城市居住空间隔离。空间绅士化在1970年后开始向消费、居住功能的混合开发和休闲游憩地、旅游地的转型开发中扩展，原因在于上述开发中会员性休闲场所、时尚专卖店等奢侈消费功能和以高收入者为消费主体的休闲娱乐、旅游体验的大量引入。[1] 这些精英消费场所首先使城市空间整体环境高级化，其次带来了空间中居住消费品的升级，空间消费品、精英消费空间作为绅士专属空间的符号相伴而生，共同增强了绅士阶层对整体城市空间的占有。可以说，空间消费的绅士化，满足了城市小资们追求体验消费和攀比消费的需要，推高了商品的价格，挤走了追求物美价廉的穷人和实惠型消费者，使特定空间内的消费行为成为某一阶层或族群的炫耀符号和自我标签，从而将城市空间区隔推演到更大的范围，致使低收入阶层被无形地隔离在很多空间之外。

不论是纳入符号体系的空间消费品，还是消费空间自身，不论是作为符号化的专属空间无形地排斥低收入阶层，还是直接展示阶层差异，城市消费空间消费区隔的这种负面性正随着空间消费的深化和其规模的扩展，越来越广泛而深刻地影响着社会空间形态。在这种空间绅士化的消费过程中，人们消费的是空间的象征意义和空间关系而不是具体的空间，空间变成身份地位和社会价值的象征。因此，后现代消费社会更加

---

[1] 韩晶：《城市消费空间：消费活动·空间·城市设计》，东南大学出版社2014年版，第395页。

注重操纵空间消费。空间关系让消费者产生自恋情结、沉湎于梦幻。

可以说，人们生活在一个空间急剧变动的时代，固定的古老空间不见了，依附于这些空间的观念和见解也消失了，空间不断地更新换代，神圣的空间已经不复存在。人们必须用冷静的眼光来看待他们周围的空间，从而明白自身的社会地位和与他人之间的关系。社会空间的变迁在引起我们对现实世界反思的同时，也唤起了我们对自身的反省。

(二) 空间消费逻辑中的建筑

列斐伏尔认为当代文化形式的典型代表非建筑莫属，建筑作为一种空间语言，能够对战后资本主义社会进行最好的说明。非常巧合的是，所有关注当代空间转向的理论家的灵感都是源于后现代的建筑形式，他们通过分析后现代建筑，从而发现了空间背后的秘密。

1. 建筑是蕴含着意义的空间

在城市社会中，作为一种主要空间形式的建筑是一种很明显的可以消费的对象。列斐伏尔指出，"现代城市中，存在着一种对交通工具、建筑、道路和公路的名副其实的空间的生产性消费。"[①] 但建筑不是被动的等待消费的对象，它作为空间参与了意义的建构。"建筑是对我们生活时代而言可取的生活方式的诠释。"[②] 这就是说，空间不是僵死的、不变的，而是蕴含了丰富意义的能动空间。

正如福柯所言在一定历史时代的政治策略中，建筑设计扮演了重要的角色。"建筑……变成了为达成经济、政治目标所使用的空间部署问题。"[③] 比如过去的南京路，作为上海的商业地标，是殖民城市的一块飞地，这个城市的占有者建造出代表自身价值象征和文化意象的建筑物，其独特的空间结构和中国本土文化有着根本的区别，折射出金钱、资本和商品的特性，传达了资产阶级式的政治理念，通过空间塑造表明

---

① Andy Merrifield, *Metromarxism: A Marxist Tale of the City*, New York: Routledge, 2002, p. 135.
② [美] 卡斯腾·哈里斯：《建筑的伦理功能》，申嘉等译，华夏出版社2001年版，第11页。
③ [美] 戈温德林·莱特、保罗·雷比诺：《权力的空间化》，陈志梧译，包亚明《后现代性与地理学的政治》，上海教育出版社2001年版，第30页。

了一种以西方为镜像的种族和文明的优越感。但现在，南京路彰显的是人民政府对空间的绝对主导的物化形态，新的规划已经抹去了南京路的殖民色彩，南京路的空间和建筑样式已经成为上海的主要标志之一，很显然，建筑作为空间中的主要形式也是一种统治的、控制的和权力的工具。"建筑的问题因此也必然是社会的问题。"①

黑格尔曾说过被移植到建筑里面去的意义一般只能用外在环境中的东西去暗示，所以建筑在表现形式上是地道的象征艺术。宫殿建筑强调豪华奢侈，皇权的威慑与至高无上，呈现出"天子以四海为家，非壮丽无以重威"的非凡气度；宗教建筑则以密集的柱子、变化的光线和巨大的尺度来营造一种凌驾于凡人之上的空间感，以突显神权的神秘。哈维也曾论述过，"从联邦丘俯望这个城市（巴尔迪摩），银行和金融机构耸立于其他一切事物上方，以玻璃、砖石和混凝土宣示它们握有大权。联邦大楼隐没在这群金融机构中，套句马克·吐温的话，标志着'金钱能买到的最佳'治理体系。市政大楼虽然古典动人，但既不位于中心，又不特别出色，显示出它在决定这个城市的过程中，仅扮演了边缘角色。至于教堂，只有将目光穿过东巴尔的摩少数族裔和劳工阶级居住区那些拥挤不堪的排屋时，才看得见。上帝似乎只对劳工阶级有意义，财富则完全控制了市中心。"② 可以说，"空间是'社会存在'的实体化。"③

2. 被颠覆的传统建筑价值观

列斐伏尔指出，空间具有"依据时代、社会、生产模式与关系而定的特殊性"④，当社会的显性特征以象征经济和符号消费为主时，空间也摆脱不了这一逻辑，成为社会发展的主要手段，这样，城市空间的发

---

① [美] 卡斯腾·哈里斯：《建筑的伦理功能》，申嘉等译，华夏出版社 2001 年版，第 12 页。

② [美] 大卫·哈维：《资本的空间：批判地理学导论》，王志弘、王玥民译，群学出版有限公司 2010 年版，第 191—192 页。

③ Henri Lefebvre, *The Production of Space*, translated by Donald Nicholson-Smith, Malden: Blackwell Publishing, 1991, pp. 101—102.

④ [法] 亨利·列斐伏尔：《空间：社会产物与使用价值》，王志弘译，包亚明《现代性与空间的生产》，上海教育出版社 2002 年版，第 49 页。

展原则也必然以象征性——消费主导代替功能性——需求主导，在现代社会，作为消费文化一部分的建筑的发展遵循着消费逻辑，从而导致传统的建筑价值观被彻底地颠覆。建筑的功能主义让位于建筑的象征性的符号学，后现代的城市建筑对于繁杂的符号、繁杂的耗费、繁杂的装饰和繁杂的象征主义兴趣浓厚。如果说现代主义的建筑对直接性和简单性表现出强大的欲望，那么后现代主义则对复杂性和矛盾性充满着直言不讳的好感。一方面，城市中的建筑景观都落入了令人沮丧而绝望的相似性之中，另一方面它们又都在竭力追求自己的独特性并标榜内部的差异性，寻求自身的象征意义。

随着消费的风格化发展，作为展示消费者生活方式、个性的城市空间消费品之一的建筑也呈现出了风格化的趋势，表现出对形式尤其是装饰的强调，以及对多元艺术风格的包容。建筑不仅获得了自身的风格，而且也在被消费过程中表明了空间消费者的风格。消费空间组合区不再是单调的购物大盒子，而是典型的风格化城市空间，它以各不相同的装饰、华丽表皮和多样的空间载体、形态构建自身风格，吸引风格不同的空间消费者。城市居住区的这种趋势更显著，住宅被赋予英伦风情、澳洲海滨、法国古典等不同地方艺术风格，公共环境也被相应地设计成黄金海岸、法式园林等。每一个经过整体装饰的居住区以不同的风格彰显着消费者不同的生活方式和品位。"'风格化'是城市空间作为消费品纳入符号消费体系的重要表征。在消费社会中，风格化的空间消费品成为社会群体建构认同的主要依据之一。"[1] 不同文化程度、职业、阶层、年龄的人只要消费同样的空间消费品，如到同样的地方旅游度假、购买同样的风格住宅，就很容易形成群体认同。不同社会群体与阶层间的界限也由消费不同风格城市空间而被划定，空间建构起来的这种社会认同源于它与符号消费的紧密联系。可以说，风格化为"空间规定了一种规则，因为它暗示着一种特定的秩序"[2]。

---

[1] 韩晶：《城市消费空间：消费活动·空间·城市设计》，东南大学出版社2014年版，第320页。

[2] Henri Lefebvre, *The Production of Space*, translated by Donald Nicholson-Smith, Malden: Blackwell Publishing, 1991, p. 143.

建筑艺术与日常生活界限的消解也是消费逻辑对建筑形态的改变之一，这也是日常生活审美化的一种体现。建筑的设计倾向于从日常生活消费品中获得灵感，呈现出波普倾向，建筑的局部或整体以具象的日常生活物品形态呈现。如由赫尔佐格、德梅隆与中国建筑师李兴刚设计的北京奥运会的主体育场"鸟巢"，以巨大的鸟巢形象展现在众人面前，传统的建筑概念被完全颠覆了。

消费逻辑的发展使建筑形式呈现出流行化和时尚化的趋势。一种建筑形式一旦在大城市受到好评，或者在西方发达国家获得成功，就会立即作为一种时尚流行起来并被各个城市复制，甚至达到泛滥的程度。此外，时尚和快速更替是孪生姊妹，流行的东西往往生命短暂。

消费逻辑的发展还使原本"实用""坚固""美观"的建筑变得更具可变性和临时性。建筑生命的周期和建筑形态都变得短暂。如东京的"风之卵"、横滨的"风之塔"，这些建筑充满柔弱、光滑、轻盈的临时感，空间失去恒定意义和既定功能而变得虚无，动态的表皮反映着临时性和瞬间状态，其外形、质感、色泽随外界改变而时刻变化。[①] 建筑成为投射消费信息的银幕。

资本增值的逻辑使城市空间发展在终极目标上背离了以人为本的发展原则，使空间不再只是物质资料生产对象，而是直接与资本增值相连，与资本存在方式直接挂钩，这势必导致资本逻辑下空间发展的商业化、抽象化，从而使它的地域和民族特色消失。城市正在成为一座感官之城，是人们试图建构的差异之城、欲望之城、多样性之城和混乱之城，更是一种正在沦为物质商品被消费的城市，快感、欲望、美学、消费在这里编织着一个光怪陆离的感官王国。

二 叛逆的私人空间

（一）空间消费下的权力建构

在前现代语境下，人通过拥有的土地、财富、领土和奴隶的多少来

---

① 韩晶：《城市消费空间：消费活动·空间·城市设计》，东南大学出版社2014年版，第40页。

彰显自身的权力;在前现代发展初期,人拥有的资本和货币越多,则说明权力也越大;在列斐伏尔看来,到了后现代社会,衡量人权力的重要尺度则成为能否生产、占有、处置空间。福柯在一次访谈中也说:"空间是任何公共生活形式的基础。空间是任何权力运作的基础。"① 换句话说,权力可以通过空间得以建构。

在一个典型的公司中,人们在等级体系中的职位可以通过它们工作地点的规模、位置和功能体现出来。普通的办公室职员通常是集体共享一间大办公室,属于自己的只有那一张简单的办公桌,除此之外,基本上没有私人空间,且必须时时忍受噪声的干扰。而公司总裁的办公室通常被安排在办公楼的顶层,且独享宽敞的办公空间,要到达那里,你必须先在空间中进行跋涉,穿过走廊,甚至跨越楼层,最后要进入还得先经过提前必须与之预约的秘书办公室这个外围空间,才能到达属于总裁的内层办公室。这通常是一个远离地面、视野开阔、装潢讲究、有着良好隔音效果的圣地,这里几乎没有噪音,人说话轻言细语,这就是于无声中胜有声的"总裁空间"。

在一个直接与公众进行交易的公司中,权力关系也有明显的空间体现,比如在超市、服装店、饭店等场所,往往是售货员和服务员位于最前端,处于公共空间中。在这个等级体系中,位置越高的人,一般会待在远离公众的办公室中。一旦这些人被要求从后台的私密空间走到前台的公共空间,那就可能是有什么严重错误发生的信号。

(二)居住空间消费下的身份建构

"商品、市场和货币,以它们无可替代的逻辑紧紧抓住了日常生活。资本主义的扩展无所不用其极地触伸到日常生活中哪怕是最微细的角落。"② 包括空间在内的日常生活已经被资本殖民化了。

---

① [法]米歇尔·福柯、保罗·雷比诺:《空间、知识、权利——福柯访谈录》,陈志梧译,包亚明《后现代性与地理学的政治》,上海教育出版社2001年版,第13—14页。

② Henri Lefebvre, "Towards a Leftist Cultural Politics", in Cary Nelson and Lawrence Grossberg, eds., *Marxism and the Interpretation of Culture*, Chicago: University of Illinois Press, 1988, p. 79.

1. 历史上居住空间的阶层化

居住是人类最基本的生活和生存需要，因此，住宅作为最早的一种建筑类型而诞生，旧石器时期的天然洞穴、构木为巢、冬窟夏庐均是远古人的住宅方式。① 那时候，包括住宅在内的居住空间首先是一种生活资料，先民们过着群出群没的集体生活，这时的住处不过是一个简陋的栖身之所，对居民而言，其使用功能居于首位。但随着社会的演进，尤其是人类社会出现了等级分化后，住宅已经不再是当初只用于遮风避雨的简单"洞穴"，它无论从功能上还是形式上都有明显的分层化趋势。"根据不同的等级，自王宫官吏以至庶人的住宅，门、厅的大小，间数、架数以及装饰、色彩等都有严格的规定。"② 民居是庐窟陋室，皇胄是台榭宫院，等级森严。《宋史舆服志》记载："私居执政亲王府，余官曰宅，庶民曰家。六品以上宅舍许作乌头门……凡民庶家，不得施重拱藻即五色文采为饰，仍不得四铺飞檐，庶人舍屋许五架，门一间两厦而已。"住宅除了其最基本的居住功能外也被赋予了区分的神圣职能——"以正君臣、以齐上下"，住宅从此和社会等级制度联系起来，成为一种直观明显的身份标识。即使在建筑及其细部的比较中，也能发现这种关联关系。比如四合院的大门，根据主人的身份不同分成不同的等级，级别最高的是王府大门；级别次之的是广梁大门；再次之是金柱大门；第四是蛮子门；第五是如意门；再低一个等级的是随墙门。不但古代东方如此，住宅空间分化与社会等级分化之间的明显关联也存在于古代西方社会。在公元3世纪的罗马城存在的私人建筑有宅邸（domus）和"茵苏拉"（insulae）公寓住宅，宅邸一般为较为富裕的家庭所拥有，是当时地中海各国城市中典型的一层或两层的独户住宅，他们能够支付得起盖房子所需要的相应的大块地皮。但"茵苏拉"则是由很多层数组成的房屋，在此居住的多为下层和中层社会的人。③ 住宅作为一种无声的空间语言，向我们诉说着居住其中的人的社会地位和权力。

---

① 潘谷西主编：《中国建筑史》，中国建筑工业出版社2001年版，第80页。
② 陈平：《居所的匠心——中国居住文化》，济南出版社2004年版，第107—108页。
③ [意] 贝那沃罗：《世界城市史》，薛钟灵等译，科学出版社2000年版，第212—213页。

· 183 ·

这种空间分化与社会等级的关联不仅体现在住宅上，也体现在居住区域的差异上。在古代的东西方城市，人都是按照等级而住在不同的区域。比如在清朝，住在城中心的是皇帝，然后周围一圈是皇亲国戚，汉族则只能住在外城，而在外城中的居民则又根据阶级的不同而分居在不同的胡同里。中世纪的欧洲城市也根据权力与社会等级的不同分区居住。"城市的空间可以说包括了一种权力话语，一种权力语言。"① 权力在空间中得到了无声的彰显。

在历史上，居住空间已经被有意识地用来作为区分社会等级的标记，这种居住空间等级差异的生成条件是由等级社会下等级制度的存在而导致。

2. 现代居住空间的符号化

把居住空间放在历史背景中进行分析，发现历史上是通过居住空间的等级性来建构居住者的身份，如果放在当前的背景下，会发现当前的居住空间是通过符号化原理进行运作，以此来建构居住者的身份。在卡斯特尔看来，大都市依据地位的不同，在空间上会产生将不同居住地分开的真实的分层，从而使之变成一个巨大的符号表现领域，具有符号价值。② 在列斐伏尔看来，"符号就是恐怖主义权力之无意识的代码。"③

鲍德里亚认为除了代表商品效用的使用价值和代表商品之间等价关系的交换价值外，还存在一个代表商品之间差异的符号价值。符号价值具有两个层面的意思，一是商品的示差性与独特性符号，达到与其他商品进行区分的功能；二是商品本身被附加的符号象征性，包含了广泛的身份表征、文化联系的功能，特定的商品代表了某种生活品位、生活方式、社会认同和某种社会阶层和地位。

显然，在现代社会、经济条件下的消费已经不再是耗光、消耗的意

---

① Henri Lefebvre, *The Production of Space*, translated by Donald Nicholson-Smith, Malden：Blackwell Publishing, 1991, p. 142.
② 蔡禾主编：《城市社会学：理论与视野》，中山大学出版社2003年版，第154页。
③ 傅其林、赵修翠：《论列菲伏尔的消费文化符号学》，《社会科学研究》2008年第4期。

思，也就是说，消费具有自然、主观、社会、文化和符号等多重属性。① 从这个意义上讲，住宅和相应的居住环境就是一种可以被用作消费的消费品，不仅是具有使用价值的消费物，其相应的服务设施还会给居住者带来不同的心理反应，且能够成为其社会身份地位的外在投射，具有符号象征功能。

城市是高密度的交往空间，在某种程度上，私人住宅是对外交往的一张名片，谁拥有的住宅面积越大，舒适性越强，就越能在朋友圈、亲属圈和社交圈中获得更多的尊重，住房成了社会地位的外在体现。王宁指出："住宅并不仅仅是供人栖身的地方，它同时还是显示人们的社会地位、身份、品位和格调的符号与象征。"② 最典型的是商品住宅——这个空间物质消费品被纳入符号消费所带来的居住空间隔离。如上海的"佘山风景区""陆家嘴滨江"等优质城市空间，它们经由空间消费而成为城市精英的居住场所，进而又经由空间的符号消费而成为社会中、上层的符号象征；而"老公房""外环"则因为是工薪阶层的居所而成为社会底层的代名词。空间，尤其是大城市的空间，根据人们的职业、收入和受教育程度而被区隔。

卡斯特认为不同社会发展阶段的空间分化形式不同，在前工业社会，基本上是各阶层混居在一起，在工业化时期，各种都市空间开始出现分化，而到了大都会时期，空间出现了区隔，因为在前工业社会，欧洲城市中贵族与众人的差异已经被相关制度强化，差距已十分清楚，不需要用空间上的区隔来再生产其他地位的相对位置和巩固既有的社会差距，工业化城市的社会空间分化则是凭借占有特定的邻里，因着城市舒适性所造成的文化区隔以及经济和房地产市场的逻辑而维系彼此间的社会隔离，大都会的进一步隔离则是由于在大都会中，不同的社会阶层的差距因为分占都会的不同领域而进一步加强。③ 甚至部分居住空间已经

---

① 王宁：《消费社会学》，社会科学文献出版社2011年版，第11页。
② 王宁：《消费社会学》，社会科学文献出版社2011年版，第168页。
③ ［美］曼威·柯斯特：《双元城市的兴起：一个比较的角度》，曾旭正译，夏铸九、王志弘《空间的文化形式与社会理论读本》，明文书局股份有限公司1993年版，第313页。

有了专属意义，如伦敦西区就是贵族和大亨的代称，而伦敦东区则是外来移民和工薪阶层的聚集地；纽约的哈莱姆则一直是著名的贫民、黑人住宅区。这充分表明居住空间已经异化为财富、权利、身份和社会地位的象征符号。这正如列斐伏尔断言，在消费社会，一切对象都沦为符号，演变为"纯粹的形式"①。人们生存在符号世界中，"信号与符码为操纵人与事物提供了实际的系统。"②

从社会学意义上讲，居住空间消费既是认同表达的符号和象征，也在建构认同。居住空间的消费体现了人们的社会关系，也揭示了人在社会中的地位和身份。居住空间在被赋予不同的符号属性后就成为人们身份地位的表征，成为新的标识社会阶层分化的工具。此外，对于已经生活在符号化的居住空间里的人，居住空间符号化会产生进一步的建构作用，一是借此标明自己不愿与之为伍的群体的或者个人的区别，二是形成与自己所认同群体的同一性。

3. 居住空间的可及性与控制

可及性（accessibility）往往作为空间规划或城市交通的概念被人们所熟知。可及性从社会学的角度意味着获取、参与和接触某种资源或空间的难易度。对于一个居住空间来说，空间的可及性是至关重要的。不同的社区往往在自然资源、交通设施、生活配套的可及程度上存在着很大的差异。空间的可及性就像老北京的城墙和城门，它们的存在制造出了一种身份认同需要建构的"他者"，城里/城外、城里人/城外人在城墙的分隔中划定界线，在城门的开阖中城里人和城外人"遭遇"，于是我/他者随着城墙、城门的筑造随之出现，在与"他者"的遭遇中，"我"的身份得以建构，现代人的身份也在空间的可及性与空间的不可及性中得到了建构。

当空间消费的差异能够直接展示阶层地位，城市空间被划分为各种

---

① Henri Lefebvre, *Everyday Life in the Modern World*, translated by Sacha Rabinovitch, New Brunswick: Transaction Inc., 1984, p. 7.

② Henri Lefebvre, *Everyday Life in the Modern World*, translated by Sacha Rabinovitch, New Brunswick: Transaction Inc., 1984, p. 62.

符号用来再生产社会关系时,不同的居住空间内,居住着用消费价格区分开的不同社会阶层,导致一些专属空间出现极强的防备心理,高档空间的住户会用安保人员、围墙等杜绝外人自由接触,他们所居住的舒适豪华的典雅社区,形成防卫型社区。富人住宅也会通过加装大门、构筑高墙和设置精密的电子安保系统或雇佣私人公司来增加进入其居住空间的难度。

王朔在《看上去很美》中也描述了空间的可及性,部队里不同级别的人,在部队大院里居住的地理位置、面积、建筑样式以及占有的相应的生活设施均不相同,这种对空间可及性的描述,清楚地展现了居住在不同空间中人的身份。

现代的社区也会根据对公共资源的可及性被划分出从高到低的等级结构,一般情况下,一个地区的高档社区对自然资源的可及性极高,如"'翠屏国际'(南京市江宁区东山新区的一个小区)依附国家 A 级自然风景区——牛首、祖堂风景区,几乎独拥整座翠屏山,以及镶嵌其中的翠湖、玉泊、天潭、琼池四大天然湖泊,水域总面积达到 17 万平方米左右。社区中的大多数住宅都三面环山,一面临水。"[1] 而中低档社区在自然资源的可及性上相对较低。另外相对于中低档社区基本是开放的、免费的和没有身份限制的活动室来说,高档社区的会所对外开放程度很低,其可及性程度也极差,这类小区的会所一般是封闭式的,只对小区的业主开放,虽然也有半开放式和开放式的会所,但是外来者想要进入这类会所,首先要通过这类高档小区的门禁,其次还要能够接受价位不菲的消费。这类会所的配置不仅是为了给人们提供一种交往的空间,更是为了反映社区的配套水平,借此来凸显社区的档次,代表着一种体面的生活方式。

列斐伏尔认为,空间既可以发挥生产力的作用,也可以充当上层建筑的一种形式;既可以作为商品来消费,也可以充当政治性的工具,更可以充当巩固生产力与财产关系的基础作用,保证富人住在豪华社区,穷人住在贫民窟,有着鲜明对比的富丽堂皇的别墅和低矮破旧的贫民窟

---

[1] 陈俊峰:《城市居住空间分化与融合研究》,合肥工业大学出版社 2012 年版,第 121 页。

无声地诉说着阶级差异，空间表现出强烈的政治痕迹，并不像看起来那么客观、中性与非政治，空间的划割和占有实际上是政治经济地位的体现。列斐伏尔强调："空间通过建筑、纪念碑和艺术的形式来表达其包含着的权力关系。"① 总之，空间在被消费的过程中，使经济融入了政治。

（三）居住空间消费导致了家园感的缺失

相传《皇帝宅经》的开篇语是："宅者，人之本。人因宅而立，宅因人而存。人宅相扶，感通天地。"看似简单的几句话却道出了人宅相依的关系。陶渊明诗句"采菊东篱下，悠然见南山；山气日夕佳，飞鸟相与还"描述的才是"家园"，才是居住的本质，因为在这里，形成了天地人和谐的生活形态。

现代的住宅，遵循标准化的设计原则，特别是住房商品化后，建筑商利用空间来建造可供销售的住宅牟利，铺天盖地的商品房拔地而起，"一栋公寓楼由一层层的'可居住的盒子'组成"②，居住空间沦为一种纯粹的商业化的符号，成为被给予的、僵死的、无意义的"死"的空盒子。相当多的楼房从外观到内部结构基本毫无二致，在王朔的《看上去很美》中，幼儿园的小朋友甚至分不清究竟哪个是自己家，当参观过一些现代城市的住宅之后，会发现世界各地的起居室好像都是按照一个模子批量生产出来的，所有的设计基本雷同，因为人们被告知只有这样的房间才是属于某一精英阶层的，才是符合潮流的。受商业资本驱使的人们不管自己主观上是否真的喜好、真的需要而认定自己必须拥有某种被社会公认的合适的生活风格。这种建筑模式，抹煞了文化和地域的特点，是对人精神和情感的漠视。

即使在家庭装潢中，个性也得不到真正的体现，翻看任何一家装潢公司的广告，展现在眼前的都是"标准"化的生产程序，这种标准同

---

① Henri Lefebvre, *The Production of Space*, translated by Donald Nicholson-Smith, Malden: Blackwell Publishing, 1991, p. 33.

② Henri Lefebvre, *The Production of Space*, translated by Donald Nicholson-Smith, Malden: Blackwell Publishing, 1991, p. 98.

时也是阶层化的，正是在这种阶层化中，人的自我认同在某种意义上得以实现。家在这种趋势中更加注重对空间环境和物质的追求，甚至家庭作为血缘、感情联系纽带的最基础的存在方式在一定程度上都被掩盖了。

日常生活空间在空间消费以物为核心和追逐利润逻辑的支配下在现代社会被异化为抽象空间，在这种空间中弥漫着知识权力，一种润物细无声的权力规训氛围日渐形成。现代主义建筑大师柯布西耶曾毫不掩饰地指出："如果我们从感情和思想中清除了关于住宅的固定观念，如果我们批判地和客观地看这个问题，我们就会认识到，住宅是工具。"[1] 柯布西耶的论述正契合了列斐伏尔的观点，即空间在现代主义空间观念中只不过是财富创造和社会发展的手段，这造就了单调乏味的、令人厌烦的、冰冷的生活世界。空间大地，按照海德格尔的观念，本应该是人诗意栖居的场所，但是抽象化的空间提供给人的却是异化的场所，异化空间抑或空间异化就成为晚期资本主义社会和文化的逻辑。生动活泼的乡土和本地文化日渐匮乏，人们赖以栖居的精神家园渐行渐远。而有了人性的家宅，人们才有精神的家园，才能安顿回忆，因为在人的一生中，家宅总是排除偶然性，增加连续性。

列斐伏尔认为空间运作中的竞争关键在于生产出一个服务于抽象目的的管控空间还是真正服务于人类所需的真实空间。[2] 显然，目前在空间消费运作的竞争中，管控空间明显胜过了人类所需的真实空间。尽管时代变换，但人们安居的需求没有变，必须注重住宅的精神家园需求，安放好人们的灵魂。

三 公共空间的迷误与反思

作为社会产物的空间，是多种社会力量和社会关系在相互协调、相互作用和相互斗争的过程中历史地生产出来的。"空间……始终都表现

---

[1] ［法］勒·柯布西耶：《走向新建筑》，陈志华译，陕西师范大学出版社2004年版，第201—202页。

[2] Harvey Molotch, "The Space of Lefebvre", *Theory and Society*, Vol. 2, No. 6, 1993, p. 889.

了某种阶级的或者其他的社会内容，并且往往成为剧烈的社会斗争的焦点。"① 楼梯、街道、公寓里等都不只是空间，它们既承载着社会关系，也参与社会关系的建构，已经不再是只给人们提供活动地点的被动的容器。爱德华·霍尔将"空间视作一种沉默的语言，视作我们的信息交流中的一项关键要素。"② 如体现传统王权至高无上的埃及的金字塔与周边环境构成的空间关系以及反映典型的殖民历史文化的上海外滩所构成的空间关系。这充分说明，空间具有表意的符号性。

（一）空间区隔

许多空间问题，包括空间区隔，是由于资本过度积累和政治霸权造成的，列斐伏尔指出，"我将证明，在构造中，基于一种潜在的逻辑，在知识、技术专家和系统的帮助下，空间是如何服务于霸权或者霸权是如何使用它的。"③

城市的街道、车站、公园、购物中心、咖啡馆、酒吧等都属于城市公共空间。公共空间的公平程度是衡量城市文明程度的重要标志。哈维认为："一座城市，如果它的邻里街坊被区隔成拥有财富过着优雅生活的人，以及注定要为生计奔走的人，那么这样的城市将不能算是基督教城市，而只是一座野蛮人的城市。"④ 列斐伏尔在《城市权》和《空间与政治》中论述了城市权的问题。他认为人有城市权，"城市权既是口号也是需求。"⑤ 城市权就是为公共空间的争夺而进行的斗争。

本来在一个城市中，各种公共空间应该是各色人群平等交往的地方，但由于空间消费出现了分层，这些空间变成了特定人群交往和消费

---

① ［美］大卫·哈维：《后现代的状况：对文化变迁之缘起的探究》，阎嘉译，商务印书馆 2013 年版，第 299 页。
② ［英］约翰·伦尼·肖特：《城市秩序：城市、文化与权力导论》，郑娟、梁捷译，上海人民出版社 2010 年版，第 276 页。
③ Henri Lefebvre, *The Production of Space*, translated by Donald Nicholson-Smith, Malden：Blackwell Publishing, 1991, p. 11.
④ ［美］大卫·哈维：《巴黎城记：现代性之都的诞生》，黄煜文译，广西师范大学出版社 2010 年版，第 288 页。
⑤ Henri Lefebvre, *Writings on Cities*, selected, Translated and Introduced by Eleonore Kofman and Elizabeth Lebas, Oxford：Blackwell publishers Ltd., 1996, p. 158.

第四章 列斐伏尔"都市社会"空间消费文化批判

的地方。最能反映这种情形的是近年来许多城市中开设的私密、高档会所，咖啡馆和酒吧也是很好的例证，包亚明等认为酒吧、咖啡馆在上海只是文化人和白领的风花雪月之地，那里是验证文化贵族身份的地方。他们在那样的环境中，在乎的与其说是口腹之乐，不如说是文化自慰；与其说是美酒，不如说是品位。上海的咖啡馆和酒吧为了迎合这些中产阶级的口味竞相在风格和情调上大做文章，饮食质量都放在了次要的地位。这些景观同一般市民无涉，与日常生活无关，更是和哈贝马斯眼中的公共空间风马牛不相及。上海的老百姓依然在弄堂尽头议论家长里短，依然在家里吃泡饭，在公园绿荫下练太极。他们羡慕衡山路（酒吧汇聚地）的辉煌，知道那是不一样的世界。① 由此，公共空间的公共性大打折扣。

消费空间的分化是消费分化中一个直接而明显的方面，由于不同消费环境、场所给人的感觉不同，因此，空间在很大程度也成为人们消费的内容，即空间本身也成为一种商品，甚至成为一种消费符号，以至于出现了消费什么并不重要，而在什么地方消费才最重要，空间本身成为符号后，就更加显现出分层和区隔的功能。公共空间的这种区隔其实旧已有之，比如在以前的上海，以娱乐为中心的场所就被分成上中下三等。富家太太和有钱公子坐汽车、跳舞、吃大菜，有闲工夫、靠着生意吃饭的人逛公司乐园，而做苦力的人的唯一娱乐场所是小戏院。只不过当时的状况没有今天的程度深、范围广，这可以从空间成为目前社会身份的标志上窥见一斑。

前工业时期的城市和现代城市在区分群体身份方式的差异上存在着极大的不同，前工业时期依靠人的外表来判定一个人在社会中的地位，"前工业城市受外表秩序支配，人们所穿戴的独特服装与徽记被用作区分其社会等级和职业的视觉凭证。"② 而随着时代的发展，穿着和外表已经不再是社会身份的固定标志，人们活动的空间地点比衣着打扮更有

---

① 包亚明、王宏图、朱生坚等：《上海酒吧——空间、消费与想象》，江苏人民出版社2001年版，第54页。
② Lyn H. Lofland, *A World of Strangers: Order and Action in Urban Public Space*, New York: Basic, 1973, p.82.

· 191 ·

意义，穷人、知识分子、富人、精英等都有自己的活动空间，并以此来表明地位和身份的差异。比如"同性恋选择在同性恋酒吧出现，而不是一定会穿着粉色皱领衬衫，精英人物不一定身穿丝绸，而是常常出入于迎合其奢侈消费的商店或餐厅……"①。在现代城市，人们的身份越来越与空间和地点紧密地联系在一起，在这些空间中，人们遵循相同的规则，形成公认的空间秩序，一旦进入某个场所，就会按照这个场所的要求来规范自己的行为。可以说，城市空间消费在某种程度上已经脱离了生存需要而进入休闲需要，成为人们展示自我存在价值的一种商品符号。当社会空间成了资产阶级、移民劳工、知识分子或精英等人群的隔离区时，这些空间便是分层的而不是并置的，呈现出社会和经济的分层、服从和统治。

（二）空间区隔的社会本质

列斐伏尔曾指出："空间一向是被各种历史的、自然的元素模塑铸造，但这个过程是一个政治过程。空间是政治的，是意识形态的，它是一种充斥着各种意识形态的产物。"② 对作为社会各种力量角逐战场的日常生活空间的控制和占有，往往直接地映射了社会权力。"日常生活像企业一样通过巨大的技术官僚系统管理——这是技术专制伦理的第一个也是最后一个承诺：每一个时刻都是可预期的，在货币体系中可计量的，并且是在时间和空间上被规划的。"③ 在列斐伏尔的空间分析理论中，日常生活空间已经被资本主义殖民化了，社会空间是空间等级的支架。

空间区隔是社会发展过程中的必然，是社会分化的一种具体反映。空间区隔是人的类本质、主体性的空间外化。传统城市作为人化空间有着双重边界，一重边界是把城内和城外的群体区隔开来，这种隔离使城

---

① Lyn H. Lofland, *A World of Strangers*: *Order and Action in Urban Public Space*, New York: Basic, 1973, p. 83.
② [法]亨利·列斐伏尔：《空间政治学的反思》，陈志梧译，包亚明《现代性与空间的生产》，上海教育出版社2002年版，第62页。
③ Henri Lefebvre, *Critique of Everyday Life* (Vol. Ⅲ), translated by Gregory Eiliott, London: Verso, 2005, p. 57.

内的人成为一个空间共同体并获得安全保障；一重边界是将同一城市的不同群体按照阶层、社会分工分离开来，相同背景的群体聚居在一个建构的相对封闭的空间内。这就是说，空间区隔是社会发展的必然产物。虽然现代城市与传统城市相比，空间区隔已经在很多方面发生了变化，但本质确是一致的。只要这个社会还存在财富、分工、阶层的不平等，作为人的现实差异的空间化反映和空间化实现的空间区隔就不会消失。

空间区隔源于特权阶级支配性的利益，是其权力在空间中的具体实现。在同农耕、农业相对应的前现代城市，空间区隔是权贵等特权者的一种专利。到了现代性城市，特权式的权贵阶层的空间隔离依然存在，但是，随着工业和商业的崛起，在这些领域的成功者拥有大量财富，建构着新的生活和居住方式，新型的空间隔离主体与空间隔离形式出现。到了后工业文明的后工业城市阶段，空间区隔的形式发生重大变化，空间区隔的范围也更广、更深。

空间区隔源于保证本体性安全的需要，是社会心理结构的反映。从总体上说，人们的心理结构与城市的实体空间结构是对应的，交流心理希望建构可自由出入的公共空间，财富心理希望拥有更奢华的私有空间，安全心理则追求相对可控、封闭的私人空间。当代空间区隔也反映了当代特定的社会心理。在一个仍然存在着不平等、时时有暴力发生的社会，必然会产生与之对应的不安全心理，从而催生空间区隔；在空间成为消费品、成为身份象征的符号的社会，必然会产生与之相对应的财富心理，从而加剧空间区隔。

空间区隔缘于地方政府的特许经营方式，是排他性特许经营产生的消极后果。为了优化城市空间资源配置，确保城市的统一规划、运营和建设，地方政府往往采取排他性的特许经营方式，这会导致垄断和监管失效。由此造成地位群体为了发展和维护自身的现有生活方式，有意或无意地封锁外围成员，与他们保持一定的距离，形成空间消费的排斥性壁垒。总之，没有贫富差距的缩小，不消除阶层、权力的分化，不注重空间正义和空间伦理的建构，空间区隔就不会消失。但可以努力创造有价值的公共空间，减少空间区隔的现象。

(三) 创造有价值的公共空间

列斐伏尔认为:"在现代性的光环之下,被所谓'现代性'生产出来的空间带着独有的特征:同质化—碎片化—等级化。① 随着城市结构的迅速变迁,空间消费迅速发展,大面积的空间被私有化和商业化了,空间的过度商业化造成的最显著后果是私有空间的增多,公共空间的减少和异化。在空间成为稀缺资源,成为竞争的对象时,对空间的占有就成为了社会地位的符号象征,越是有权有财的人,越是占有更多的空间。尤其是对于一些具有历史价值性、文化品位性、价格的刚性、自然环境的优美性和资源垄断性的优质空间,往往通过价值交换,被少数人垄断和占有,并受他们的支配和控制。

此外,现代城市空间的规划,越来越强调各部分和各空间的单一功能,夜生活区、商业区、住宅区、文化区和行政区是截然分开的,以便维持城市的合理化,城市是被有效控制的而不再是杂乱无序的。这种观点未免过于简单化,与造就活泼有趣的城市环境理念格格不入。罗伯特·文丘里指出,"规划者们开始欣赏'杂乱的活力胜过显然的统一',而强调清除贫民窟以及城市中的其他问题区域也被看作为是对现存社会系统以及历史形式的价值的一种粗鲁漠视。"② 这种分区治理的办法显然会减少不同人之间的交流,人们遇见异质性他者的概率越来越低,不同群体间的流动不再,隔阂甚深,与陌生人不期而遇、相互理解的公共领域烟消云散了。但罗尔斯顿认为,如果为不同生活方式的并存创造空间会使个体和群体的生活品质从总体上得以提高,多样性也是一种系统的价值。③ 详细地说,允许不同生活方式并存的重要性可以归纳为三个方面,"从存在论上说,意识到每个人作为群体中的个体都有自己的位置;从社会的角度说,丰富社会生活;从政治的角度说,加强不同观点

---

① [法] 亨利·列斐伏尔:《空间的生产》(新版序言)(1986),刘怀玉译,张一兵《社会批判理论纪事》(第1辑),中央编译出版社2006年版,第183页。

② [美] 史蒂文·C. 布拉萨:《景观美学》,彭锋译,北京大学出版社2008年版,第182页。

③ Holmes Rolston, *Conserving Natural Value*, New York: Columbia University Press, 1994, p. 177.

间的理解和宽容。"① 甚至有人提出为了保留公众场合人的多样性，要使公共事务和私人事务融为一体，比如在公共建筑和大的商业公司附近建造学校和老人院，这样，整个城市才能充满各具特色的活动，街头的生活才会大大丰富，平日里难以碰头的人们聚会的机会才会在一定程度上有所增加。空间布局深刻影响着社会关系，所以，改变不平等和不公正的现象就必须改变空间。

为了改变公共空间现有的状况，创造有价值的，能够让大多数人享用的公共空间，应该注重下面五个方面的问题。第一，对公共空间的社会属性从法律和城市法规上进行说明，使城市空间的公共属性在管制性规划下具有传承性和历史性；第二，塑造文化品质较高的城市公共空间。这个高品质是强调文化品位和文化特色，而不是以货币价值高低来衡量；第三，应该在城市建设和规划时留有充裕的公共空间，既要有属于少数人的高消费的市场化享乐空间，也要有属于广大民众可以广泛参与的平民化空间，并且要适当控制高档会所、高档消费地和私人俱乐部占有空间的范围，要多创造平等、平民化的空间；第四，城市优质空间应该是社会的共有财富，为了确保这些资源分配的公正、公平和公共性，政府应该在这些空间转化为商品时有所作为，使它们更具有整体开放性；第五，创造具有人文关怀、市民可介入的城市公共空间。在很多城市的公共空间中，比如绿地、广场和雕塑景观空间等，往往挂着不可进入的牌子，这种不可介入的公共空间会导致城市公共空间公共性的丧失。公共空间应该成为市民共有的财富。"我们呼唤着城市公共空间的普遍性，更呼唤城市公共空间能够成为一个城市美好的集体记忆。"②

公共空间作为公共文化的主要场所，是透视城市的眼睛，是城市灵魂的一扇窗口。公共空间是为游客和每天在其中交流的当地居民构建城市社会生活视觉的一个重要手段。公共空间的重要性还体现在能让素不相识的人在其中自由交往，并能不断地重新确定人类社会的分隔符与分

---

① [美]阿诺德·伯林特主编：《环境与艺术：环境美学的多维视角》，刘悦笛等译，重庆出版社 2007 年版，第 113 页。
② 张鸿雁：《城市文化资本论》，东南大学出版社 2010 年版，第 387 页。

界线。它具象而浓缩地揭示了每个城市的人群、地方精神和文化,能够让人们形成有关城市的概念,能够表现出城市的友好程度和对差异的包容度。

第三节　空间消费与生态失衡化

空间消费需要新空间的不断增长,而新空间的增长,可能不仅会给空间带来重复性的破坏,而且也会破坏人自身的生存环境。一方面,自然空间被扼杀,其多样性和丰富性被泯灭;另一方面,文化生态空间遭到破坏,特色被颠覆和瓦解,历史性也被抹平,一批无地方性的城市生成。这种外在空间的变化同时侵害到了人的内心,使人成为单向度的存在。即可以用来消费的空间是各种利益的角逐场,是意识形态支配下的权力活动中心。资本利用各种手段来达到对其占有、控制并利用的目的。因此,在空间消费的影响下,自然生态、社会生态、精神生态都出现了失衡化的趋势。

一　空间消费与自然生态

黑格尔说"审美带有令人解放的性质"[①],这对大自然的美尤为适合,它的那种无拘无束、自由自在会让人释放自我,摆脱自己心魔的缠绕,获得一种自由和解放的感觉。试想,夕阳下,站在船头的甲板上,看着橘红色的晚霞照耀在碧波荡漾的海面上,闪烁着五光十色的光环,远处,蔚蓝的镜子般的天空和碧绿的海水相接,空中的海鸥搏击长空,再加上影影绰绰随波起伏的点点白帆,是不是会想起"落霞与孤鹜齐飞,秋水共长天一色"的画面,一切忧思也会随之烟消云散,然后融化在无限的精神意识中。大自然的这种魔力,当然会受到资本的青睐,在城市中,怎么把自然的魔力转化为经济的动力呢,当然要和权力相媾和,要利用艺术与美的力量。

---

① [德]黑格尔:《美学》(第1卷),朱光潜译,商务印书馆1996年版,第147页。

（一）逐渐消逝的自然空间

自然空间最初指大自然合力作用下形成的纯粹天然的空间形式，不经过任何人为加工的空间。人类诞生后，自然空间成为人类实践活动的对象，进而转化为社会空间，纯粹的自然空间走向消逝。在《空间的生产》中，列斐伏尔这样描述道："自然空间正在消失。……各种事物都试图伤害自然。在不久的将来，自然空间淡出人们的视野会成为不争的事实。……甚至无所不能的自然神话也正在成为一种纯粹的虚构，一个否定的乌托邦：自然现在只不过是各种社会体制的生产力建构自身空间的原料。自然当然也竭尽全力地进行了顽强地抵抗，但它已经被打败了，现在只有等待它最终的撤离与毁灭。"[1] 自然空间的消逝是社会关系对自然渗透的结果，在人的空间生产实践下，自然空间已经溃不成军。尤其是在消费社会资本逻辑的渗透下，科技理性向自然宣战，严重破坏了自然。

首先，自然空间被大肆侵占。在空间消费崛起的现代社会，希尔德指出："环境已经商品化了，可以用来消费。"[2] 以前像水、光线和空气等"自然元素"被经济学家们排除在政治经济学之外，现在，它们不但被纳入资本主义利润生产体系中，而且成为商品被赋予了交换价值。自然空间这个本来是"自然"产生的所以很丰裕的物质实体在特定的社会经济情况下变成了稀有商品。因此，在今天的消费社会出现了工业产品相对丰裕和自然空间相对匮乏的有趣现象，这种匮乏加剧了自然空间商品化的过程，"历史的力量彻底毁坏了自然性并在它的废墟上建立了一个积累的空间。"[3] 为了赚取更多的利润，自然空间被盲目地开发。

其次，逐渐消逝的自然空间给人的生存带来困境。列斐伏尔指出，自然空间除了是人类社会实践的对象、载体，也是人类生存的前提、保

---

[1] Henri Lefebvre, *The Production of Space*, translated by Donald Nicholson-Smith, Malden: Blackwell Publishing, 1991, pp. 30-31.

[2] Rob Shields, *Lefebvre, Love and Struggle: Spatial Dialectics*, London: Routledge, 1999, p. 169.

[3] Henri Lefebvre, *The Production of Space*, translated by Donald Nicholson-Smith, Malden: Blackwell Publishing, 1991, p. 49.

证。"社会空间最初的基础或前提是自然——自然空间或者物理空间。"① 而自然空间在被用于消费的过程中,已经变得满目疮痍。人类按照自己的意愿将自然空间纳入工业化大生产的体系中,不断改造自然空间的形态,"每个人都想保护自然,都想去了解它的真实性。然而同时每一事物又都想阴谋伤害它。"② 因为人类的贪欲,原本祥和的自然空间变得喧闹而无序。空间消费确实给人类带来了更好的物质享受,但是却使自然资源被过度消费、生态环境遭受破坏,人类面临严峻的空间生存困境。

自然空间是社会关系和物质生产的工具和载体,是资本增值的必要条件,人的生存离不开自然空间,因此,自然空间对人具有终极意义。既然人依赖于自然空间,那么不可能不对自然生态系统造成破坏,但是要尽力限制这种破坏的度,避免在空间生产和消费中挥霍和浪费空间资源,变革人的生态理念,使人承担起对自然的义务,实现人与自然的和谐共处。

(二) 空间消费带来的"歇斯底里式崇高"

柏克定义崇高为一种近乎是恐惧的经验。柏克说:"凡是能以某种方式适宜于引起苦痛或危险观念的事物,即凡是能以某种方式令人恐怖的,涉及可恐怖的对象的,或是类似恐怖那样发挥作用的事物,就是崇高的一个来源。"③ 康德认为崇高的对象必须具有"无限大"或"无限制"的特点。他认为:"自然引起崇高的观念,主要由于它的混茫,它的最粗野、最无规则的杂乱和荒凉,只要它标志出体积和力量。"④ 在康德的美学观里,崇高指涉的是艺术无法表现、大自然无可比拟的力量的一种极限。因为柏克和康德处在人和自然的关系是朴实自然的现代资产阶级的初级上升阶段,人在博大的自然界面前异常渺小,在人的眼

---

① Henri Lefebvre, *The Production of Space*, translated by Donald Nicholson-Smith, Malden: Blackwell Publishing, 1991, p. 402.
② Henri Lefebvre, *The Production of Space*, translated by Donald Nicholson-Smith, Malden: Blackwell Publishing, 1991, pp. 30-31.
③ 朱光潜:《西方美学史》(上卷),商务印书馆2011年版,第257页。
④ 朱光潜:《西方美学史》(下卷),商务印书馆2011年版,第407页。

第四章 列斐伏尔"都市社会"空间消费文化批判

中,大自然的神奇力量就是崇高。但崇高感随着大自然的消退而发生了改变。现代主义时期,人歌颂机器、崇拜机器。最终,科技取代了昔日的大自然给人们带来震惊和狂喜,这就是索雅(Soja)所谓的"歇斯底里式崇高"——是一种"由欣狂喜悦感及其他强烈的情绪组成的特殊审美体验"[①]。

在崇高感的转变下,在空间消费的影响下,自然空间与技术结合,呈现了"歇斯底里式崇高"的审美表征。传统美学关注精神上的和平、宁静和安详,注重审美超越。而城市美学就比较关注情感化的个性选择,注重感官层次的自我满足与心理愉悦。因为与含蓄淡远、信仰确定、和谐悠闲的传统生活状态不同,现代技术的发展促进了多样性社会关系的生成和原始圆满境界的碎裂,形成了陌生人倏忽聚散的非人格化的城市社会,一切都快速、流动、新颖、紧张、突兀。尤其是消费社会的到来,更是营造了以物为中心的生活方式,新颖和震惊成了城市人口平衡心理的方法。尤其在空间消费中,视觉为主的审美摧毁了传统冥想和静观的体悟方式,人们对"惊艳"的审美感受取代了对"韵味"的审美追求。

最典型的例子就是大型山水实景演出,大型山水实景演出就是借用真实的自然山水,融合先进的声光技术和当地风土民情的一种商业艺术演出形式,在这种演出中,自然是真实的物理存在,成为构成具有表现力的因素,而不只是艺术演出的背景和舞台,更是颠覆了传统剧场中自然作为模拟布景和抽象符号的角色。看起来,这种艺术欣赏好像达到了天人合一、回归自然的境界,给城市空间添加了魅惑的色彩。作为提升当地文化品位的艺术活动,受到官方的大力支持,成为文化创意产业的典范。但场景震撼的大型山水实景演出真的能达到人和自然的交融吗?真的能使人的心灵找到安放的场所吗?显然有些乐观。这些演出借用强烈的立体环绕声响效果和无与伦比的视觉魅惑,营造出迷离惝恍的氛围和幻境。在这样的演出中,蛊惑视听、震撼感官的人造场景遮蔽了山水

[①] 黄继刚:《空间的迷误与反思——爱德华·索雅的空间思想研究》,武汉大学出版社2016年版,第251页。

自然性及其本真的声色特质，成为艺术家审美嗜好的幌子，成为一场感官盛宴，对人们的审美感知造成伤害。高建平说，感性不等于感官，追求感官的刺激是产业的艺术化和艺术的产业化的共同目标，而美学要建立新感性，要提高感知能力，使人能在信息技术、过度消费和现代工业中保持清醒，拥有健康的感性。[1]

提姆·恩瑟（Tim Edensor）认为："在越演越烈的消费资本主义环境下，空间的节奏随着消费、时尚和创新节奏的加速而变化。"[2] 大型山水实景演出这种时尚和创新的消费模式势必改变空间的节奏，众所周知，万物皆有节奏，脉搏的跳动、日夜的更替以及地壳的运动等，节奏的改变势必会影响到事物的正常轨迹。大型山水实景演出强烈的光柱、巨大的声响和川流不息的人群在夜间交织在一起，自然景区的空间节奏被打乱，这必将影响到景区动植物的生长规律，甚至导致一些物种的消失，且这种搭建在著名自然景区的舞台也破坏了景区环境的完整性，《希夷之大理》就被指责损害了云南大理富有禅意的山水风景。山水实景演出可以说是经济冲动失范和生态意识匮乏的产物，不得不说是假艺术和审美之名对自然所实施的新型控制。不警惕这种艺术和审美活动，不识破它们征服的欲望，必将使这种艺术和审美能力的扩充走到自然和社会的反面，带来灾难性的后果。

庄子曰："天地有大美而不言，四时有明法而不议，万物有成理而不说。"（《庄子·知北游》）这句话告诫人们要对大自然充满敬畏，但不是那种疏远关系的敬畏，而是在遵循自然规律的前提下，使人和天地自然保持亲和关联的关系。因此大型山水实景演出必须在充分进行环境论证的前提下，在环保法规的制约下，实现艺术、自然和人的亲密关联。不能只是追求经济效益和表层的审美化，给人们带来感官刺激，使文艺、审美与特权、商业和经济合流，显示出其身上潜在的暴力和反生态因素；而应该追求生态效益和深层的审美化，利用自然的审美，挖掘

---

[1] 高建平：《美学的超越与回归》，《上海大学学报》（社会科学版）2014年第1期。

[2] Tim Edensor, *Geographies of Rhythm: Nature, Place, Mobilities and Bodies*, Burlington: Ashgate Publishing Company, 2010, p. 13.

文艺活动和审美快感对生态环境积极影响的一面，潜移默化地改变大众的思想、意识乃至本能，深入人们的内心世界，使文艺和审美助力生态保护，展现出其诗学正义。

马提·拉珀拉说："我不希望将景域（landscape）与景观（view）相混淆。一个人驻足于他可以极目远眺的地方观看景观：从山峰上，山坡上，或从辽阔的大海岸边。但仅凭观看却不能领悟景域，一个人必须在这片景域中生活，漫步。当然我们也可以在那里驻足，观看。但它亦被人们用视觉之外的感官感知。一片景域的主要因素也许在于看不见的湍流的轰鸣声，在于不断拂过一个地区的风的气息。一个人沉醉在一片景域中，就像沉醉在勃拉姆斯或勃朗克的交响乐中，或沉醉在西贝柳斯的'塔皮奥拉'中。我认为景观以它们的空间存在被人们记住，而一个人只能生活在一片景域的发展过程的每一阶段。我猜想，以其整体被人们珍爱的童年景域，最深情地沉淀在人们的心中。经历过景域人们还会记得，这和景观一样。也许人们还可以讲述它。"① 空间消费应该珍视各地的景域，而不应该都把它打造成充满商业气息的景观，只注重表面的浮夸，要让人们的心灵有所皈依，得到涤荡。因此，在构建用于空间消费的消费空间时，既要融入现代的元素，更要注重保护自然风景和历史文脉，要坚守让群众生活更舒适的理念，而不是以经济至上为宗旨，发展有地域特色、历史记忆和民族特点的消费空间，使人们能够在更加接近原始风貌的绿水青山中更好地进行空间消费。

二 空间消费与社会生态

人是城市空间中的参与者，通过身体的运动，城市空间活动起来，人们分享着城市空间安逸或空旷、压抑或密集、同质性或差异性、膨胀性和紧缩感等属性。由此可见，空间与人关系密切，会影响到人的心境，费尔巴哈曾经说："我们在户外和室内判若两人；狭窄的地方压迫

---

① ［芬］约·瑟帕玛：《环境之美》，武小西、张宜译，湖南科学技术出版社2006年版，第63—64页。

着心头，宽阔的地方舒展它们。"① 而且空间还会对人的行为有重要的诱导功能，魏源（1794—1857）说过，"登高使人欲望，临深使人欲窥，处使然也。"城市空间不仅是人行为表现的空间，还会影响到人的行为，这样的空间要求人的参与且通过人的参与而成为社会空间。因此，城市规划塑造的不仅仅是物理环境，也同时影响了人类生活的质量。

（一）空间的同质化

城市日常生活空间经历了从原初状态到异化状态的转变过程。古代的日常生活空间处于原初状态，因为那时的劳动还没有异化，作为劳动产品的日常生活空间是人们创造的带有美学与文化意义的作品，那时候的日常生活空间追求差异和美，非常排斥齐一性。亚里士多德认为"一个一味企求齐一性的城邦将不是一个城邦，或者虽然还是城邦，却差不多是不算城邦的劣等城邦，就像有人把和声弄成同音或把节奏弄成单拍一样。"② 但随着空间成为商品，列斐伏尔说，规划师带着为特定阶级效劳的目的归类和排列空间，他们只关心"空洞的空间，亦即原初的空间，容纳分离内容的空间，不相关的事物、人和居所所在的中立场所。"③ 规划不可避免地要对空间进行抽象化和同质化，并最终使被规划的商品被消费。表面上看规划是要控制城市的不规则扩展，并为居民创造出各种不同的空间，但结果却事与愿违，这些居民不得不生活在一种毫无差异的空间里。城市空间在现代理想主义规划下日益同质化，压抑了空间和文化的丰富性，瓦解了城市生活的差异性和多样性，这样的城市空间缺乏诗意，难以满足人们的审美心理体验。

空间的同质化是资本主义商品逻辑带来的必然结果。因为在空间消

---

① ［德］路德维奇·费尔巴哈：《费尔巴哈哲学著作选集》（上卷），荣震华、李金山等译，商务印书馆1984年版，第205页。
② 颜一编：《亚里士多德选集》（政治学卷），中国人民大学出版社1999年版，第40—41页。
③ Henri Lefebvre, *The Production of Space*, translated by Donald Nicholson-Smith, Malden: Blackwell Publishing, 1991, p.308.

第四章 列斐伏尔"都市社会"空间消费文化批判

费中,空间作为商品可以被制造、分割、出售、生产,也能凭借现代科技手段,在可重复的法则支配下,按照市场经济运行的规则,制造出一个没有差异的一切元素均可用来交换的商业空间。基于此,一个被制造的世界拔地而起,它带来了城市文化、自然乃至人的生存方式的同一,城市空间越来越缺少空灵感。

当今城市规划下的空间,似乎变得越来越美了,地标性的建筑、宽阔的广场,用钢材、铝合金、玻璃装点的高楼再加上彻夜闪亮的绚丽灯光,城市成了五彩缤纷的城市。但事实果真如此吗?当我们周游一圈,走过一些城市后会有一个词跃入脑海:那就是千城一面,尤其是新城市,简直都是一个模子里刻出来的,高大的建筑林立。而"传统的城市和节奏以人的身体开始,窗户、门、街道都以人的尺寸来衡量。"[1] 现在的摩天大楼显然已经不符合这样的标准。除此之外,同质化的倾向导致地方感丧失,无地方感充斥着人们的生活,德塞都指出无地方性"就是像机场、高速公路、相似的旅馆房间和公共交通一样失去身份、关系和历史感属性的地方……在以前的世界历史上,从未有如此多的无地方性的地方占据这么多的空间。"[2] 现代性批评家齐格蒙特·鲍曼也经常使用无地方性这个术语,几乎把它等同于拥有被驯服和净化特征的消费的地方——"归属的舒服感——成为社区一部分的放心感"[3]。他对无地方性的描述给了它们能够影响主体的力量和特权,因此无地方性本身成为了一种行为,它们殖民大块的公共空间并按照它们自己的相似性来重塑这些空间。[4] 因此有人认为在目前全球化的进程中,空间丧失了独特性,越来越整齐划一,空间因为空洞化和抽象化而丧失了原有的意义。[5] 列斐伏尔极力反对资本主义的这种抽象空间,因为这种空间不仅

---

[1] Nathaniel Coleman, *Lefebvre for Architects*, New York: Routledge, 2015, p.109.
[2] De Certeau Michel, *The Practice of Everyday Life*, Berkeley: University of California Press, 1988, pp.103-105.
[3] Bauman Zygmunt, *Liquid Modernity*, Malden: Polity, 2000, p.99.
[4] Bauman Zygmunt, *Liquid Modernity*, Malden: Polity, 2000, p.102.
[5] Tim Edensor, *Geographies of Rhythm: Nature, Place, Mobilities and Bodies*, Burlington: Ashgate Publishing Company, 2010, p.130.

趋向同质化，而且压制差异，而不是容纳多样人口的表征空间和空间实践。① 他们认为空间同质化引发的"无地方性就是地方的替身，是为了满足一种具体的需要而存在，而不是给予多维性特权并以多维的方式来生产，以便能够约束或限制人类的行为甚至激发或者抑制他们的情感、思想和联系模式。"② 他们含蓄甚至明确地批判当今城市空间明显的异化趋势，抵制欲望商品化和交换价值的范畴规则，他们提出建立一个广义的与当今普遍死气沉沉的城市氛围截然相反的情感社区，在未来的情感社区，人与人的情感联系更为密切。③ 亚里士多德认为美的事物取决于体积和安排。④ 这充分说明，现在的城市空间无论从体积还是安排上来考虑，都已经不符合美的事物之原理，给人们带来了审美伤害和情感障碍。

现在的城市空间，可以说是生产了虚假的环境，高科技支撑下的富丽堂皇的建筑外观并不能掩盖其没有个性的标准化设计带给人的冷漠感。我们生活、工作在千篇一律的工业景观中，尤其是商品房的建设，不管是内部结构还是外观，都呈现标准化的趋势，建筑的位置合适与否，与本地的氛围是否和谐均不在考虑之列，更不会考虑人的生活方式和个性特征，高档住宅区的设计也不例外，唯一不同的可能只是建筑外观的风格稍有变化，这些缺乏情感投入，缺乏从人和审美方面考虑的空间设计，不能给人归属感和自在感，甚至会带来越来越多的城市暴力。在中国古人看来，"如果只有相同的要素或性质相遇，就无法产生'对话'，也就没有所谓的音乐与和谐了。相同要素相遇只能产生单调、贫乏和死亡。"⑤ 因此，同质化空间带来的无地方性受到关注，现在地方

---

① Richard Milgrom, "Lucien Kroll: Design, Difference, Everyday Life", in Kanishka Goonewardena et al. eds., *Space, Difference, Everyday Life: Reading Henri Lefebvre*, New York: Routledge, 2008, p. 264.
② Bauman Zygmunt, *Liquid Modernity*, Malden: Polity, 2000, p. 159.
③ Benjamin Fraser, *Towards an Urban Cultural Studies: Henri Lefebvre and the Humanities*, New York: Palgrave Macmillan, 2015, p. 166.
④ [古希腊]亚里士多德：《诗学》，陈中梅译注，商务印书馆1996年版，第74页。
⑤ 刘悦笛：《艺术终结之后》，南京出版社2006年版，丛书总序第2页。

性这个词从社会学到地理学、从旅游业到房地产业都非常流行,这种对地方性的迷恋可以说是对其价值缺失的一种有意识的哀悼,并不只是仅仅对其隐藏价值的发现。

空间消费推动着"城市成为'经济动物型'城市,人成为'经济动物型'人"①。在城市中,以技术为支撑,过分追求形式感、功能感和物质感的空间越来越多,甚至成为人类社会的常态空间,而尊重空间本身的张力和弹性,认同空间糅合了人的道德、想象力和情感,应该充满人情味的空间越来越少。城市空间虽然光怪陆离、华彩遍地,但这些充满人工痕迹的各种工程,缺乏灵动、趣味,是低俗化审美趣味的体现。荣格曾提出来某些来自人类心灵深处的陌生的东西和人类的集体无意识决定着艺术创造和审美。真正给人带来审美的应该是城市的人文之脉、历史之河,而不是本应该质朴的城市空间。

(二) 无灵魂的新空间

一切空间都成了商品。各类开发区、金融街在许多国家建设国际化大都市的追求中拔地而起,自然空间被资本主义变成了冷冰冰的水泥地。列斐伏尔认为,空间是鲜活的生命体,而不是冷冰冰的物质,"它是有生命的,会说话,拥有一个感情内核:自我、床、卧室、寓所、房屋;或者,广场、教堂、墓地。"② 它不是像与机械唯物主义相连的"现实幻象"所认为的那样:只是由混凝土、水、钢筋、空气、土地、阳光等物质组成的场所,是日常生活的容器、背景,是物质的东西,与文化、精神无关;也不像同唯心主义相关的"透明幻象"认为的那样:空间就是由符号、语言构成的文本或精神的空间。正是这两种认识论遮蔽了日常生活空间,真正的日常生活空间应该是两种认识论中和下的空间,即既是物质空间,也是精神文化空间;既是真实的,也是想象的,是以文化为灵魂,以物质为质料的按照美的规律建造的空间。

---

① 秦德君:《城市文化创新的界面、廊道与维度》,《学术界》2016年第5期。
② Henri Lefebvre, *The Production of Space*, translated by Donald Nicholson-Smith, Malden: Blackwell Publishing, 1991, p.42.

城市空间是人类再造的社会物质实体，融入了社会意义和人类主体意志。时间有着不可逆转的必然性，但空间却有着容纳和记录时间转瞬即逝的包容性，时间的流逝在城市空间中的留存要依赖物质环境实体，它是时间流逝中的固态历史记录，随着时间的推移，有限的城市空间成为了镌刻着不同历史社会背景的物质实体。这样，时间得以留存并叠加在城市这样有限的空间里。因此，一个城市交织着社会历史进程的痕迹、人类的认识足迹和情感。就像留给今人对古罗马辉煌历史真切感知的庞贝古城，给人们带到风起云涌的法国大革命时代的法国凯旋门，让人感受到昔日皇家气派的故宫。如果现代北京市只有接踵而起的高楼大厦，不断扩建的地铁、立交桥和高速公路，没有散落在其间的颐和园、恭王府、郭沫若故居等，这个城市会是单薄的，正是它们使北京城具有了浓厚的历史色彩，它们传承与延续着城市自身的脉络，人们徜徉其中能够感受瞬间的时间转合、读到它的悲欢离合，会看到一个韵味悠长而真实丰满的城市。"空间的概念与精神的和文化的、社会的和历史的空间纠缠在一起。"①

寻找失去的地方感，保持城市空间的辨认性，其中很重要的一点就是保持历史的连续性，当然，在目前城市建设日新月异的时代，并非所有的历史特征都必须保留，而是在连续性的前提下不反对变化，正如罗马一样，历史已经成为现代生活的一部分，可能大部分当地居民已经说不清罗马的历史，但是岁月的沧桑变化仍然可以在城市建筑物上感受到，这就是暗含着内在连续性的变化。在那些并没有宣告自身形成原因的遗迹的沉默中，建筑环境已经受到了人类活动物质史的影响，就像对自然进程或气候的影响一样。毋庸置疑存在着的建筑遗迹，并没有告诉人们什么知识，但是却给了人们启示，让人们感受到以别的方式无法获得的他性。凡是能给人归属感和和谐感的地方，一般都会拥有这种历史的连续性并且由于连续性而使该地区保持独特的个性、场所感和可辨认

---

① ［法］亨利·列斐伏尔：《空间的生产》（新版序言）(1986)，刘怀玉译，张一兵《社会批判理论纪事》（第1辑），中央编译出版社2006年版，第181页。

性。但是空间消费的驱动却成为历史连续性遭遇破坏的一只看不见的手,一些地方为了使空间带来更多的利润,不顾空间的地域性、历史感和延续性,大拆大建,从北京到上海,一座座高耸的塔楼和大型商场代替了成片拆掉的街巷和胡同,中国传统城市的以街道和院落为生活空间的特色正在消失。

破坏历史连续性的城市大规模拆迁与翻修也许会提高居民的生活水平,但也生产了空间隔离区的非人格化的景观。城市拆迁使他们重新被安置到一个新的空间,在这个空间里,弥漫着不信任的气氛,人们把视若陌路的技艺当作得以存续的关键。集体感和地方性感觉被摧毁,身份和土地的历史联系被割裂,以往基于地区邻近带来的连续性的归依情感被破坏。人们在那里很容易感受到的是传统社区关系和归属感受到威胁,地方的价值观正逐渐消失,传统社区的宁静也被推土机打破。在那里现代景观在冷冰冰的理性主义支配下产生。在那里,科学技术的逻辑大行其道,道德被忽视,人的情感被否定。

列斐伏尔认为:"历史上的城市已经破坏,这种破坏已被利用来建立一个受增长的命令来支配的空间。虽然人们想使这一空间变成合理的,但它还是既混乱又高度集中。"[①] 城市空间必须意识到自身的问题,在发展的过程中,不能只追求新奇和怪异的外观美,要建构有差异性和地方感的人性化环境,使人们感到舒服和自在,并有一种归属感。这种环境容易激发起人们积极的情感并获得自我实现,而且这种环境不仅反映集体的文化,也尊重个体的个性,并鼓励继续发展这些因素,从而有效地阻止负面情感和反应的产生,保持社会生态的和谐。

三 空间消费与精神生态

西美尔指出,因为节奏和空间的极端刻板性,大都会生活造成都市个体精神上的两个极端:"自我隐退"的冷漠和"与别人不一样"的夸

---

① [法] 亨利·列斐伏尔:《关于增长的意识形态》,荣新海译,杨树、石武选《"西方马克思主义"译文集》,中共中央党校科研办公室1986年版,第300页。

张。① 冷漠和夸张表现出了城市个体在刻板的城市规划空间中的被动生存状态，这说明空间能够深刻地影响人的精神状态。尤其在空间成为消费品的环境下，空间使用的语言"太多修辞，太不自由"②，因此会影响人们的精神，尼采说："我们的大城市中缺少的是安静、开阔的地方以供沉思……缺少整个给人以思想和置身局外的崇高感的建筑和场所。"③

(一) 空间节奏演绎的精神"交响曲"

自然万物中皆有节奏，没有节奏就没有生命，音乐有节奏，《乐记》孔颖达疏："节奏谓或作或止，作则奏之，止则节之。"在音乐中，艺术生命的感性特征通过节奏的动与静表现出来。诗歌也有节奏，明代陆时雍在《诗镜总论》中说："有韵则生，无韵则死；有韵则雅，无韵则俗；有韵则响，无韵则沉；有韵则远，无韵则局。"韵具有生命的灵性，最直接地展现了艺术的魅力和艺术生命的内在精神。人的强烈或细微的情感，都在节奏和旋律的发展与变化中体现出来，能够使人在痴迷沉醉或痛快淋漓中得到宣泄、净化和升华。④

1931年，巴西哲学家卢西奥·阿尔贝托·皮涅罗·多斯·桑托斯创造了"节奏分析"一词，并在其作品中提出了这一理论的生理学原理。他认为，通过节奏分析，可以治愈间歇性抑郁和情感淡漠等精神疾病。加斯顿·巴什拉在他的著作中对桑托斯的这一理论大加赞赏，认为"节奏分析"这一概念让人很受启发。和皮涅罗·多斯·桑托斯一样，巴什拉也认为有规律的生活与思考，劳逸结合，同样可以治愈精神疾病。人们应当改变大脑强求一致的节律，偶尔紊乱无序，无律可循，张弛有度。总的来说，应当给生命设置一个合理的节奏。巴什拉将节奏分

---

① [德] 西美尔：《时尚的哲学》，费勇、吴蓉译，文化艺术出版社2001年版，第191、196页。
② [德] 沃尔夫冈·韦尔施：《重构美学》，陆扬、张岩冰译，上海译文出版社2006年版，第156页。
③ [德] 沃尔夫冈·韦尔施：《重构美学》，陆扬、张岩冰译，上海译文出版社2006年版，第156页。
④ 徐恒醇：《生态美学》，陕西人民教育出版社2000年版，第144页。

析沉思视为"一种哲学空间里的诗学享受"。巴什拉深受桑托斯思想的影响,以至于他曾写道:"节奏是训练并保持活力的唯一途径。"它是大脑和生命的活力之源。①

节奏问题也是实践美学所关注的核心问题。身体的动感是审美活动的基础,美感最原始、最深刻的基础依托于身体的动觉和触觉。对合规律性(自然韵律、节奏)的劳动形式(人工韵律、节奏),即动觉和视觉相联合而产生的自由感受的把握是审美发生的标志。② 庖丁解牛很好地印证了这个论断,所谓"砉然响然,奏刀騞然,莫不中音。合于桑林之舞,乃中经首之会。"③ 就是说庖丁解牛时的身体运动正好契合了音乐舞蹈的动感节奏,因此,身体劳动便升华到"以神遇而不以目视,官知止而神欲行"④ 的最高审美境界——实践自由之境界。

可见,节奏的和谐对于人类诗意地栖居在大地上非常重要。而这对于生活在城市空间中的人来说,显然有点奢侈。列斐伏尔把时间分为线性时间和循环时间,线性时间指在资本主义工业化条件下,具有抽象和理性特点的反自然意义上的时间;循环时间对应的是包括如春夏秋冬四季转换的宇宙时间和生生不息、代代相传更替的生命时间的自然时间。社会和自然时间作用于日常生活方式产生节奏。因此,线性时间具有社会节奏,适应工业资本主义的突进。循环时间具有生命节奏和自然节奏,适应人和自然的类属性。列斐伏尔给出了一个逻辑预设:剧烈的冲突和对抗存在于生命节奏或自然节奏和社会节奏之间,日常生活节奏被社会节奏主导并表征。他认为,在消费型社会逐渐取代生产型社会的转变过程中,基于线性时间的社会节奏伙同技术理性和制度法则侵入并渗透到日常生活的实践中,秘密统治并操控生命节奏或自然节奏。⑤ 比如,在以消费为主导的城市空间中,日常生活被机器设备和钢筋水泥所

---

① Kurt Meyer, "Rhythms, Streets, Cities", translated by Bandulasena Goonewardena, in Kanishka Goonewardena et al. eds., *Space*, *Difference*, *Everyday life*: *Reading Henri Lefebvre*, New York: Routledge, 2008, pp. 147-148.
② 杨恩寰主编:《美学引论》,人民出版社 2005 年版,第 459—460 页。
③ 陈鼓应注译:《庄子今注今译》,中华书局 2016 年版,第 102—103 页。
④ 陈鼓应注译:《庄子今注今译》,中华书局 2016 年版,第 103 页。
⑤ 刘扬:《列斐伏尔空间文化批判理论的再认识》,《文艺理论与批评》2016 年第 3 期。

包围，自然环境被人工环境所取代，面对越来越精巧、便捷的职能大厦，人们对大自然的直接感受被剥夺。在这种越来越发达的人工环境中，人对技术的依赖程度也越来越严重，生活也越来越技术化，人与自然的隔膜感产生，人的自然感觉迷失，甚至对昼夜交替、寒暑变化这种最常见的自然节奏失去了感受，这将导致人的生活缺乏真实感，同时也没有了归属感，使人的精神倍感失落和压抑，从而陷入孤独与迷茫。此外，缺乏特征的购物广场、商业区和办公楼随处可见，生活在这种千篇一律的玻璃表面和闪光的塑料掩盖了内部贫乏的不毛之地的美学匮乏的环境中，人们的知觉体验受到伤害，人们变得像周边的环境一样，面临同一化的命运。遭受了一种精神的贫乏，人们的生命节奏被打乱，这将成为现代城市居民精神问题和心理问题的重要根源之一。

为了消解机械重复的隐形节奏对日常生活的统治，保护自然节奏，充实生命节奏，必须构造一个节奏和谐的日常生活。这就需要以诗性创造为解放策略，构建能够满足人类体验的良好的城市空间，就要让城市空间的设计符合协调、对称、均衡和比例等节奏法则。此外，徐恒醇认为，"节奏感反映了空间序列构成的不同区段特征和组合关系……一个空间序列的节奏反映一个序列的形成、发展和淡出，其具体的空间结构则是多种多样的。"[①] 比如，一个城市空间没有广场就是不健全的，它会使空间体系没有高潮，从而缺乏序列感。为了城市空间的节奏符合自然节奏和生命节奏，必须利用好作为空间符号的街道小品：用于交通（候车廊）、提供信息（时钟、地图展示牌）以及改善生态和视觉环境（喷泉、花坛和小型城市雕塑）等各种小型服务型艺术造型和环境设施，这种设施不但使环境更舒适优美，富于生气，而且能给予空间独特的气质。

（二）漂浮的精神

在空间消费的影响下，空间被组成了毫无生机的形色各异的能指拼盘，城市空间不仅呈现出拼贴、碎片化和杂糅的特征，而且都极力表现

---

① 徐恒醇：《生态美学》，陕西人民教育出版社2000年版，第222页。

出与众不同的特色。但由于缺失了历史和时间的支撑，致使原来的有机化时空状态消失，它们成为永恒当下的集合空间。这种抹去历史的空间往往缺乏场所感，不像拥有历史的街道和建筑，会承载着一些人的童年记忆、青春交响曲，人们对它们的记忆充满了情感，这些地点很容易被识别且带给人愉悦的体验。现在虚无的空间会给人们带来精神危机，因为"精神分裂的感受是这样一种有关孤立的、割断的、非连续的物质能指的感受，它们无能于扣连一个连续的序列。"① 人们在这种新空间中，被有计划地去中心化，个体没有位置感，已经丧失了为自己定位的能力，只感觉到距离的消失，对于城市空间的这种令人精神分裂的特征，可以概括为："一种自我和周围环境之间联系上的紊乱，一个人自己的身体/自我消失在它所处的广翰地域中，……身体变得像城市一般，历史被地理所代替，故事被地图所代替，记忆被剧本所代替。"②

现代的城市是钢筋和水泥的海洋，人们因为房子聚居在一起而又严密地分开。在这种追求利润、空间成为商品的水泥家园里，血缘、道德和友谊都是那么的微不足道。迷离的文化、失落的灵魂与喧哗的城市空间形成鲜明对比，独生子女冷漠症、独身老人空巢综合征、独身心理病等城市病症普遍化。列斐伏尔认为："专业化分割了空间，让其遵照部分行事，因而设置了心理障碍和社会实践的边界。"③

在空间消费的过程中，城市空间的和谐美应成为现代城市美创造的主要原则，无论美是有意味的形式还是美是情感的形式，抑或美是绝对理念的感性呈现还是美是自由的感性呈现，这些关于美和艺术的形式都在强调人文价值，美归根到底是以形象和形式美显现出来的自然、人文乃至人生所有价值的综合建构。现代的城市空间基本是基于功能主义观念设计，形式上可能极其讲究，但空间结构上具有单调乏味的逻辑性，

---

① [美] 詹明信：《晚期资本主义的文化逻辑》，张旭东编、陈清侨等译，生活·读书·新知三联书店2013年版，第335页。

② [美] Edward W. Soja：《第三空间：去往洛杉矶和其他真实和想象地方的旅程》，陆扬等译，上海教育出版社2005年版，第302页。

③ Henri Lefebvre, *The Production of Space*, translated by Donald Nicholson-Smith, Malden: Blackwell Publishing, 1991, p.89.

给人们带来冷漠和缺乏人情味的感受，这是忽视自然价值和人文价值的结果。因此，为了达到和谐美的效果，城市空间的建设除了要体现城市独特、鲜明的形象特征，还要体现居民深刻的文化认同，围绕居民对城市文化环境和物理环境的感知、识别和情感记忆展开，以保持城市的独特性、差异性和竞争力。

亚里士多德曾说："一切技术，一切规划以及一切实践和选择，都是以某种善为目标。"① 城市规划当然也在其中，城市规划应该以追求使城市更美好的善为价值目标，改善城市环境和生活质量，从而使人们过上好的生活。因此，空间消费引导下城市空间的建设要建立在人与自然、人与社会以及人与人、人与自身和谐统一的基础上，才能达到整个城市生态系统的平衡。

第四节　空间消费思想蕴含的三重逻辑

一　政治逻辑

列斐伏尔认为："空间并不是某种与意识形态和政治保持着遥远距离的科学对象。相反地，它永远是政治性的和策略性的。"② 这充分表明空间不可能摆脱策略性、意识形态性和政治性。空间消费在政治性的空间中也必然带有政治权力和意识形态的色彩。苏贾认为："我们生活的空间维度，从来没有像今天那样深深关牵着实践和政治。"③

（一）隐藏着政治权力的空间消费景观

权力从传统社会学和政治学的角度看，就是压迫和控制的代名词，是一种"支配"与"被支配"的关系。权力的行使和运用的目的从根

---

① ［古希腊］亚里士多德：《尼各马科伦理学》，苗力田译，中国人民大学出版社2003年版，第1页。
② ［法］亨利·列斐伏尔：《空间政治学的反思》，陈志梧译，包亚明《现代性与空间的生产》，上海教育出版社2002年版，第62页。
③ ［美］Edward W. Soja：《第三空间：去往洛杉矶和其他真实和想象地方的旅程》，陆扬等译，上海教育出版社2005年版，译序第9页。

本上说就是为了获取利益,权力在这个过程中必定会以某种形式或通过一定途径表现出来。封建帝王制度、传统的父权家长制都是权力的表现与形式,但权力的形式并不是一成不变的,它随着社会的发展不断更新自身的表现形式。在现代和后现代社会中,伴随着城市化的展开和生产力的发展,城市空间和人们的生活空间都面临着新的改变,权力的表现形式也不可避免地发生了转变,导致人们用新的视角审视权力。

列斐伏尔率先掀起了空间与权力的新探索,列斐伏尔认为空间可以分为物质空间、精神空间和社会空间,只有物理空间强调的是空间的自然物理特性,而精神空间和社会空间却体现着人的意志,表现着权力主体的意志、权力和竞争的运作。福柯更是在他诸多理论著作中论述了空间和权力之间的内在关联。他认为:"空间是任何权力运作的基础。"[1] 政治权力和空间相互影响,一方面权力要通过空间来实现;另一方面空间诉说着权力,凭借城市空间,权力发挥作用并得以实现,空间是实现权力的载体,空间的不平等诉说着权力的不平等。应该说,现代城市的权力实践离不开空间,空间中弥漫着权力气息,空间被统治者有意地操控从而成为权力统治的工具,权力是影响空间构形的推手。

对空间的有效利用和掌控是资本主义国家存活的一种强有力的手段,体现了资产阶级的权力意志,多年以来,资产阶级正是通过空间景观维护并巩固了自身的统治。景观就是"力求把自身的意义关闭在人们的视觉美学之中,即通过引导公众审美地看待自然层面的形象,而相应遗忘其内部的权力与资本造就的享乐、霸权和纵欲的空间内涵"[2]。景观化作为文化政治美学的特殊形式,激发居住者对城市的浪漫想象进而忽略城市的现实差别,因而景观成为一种依赖视觉行为的乌托邦叙事。城市空间消费景观从两方面颠倒了城市人的主体意识,一方面,城市空间绝对支配逻辑上真实的主体,这是第一次倒置本真的主体意识;另一方面,空间消费景观在文化的深层机制中解构了人们的主体意识,使人

---

[1] [法]米歇尔·福柯、保罗·雷比诺:《空间、知识、权利——福柯访谈录》,陈志梧译,包亚明《后现代性与地理学的政治》,上海教育出版社 2001 年版。

[2] 周志强:《景观文化批判》,周宪、陶东风《文化研究》2014 年夏第 19 辑,第 199 页。

们接受幻象的真实，对自己所处的世界无法实现认知，满足于被奴役者构想出的崇高图景。城市空间成为了他者空间，受政治权力形塑和逻辑规训。

统治阶级通过景观塑造和规训引导公众的生活体验，最终实现生存空间的去政治化目的，让它们看起来没有什么差别。"资本主义是通过对空间加以征服和整合来维持的。"① 即资本主义通过夺取城市，并借由城市的景观化使城市空间变成权力和巨额利益的中心，从而取得和巩固自身的统治地位。可见，空间消费景观的工具性特征体现了统治阶级的意图，维护了统治阶级对被统治阶级的剥削和统治的政治权力。

（二）意识形态策略对人的深层控制

在《空间与政治》一书中，列斐伏尔反复强调：空间是政治性的，是具有意识形态的。葛兰西、阿尔都塞等的意识形态理论都涉及通过意识形态，资本主义社会如何实现再生产这样一个共同的主题。意识形态的研究随着时代的变迁逐渐从生产扩散到生产之外的社会生活。

列斐伏尔认为，在消费社会，资产阶级正是通过隐性统治策略即对人进行意识形态操控来实现自身的目的。资产阶级一方面打着关怀的幌子，通过诸多的宣传手段向人们宣扬消费所传递的祝福与关心；另一方面国家则借由次体系及其编码规则持续不断地刺激着人们的虚假需求和消费欲望。列斐伏尔指出人们看似在消费中被满足、被关注，事实却是消费被统治阶级用来作为其实施意识形态策略的工具与支撑，从而实现对人的深层控制和奴役。尤其是人人离不开的空间消费，更是成为资产阶级实施意识形态策略的得力助手，推动了对人的深层控制。

作为统治阶级利益代表的政府需要利用意识形态这个工具给自己所代表的特殊利益披上普遍性的外衣，从而使自己的利益得到社会最大程度的认可。资本主义国家政府必然要维护资产阶级的利益，其主导的空间消费也是资产阶级意识的体现，但它会极力掩盖资本扩张和增值的目的，而是以增进全社会福利为名。因此，真实的社会结构被空间消费掩

---

① ［法］亨利·列斐伏尔：《空间与政治》，李春译，上海人民出版社2015年版，第104页。

盖，人们之间的阶级区分因空间消费而模糊。

消费意识形态通过与空间氛围的营造和布展相结合，渗透到人们的内心，影响人们的消费欲望，并形成消费冲动，可以说，空间在这里就是一种强制性的权力机构。阿尔都塞强调说："意识形态根本不是意识的一种形式，而是人类'世界'的一个客体，是人类世界本身。"[①] 因此，空间消费的过程基本表现为一种"无意识的一体化调节机制"[②]。空间压抑时间作为消费规训的必然结果正是在这种无意识之中呈现出来。空间消费的实质毫无疑问就是在整个城市空间中意识形态的微观权力对主体的支配，是一种社会驯化过程。阿尔都塞强调实践是意识形态的基本功能，主要表现为对主体的召唤和塑造作用上。

二 资本逻辑

不管是马克思的拜物教理论、卢卡奇的物化理论，还是阿尔都塞的意识形态国家机器研究、葛兰西的霸权理论，抑或是法兰克福学派的工具理性反思与文化工业批判、早期鲍德里亚的消费社会批判等，它们的共同点就是关注资本如何实现增值。列斐伏尔"消费受控的官僚社会"与日常生活批判研究也关注这个问题，列斐伏尔认为作为资本主义产物的城市空间被注入了资本逻辑，城市空间消费背后的推动力量是资本增值逻辑。空间消费把各种空间拼凑成城市，城市变成了资本增值的游戏场。城市空间既是生产资料，又是消费对象，能够创造剩余价值，具备资本增值的特质，必然会受到资本逻辑的青睐。

（一）空间消费中资本逻辑的泛滥

列斐伏尔、哈维和苏贾（Soja）等新马克思主义者一致认为城市空间的变化是资本运作的结果，是资本追逐利益的地理表现，空间作为资本获取利润的媒介而存在。"空间以一个整体进入到现代资本主义的生

---

① ［法］路易·阿尔都塞：《保卫马克思》，顾良译，商务印书馆2010年版，第229页。
② 陈良斌：《城市意象中的空间消费——基于早期鲍德里亚"消费社会"的视角》，《华中科技大学学报》（社会科学版）2015年第5期。

产方式中，城市及其中的各种设施都成为了资本的一部分。"① 空间天然不是资本，但是在空间成为商品被消费的过程中，货币资本和金融资本一旦作用于空间，空间就具有了新的灵魂，如同中了魔法一样变成了会产金蛋的空间资本。正是在资本这一灵魂的宰制下，城市空间被形塑。在市场条件下，空间消费在现象上无论多么凌乱繁复、喧嚣嘈杂，其中总是具有隐藏的强烈的资本秩序，资本是空间消费这个舞台上的总导演。城市空间消费完全服从资本的增值需求，这使得很多新建的城市设施成了摆设，一些城市建筑拆了建、建了拆，寿命极其短暂，商业大厦代替居住区占据了城市中心位置，娱乐场所和休闲场所增多，这都是空间消费的展示，城市空间消费还体现在城市形态的爆炸，城市变高变大，空间在资本逻辑的引导下成为资本逐利的重要场所。

资本会利用一切手段而不顾忌道德来实现剩余价值。马克思指出，资本为了增值会破坏人权、践踏法律、犯下无休止的罪行。"一旦有适当的利润，资本就胆大起来。如果有10%的利润，它就保证被到处使用；有20%的利润，它就活跃起来；有50%的利润，它就铤而走险；为了100%的利润，它就敢践踏一切人间法律；有300%的利润，它就敢犯任何罪行，甚至冒绞首的危险。"② 资本的价值指向决定了在其操控下的空间消费必然会处于异化状态。

一是同质化的日常生活空间。日常生活空间构成要素趋同，大广场、高层建筑、商业区等，这些要素的特征趋同，地域文化特色不明显，这样的空间丢失了灵魂，夺去了人们的空间感知能力，使他们的认同感、归属感和方向感丧失，降低了人们在空间中体验的质量。

二是初露端倪的空间危机。表现为相对过剩的房地产商品，住房空置与蜗居的并存，形象地说就是有房没人住和有人没房住。这种匮乏性和丰盛性并存的悖结产生的根源是资本逻辑，资本逻辑的唯一目的就是实现资本的高速运转，从而获取高额的利润，空间在资本逻辑的运作下

---

① John Potts, *The New Time and Space*, New York：Martin's Press LLC, 2015, pp. 33–34.
② 《马克思恩格斯文集》（第5卷），中共中央马克思恩格斯列宁斯大林著作编译局编译，人民出版社2009年版，第871页。

只不过是一种增值的工具。

三是空间功能布局的单一化。工作空间和居住空间距离遥远，大城市周边的睡城就是最好的例子，住在睡城的人们为了工作，每天高达几个小时的时间奔波在居住地和工作地之间。资本对利润的无止境追求是不讲价值观和伦理的，它们以冷冰冰的理性主义来建构空间，完全无视对人们生活环境的责任，列斐伏尔认为，"资本主义在空间上的扩张生产了一些新的矛盾。"①

四是城市居住空间的分异与隔离。"城市，市区……是冷漠的空间，是贫民窟不断遭到隔离的空间，是城区、种族、某些年龄段被流放的空间，是被区分性符号分割的空间。"② 在富人居住区域，不但公共空间丰富，而且环境优美、设施齐全，而在穷人居住的区域景象则完全不同，人与人因居住的差异而使身份的差异得以强化，贫富的差距得以彰显。

五是空间与人的疏离。这主要表现在空间在规划和建设的过程中放弃了人的尺度而遵循了物的尺度的原则。比如在道路规划建设中，人们往往关心有几条机动车道，却几乎没人关心有没有人行道、非机动车道、人行道和非机动车道的宽度、是否与该路段的行人和非机动车通行量相匹配等问题。结果往往是机动车道越修越宽，而人行道和非机动车道越来越窄，甚至有些路段取消了非机动车道。有些路段则为了方便机动车，行人过马路要不下地道，要不上天桥，十分不便。这些做法表面看似汽车霸权，实则却是资本霸权，违背了以人为本的原则。

六是公共空间的非均衡分布。公共空间的非均衡分布剥夺了中下收入群体的公共服务权益。这背后也隐藏着资本逻辑。因为按照资本逻辑，资源越是稀缺就越能获取高额利润，对于许多城市来说，极端稀缺的无疑是中心城区的土地，这里成了资本争夺的战场，中心城区的商业建筑不断增加，居住人口不断减少，大量工人新村、棚户区被拆迁到远

---

① Henri Lefebvre, *The Production of Space*, translated by Donald Nicholson-Smith, Malden：Blackwell Publishing，1991，p. 326.

② ［法］让·波德里亚：《象征交换与死亡》，车槿山译，译林出版社 2009 年版，第 101 页。

郊，中心城区新建的高档住房也只有高收入人群才有能力购买和居住，从而住区更新得以实现。但与此同时，由于现实经济因素和历史的原因，大量优质的科教文体卫等资源集中在中心城区，包括图书馆、文化馆、体育场馆、博物馆、影剧院、幼托机构、中小学校、综合性医院等一切与人们日常文化、精神、健康生活相关的公共空间。当前天价学区房和择校热就是优质公共资源空间不均衡、不合理配置的现实后果。

面对空间消费的异化，资本的解决之道不是解决矛盾，而是按照自身的逻辑转移矛盾，表现在城市化的进程中通过大规模的空间再造，换取空间消费的虚假繁荣。

空间资本化既是资本存在的条件又是资本存在的形式，既有历史进步性也有历史的狭隘性。一方面，空间资本化具有历史进步价值。当代资本的创新性存续通过空间资本化寻找到了新的存在形态和发展路径，获得了更加灵活的积累方式。相比于同质性扩张，资本对空间消费的追求更加注重提升品质层次。另一方面，空间资本化具有历史狭隘性。以资本无限增值而不是社会和人的发展为目的的空间资本化主宰了空间的发展，作为资本的工具和策略的空间成为资本实现自身增值的载体。这使得资本条件下的空间发展最大限度地服从于资本的占有，而不是遵循以人为本的价值原则，促进人的发展。空间资本化并不会使每个人都受益，资本使人无法诗意地栖居在大地上，因而列斐伏尔发出"资本播种死亡"的感叹。在他看来，资本联姻以技术为主的其他力量，除了生产商品，还将空间和时间都变成了商品，调动一切力量吞噬着自然、人类和世界。但是，列斐伏尔坚信，资本的破坏性作用到了一定的阶段终归会消失，"它在颠覆性的甚至革命性的变革中走向未来：生命重新扬眉吐气。"[1]

（二）建构差异性空间

列斐伏尔对资本主义生产出来的抽象空间进行了详细的分析，他指出："抽象空间一形成，就受统治阶级的控制（他们的政治行为促成了

---

[1] Henri Lefebvre, *Rhythmanalysis*: *Space*, *Time and Everyday Life*, translated by Stuart Elden and Gerald Moore, London: Continuum, 2004, p. 52.

抽象空间的形成，但两者并不能等同）；接着统治阶级把抽象空间当成一种权力工具，同时也没忘记它的其他用途：生产方式和生产资料——概言之，生产利润。"① 也就是说，抽象空间是资本主义的权力工具，他们通过掌控抽象空间获取大量的利润。抽象空间将不可避免地导致矛盾的空间和空间的矛盾，或者说空间的多层次性，为了克服这种矛盾，列斐伏尔提出建构和而不同、异质性并存的"差异性空间"②。

差异性空间是对资本主义抽象空间试图控制日常生活、每一件事物、每一个人的反抗，它强调差异性，反对同质化，尽力恢复并重建被抽象空间摧毁的自然天成的空间。差异是外在于抽象空间的"反空间"的空间。③

建构差异性空间首先需要激活日常生活的活力。差异空间必须关注人的需求，使人得到全面发展，且建构在发挥人的主体能动性的基础上。列斐伏尔的目标是"生产出属于人类的空间……一个全球范围内的空间，以作为变革日常生活的社会基础。"④ 列斐伏尔认为，未来的空间就应该是适宜人类生存的超越了资本主义的抽象空间的空间，是一个让日常生活成为艺术品的真正服务于人的需求的人类乐园，"让生活成为艺术行为！让技术为日常生活服务！"⑤

其次，差异空间的建构必须倡导空间的使用功能，而不是过分强调空间的交换功能，以便消解对空间的不合理支配和占有，消除国家政治权力对空间的支配和宰制。倡导使用功能高于交换功能的差异空间，将建构多元和公平的空间作为目标，这必将助力于实现人们追求美好生活的理想。

---

① Henri Lefebvre, *The Production of Space*, translated by Donald Nicholson-Smith, Malden: Blackwell Publishing, 1991, p. 314.
② [法] 亨利·列斐伏尔：《空间：社会产物与使用价值》，王志弘译，包亚明《现代性与空间的生产》，上海教育出版社2002年版，第55页。
③ Henri Lefebvre, *The Production of Space*, translated by Donald Nicholson-Smith, Malden: Blackwell Publishing, 1991, p. 349.
④ Henri Lefebvre, *The Production of Space*, translated by Donald Nicholson-Smith, Malden: Blackwell Publishing, 1991, p. 422.
⑤ Henri Lefebvre, *Everyday Life in the Modern World*, translated by Sacha Rabinovitch, New Brunswick: Transaction Inc., 1984, p. 204.

最后，差异空间的建构蕴含着政治解放运动。差异空间作为一种政治策略，与政治解放运动紧密相连。差异空间的建构旨在改变抽象权力空间对同质化空间的压制，也要改变其对私人领域的禁锢，从而使被抽象空间蚕食的日常生活的多样性空间得以恢复，确保差异的权利。差异空间的建构离不开对统治空间的斗争和抵抗，列斐伏尔指出："阶级斗争介入了空间的生产。只有阶级冲突能够阻止抽象空间蔓延全球，……只有阶级行动能够制造差异。"① 差异空间的建构就这样与总体性革命联系起来。

差异空间可以使空间的实际使用价值和真实价值得以恢复，是对资本主义空间霸权的终结。"在任何一种情况下，我们思考的结果将是一个空间系统的构造。"② 差异空间将改变单调平庸的日常生活空间，使公民摆脱物化的控制，体验城市空间的活力与生机，复归真实的社会生活。

三 符号逻辑

符号学对于人们认识日益凸显的空间性问题具有启示意义。列斐伏尔认为，完全可以从符号学的角度去认识空间，虽然空间生产的目的并不是为了解读，但"一个生产出来的空间可以被解读和解码，它暗指了一个意指过程。"③ 空间批判理论与符号学紧密相关，正是通过符号学的方法，社会空间所隐藏着的权力对社会的控制和各种知识等丰富的意义才被空间批判理论发掘出来。因此，对于符号学理论和空间理论内在关联的阐释，有助于更好地理解空间理论，深化这一知识体系。

符号逻辑比政治逻辑和资本逻辑更能击穿空间消费的内涵："消费

---

① [法]亨利·列斐伏尔：《空间：社会产物与使用价值》，王志弘译，包亚明《现代性与空间的生产》，上海教育出版社 2002 年版，第 50 页。
② Henri Lefebvre, *The Production of Space*, translated by Donald Nicholson-Smith, Malden: Blackwell Publishing, 1991, p. 16.
③ Henri Lefebvre, *The Production of Space*, translated by Donald Nicholson-Smith, Malden: Blackwell Publishing, 1991, p. 17.

第四章 列斐伏尔"都市社会"空间消费文化批判

逻辑被定义为符号操纵。"① 在鲍德里亚看来，当代资本主义社会发展阶段的突出特征是符号逻辑当道，并带来差异性和趋同性并存的悖结现象，"要成为消费的对象，物品必须成为符号，……物品变成了系统中的符号，这种身份转换，同时也包含人与人间的关系的改变。"② 作为符号的空间消费既表征着消费水平和品位象征的不同，也呈现出一种群体分离与阶级分化的人际关系。表面上看，差异性逻辑是符号逻辑的核心，但事实是通过符号的体系化来消解差异性。③ 符号逻辑下的空间消费的所指被解构，商品的使用价值转换为符号价值。空间消费的差异性表现为符号秩序的同一性，空间只不过是漂浮的能指。

"当代城市空间已经正式纳入消费社会的符号生产——消费体系"④，是刻意生产的以获取利润为目的的消费品。可以说，现代空间话语彻底地传达了消费主义的精髓。从"空间中的消费"到"空间消费"的转变改变了城市空间仅仅是消费工具和生产场所的功能，使其自身成为能够生产出利润、直接被消费的空间消费品。空间本身固有的符号属性，也使其被消费社会的符号体系纳入其中，依据消费逻辑、作为符号消费品被刻意生产出来的城市空间正不断涌现，空间的"主题化""风格化""视效化"是典型表征。

符号逻辑可以不受真实空间消费的控制，只是生产一种充满象征意义的能指，并把能指上升到本体论的高度，从而建立一个不需要真实空间的超现实空间，这是一个在现实世界中找不到的属于符号王国的"拟像"空间。在这个超现实的世界里，实在的"物"被"符号"所代替，换句话说，这是一个真实消失了的彻底假冒的世界。这是一个不存在真正"社会现实"的世界，真实的物被"不出场"的"现实"的符号化

---

① [法]让·波德里亚：《消费社会》，刘成富、全志钢译，南京大学出版社2014年版，第104页。
② [法]尚·布希亚：《物体系》，林志明译，上海人民出版社2001年版，第223页。
③ [法]让·鲍德里亚：《符号政治经济学批判》，夏莹译，南京大学出版社2015年版，第106页。
④ 韩晶：《城市消费空间：消费活动·空间·城市设计》，东南大学出版社2014年版，第462页。

取代。符号逻辑比较恐怖的地方是符号幻想遮蔽了一切现实，这种幻象是高于真实的真实，以至于生活于其中的人都不会怀疑，甚至还怡然自乐。布尔迪厄认为这是一种不亚于工具理性的"符号暴力"，符号成为统治人们最厉害的工具，"会把统治者的意图异化到被统治者身上，通过被统治者自身异化的方式完成。在城市中，被统治者对权威的接受，恰恰是通过无处不在的空间符号进行的。"①

刘易斯·芒福德认为，"城市应当是一个爱的器官，而城市最好的经济模式应是关怀人和陶冶人。"② 因此，城市空间消费应当基于芒福德的人本主义思路，回归一种人文关怀，追问空间消费的本真内涵，而不是被政治、资本和符号逻辑所掌控，进而建构出健康的空间消费方式。

第五节 空间消费异化的救赎方案

一 日常生活空间的审美性重建

列斐伏尔认为现在的社会是消费受控制的官僚社会，也是一个恐怖主义的社会，因此，日常生活消费受到有组织的力量的压迫而走向异化，包括日常生活空间消费，但是在列斐伏尔看来，这种隐性恐怖主义统治权力机制是有通往自由光明的出口的、是可以反抗的，并且通过反抗，人们可以重建日常生活空间。

（一）创造回归感性的艺术品空间

审美通常是以日常生活对立面的身份而出现的，无论是海德格尔所钟情的诗意的栖居，还是韦伯所说的审美救赎，都暗含着对现代日常生活的某种深刻批判。当人们在思考自身的实践行为如何受到审美观念的影响时，日常生活空间的审美性重建就成为一个非常重要的现实命题。

---

① 朱明《城市与空间——欧洲中世纪城市史研究的新进展》，《史学理论研究》2017年第1期。
② [美]刘易斯·芒福德：《城市发展史——起源、演变和前景》，宋俊岭、倪文彦译，中国建筑工业出版社2004年版，第586页。

这种重建是人的完善与丰富，是生存的世俗化与技术化向本真澄明之境的提升，是生活中的实用功利性向艺术审美性的过渡。

对于日常生活空间审美性的重构，列斐伏尔指出要通过"诗意生产"（poësis）来实现。诗意生产是列斐伏尔借用苏格拉底的古希腊哲学中的一个实践概念，除了物质资料的生产活动，它还包括"爱、感觉、身体、感情——具有丰富创造力的、激情的和想象力的实践活动……诗意生产。"[①] 通过诗意生产制造出艺术品空间，拒斥空间的同质化倾向。诗意生产辩证否定了绝对空间中的"欲望生产"，抛弃了其自我毁灭的"死亡本能"的消极一面，而肯定了其空间生产的美学方面。[②] 日常生活空间的审美性重构是对空间的异化和对工具化的反叛，彰显出重要的人道主义内涵，是恢复马克思所说"合乎人性的生活"的必经之途。

（二）合理利用城市空间规划

日常生活空间的审美性重构一方面可以通过诗意生产来实现，但另一方面也离不开理性的指导，回归感性的审美，并不是排斥和放弃理性，虽然尼采把现代文化的凋敝纤弱归根于苏格拉底以后的理性主义，但显然是不能割裂二者的。因此，要想克服空间消费的异化，还需要理性指导下的城市空间规划。

城市空间规划必须坚持空间公平正义的原则，尽量开发出高质量的公共空间，把城市最美、景色最好、空气最宜人的地方还给大众，而不是把地段好、绿化好和山水好的城市空间兴建成高档的商品房，商务或政府大楼，使其成为少数人共享的空间。此外，要提高公共空间的公用程度，避免非公共使用，比如隐藏在一些风景名胜区和公园里的高档会所，就会导致空间剥夺，从而损害大多数人的利益。

在住房空间消费方面，要充分认识到住房的社会和生活属性，努力调控居住空间的两极分化现象，防止空间隔离的产生。要谨记习近平总

[①] Rob Shields, *Lefebvre, Love and Struggle: Spatial Dialectics*, London and New York: Routledge, 1999, p. 100.

[②] 潘可礼：《社会空间论》，博士学位论文，南京师范大学，2009年。

亨利·列斐伏尔"都市社会"文化批判思想研究

书记"房子是用来住的，不是用来炒的"的教诲，其实不让"炒"就是不让过度发挥住房的财富效应和经济功能，不能过度强调住房的交换价值和符号价值，而应该以人为本，强调其住的生活属性和使用价值。目前城市中的商品房和保障房存在较大差异，不仅是在面积大小和成本高低方面区别明显，而且在地址选择、设计方案、配套设施等方面都有明显不同。居住空间成了铭刻贫富分化的标志。这就要求城市住房建设规划中要注意居住空间贫富分化的现象，尽量调控，虽然像个人收入的贫富差距一样，空间的贫富差距也有一定的合理性，短时期内不可能消除，但不能放任不管，更不能人为地加剧这种现象。

空间消费的观念使消费对城市空间形态的影响具有双重性，既有积极的一面，也有消极的一面，虽然目前看消极的一面可能占了上风，但通过城市规划和设计等策略可以尽量平衡空间消费的积极和消极的方面，实现城市空间形态的和谐发展。

二　改变城市文学的书写方式

列斐伏尔指出，"写作改变语言，因此写作改变社会！写作是一种表意实践。"[1] 因此，可以通过城市文学书写重新建构空间，缓解空间消费异化的现状。

在某种意义上，文本对城市空间意义的传递，形成了人们对空间的概念、想象和态度。如上海作家穆时英的每一篇小说几乎都涉及描写上海的街道、夜总会和舞厅，当年大上海的公共空间通过他的描写成了一个可读的城市文本。许纪霖也认为："媒介，不仅参与了现代社会空间的生产，而且很多时候是以一种想象的方式去生产、建构空间的。"[2] 但是，面对当下汹涌而来的城市化浪潮，城市文学却没有跟上脚步，缺乏能够体现城市空间美学和文化新面貌的精品力作，老一辈的作家如贾平凹、陈忠实等建构了中国地域性的乡土文学，王安忆、池莉等作家的

---

[1] Henri Lefebvre, *The Production of Space*, translated by Donald Nicholson-Smith, Malden: Blackwell Publishing, 1991, p. 29.

[2] 徐国源主编：《空间性、媒介性与城市造像：文化诗学与城市审美》，上海人民出版社 2015 年版，第 225—226 页。

城市书写则代表了20世纪的城市文化精神，很多生活在城市、成长在城市的新生代作家却如城市游魂，描写城市里红尘颠倒的生活，作品呈现出欲望化的模式和小资化的倾向，小说中频繁出现别墅、会所、夜总会、酒吧等空间意象，空间成为一种符号，彰显着人的社会地位，昭示着男权在空间中的霸权地位，空间区隔现象在小说中也随处可见，空间成了表征的空间，这种写作伪装的大都市气息背离了城市文学的应有之义，呈现出高度景观化的特征，它缺少了城市文学本应有的先锋性意义，把城市写作仅仅视为一种取得读者的题材，从而将其最大限度地小资化，没有建构新时代城市空间美学精神和文化面貌的担当和意识。

城市文学创作就是要将城市作为风景，展现城市的诗意和魅力，就是要超越物质时代的表象，对城市进行形而上的精神审视，就是要从地域文化的角度，书写城市的文化之维。因此，文学创作者一定要克服城市生活表面漂浮物的影响，努力探测生活的深海结晶体，触摸和贴近普通人无法获知的潜藏在深海里的地下宝藏。作者只有具备穿透事物表层的能力，才能于躁动不安的城市书写中拓展人们的精神向度，才能不断地建构出美好的城市空间，从而缓解而不是加剧城市空间消费异化现象。

三 防止空间拜物教

马克思在《商品的拜物教性质及其秘密》[《资本论》（第1卷）第1章第4节] 中分析了"商品拜物教"，接着在《交换过程》（《资本论》第2章）中提出"货币拜物教"，又在《三位一体的公式》[《资本论》（第3卷）第48章] 中揭示了"资本拜物教"。马克思的系统拜物教理论，揭示了资本主义商品经济中隐藏的秘密。随着空间商品化的影响范围和深入程度不断扩大，空间成为人们追求的价值轴心，形成了空间拜物教，空间拜物教进一步发展了马克思的拜物教理论，凭借空间拜物教，资本主义意识形态广泛传播，并深深嵌入人们的日常生活领域。

空间拜物教的内涵是指空间成为人们追求的目的，成为人类崇拜的对象，成为人们的价值轴心和至上追求，主宰着人的活动，本来是人们建构空间，现在反而是空间控制着人的行为和认识。空间在人们越发强烈的占有与扩张欲望中变得越来越稀缺，这势必造成人们空间意识逐步觉醒，开始对空间展开激烈的竞争。因此，空间拜物教成了人的主要意识形态，空间渐渐成为人们追求和信仰的新上帝。

在空间拜物教的推动下，人们积极地使用和占有空间，并使空间参与到资本的增值中。因此，空间拜物教加强了资本对空间和人们的操控。空间拜物教除了制造了符号编码，还造就了充满欲望的消费者，此外，它也遮蔽了生活的真实性并且消除了虚假与真实的界限。

空间拜物教改变了人们的日常生活交往关系。空间的重组和生产具有消费主义的特性，因此，消费主义的所有内容能够被空间融入渗透到人们的日常生活中，这样，在日常生活中人们建立的各种关系就被潜移默化地影响和变革。可以说是"完成了从神圣宗教反映到空间为指向的世俗信仰的反映"[1] 这一历史性转变。即社会关系的反映方式经历了从神圣宗教到空间膜拜的转换，"人们超越了拜神教，却又被空间拜物教禁锢。"[2]

空间拜物教也借助符号编码来支配人们，空间通过符号编码变成了空间体系，人们消费的不是空间的使用价值，而是空间的符号价值。空间要呈现自己的价值首先必须被赋予符号意义，从而生成一种符号操控。空间拜物教创造了根本就不存在的迷人的童话景象，因此，必须遏制空间拜物教的发展和影响。要达到这个目的，必须调节空间主体利益的关系，推动空间正义的实现。

四 践行空间正义

正义是一个古老的话题，对正义的追求和讨论在古雅典的城邦时代

---

[1] 周和军：《西方新马克思主义空间理论与当代都市文化研究》，四川大学出版社 2015 年版，第 176 页。
[2] 孙全胜：《列斐伏尔"空间生产"的理论形态研究》，博士学位论文，东南大学，2015 年。

就已经出现。柏拉图说:"纵使天塌下来,也要实现正义。"① 正义是一个属于价值观范畴的概念,是得到人类社会普遍认同的崇高的价值,主要指符合一定社会道德规范的人类的行为。正义所表达的是人与人之间的利益关系与权利的合理化。因为不同的社会、不同的时期其正义观也不一样,因此可以说正义是一个相对的概念。尽管社会追求的是如平等、自由、民主和公正等多元的价值,但罗尔斯却把正义作为社会制度的第一美德和首要价值。

城市空间涉及正义问题的是公民权利的实现方式和城市资源的公平配置。事实上,柏拉图就曾提出"城邦中的正义"的概念,这说明很早就有有关城市正义的研究。19世纪恩格斯的《英国工人阶级状况》、马克思的《资本论》也都有对资本主义城市空间的批判和对空间正义的探讨。20世纪60年代以来,空间隔离、贫民窟和空间剥夺等城市空间非正义问题被学者关注并引起了他们的反思。列斐伏尔、哈维、卡斯特等人为了揭示资本主义的城市危机和解释空间问题,展开了对空间问题的政治经济分析,从不同的视角表述了空间正义的思想。尤其是列斐伏尔提出的城市权利与空间正义成为密不可分相互交织的概念,因为城市权力不只是公民自由出入各种空间的权利,而是在空间的生产和消费过程中享有一定的权利,使公民的意见和要求能够在城市空间的变革和重塑中得到反映。研究西方的空间理论,不能只满足于基础性概念的引进与阐释,而应该把研究的目的落脚于空间正义。

基于列斐伏尔的论述,空间正义其实就是空间资源配置、空间生产和消费中的社会正义,公民在空间资源配置领域、空间生产和消费中等空间权益方面享有的社会公平与公正,是一种空间关系和空间形态,但是这种关系和形态要符合主体伦理精神,它包括对空间资源配置、空间产品生产和消费等各个环节的正义。它注重主体尤其是弱势群体在空间中的机会均等,使得空间活动体现着对主体的终极关怀。

都市社会应该扩大人们的视野,让他们认识到单一价值思维方式所

---

① 何明俊:《空间宪政中的城市规划》,东南大学出版社2013年版,第86页。

造成的危险，让他们能够基于人类的利益来调节经济目标，用审美价值来平衡空间消费活动和产品，从而减少空间非正义现象的发生，促使空间正义的实现。

首先，经济层面，应该规约资本运行。资本逻辑主导着空间消费，一方面，空间在资本逻辑的推动下得到了极大的发展，资本逻辑提升了社会生产力，促进了社会进步。另一方面，资本逻辑主导下的空间消费消耗并浪费空间资源，它对以人为本的价值逻辑的背离必将导致空间消费异化。因此，应该规约资本的运行，使资本成为可控的工具，使资本逻辑造福人们的善取代资本逻辑的恶。如若不然，任其侵蚀空间消费，必然酿成空间消费中非正义的恶果。

其次，在政治和社会层面，应该打破空间栅格。资本可以分为很多种，金融资本、商业资本、工业资本和土地资本，或者国家资本与私人资本、国际资本与民族资本等，这些遵循同一逻辑的各种资本必然存在横向上的矛盾，这些资本对空间建构有不同的需求，如此包含了不同价值取向、实践主体、利益诉求的空间总是处于冲突氛围中。形成不同资本间的空间栅格，空间消费和阶层分化也必然受到这种栅格的影响，例如豪华住宅区与贫民窟、五星级酒店和小旅馆等，通过空间消费栅格强化了社会空间隔离、社会空间排斥和社会空间极化。因此，必须改变空间消费栅格的情况，通过完善政治民主改革和推进社会治理改革培育出多元和谐的集体空间。城市治理法律制度应更加注重城市空间消费的正义性，而不仅局限于对冷冰冰的城市空间扩展的关注。

最后，在文化层面，应该重塑人文精神。在后现代主义的空间消费景观中，要拯救被消费主义奴役的主体，换句话说，要让主体有自由选择和客观分析的能力，使主体意识摆脱资本逻辑的控制。这需要以人为本重构空间消费生态，而不是以利润驱动。重塑人文精神还需要复归非意识形态文化和真正多元的地方特色，使人们的真实生活得以还原。不同的空间群体，拥有不同的价值和文化，空间消费中应该保护不同空间场所的文化精神，这也正是空间正义所强调的差异性和多元性的要义所在。在强调经济利益的空间建设中，不应该只强调强势群体的价值和文化，贬抑弱势群体的价值和文化，这容易形成空间歧视，造成空间隔离。

规约资本运行、打破空间栅格、重塑人文精神，这些是改变城市空间消费的重要内容，也是实现空间正义的必由之路。

小　结

对空间消费异化的分析和揭示构成了列斐伏尔空间消费文化研究与批判的着力点。城市空间消费异化主要表现在对日常生活和城市生态的影响两个方面。

在日常生活方面，首先，从宏观上看，空间消费改变了非消费空间，使非消费空间在转型为消费空间的过程中，丧失了自身独具特色的特质，此外，空间消费也加剧了空间绅士化的现象。其次，从建筑层面看，空间消费浸淫下的传统建筑价值观被颠覆，建筑的发展由象征性——消费主导代替功能性——需求主导，建筑的发展背离了以人为本的发展原则，直接与资本增值相连，这导致了建筑走向商业化、抽象化的发展道路，甚至像其他消费品一样呈现出流行化和时尚化的趋势，建筑艺术与日常生活之间的界限消解，建筑的艺术韵味逐渐消失。再次，从私人空间看，空间消费是符号与消费意识形态的共谋，其中隐藏着一种恐怖主义权力，影响着个人身份的建构。此外，居住空间消费化导致了家园感的丧失。最后，从公共空间看，空间消费造成了空间区隔，从某种意义上讲，空间消费脱离了生存的需要，成为人们展示自我存在价值的一种商品符号，也就是说，空间作为一种无声的语言，具有表意的符号性，空间区隔是权力在空间中的具体实现。空间区隔影响和谐社会的建构，因此，必须创造有价值的公共空间。

在城市生态方面，空间消费造成了自然生态、社会生态和精神生态的失衡。首先，从自然生态来看，自然空间被盲目地开发，大肆侵占，逐渐消逝。且在空间消费的影响下，自然空间与技术结合，呈现出"歇斯底里式崇高"的审美表征。其次，从社会生态看，社会空间成为同质化的、无灵魂的可供买卖的抽象空间，虽然城市空间光怪陆离、华彩遍地，但是这些充满人工雕琢痕迹的各种工程，缺乏灵动、趣味，是低俗化审美趣味的表现。最后，从精神生态看，空间消费推动了城市成为经济动物型的城市，从而使城市失去了应有的节奏，生活于其中的人的生命节奏也被打乱，处于被动的生存状态，人们的精神生态遭遇危机。

空间消费文化的异化主要是政治逻辑、资本逻辑和符号逻辑三重逻辑的推动，空间消费文化异化状态的改变可以通过重建日常生活空间的审美、改变城市文学的书写、防止空间拜物教、践行空间正义得到缓解，从而挽救被操纵和失控的城市空间消费文化。

第五章
节奏分析下列斐伏尔"都市社会"文化批判

节奏分析是列斐伏尔晚年对时间问题进行系统研究的结果，它把时空问题和日常生活结合起来，重新思考了日常生活异化问题，进一步延展、深化了日常生活批判理论。"节奏分析是当今分析城市社会的重要工具。"[①] "节奏分析是研究日常生活中循环节奏与线性节奏此消彼长、和谐共生的理论工具。"[②] 节奏分析能帮助说明节奏如何在时空中塑造人类体验，并渗透到日常生活和场所中，阐释当下时间、空间和情感遭遇的时间焦虑、空间缺乏历史感、情感化仪式趋向仪式化情感的困境，在无序中寻找社会现象生成的逻辑。从节奏分析的角度厘清日常生活中存在的问题，并引导通过多元方式改进节奏，从而缓解线性节奏推动下社会急速发展给个人和社会带来的冲击，促进人和社会和谐发展，提升人民群众的获得感、幸福感和安全感，不断实现人民对美好生活的向往。

第一节 节奏是权力规训的重要模式

在列斐伏尔那里，资本主义通过日常生命节奏和劳动生产时间节奏

[①] Gülçin Erdi-Lelandais, *Understanding the City: Henri Lefebvre and Urban Studies*, Newcastle: Cambridge Scholars Publishing, 2014, p.13.
[②] 鲁宝:《节奏分析：国外马克思主义时间批判理论的新视域》，《国外社会科学前沿》2022年第6期。

的技术化塑形和抽象化统治，达到对生命和身体进行微观权力治理和深层统治的目的，资本主义在日常生活中使用理性化计算，以便寻求速度和效率的最大化，导致时间分裂为社会劳动时间和生命时间，资本主义生产过程控制了身体节奏，自然循环节奏被现代性的工业机械节奏从生活世界剥离，资本主义制度的社会节奏和生活节奏破坏了节奏的多样性，在全球化的背景下，已经成为世界规模的单一节奏，干预或统治其他社会制度、生活方式、思维方式、文化传统与身体存在模式，形成了全球资本主义节奏统治，这种统治对差异性和创造性造成巨大破坏。

一 节奏对自然的规训与惩罚

节奏无处不在，是社会生活中不可分割的一部分，表现为一系列对立范畴，自然节奏和社会节奏、自我节奏和他者节奏、循环节奏和线性节奏、秘密节奏和公开节奏等。现代化不仅带来了经济和政治方面的变化，也带来了节奏的变化及其对自然的规训与惩罚。

（一）节奏对时间的规训与惩罚

随着日常城市生活加速和家庭——工作距离增加对个人和社会时间的影响，时间越来越成为集体有意识关注的对象。时间有两种测量方式，一种是基本的循环节奏，另一种是钟表上量化的时间强加的单调重复，在现代社会，围绕着时间和使用时间有一场艰苦卓绝的斗争，技术的、社会经济的等原因带来了自然节奏的变化，扰乱了昼夜秩序，夜间活动增加，钟表上的量化时间占据上风，时间变得既均匀又单调，既分散又支离破碎。[①] 像空间一样，时间被划分成许多部分，用于各种形式的工作，娱乐和休闲，人们没有时间做每件事，但每件要做的事都需要时间，时间像空间一样，被分割成不同的用途，一方面是使用价值，另一方面是交换价值，尽管每个需要时间的片段是有层次的，但节奏紊乱还是不断扩散开来。

1. 线性时间取代了循环时间

循环周期把时间湮没在自然节奏中，湮没在宇宙时期中，长期以

---

① Stuart Elden et al. eds., *Henri Lefebvre: Key Writings*, London: Continuum, 2003, p.190.

第五章　节奏分析下列斐伏尔"都市社会"文化批判

来，循环周期在社会的人还没有控制自然，人还没有把自己与自然分开时支配着人的生活。社会人的生活，从生到死，都是由一组循环和节奏组成，小时、日、周、月、季节、年，有规律的返回给最初与自然联系在一起的人提供了节奏，不仅个人生活按照这个节奏运转，村庄和城市也按照这些节奏运转，时代的变更和节奏深深地影响着集体。① 在古人的观念中，当下不过是以往的延续与重复，没有什么值得特别关注的新奇之处。

"理性和工业技术已经打破了循环时间，现代人让他自己独立于循环时间，现代人控制着循环时间。"② 现代人对时间的控制首先体现为干扰时间循环，用与轨迹和距离密切相关的线性时间取代循环时间，线性时间具有连续性和间断性的双重特征，线性时间的连续性是指它的开始是绝对的，并且从零增长到无限，间断性或者不连续性是指线性时间被分割成一段段时间，每一个时间段内都按照计划安排不同的事情，虽然线性时间无限细分，在分割的时间段内也产生重复的姿势，但这些姿势不是也不可能成为节奏的一部分，"因为分隔开来的操作可以在任意时间开始，也可以在任意时间结束。"③ 线性时间作为一种新的时间意识，使人们对"当下的时代"越来越敏感，"当下的时代"不再是以往的重复和延续，是崭新的，是前所未有的。因此，时间不再是循环往复的，而是从过去到现在，然后通向未来，是线性展开的，时间成了一个有方向的矢量概念。

线性时间取代循环时间，带来了三个方面的重要变化：第一，生活的日新月异取代了循环往复，人们不能完全依靠传统习俗来引导生活，因为过去积累的经验可能是靠不住的，当下的时代代表着一种对传统的否定甚至决裂态度；第二，时间观念的转变推动我们从"厚古薄今"

---

①　[法]亨利·列斐伏尔：《日常生活批判》（第2卷），叶齐茂、倪晓晖译，社会科学文献出版社2018年版，第276页。
②　[法]亨利·列斐伏尔：《日常生活批判》（第3卷），叶齐茂、倪晓晖译，社会科学文献出版社2018年版，第277页。
③　[法]亨利·列斐伏尔：《日常生活批判》（第3卷），叶齐茂、倪晓晖译，社会科学文献出版社2018年版，第277页。

转向"厚今薄古",认为过去没有当下和未来重要,在这种时间观念下,社会具有从低到高、从野蛮到文明、从落后到先进不断发展进步的可能性,这就形成了线性进步的历史观;第三,和这种时间观念相呼应的是,"现代意味着对人的创造性和主体性的肯定,人类从循环历史宿命的束缚中解放出来,成为自由的、有目的的创造者,成为主宰自己命运的主体。"①

线性时间取代循环时间,人们开始怀疑并且挑战传统,自觉地面向未来、创造历史,"一切固定的东西都烟消云散了,一切神圣的东西都被亵渎了",马克思和恩格斯《共产党宣言》中的这句话生动地表达了时间观念转变带来的重大变革。

2. 循环时间从属于线性时间

线性时间取代循环时间,但循环时间并没有消失,在《日常生活批判》(第二卷)中,列斐伏尔首次描述了循环时间和线性时间的多重相互作用,它们相互干扰、相互渗透,保持着对立统一的关系,时钟重复的嘀嗒声测量着小时和天的周期,反之亦然,只是在现代社会,现代人受制于技术工业世界的理性秩序,线性时间往往占据主导地位,"即使昼与夜、饥与饱、睡与醒的周期性循环更替存在,直线还是主导了周期性循环。"②

循环周期并没有消失,只是从属于线性时间,被打碎成散落开来的碎片,以循环周期的片段继续存在。非常大一部分生物和生理生活及非常大一部分社会生活依然保留着循环周期,无论工业文明有多么高度发达,时间上的安排还是根深蒂固,与循环时间相联系的习惯和传统依然约束着饥饿和睡眠,纵然非常有限数目的群体摆脱了时间约束,通过反自然的方式试图从循环时间里解放出来,比如熬夜,短期熬夜会弄得精神恍惚,长期熬夜会影响身体健康,因为反循环时间的作息会产生一个与昼夜规律和日常生活重复模式不一样的身体,最终会导致躁狂、痴

---

① 刘擎:《刘擎西方现代思想讲义》,新星出版社2021年版,第16页。
② [法]亨利·列斐伏尔:《日常生活批判》(第3卷),叶齐茂、倪晓晖译,社会科学文献出版社2018年版,第601页。

呆、绝望或者抑郁。

在现代日常生活中，起源于宇宙的循环在现实中受到来自社会实践的线性的不断干扰，线性的反复方式压制颠覆了周期性的反复方式，但是，周期是不能消失的，反复不能还原为一组设想的、组合的、强制实施的线性关系，虽然这是现代世界存在的一种倾向，但不能按照函数的线性关系去感受日常生活。

在循环周期的观照下，可以更立体地观察社会群体的日常生活，比如一个年轻农民和一个青年工人，年轻农民的实践依然受循环的、宇宙的和社会周期的控制，播种时间或收获季节，出生与葬礼，对这个农民来说，日常生活是一个有机整体，即使这个有机整体处在分裂的过程中，但其核心稳定，他的家庭和社区没有分开，童年与成年没有分开，工作和闲暇没有分开，自然与生活和文化没有分开，这个农民有一个由他的村庄环境产生的确切身份，对他周围的世界有一定了解，"正在威胁的、使人迷惑的、令人担心的外部世界是城市，是技术，是现在的整个社会。尽管面临外部世界的大量和实际冲击，多种禁令依然保护着这个年轻的农民和日常生活的核心。"① 对青年工人来说，他与工业社会联系在一起，被卷入深刻冲突的漩涡中，工人家庭的他担心失业、担心流离失所，缺少可支配的钱，受工作实践的控制，缺少安全感，他倾向于以工作和通过工作断定自己，通过劳动谋生，经受创造性与痛苦共存的矛盾，"在工厂生活里，这个青年工人发现自己被卷入了分隔开来的线性时间、生产和技术时间里。在家庭生活中，这个青年工人会重新发现循环、生理学和社会的周期，一种时间让他去抵制和补偿另一种时间，但是，协调会是不易的，当然是有问题的。"② 他的生活处于分裂状态，家庭与工作不能兼顾，没有稳定的日常生活核心。

列斐伏尔认为生活中线性时间影响的增加与资本主义的扩张和现代性紧密相关，他主张回归到周期时间统治的城市社会，这其实不是怀

---

① ［法］亨利·列斐伏尔：《日常生活批判》（第2卷），叶齐茂、倪晓晖译，社会科学文献出版社2018年版，第278页。
② ［法］亨利·列斐伏尔：《日常生活批判》（第2卷），叶齐茂、倪晓晖译，社会科学文献出版社2018年版，第278页。

旧，而是想要尽量实现线性时间和周期时间的平衡发展。因为循环来自宇宙与自然，对于人的发展是相当有利的，而线性是单调、疲惫甚至让人无法忍受的。

3. 加速社会的时间暴政

社会节奏的不断加速不仅带来了身体生命力的超载、自然的毁灭和社会的无序化状态，而且也带来了非正义的道德伦理困境、不公平的时间竞争与分配，社会加速并没有兑现实现生产力无限增长、生产关系平等化的承诺，反而破坏了人类自身的反思性和自主性，变成了新的奴役力量。

在线性时间主导的线性节奏下，人们只看向未来，不断加速，不但害怕退步，也害怕原地踏步，"我们必须越跑越快，才能够待在原地。"① 人们吃饭的速度加快，走路的速度加快，与家人、朋友聊天的时间越来越少，"我很忙"成为每个人的口头禅，"时光飞逝""时间不够""迎头赶上"等现代性的时间焦虑困扰着每一个人，人人都在努力追逐美好的生活，却又好像无法真正实现美好的生活。时间预算研究者约翰·罗宾逊（John P. Robinson）和杰弗里·戈德（Geoffrey Godbey）这样写道："时间饥饿带来的后果并不是死亡，但是，正如古典先哲所看到的，是生活从来就没有开始过。"②

在不断加速的大背景下，社会进入一个体验很丰富、但经验很贫乏的时代，结果时间"落得双重下场"，"飞快流逝，却又在记忆里不着痕迹。"③ 本雅明一个世纪之前就区分了体验和经验，认为体验是片段的，而经验深深烙印在我们心中，是跟人们的认同和生命历程紧紧联系在一起的，会触动或改变人们。过去的衣服是"新三年，旧三年，缝缝补补又三年"，现在的衣服却频繁更换，过去的电器一用好多年，但现

---

① ［德］哈特穆特·罗萨：《新异化的诞生：社会加速批判理论大纲》，郑作彧译，上海人民出版社 2018 年版，第 102 页。
② ［德］哈尔特穆特·罗萨：《加速：现代社会中时间结构的改变》，董璐译，北京大学出版社 2015 年版，第 23 页。
③ ［德］哈特穆特·罗萨：《新异化的诞生：社会加速批判理论大纲》，郑作彧译，上海人民出版社 2018 年版，第 139 页。

在手机、计算机等科技产品在新功能还没被完全解锁时就已经被新一代所取代，这些物品不像过去被视为人们生命中的一部分，而是沦为他物，人们对这些物的感情越来越淡漠，这也导致人的感情结构发生变化——感情越来越物化。"任何过去、现在、未来之间的有意义的链接，都致命地断裂开来了。"① 社会加速也推动了社会变迁加速，农业时代几代不会变化太大的稳定家庭结构和世代相传的职业，到了工业社会，家庭结构可能维持一个世代就会解体，子承父业也不复存在，但一个人基本一个工作干一辈子，到了信息时代，一个家庭维持一个世代都不容易，因为离婚率持续增长，更换职业也成为家庭便饭。

循环时间被线性进步的历史观所取代，时间不再是以往的延续和重复，而是线性展开的，线性时间可以被量化，完全量化的实践无视日夜交替，社会实践一点一点蚕食晚上，夜间活动成倍增加，颠覆了昼夜节律，传统的周末休息日和虔诚日被周末夜狂欢代替了，"快"成了日常生活的核心，"忙"成为日常生活的常态。时空压缩让"经验与期待的可信赖度的衰退速率不断增加，'当下'时间区间不断在萎缩。"② 社会节奏的加速使人类本身的体验变成瞬时性的，脱离了生命历程，也使人类记忆不依赖具体生存环境，变成短暂记忆，从而导致自我异化。

（二）节奏对空间的规训与惩罚

列斐伏尔呼吁以节奏的形式将时间和空间结合在一起思考，所有的节奏"都暗示着时间与空间的联系，一个空间化的时间，或者一个时间化的空间"③。人们可以根据多节奏合奏来识别场所的独特特征，空间"被铭刻和投射的不仅是一种遥远的秩序、一种社会整体、一种生产方式……它也是一种时间，或者更确切地说，是一种节奏。"④ 空间的节

---

① ［德］哈特穆特·罗萨：《新异化的诞生：社会加速批判理论大纲》，郑作彧译，上海人民出版社2018年版，第93页。

② ［德］哈特穆特·罗萨：《新异化的诞生：社会加速批判理论大纲》，郑作彧译，上海人民出版社2018年版，第18页。

③ Henri Lefebvre, *Writings on Cities*, selected, Translated and Introduced by Eleonore Kofman and Elizabeth Lebas, Oxford: Blackwell Publishers Ltd, 1996, p. 230.

④ Henri Lefebvre, *Writings on Cities*, selected, Translated and Introduced by Eleonore Kofman and Elizabeth Lebas, Oxford: Blackwell Publishers Ltd, 1996, p. 109.

奏、空间中的节奏，不管是显露或隐藏，诉说着不同的故事，如果说"节奏意味着某种记忆"①，那么空间在"资本节奏已经取代了主要的历史节奏"②的趋势下，经历了诗意—失意—失忆的发展过程。

1. 空间成为无意义的空间

空间曾经是自然的空间，自我节奏超越了他者节奏，具有特色鲜明、稳定不变的特征，充满人性与诗意。就像曾经的农民，它一生与土地、村庄、自然事物生活在一起，自由支配自己的时间，从来不会经历那种形而上学意义上的孤独，他的一生投射到一个稳定的空间中，空间中任何物件都携带着记忆，记录着自己一生的变化，好像时间从未逝去，这种可逆性的错觉造就了一种幸福、满足的氛围，这是一个表征性的空间，"表征性空间是有生命的，它会说话，它有一个情感的内核和中心。"③ 这种空间充满着故事，给人一种归属感。在这个村庄里，在这片土地上，每一件事都有象征，古代的和强有力的，附着在事物上，同时附着在节奏上，房子、树木、田野，都不像它们原本那么简单。它们被宇宙的和须臾不可缺的节奏包裹，它们伴随着不易察觉的共振，每个事物都是一首歌的一部分。习近平总书记曾在多种场合强调对空间的保护，要"像对待'老人'一样尊重和善待城市中的老建筑"④。

空间随着工业社会的到来，作为生产资料参与到社会生产过程中，"空间越是不摆脱自然，就越难进入生产的社会关系。"⑤ 自然特质占据优势的空间就像自然界本身一样正在衰退，自然特质开始成为一种附属特征，空间的自然属性在他者节奏的控制下，逐渐被社会属性所取代。

---

① Henri Lefebvre, *Rhythmanalysis: Space, Time and Everyday Life*, translated by Stuart Elden and Gerald Moore, London: Continuum, 2004, p. 79.

② Henri Lefebvre, *Writings on Cities*, selected, Translated and Introduced by Eleonore Kofman and Elizabeth Lebas, Oxford: Blackwell Publishers Ltd, 1996, pp. 31-32.

③ Henri Lefebvre, *The Production of Space*, translated by Donald Nicholson-Smith, Malden: Blackwell Publishing, 1991, p. 42.

④ 《深入学习贯彻党的十九届四中全会精神 提高社会主义现代化国际大都市治理能力和水平》，《光明日报》2019年11月4日第1版。

⑤ Henri Lefebvre, *The Production of Space*, translated by Donald Nicholson-Smith, Malden: Blackwell Publishing, 1991, p. 83.

空间被挪用、被改造、被买卖，空间与人产生了疏离感，人从地方性和切身性的空间中脱嵌，非在场性的远程在场取代了在场性，社会关系的亲近性脱离了地理空间的邻近性，致使人不能再依靠地方产生身份认同感。

空间成为单一节奏的无意义空间。这个单一节奏是适合资本生产和破坏的节奏，在这个节奏的推动下，空间失去了独特性，变得统一压抑，到处都是缺乏身份、关系和历史的非地方（non-places）。鲍曼认为，"世界上从来没有过非地方占据了这么大的空间。"① 空间的非地方性符合资本积累的战略，空间成为冰冷纯净的现代性环境，缺乏有意义的人际关系，缺乏情感归属感，空间与人之间深层次的情感被符合生产和销售商品相融合的情感所代替。比如，以前人们往往基于血缘、地缘等历史依恋选择居住场所，现在人们选择的标准更多的是通勤距离和价格高低。空间的无意义，情感归属感的缺乏，可以让人们轻易地变迁居住地点，这就很难形成空间共同体，彼此缺乏情感联系的个体生活工作在一起，培养了一种"竞争、扩张和自利精神"②。

2. 空间成为非人性的空间

空间成为违背身体节奏的非人性的空间。身体是列斐伏尔节奏分析思想的核心范畴。身体有一束节奏组成，当这些节奏协调一致时，身体内就会产生完美的和声，但是身体周围的自然环境和社会环境，也是节奏的束，身体节奏与周围环境是否能产生合奏是判断空间人性化的标准。现在一部分城市，逐渐出现居住区和商务区分开的趋势，这就迫使人们为了通勤披星戴月，每天在睡眠不足，交通拥挤的环境中谋生活，"高频度的近距离身体接触，加上巨大的社交距离，加重了不同个体相互排斥的程度。"③ 如果这种情况无法改变，就会使孤独感深化。并且在拥挤的环境中，人与人之间的摩擦冲突在所难免，会让人焦虑愤怒，

---

① Bauman Zygmunt, *Liquid Modernity*, Malden：Polity, 2000, p.102.
② [美] 路易·沃斯：《作为一种生活方式的都市主义》，赵宝海、魏霞译，汪民安等《城市文化读本》，北京大学出版社 2008 年版，第 149—150 页。
③ [美] 路易·沃斯：《作为一种生活方式的都市主义》，赵宝海、魏霞译，汪民安等《城市文化读本》，北京大学出版社 2008 年版，第 150 页。

违背身体节奏的生活加剧了个体的沮丧感。

组织化的节奏使空间单调，剥夺了生活的丰富多彩。列斐伏尔认为不管是落后的国家还是先进的国家，在前进的过程中，总会生产出丑陋、单调、平庸和千篇一律，[①] 而"不同节奏使街道和社区充满活力。"[②] 因此组织化的节奏会使生活枯燥无聊。现在的城市新区就是很好的例子，在这里日常生活似乎是理想的，设施先进完备，绿树成荫，但是新区总是给人缺乏人间烟火气的印象，这里有冷冰冰的小区门禁，有高档的电子锁，有布满各个角落的监控，但是缺少邻里之间的紧密关系，相互帮助，这些新区的公寓大楼被称为"生活机器"[③]。人们工作之余的时间被这个巨大的机器抓住，人与人之间被隔离开来，沉浸在媒体刻意安排的娱乐至死、缺乏创造性的生活中。

组织化的单一节奏打乱了人与场所之间的关系，人们丧失了对空间独特的时间体验，空间成了没有人情味的非地方，以至于出现了"留不下的城市、回不去的农村"的尴尬局面。

二 节奏对社会的规训与惩罚

"社会的身体与宇宙的身体一样，同样由一组节奏组成。"[④] 资本主义社会取代了自然界的周期性时间，身体有节奏的生存时间是基于工作计划、生产要求和商品的虚假循环的线性时间，"线性时间允许在资本主义模式下对人口进行控制和管教。"[⑤] 单调的工业生产节奏支配了社会生活景观。

---

① [法] 亨利·列斐伏尔：《日常生活批判》（第 1 卷），叶齐茂、倪晓晖译，社会科学文献出版社 2018 年版，第 41 页。

② Henri Lefebvre, *Writings on Cities*, selected, Translated and Introduced by Eleonore Kofman and Elizabeth Lebas, Oxford: Blackwell Publishers Ltd, 1996, pp. 221-222.

③ [法] 亨利·列斐伏尔：《日常生活批判》（第 2 卷），叶齐茂、倪晓晖译，社会科学文献出版社 2018 年版，第 304 页。

④ Henri Lefebvre, *Rhythmanalysis: Space, Time and Everyday Life*, translated by Stuart Elden and Gerald Moore, London: Continuum, 2004, p. 80.

⑤ Rob Shields, *Lefebvre, Love and Struggle: Spatial Dialectics*, London: Routledge, 1999, p. 95.

第五章　节奏分析下列斐伏尔"都市社会"文化批判

(一) 全天候组织的生活

在历史开始的很长一段时间内，人们过着日出而作、日落而息的生活，基本过程是循环，这些循环接近来自自然的节奏和宇宙循环，循环形式主导社会进程和时间标度，支配着人的生活，社会的人还没有控制自然，人依然和自然紧密联系在一起，从生到死，小时、日、周、月、季节和年的有规律返回给予，为自然联系在一起的人提供了节奏，这些节奏不仅影响着个人的生活，也影响着村庄和城市的运作，作为一种组织和因素支配着当时的社会：世代的变更、集体的构成等。那时的家庭和工作相对稳定，几代人居住在同一个地方，职业也是世代相传。日常生活是一个有机的整体，有其稳定的核心，"童年与成年完全没有分开，家庭与地方社区完全没有分开，工作与闲暇完全没有分开，自然与社会生活和文化完全没有分开。"[1] 在较深层次上，人们和关系附着在符号周围，每一个符号就是一个有情感和有生命的核心，这些符号是一个可以给定的现实，父亲和母亲、土地、家乡的一道美食或一处风景，是循环和社会的中心，日复一日、年复一年群体活动的中心，人们围绕着符号和标志活动，容易形成坚固的血缘、地缘和精神共同体。

但随着工业社会和都市社会的到来，与根本性的、宇宙的、不可缺少的节奏相联系的循环时间被理性和工业技术打破，现代人不再生活在循环时间中，而是独立于循环时间之外，用他者的眼光审视和控制着循环时间，干扰时间的循环，围绕着时间和时间的使用，斗智斗勇，最终，与人的认识、推理和技巧相联系的线性时间替代了循环时间，"线性时间与不可缺少的节奏和过程没有联系，而与经济和技术增长过程有联系。"[2] 线性时间指的是"行动和运动的单调，强加的结构"[3]。线性时间抽空了时间的意义，只剩下抽象的时间，遵循量化的原则，时间像

---

[1] [法] 亨利·列斐伏尔：《日常生活批判》（第2卷），叶齐茂、倪晓晖译，社会科学文献出版社2018年版，第278页。
[2] [法] 亨利·列斐伏尔：《日常生活批判》（第2卷），叶齐茂、倪晓晖译，社会科学文献出版社2018年版，第435页。
[3] Henri Lefebvre, *Rhythmanalysis*: *Space*, *Time and Everyday Life*, translated by Stuart Elden and Gerald Moore, London: Continuum, 2004, p. 8.

空间一样，被分成许多小块，像商品一样拥有使用价值和交换价值，能够带来利润。马克思在《资本论》中引述了托·约·邓宁的一段话来说明利润可以使人不计后果，根据利润的高低，人从为之蠢蠢欲动、到铤而走险、践踏法律，甚至不惜冒着绞首的危险。① 时间既然意味着利润，人们当然会为之疯狂，致使全天候组织成为当代工作的特征，越来越多的人生活在与他们内心生物节奏相反的生活中。

技术主导的生活吞噬了曾经起决定作用的自然时间结构，全天候组织的工作特征模糊了工作时间与生活时间的边界，人们生活在一个狭窄的时间尺度内，他们不了解什么是时间，因为他们淹没在时间中，察觉不到时间的力量，他们没有或不清楚家史，找不着自己来自何处，家庭记忆大多只能回溯到父母一辈，但是对于未来，必须做好计划，每月挣多少钱，怎么干好工作，才能及早还完房贷和车贷，这种抽象的线性时间打乱了他们的生命节奏。

社会屈从于时间的规训与焦虑中，时时待命，处处加班，即使过着"996""715""007"的生活，依然不得不面对赶不完的"死线（deadline）"。夜间活动成倍增加，或者继续赶"死线"，或者进行"报复性狂欢"，这种无视白天黑夜的生活模式与生物昼夜节奏背道而驰，"昼夜节奏被理解为睡眠和觉醒的循环，与光明和黑暗、活动和不活动的循环'自然'联系在一起"②，昼夜节奏的紊乱会导致心律失常（arrhythmia），使人处于一种病态，抑郁、厌世、失眠等，这是对生命的蔑视，是理性法则对宇宙节奏的扭曲。

（二）虚无主义

虚无主义这个词为大家所熟知是因为俄国作家屠格涅夫，他在小说《父与子》中用虚无主义这个词描写巴扎洛夫这一知识分子形象，因此这个词19世纪中叶在俄罗斯比较流行。后来，德国哲学家 F. H. 雅各

---

① 《马克思恩格斯文集》（第5卷），中共中央马克思恩格斯列宁大林著作编译局编译，人民出版社2009年版，第871页。

② Tim Edensor, *Geographies of Rhythm: Nature, Place, Mobilities and Bodies*, Burllington: Ashgate Publishing Company, 2010, p. 88.

比把它由文学领域引入哲学领域,虚无主义思潮的主要代表人物有谢林、叔本华、尼采、萨特、加缪和海德格尔,其中尼采和海德格尔对虚无主义的论述最为深刻,节奏转变和时间加速导致的虚无主义和尼采与海德格尔论述的虚无主义有所不同,尼采的最高价值废黜的虚无主义把时间界定在柏拉图主义的客观时间,海德格尔主动性沉沦式虚无把时间认定为存在的绽开形式,而基于传媒的时间加速逐层离散人的基本生活价值,促生了独特的抽象虚无,这里的抽象虚无主义指特殊个体的具体意义被抽象掉,致使个体的生活意义陷入虚无,主要表现在个体意义感丧失和自我认同式虚无。

现代社会的不断加速迫使个体与社会不断同步化,使得社会系统的"物"对人的统治愈发严重,社会时间加速通过传媒技术传递给个体,使个体意义感丧失。首先,通过虚拟技术,传媒技术不断制造出像网络的虚拟身份式的情景化生存,社会变迁的效应和技术加速的结果被施加于个人,出现了情景化的身份与政治。不同情景之间是较少关联的异质关系,致使个体"将自己的生活记叙式地嵌入可供推荐的过去和富有意义的未来的能力的丧失"[①]。在联结过去和未来比较困难的处境下,人很难形成人生意义。其次,在节奏飞快的加速社会,人被制度化和量化,他必须以多任务处理和量化考核的方式完成社会加速运转的工作,量化指标和工作任务占据了人的生活空间,使个人的意义感逐渐丧失。

在社会加速的现代社会,虚无主义还表现为自我认同式虚无。在工作和日常生活中,时间规范凭借传媒技术的规训功能日益导致新的时间极权主义,主体的自我确证和认同遭遇空前挑战,主体难以批判和反抗无处不在的控制,主体的衰落进一步推动主体难以自我认同的深度虚无。首先,加速社会便携式智能设备和信息的急剧膨胀使得身体被机器化和自我单一化,便携式智能设备随时随地把人卷入工作中,信息爆炸使得每一个决策都伴随着不确定性,自我的身体在工作和生活中都受到媒介的约束,这就弱化了身体的"属我感",自我不能在属我的身体里

---

① [德]哈尔特穆特·罗萨:《加速:现代社会中时间结构的改变》,董璐译,北京大学出版社2015年版,第24页。

得到确证，日常生活中自我意义感的前提——丰富体验的身体与自我的统一丧失，身体的抽离使自我单一化和贫乏。其次，借助传媒，加速社会的线性节奏使人的情感从丰富多样到简单的两极。一方面是不断增多的事物通过信息技术侵占人的世界给人带来的恐惧情感，另一方面人的身体在读屏时代不断被商品化，丰富的情感只剩下消费和获取新奇的欲望。最后，通过媒介抽离了人的经验的加速社会导致了自我的深度虚无，我们处在体验很多但经验匮乏的时代，体验能给我们带来新奇感，但由于其"去背景化"的特点使其无法与我们的经历形成紧密联结，容易抹除记忆痕迹，使人的经历不易整合成为有意义的整体，因而导致意义感被消解的虚无。

　　加速流动的现代性场域除了促生了抽象虚无主义，也诱发了数字文化"审美虚无主义"的倾向。首先，数字资本主义滋生"符号审美"的虚无叙事。数字资本主义"将文化的超然价值导向消费领域，盲目追求文化商品的审美符号价值"①，商品的价值以商品能否成为自我愉悦、自我欣赏和自我绽放的叙事媒介来确定，数字技术时代这种现象愈发突出，短视频、大众自拍等数字文化样态备受欢迎，就在于他们满足了社会群体在虚拟空间中塑造理想自我的要求，在"颜值就是正义"和"我拍故我在"等消费意识形态话语下形塑自我，在感官沉浸式的审美活动中获得自我愉悦和自我欣赏的审美体验。数字时代的人类精神仍然被柏拉图所言的洞穴所困，生活在数字技术打造的虚拟空间中的人们沉迷于符号审美的虚假需要，"无视真实，拒绝超越，否定善美价值，表现出崇高失落的精神困顿之态。"② 其次，全民影像与流量为王的数字时代催生了低审美欲望的虚无叙事，抖音、快手、网络直播、微信视频等数字媒介技术助推数字文化生成并为其提供平台，依据算法理性，大数据不断为人们推送符合其口味的、碎片化的图像盛宴，社会群体痴迷于从图像中获取肤浅泛滥的感官情绪，借以逃避真实的日常生活，逐渐

---

　　① 赵雪、韩升：《数字文化"审美虚无主义"倾向的生成与批判》，《福建论坛》（人文社会科学版）2022 年第 4 期。
　　② 赵雪、韩升：《数字文化"审美虚无主义"倾向的生成与批判》，《福建论坛》（人文社会科学版）2022 年第 4 期。

脱离对"常规经验的事物的狂热爱好"①。图像盛宴剥夺了人类沉思多重文化样态进而获得绵延审美体验的能力。最后，知识迅速膨胀和认知话语趋同的数字时代诱发审美理性弱化的虚无叙事，迈克尔·帕特里克·林奇认为在数字时代人类一味求简求易，破坏了人的认知方式，②人失去了判断能力，极端轻信，他们很难获得"究天人之际，判天地之美"的审美智慧，沦为受数字规训的乌合之众。在简单趋同认知话语的影响下，审美理性在引导社会崇高风尚、凝聚多元文化价值共识和形塑社会伦理关系层面的公共价值被扼杀，从而引发数字社会走向分裂对抗的深渊。③

列斐伏尔认为虚无主义与现代性紧密相连，是人用理性干预自然、生活、社会和精神世界的结果，是现代文明的产物，揭示了节奏转换下人类的生存境况，他不只把虚无主义看成人类的精神病变，而是从历史的长河中进行考察，揭示了虚无主义的历史基础和带来的历史后果。

(三) 消失的美学

列斐伏尔的节奏分析理论本质就是讨论时间加速以及由此引起的日常生活异化问题，可以说，列斐伏尔较早地开启了时间加速研究的先河，随后，保罗·维利里奥基于20世纪技术和艺术的实践，提出一套以速度为核心的美学话语，进入21世纪后，众多学者开始研究时间加速问题，法兰克福学派第四代学者代表罗萨指出时间在各个领域加速，并对不断加快的生活节奏进行了完整的理论分析，以"加速社会"作为对当代社会的诊断，2013年美国学者斯尔尼赛克和威廉姆斯指出加速主义观念影响资本主义社会所有体系，2014年泰勒将人的生存境遇与时间加速关联起来进行研究，时间加速已经成为研究的新趋势。虽然加速理论主要批判时间维度的异化，节奏分析则重点关注人类生命时间

---

① [法] 奥利维耶·阿苏利：《审美资本主义：品位的工业化》，黄琰译，华东师范大学出版社2013年版，第64页。
② [美] 迈克尔·帕特里克·林奇：《失控的真相》，赵亚男译，中信出版社2017年版，第5页。
③ 赵雪、韩升：《数字文化"审美虚无主义"倾向的生成与批判》，《福建论坛》（人文社会科学版）2022年第4期。

和空间的整体性结构异化，但两者有重合的部分，因此可以把加速社会批判分析运用到节奏分析的批判理论问题域中。

现代性的典型现象是加速，而网络又让现代的加速进入新阶段，在时间压缩的时代，人类肉体活着的在场已经被"实时"世界的远程在场所替代，这被维利里奥称为继空间间隔、时间间隔之外的第三种间隔——光的间隔。①"体验短/记忆短"的时间模式取代了"体验短/记忆久"或"体验久/记忆短"的模式。② 知觉场与心灵结构在网络时间加速下发生了巨大变化，带来了艺术的变革，维利里奥将这种改变概括为"消失的美学"，"消失的美学"并不是指美学的消失，而是专注于消逝性的美学。维利里奥认为"消失的美学"是普遍存在的现象，去物质化的现代建筑、在数字技术中介下现代战争装备和人员的消失，都是这种趋势的例证。

"消失的美学"包括两个方面，一是空间依存性的消失，一是审美感知意义上的转瞬即逝。空间依存性消失主要指美学的去域化，物质丧失了所在的地点、方向和支撑，这体现为在艺术实践中具有稳固形体再现艺术的衰弱，一方面物质性感知被以电视广播艺术和摄影艺术为代表的轨迹性感知所替代，它们从诞生之时便依赖光线时间和速度轨迹来生产，从而制造了一种散漫的审美模式，重创了那些必须通过身临其境和亲眼目睹的审美感知来表明其权威和意蕴的再现艺术，这无疑带来一种隐伏的危机：被漫游式的轨迹性感知训化后的审美主体会将造型艺术的图像定居性看作一种缺陷。③ 因此面对再现艺术的美学语境，人们因不愿适应而选择自愿放弃，慢慢地失去了感受和面对实在物体的能力。另一方面传统再现艺术（如建筑、绘画和雕塑）为了扩展自身的显现而沉浸于过度的透明化中，当代建筑者为了营造大型建筑的轻盈感和失重

---

① ［法］保罗·维利里奥：《解放的速度》，陆元昶译，江苏人民出版社2003年版，第6页。

② ［德］哈尔特穆特·罗萨：《新异化的诞生——社会加速批判理论大纲》，郑作彧译，上海人民出版社2018年版，第135页。

③ ［法］保罗·维利里奥：《无边的艺术》，张新木、李露露译，南京大学出版社2014年版，第86页。

感,用玻璃和钢铁代替砖石和混凝土,提高了建筑的透明度和纤巧度,但是却失去了建筑的实用性和坚固度,增加了事故发生率,是一种过度的美学进步。审美感知意义上的转瞬即逝是指以短暂和快速为特征的审美体验。媚俗艺术就是快速审美愉悦的产物,它与当下加速的时间非常契合,既用来节约时间也用来扼杀时间,它用毫无深度的娱乐代替了严肃传统的东西,因此随着时代的变迁快速更新换代。媚俗艺术与消费主义和享乐主义紧密相关,重视视觉刺激引起的感官联动,博眼球的各种手段替代了富有灵韵的审美。

消失的美学虽然有悲观主义的色彩,但其将速度纳入美学的范畴具有开创性,为现代性视域下的美学研究提供了一种珍贵崭新的视角。

三 节奏对情感的规训与惩罚

资本的灾难性作用不是它带来的贫富差距,而是对肉体和生命的专横蔑视,资本懂得如何操纵时间,它能够控制所有为它服务的人的节奏,人类完全受制于技术节奏,生命服从于机器的统治,人类越来越缺乏情感。

(一)情感化的仪式消失

在自然节奏主导的时代,人们还生活在自然的层面上,依靠自然而生存,大自然被人赋予了各种神秘的力量,这些力量是奇妙的也是危险的,如果成功举办庆典,大自然就会慈悲为怀,按照人的愿望,使其来年风调雨顺,五谷丰登,似乎人的秩序和自然的秩序是通过节日这个神秘的事件联系起来的,因此,每个节日都被精心安排,"每一种仪式都有自己的时间和特定节奏,手势的节奏,庄严话语的节奏,有特定顺序的规定的节奏。"[1] 通过这种虔诚的情感化的仪式,人们慰藉自己恐惧自然的心灵,也享受节日狂欢带来的愉悦。

人与自然和宇宙之间的关系随着社会的发展悄然改变,人们敬畏自然的心理在理性的冲击下逐渐式微,"节日丧失了它们的意义

---

[1] Henri Lefebvre, *Writings on Cities*, selected, Translated and Introduced by Eleonore Kofman and Elizabeth Lebas, Oxford: Blackwell Publishers Ltd, 1996, p.235.

和力量"①,祭祀越来越肤浅,人们不再相信通过祭祀能够实现风调雨顺、五谷丰登,他们之所以没有完全停止祭祀,是因为害怕祭祀的负面效应而不再是内心的那种虔诚,因此,从节日中获得的愉悦感也随之降低。

节日情感化仪式的逐渐丧失,既表明自然节奏主导的社会生活模式退出历史舞台,也表明资本节奏主导的社会生活模式悄然登场,在资本节奏的指挥下,节日的庆祝、仪式的举办趋于商品化和符号化,不管是婚礼、葬礼还是孩子的出生礼,不用再用心准备和礼仪相关的物品,婚礼不再亲手缝制被子,葬礼不再亲手准备贡品,出生礼不再自己缝制孩子的百家衣和虎头鞋,这些都可以购买。和仪式相关的服务也可以购买,婚礼有专门的司仪、车队,葬礼有专门的礼炮车、祭拜团队,甚至有专门哭丧的人,婚礼的高兴之情,葬礼的哀悼之思,出生礼的喜悦之意,好像都包含在购买的商品与服务,以及随的份子钱里,这些仪式越来越具有表演的性质,逐渐转化为仪式化的情感。

(二)仪式化的情感兴起

仪式化的情感是网络时代最典型的情感特征。社交更多地存在于突破空间界限的"脱域"的虚拟剧场中,如 QQ、微博、微信朋友圈。雪莉·特克尔(Sherry Turkle)说现代人生活在一个"我分享,故我在"的表演化世界里。②朋友之交沦为点赞之交,微信朋友圈点赞其实一种浅表化、懒惰的社交敷衍形式,支持、赞同、感兴趣等多种情感全部溶解在一个赞里,消解了仪式的神圣性、严肃性和庄重性,复杂的情感凝聚成统一的赞,程式化的点赞体现了一种社交冷漠。

"新技术扩大了日常生活的'形式化'过程。"③计算机化的日常生活使处在虚拟空间的人丧失了社会本身和社交能力,他们只是被动的接

---

① [法]亨利·列斐伏尔:《日常生活批判》(第1卷),叶齐茂、倪晓晖译,社会科学文献出版社2018年版,第231页。
② 尹金凤、胡文昭:《"仪式观"视阈下微信朋友圈的伦理功能与隐忧》,《道德与文明》2018年第2期。
③ [法]亨利·列斐伏尔:《日常生活批判》(第3卷),叶齐茂、倪晓晖译,社会科学文献出版社2018年版,第653页。

受服务方，对他们来说，信息淹没至深的孤独代替了旧的个人主义那种存在性的孤独。人们现在的沟通格外依赖媒介，这就带来了格尔根（Kenneth Gergen）所谓的"饱和的自我"，人的一生与太多的人相遇、分离，建构起庞大的沟通网络，每个人的微信朋友圈中少则几百人，多则上千人，但真正能建立起情感关系的却不多，相比于父辈时朋友之间的生死之交，现在的朋友关系淡薄而短暂。

节奏的加快使情感化仪式呈现出仪式化情感的倾向，仪式与商品的关系愈加紧密，与人的关系愈加疏远。这就造成了生活中缺乏仪式感的幻象，以至于当代人们把生活要有仪式感当成一种日常生活目标，其实仪式感从未离开过人们的生活，只是情感化的仪式越来越少，年味、节味的淡化从根本上也可以归因于此，因为不管什么节，都成了商家的狂欢节，百姓的购物节，尤其是电商的发展，还催生了"双十一"和"双十二"等新兴的节日，这些节日起源就是促销商品，而不是寄托情思。"信息技术真的会完全摧毁意义，随着意义的结束，真的什么都没有意义。"[1] 党的二十大报告指出："中国式现代化是物质文明和精神文明相协调的现代化。"[2] 在厚植现代化物质基础的同时，一定要丰盈人民的精神世界，实现物的全面丰富和人的全面发展。

第二节 身体在节奏分析理论中的意蕴

在资本主义条件下，资本主义工业化线性节奏与身体节奏的矛盾愈演愈烈，资本主义线性节奏竭尽所能发掘身体的潜能，最终导致身体节奏失衡，但是身体不是僵死不动之物，身体能对周围环境和事件作出反应，具有极强的能动性，可以成为反节奏控制的载体，反抗线性节奏，创造新的节奏。列斐伏尔基于身体分析现实资本主义的节奏，并以节奏

---

[1] ［法］亨利·列斐伏尔：《日常生活批判》（第 3 卷），叶齐茂、倪晓晖译，社会科学文献出版社 2018 年版，第 667 页。
[2] 《高举中国特色社会主义伟大旗帜 为全面建设社会主义现代化国家而团结奋斗——习近平同志代表第十九届中央委员会向大会作的报告摘登》，《人民日报》2022 年 10 月 17 日第 2 版。

为起点深入研究异化问题，旨在摆脱从生产力与生产关系这一宏观视角分析社会异化问题，透视资本主义现实，从而为认识资本主义本质提供身体哲学这一微观视角。

一 身体是节奏承载者

霍克海默和阿多诺指出："对身体的爱憎，影响到一切现代文化。身体在被作为卑贱的东西而遭到叱责和拒斥的同时，又作为禁止的、对象化的和异化的东西而受到了追求。"① 人们对身体的兴趣早已有之，古希腊许多哲学家论及身体，柏拉图认为身体是一切的载体，承载着智慧与灵魂等，但是身体的存在也阻碍人们通向真正的全知全能的世界，这是中世纪宗教哲学漠视身体、禁欲学说盛行的重要原因，随着理性的觉醒，心灵哲学和精神哲学备受推崇，身体概念惨遭忽视，将对人的理解抽象为精神的存在，进入20世纪，身体观念再度受到人们重视，尼采的生命哲学认为身体是个体存在的根本基础，福柯更是从身体的角度构建了哲学体系。可见身体在人类哲学中的命运是坎坷的，但也是重要的。

列斐伏尔节奏分析理论核心概念"身体"深受福柯《规训与惩罚》的影响，在20世纪70年代，列斐伏尔对身体的思考主要体现在《空间的生产》中，他指出由各个器官组成的身体是一个有机整体，组成身体的各个器官并不是身体的被动组成部分，而是各自都拥有自己的节奏，身体是节奏的存在形式和集中承载者，不管是社会节奏和自然节奏统一体的身体，还是资本主义条件下的身体，都是节奏分析的核心，节奏分析与身体密不可分。

列斐伏尔将身体的体验置于重建理论的核心，认为身体处于空间和颠覆性权力话语的核心，身体是回归的起点。对自我的理解和确认离不开对身体的理解和把控，重构对身体的理解也是客观认识现代性的钥匙。就霍克海默和阿多诺的观点，可以对身体进行双重的理性建构，首

---

① ［德］马克斯·霍克海默、西奥多·阿多诺：《启蒙辩证法：哲学片断》，渠敬东、曹卫东译，上海译文出版社2020年版，第244页。

先，从经验主义的角度，身体包括生物学意义上的器官、肌肉、骨骼等的构造，是显性的有生命质感的实体，具备饥饿、疾病等现实的生理需要，归属于自然范畴；其次，从身体对启蒙文化的意义说，身体是推进人类自我解放的基础性维度，代表着对理性强大势力的反抗。对身体的关注可以打破理性的独断统治，是一种超越的生存方式。

列斐伏尔认为节奏是通过可渗透的身体折叠起来的，节奏管理员必须把自己的身体——它的呼吸、脉搏、循环……持续时间和持续时间的阶段——作为衡量其他节奏的标准，不可能对节奏进行无实体欣赏，倾听自己的身体是欣赏外部节奏的必要条件。[1] 在节奏分析中，身体变得至关重要，因为它有独特的节奏和感知节奏之外的能力。节奏分析认为，身体是多个节奏的结合，生活节奏，白天和黑夜的节奏，疲劳和活动的节奏，个人的、生物的和宇宙的节奏，"正是在身体中，我们确立了节奏研究的范式"[2]，节奏分析必须围绕着身体展开，"身体有一组节奏组成，在正常情况下，各种节奏和谐共存，处于一种韵律状态，每一个器官、身体的每一种功能都有它自己的节奏，这些节奏共同行动，身体才能维持平衡。"[3]

一个正常健康生命体的律动以不同节奏关联为前提，和谐节奏是身体健康和充满活力的保证。身体最知道人类想要什么，需要什么，哪些界限不能因为工作、疲劳或者吃喝玩乐的压力而打破，因为一旦超越这些界限，身体节奏就会紊乱，就会失去健康和活力。

二 身体受节奏干扰

资本主义将劳动分工延伸到工人或者非工人身上，泰勒主义作为最早的科学生产方法之一，把身体简化为少数几个运动，使其受到严格控

---

[1] Henri Lefebvre, *Rhythmanalysis: Space, Time and Everyday Life*, translated by Stuart Elden and Gerald Moore, London: Continuum, 2004.

[2] Henri Lefebvre, *Rhythmanalysis: Space, Time and Everyday Life*, translated by Stuart Elden and Gerald Moore, London: Continuum, 2004, p. 68.

[3] Kurt Meyer, "Rhythms, Streets, Cities", translated by Bandulasena Goonewardena, in Kanishka Goonewardena et al. eds., *Space, Difference, Everyday life: Reading Henri Lefebvre*, New York: Routledge, 2008, p. 149.

制的线性决定，身体被分解成局部化的功能，其整体性被抛弃，身体的支离破碎是自我和身体不良关系的反应，现代社会及其意识只会加剧这种破坏，自我与自身身体的实际关系决定了它与其他身体、与自然和空间的关系。霍克海默和阿多诺也曾对文化、意识、理性压迫身体的现象进行了分析批判："文化把身体定义为可以占有的东西，与此同时，文化又把身体与精神、身体与权力和命令区分开来，身体变成了对象，死的东西和'尸体'。"① 文化和理性统治下的身体没有变得更加通透，而是成为理性的附属品。

身体被广告中形象（在那里，腿代表长袜，乳房代表内衣，脸代表化妆品等）所表征的身体粉碎了，欲望碎片化，因无法满足局部的需要，使自身陷入焦虑的挫败感，身体被宣告死亡，"身体的死亡具有双重属性，因为它既是具体的，也是象征的：它是具体的，作为生物体受到侵犯的结果，它是象征的，因为身体活生生的统一被粉碎。"② 女性的身体尤其如此，因为它被转化为交换价值，转化为商品的标志，甚至变成了商品本身。

列斐伏尔断定资本主义社会是一个日常生活节奏化的社会，"现代社会的每一天，每个人基本在相同的时间做着相同的事情，但每个人确实是独自做自己的事情。"③ 身体节奏被工业化线性节奏所支配，人像机器一样，失去了主体性。列斐伏尔指出，任何生活在资本主义社会异化漩涡中的人都无法摆脱异化，身体作为节奏的承载者也不可避免地发生异化，首先表现在资本主义社会进行节奏控制的最佳选择是身体，在世俗世界中节奏分析的关键是对人的欲望与身体的全方位深层次控制，不再仅仅是古典资本主义对个人性欲的压抑控制；其次，在资本主义的规训下，身体融入社会或人类实践，成为殖民系统中的一部分，"身体

---

① [德] 马克斯·霍克海默、西奥多·阿多诺：《启蒙辩证法：哲学片断》，渠敬东、曹卫东译，上海译文出版社2020年版，第244页。

② Henri Lefebvre, *The Production of Space*, translated by Donald Nicholson-Smith, Malden: Blackwell Publishing, 1991, p.310.

③ Henri Lefebvre, *Rhythmanalysis: Space, Time and Everyday Life*, translated by Stuart Elden and Gerald Moore, London: Continuum, 2004, p.75.

具有了使用价值"①，成为商品，异化成了"辩证法的必然性在人的身上的一种发展形式"②，最后，节奏具有多种组合模式，不同的节奏模式决定着人体处于健康还是疾病状态。

资本主义对社会的全面控制是通过干预、影响、控制和重建身体节奏实现的。高度机械化的工作把身体推向极端，人成了适应机械化作业的机器人，即使在日常生活中也无法摆脱对周围事物的机械化反应。列斐伏尔在《节奏的分析要素：节奏分析知识论导论》中用大量篇幅分析描述了身体节奏控制、干扰和重建的方法，他试图表明资本建立在蔑视生命的基础上，其统治基础是对身体和生活节奏的裁制。

三 倾听身体节奏

整个空间都始于身体，尽管它让身体蜕变，以至于被完全忘记，甚至极端地把身体分离出去，以致杀死身体，某种遥远的秩序只能根据离我们最近的身体秩序来解释，"被动的身体（感官）和主动的身体（劳动）汇聚在一个空间，节奏分析必须服务于必要的和不可避免的全身修复，这就是节奏分析如此重要的原因。"③ 节奏分析从来没有忽略过身体，列斐伏尔以身体为接触点来认识社会环境和生物节奏的并存，人类的饥渴、排泄和睡眠等生物节律越来越受到工作生活和社会环境的制约，人类训练自己，并且被训练，以多种方式表现，然而，列斐伏尔并没有简单地将身体作为一个主体来分析，而是将身体作为第一分析点，身体作为节拍器为人类服务。

列斐伏尔将身体的体验置于重建日常生活的核心，身体具有革命潜能，实现反节奏化要依靠身体革命。"身体是回归的起点"④，因为"倾

---

① Henri Lefebvre, *Rhythmanalysis: Space, Time and Everyday Life*, translated by Stuart Elden and Gerald Moore, London: Continuum, 2004, p. 40.

② Henri Lefebvre, *Critique of Everyday Life* (Vol. Ⅰ), translated by John Moore, London: Verso, 1991.

③ Henri Lefebvre, *The Production of Space*, translated by Donald Nicholson-Smith, Malden: Blackwell Publishing, 1991, p. 405.

④ Rob Shields, *Lefebvre, Love and Struggle: Spatial Dialectics*, London: Routledge, 1999, p. 76.

听自己的身体是欣赏外部节奏的必要条件。"[1] 自我与其他身体、与自然、与空间的关系是建立在自我与自身身体的实践关系上的。反之亦然，自我与空间的关系，也在与他者、与其他身体、其他意识的关系中反映出来。[2] 在自然逐渐成为背景的物的现代世界，抽象掌控着与身体的关系，身体逐渐成为一个碎片化的身体，恢复身体的完整性成为首要任务，"身体的恢复意味着言语、声音、嗅觉和听觉等非视觉的感觉器官的恢复。"[3]

列斐伏尔晚年断言，"可以通过转向其他感官，尤其是听觉来推翻资本主义的视觉逻辑。"[4] 进而挽救支离破碎的身体，恢复身体的多节奏性，既要学会倾听公共节奏，倾听一所房子、一条街道、一个城镇，也要学会倾听身体内部的秘密节奏，每一个器官的节奏，基于个人的身体去感受生活，反抗资本节奏对身体的全方位操纵，使身体内部节奏形成和声，并与外部节奏产生共鸣。

（一）有意义的身体

一直以来，对于究竟"身体"是什么并没有达成共识，在奥古斯丁那里身体是罪恶的源泉和神学的奴婢，在柏拉图那里是心灵的附庸，梅洛-庞蒂认为它是知觉的本体，在尼采看来是"权力意志"的体现，在德勒兹那里是"欲望的机器"，福柯则主张它是"规训和惩罚"的对象，列斐伏尔则认为它是空间生产开始的起点……"身体"似乎总是处在一种难以真正把握却又无处不在的局面中，可以让仁者见仁、智者见智，是一个可塑性极强的符号。

身体不是一个封闭的实体，是创造它的各种力量进行争夺的场所，

---

[1] Henri Lefebvre, *Rhythmanalysis*: *Space*, *Time and Everyday Life*, translated by Stuart Elden and Gerald Moore, London: Continuum, 2004, p. 19.

[2] Henri Lefebvre, *The Production of Space*, translated by Donald Nicholson-Smith, Malden: Blackwell Publishing, 1991, p. 204.

[3] Henri Lefebvre, *The Production of Space*, translated by Donald Nicholson-Smith, Malden: Blackwell Publishing, 1991, p. 363.

[4] Benjamin Fraser, *Toward an Urban Cultural Studies*: *Henri Lefebvre and the Humanities*, New York: Palgrave Macmillan, 2015, p. 144.

"身体是一个战场、冲突的社会生态评估和再现力量永远都运行在这个战场的内部和周围。"① 与福柯相比，列斐伏尔关注的则是身体被纳入空间生产和空间消费的历史、是身体和空间互相影响的历史，即在后资本主义社会，随着空间成为商品，空间的异化也成为了一种重要的异化形式，身体生产了空间，同时又被作为异己存在物的空间规训并压抑着，"人的身体、自然需要被异化。"②

身体的周围环境相当于宇宙身体和社会身体，也是由昼夜更替、季节轮转的周期性循环节奏和单调乏味的线性节奏等多样性节奏构成的整体。既然理解节奏概念的基础是身体，那么身体节奏的生命经验就成了对现代资本主义社会进行节奏分析的重要参照，列斐伏尔强调对于街道、建筑和房屋，要像倾听身体一样去倾听它们，在它们的时间、空间、位置和形成中理解并分析它们。

（二）反抗的身体

列斐伏尔指出，"身体处在空间和权力话语的核心，是不能被简化且具有破坏性的。它对镇压、剥夺它的关系的再生产是拒绝的，世界上没有比身体更加容易受折磨、更加脆弱的东西，但也没有什么比身体更具有反抗性。"③ 列斐伏尔认为身体虽然在消费社会出现了问题，但身体还是可以凭借原初的创造力和本真性构成反抗现代性殖民统治的基本力量。

首先，要纠正消费社会身体享乐化、审美化的倾向，倡导一种健康的身体美学。舒斯特曼把身体美学分为两种：外观的身体美学和经验的身体美学，外观的身体美学只不过是"身体的审美化"，是与市场经济合谋的产物，满足了消费文化的需求。而经验的身体美学是值得提倡的，是有积极意义的，经验的身体美学拒绝将身体与精神分裂开来，作为一种外化于精神的异化物而存在，身体美学应该关注具体化的精神而

---

① 包亚明主编：《现代性与都市文化理论》，上海社会科学院出版社2008年版，第144页。
② Rob Shields, *Lefebvre, Love and Struggle: Spatial Dialectics*, London: Routledge, 1999, p. 42.
③ Henri Lefebvre, *The Survival of Capitalism: Reproduction of the Relations of Production*, translated by Frank Bryant, New York: St Martin's Press, 1976, p. 89.

不只是关注身体，也就是说，"身体美学鼓励人们从对身体外在形态和吸引力的注意转移到对身体经验和身体机能的一种改善的品质感受上。"① 这样，才能恢复身体各个感官的机能。

其次，身体应该成为衡量空间的重要标准。不但用身体去想象和体验空间，而且用身体实践去构成和体现空间。列斐伏尔深刻论述了身体与空间之间的关系，他认为"空间的生产，开端于身体的生产"②"身体是空间中不可分割的组成部分"。③ 可以说，空间的生产不仅仅是物质生产，而是广义的身体化空间的生产。人的身体的剩余能量与激情，而不是工具技术与理性是空间最原始性的身体实践基础，因为生命要想摆脱苟延残喘的状态，必须依靠具有创造力的剩余的能量和激情才能生产新的空间。资本主义社会为了保证自身权利的顺利运转和实施，塑造了它所需要的身体，但同时恰恰是身体能够成为抵抗现行社会统治的力量，"身体通过正面抵抗或者间接反对拒斥压迫关系的再生产。"④ 就这样，列斐伏尔把尼采式的造反的身体看成了空间革命的落脚点，虽然消除空间消费异化现象不可能完全指望反抗的身体，但绝对离不开反抗的身体。

身体在空间建设方面发挥着重要的作用，但现代文明却压抑了人的身体和感官系统，因此，空间改造必须以人类的感官系统和身体为基础和依托，人的身体可以说是城市进行想象设计的最有效的模板，离开人的身体，便不可能为人在城市中的生存提供良好的空间环境。

列斐伏尔希望通过微观革命模式——身体节奏革命重建和谐节奏，从而实现人类解放，将身体作为节奏分析理论的核心，表明其对人的关注，这对推动人类解放问题研究有一定启发意义，但是以时间维度建构人类社会的解放维度的目标却具有乌托邦的性质，在本质上难以实现。

---

① Richard Shusterman, *Performing Live: Aesthetic Alternatives for the End of Art*, Ithaca: Cornell University Press, 2000, p. 152.

② Henri Lefebvre, *The Production of Space*, translated by Donald Nicholson-Smith, Malden: Blackwell Publishing, 1991, p. 170.

③ Henri Lefebvre, *The Production of Space*, translated by Donald Nicholson-Smith, Malden: Blackwell Publishing, 1991, pp. 166-167.

④ Henri Lefebvre, *The Survival of Capitalism: Reproduction of the Relations of Production*, translated by Frank Bryant, New York: St Martin's Press, 1976, p. 89.

不过他的这种追求"一方面反映了西方左派找不到革命出路的现实实践困境，另一方面也表明了辩证法批判精神所固有的韧性或无限可能性能量。"[1]

第三节　超越线性节奏的策略

面对资本主义社会的节奏规训，列斐伏尔指出人们要设法摆脱节奏的控制，虽然他的节奏分析理论并没有明确给出超越线性重复节奏的策略，但从他的字里行间能够感受到其中蕴含的超越路径：包括以音乐为中介、恢复感性的尊严和意识的重建。

一　以音乐为中介

列斐伏尔节奏分析理论提到了五个要素，其中第四个要素是"音乐和舞蹈构成了节奏的核心要素，音乐越单调，人们就越意识到节奏的必要性。"[2] 根据列斐伏尔的观点，"异国情调或欣喜若狂的节奏产生的效果远远超过传统旋律和和声。"[3] 节奏是音乐理论中最重要的组成部分，音乐给了人们一种替代线性模型的选择余地。

在西方马克思主义理论中，人类的解放离不开美学，列斐伏尔超越日常线性重复节奏的策略也同样具有审美的维度。列斐伏尔认为在人类摆脱异化的各种尝试中，不管是宗教仪式还是道德方面的努力，都没有真正解决问题，但是，艺术却具有巨大的潜力，节奏是音乐三要素旋律、和声和节奏中最重要的存在，节奏比旋律、和弦更能赋予音乐力量，使音乐更接近生命本质，是音乐的生命性要素，节奏通过多样化和

---

[1] 刘怀玉：《日常生活批判的瞬间、差异空间与节奏视角——以列斐伏尔为例》，《哲学分析》2016 年第 6 期。

[2] Kurt Meyer, "Rhythms, Streets, Cities", translated by Bandulasena Goonewardena, in Kanishka Goonewardena et al. eds., *Space, Difference, Everyday life*: *Reading Henri Lefebvre*, New York: Routledge, 2008, p. 151.

[3] Kurt Meyer, "Rhythms, Streets, Cities", translated by Bandulasena Goonewardena, in Kanishka Goonewardena et al. eds., *Space, Difference, Everyday life*: *Reading Henri Lefebvre*, New York: Routledge, 2008, p. 151.

差异性，而不是匀称和规律性提升自身，音乐不仅是艺术审美的升华，更具有伦理功能，"音乐节奏不仅是美学和艺术原则的升华，而且还有道德功能。因为它与身体、时间和工作相关，它言说着真实的生活，在情绪宣泄过程中净化生活，此外，最重要的是，它是日常生活中不幸、不足和失败的有效补偿，音乐整合了节奏的功能和价值。"①

法兰克福学派罗萨在论及加速社会主体与世界如何建构共鸣关系时，尤其强调了听觉的作用，认为音乐作为一种媒介可以有效解决目前人们通过屏幕媒介难以与世界建构高质量共鸣关系的问题。就像电影中的音乐可以让人感受到孤独、忧郁、焦虑等各种消极情绪，也可以给人传递放松、满足、宁静等各种积极情绪。在罗萨看来，音乐可以成为电影（或电影院）和观影者产生共鸣效果的媒介。因此，他认为声音的世界能够表达或产生许多不同的、细微差别的关系：冲突或者孤独，荒凉或者怨恨，疏远抑或紧张，以及向往、安全、庇护、爱和责任。依靠这些关系，我们才能与世界在身体、情感和精神上协调一致。② 音乐是建构情境的有效工具，具有可编辑组织的特点，是诱导社交形式的理性媒介，也是日常生活中很重要的一种资源，可以说，是一种与人类社会存在紧密相关的社会力量，音乐对于解决线性节奏带来的异化具有积极作用。

音乐节奏是美学和艺术原则的升华，更是对生活中节奏和周期消失的一种补偿，音乐兼具节奏的功能和价值，它是真实生活的言说，但也在情绪宣泄中净化真实生活，可以缓解日常生活的痛苦和单调。聆听音乐可以营造一种虚拟的陪伴和联系方式，唤起一种情感共鸣和心理上的归属感，激发听众诗意的崇高感。

二 重视感官调节

在现代性和资本主义下，冷静理智的态度取代了神秘主义和情感态度，物体的隐喻性消失，只剩下物理形态，它们不能对我们诉说过去，

---

① Henri Lefebvre, *Rhythmanalysis*: *Space*, *Time and Everyday Life*, translated by Stuart Elden and Gerald Moore, London: Continuum, 2004, p. 66.

② Hartmut Rosa, *Resonance*: *A Sociology of Our Relationship to the World*, Cambridge: Polity Press, 2019, pp. 99-100.

让我们想起过去的美好时光，激发我们的情感，也不能让我们想起自己的祖先，铭记历史，更不能和万物有灵论或神秘主义联系起来，它们只是一组预定义的商品化广告图像，是一个把自己外化为世界上一个物体并抛弃其他感知的过程，列斐伏尔的人本主义马克思主义强调了感觉的重要性，他认为如果日常生活不给梦想、白日梦和奇异让路，不给想象让路，日常生活就会走向多姿多彩的反面。①

在理性的裹挟下，社会加速运转，人的感性思维被殖民，理性固有的秩序感以及衍生出来的各种习惯主导着日常生活，比如时间管理理念，时间管理确实提升了工作效率，带来了工作业绩，但是却教给原本就因为快而痛苦的人们，如何可以更快，使人们觉得时间永远不够用，事情永远干不完，所以心力交瘁，疲惫不堪。因此，"让日常生活成为一件艺术品。"② 恢复人的感性思维，抵抗单调乏味的生活节奏，是值得倡导的生活方式。"让日常生活成为一件艺术品"，恢复人的总体性，使人成为完整的人，可以发挥节日的作用，节日能够使生活的瞬间在场，瞬间能够拯救单调乏味的日常生活，使日常生活获得解放，"瞬间既是断裂的汇聚点，也是各种潜能的本质显现和强烈的愉悦。"③ 这里所说的节日是远离商品化的节日，是充满精神内涵和意蕴，能唤起人们内心深处愉悦的节日。

感官调节人们与世界的联系，城市和身体是相互构成的，"城市的形式、结构和规范渗透并影响所有其他进入身体和/或作为主体性的构成要素。"④ 人们遇到的建筑环境、商店、日常生活实践通过人们的具身感知融合在一起，创造了一种场所感，列斐伏尔称其为生活空间。列斐伏尔在后期的研究中，致力于对恢复感官知觉的探索，尤其关注感官

---

① ［法］亨利·列斐伏尔：《日常生活批判》（第3卷），叶齐茂、倪晓晖译，社会科学文献出版社2018年版，第602页。

② Henri Lefebvre, *Everyday Life in the Modern World*, translated by Sacha Rabinovitch, New Brunswick: Transaction Inc., 1984, p.204.

③ Henri Lefebvre, *The Production of Space*, translated by Donald Nicholson-Smith, Malden: Blackwell Publishing, 1991, p.429.

④ Tim Edensor, *Geographies of Rhythm: Nature, Place, Mobilities and Bodies*, Burllington: Ashgate Publishing Company, 2010, p.23.

在建立身体和空间的时空关系中的作用，他的节奏分析理论试图"从经验上捕捉空间感官构成中社会关系的嵌入性"①。"节奏管理者必须像分析者一样，抓住一个节奏并在整体中感知它，他必须通过经验达到具体。"② 节奏观察者不能把观察局限在视觉上，"节奏家努力恢复感官知觉，他注意呼吸、心跳和语言，他小心翼翼地避免优先考虑任何一种感官感知行为。"③ 通过倾听，体验日常生活的运动，人和自然的循环往复，空间的微妙变化，通过观察和感知来达到一种特定的意识形态，"漫步的节奏分析家更多地感受到城市的氛围，而不是让人赏心悦目的图像；更多的是氛围，而不是奇观……他试图将科学和诗意尽可能地分开。"④ 从而理解不断变化的日常生活，捕捉日常的时间和生命特征。

列斐伏尔将权力关系视为城市节奏的关键部分，感官知觉绝非中性，社会意识形态通过感官实践来传达。现代主义规划项目是从感官和空间上对前现代空间重组、排序和净化，许多旧的建筑被拆除，大量取而代之的新建筑允许眼睛漫游，他们在感官上具有一致性，噪音通过隔音玻璃过滤掉，气味在宽敞的空间很快散去，触感被光滑的表面最小化，场所的感官节奏增强了视觉感受，而气味、声音和触觉体验被归入辅助特征，"视觉超越了其他感官，所有来自味觉、嗅觉、触觉、甚至听觉的印象都失去了清晰度，然后完全消失，只剩下线条、颜色和光线……所有社会生活都变成了仅仅通过眼睛解读的信息……任何非视觉的印象——例如触觉或肌肉的（有节奏的）感受——都成了视觉的一种符号形式，或者趋向于视觉的一个过渡步骤，用手感觉到物体仅仅是

---

① Tim Edensor, *Geographies of Rhythm: Nature, Place, Mobilities and Bodies*, Burllington: Ashgate Publishing Company, 2010, p. 24.

② Henri Lefebvre, *Rhythmanalysis: Space, Time and Everyday Life*, translated by Stuart Elden and Gerald Moore, London: Continuum, 2004, p. 21.

③ Kurt Meyer, "Rhythms, Streets, Cities", translated by Bandulasena Goonewardena, in Kanishka Goonewardena et al. eds., *Space, Difference, Everyday life: Reading Henri Lefebvre*, New York: Routledge, 2008, p. 149.

④ Kurt Meyer, "Rhythms, Streets, Cities", translated by Bandulasena Goonewardena, in Kanishka Goonewardena et al. eds., *Space, Difference, Everyday life: Reading Henri Lefebvre*, New York: Routledge, 2008, p. 156.

肉眼所见之物的类似物，诞生于听觉并为听觉服务的和声也被移植到视觉领域，见证了图像艺术（电影、绘画）所有的优先权……视觉领域的崛起带来一系列替代和置换，通过这些方式，视觉压制了整个身体，并篡夺了它的角色，那些仅仅被看见的（以及仅仅是可视的）很难在现实生活中见到，但他们却被说得越来越动听、被写得越来越丰富。"[1] 列斐伏尔用一种恐吓性的语言描述了视觉化的进步，他是"一场猛烈的攻击"和"一场威胁性的游戏"，受害者就是人体。[2] 身体抽象的最后阶段是它（在功能上）的碎片化和局部化。

列斐伏尔认为理性弥漫的社会致使嗅觉萎缩，器官的萎缩肯定是有一些致病性的，气味，无论是难闻的还是芳香的，都是富有表现力的，暗示着大自然的暴力和慷慨。[3] "气味是节奏的一部分……节奏学家观察并保留气味，将其作为标记节律的痕迹。"[4] 而在视觉至上的现代世界中，气味萎缩、中和，气味萎缩消灭了多重节奏，老家的味道、妈妈的味道都变成了商业的味道，都成了单一的线性节奏，节奏的变化扰乱了秩序，带来深度的、损伤性的心理破坏，气味带来的地方感和归属感不复存在，因此，城市应该恢复自己独特的气味，独特植被的自然味道和地方美食的家乡味道。

三 意识的重建

列斐伏尔与其他西方马克思主义理论家一样，无论问题框架和理论视域如何变化，都主张人的解放途径不应局限于马克思主义生活时代倡导的暴力革命，而应该恢复主体和其批判性思考的能力，"现代资本主

---

[1] Henri Lefebvre, *The Production of Space*, translated by Donald Nicholson-Smith, Malden: Blackwell Publishing, 1991, p. 286.

[2] Rob Shields, *Lefebvre, Love and Struggle: Spatial Dialectics*, London: Routledge, 1999, p. 78.

[3] Stepan Kiper, "How Lefebvre Urbanized Gramsci: Hegemony, Everyday Life and Difference", in Kanishka Goonewardena et al. eds., *Space, Difference, Everyday Life: Reading Henri Lefebvre*, New York: Routledge, 2008, p. 198.

[4] Henri Lefebvre, *Rhythmanalysis: Space, Time and Everyday Life*, translated by Stuart Elden and Gerald Moore, London: Continuum, 2004, p. 21.

义社会对人的操控不仅表现在通过生命性节奏范式对人行为的规训和生活的媒体化统治，而且已经深入到规训者和被规训者的意识中。"① 救赎必须依靠人自身的力量，然而现代性所构造的日常深层结构不可能由个别人打破，而必须经由每一个人来完成，因此，列斐伏尔呼吁唤醒个体的自我意识，只有人们意识到自己的生命被束缚在表象的节奏和镜像的生活中，才能向身体回归，按照生命的真正需求，创造节日化和充满活力的差异空间的日常生活。

人们要转变意识，要"过日子"，不要"赶生活"。现代社会就像一架高速转动的机器，机器越转越快，人被推着一直拼命往前跑。同时，无孔不入的广告和多种多样的营销手段拉动着人的消费欲望，人们购买东西从为了满足吃穿住行的基本需求到满足炫耀性、符号性的心理需求，人已经越来越成为"消费人""工具人"，陷入欲望的泥潭，经过反复的折腾，回头一看，人生就在"赶生活"中过去了，这就是日常性构成的陷阱——"一种复杂精密的剥削和小心周密地控制着的受动的社会环境。"② 在这种环境中，容易混淆工作和生活，"赶生活"替代了"过日子"，每天从早到晚为了事业、工作而奔波，只剩下饥饿和疲倦等本能的反应，根本无暇顾及自己内心的感受。李欧梵教授在《人文六讲》中写道，现代人的日常生活应该避免与时间竞赛，生活必须有快有慢，像交响乐曲一样，如果从头到尾没有慢板乐章，肯定听后急躁万分，所以交响乐每个乐章的速度必须快慢结合，日常生活的节奏也应该这样。③

为了抵制日常生活越来越快的节奏，1999年世界开启了"慢城市运动"，在慢城，必须提供更多的空间让人们散步，更多的绿地让人们休闲，禁止各种快餐和霓虹灯，减少噪声和交通，培养敦亲睦邻的精神，以更慢的速度参与到日常实践中，"提倡真实、欢快、多样化和地

---

① 张笑夷：《论列斐伏尔节奏分析视域中的日常生活批判》，《马克思主义与现实》2013年第2期。

② [法] 亨利·列斐伏尔：《都市革命》，刘怀玉、张笑夷、郑劲超译，首都师范大学出版社2018年版，第159—160页。

③ 李欧梵：《人文六讲》，中国人民大学出版社2012年版，第26—27页。

方特色的价值观。"① 这种对日常节奏的调节和"更用心地占用时间的承诺"②旨在保证人们获得更强烈的审美或感官体验，并确保缓慢空间补充公共和私人领域的快速空间，让人能够有时间聆听自己的内心，和心中不同的"自我"对话交流，避免随波逐流，学会享受生活、领略生活，从而过上有生机、有活力的生活。习近平总书记指出为了让人民有更多获得感，过上更加幸福的美好生活，必须"合理安排生产、生活、生态空间，走内涵式、集约型、绿色化的高质量发展路子，努力创造宜业、宜居、宜乐、宜游的良好环境。"③

快节奏生活是社会发展的必然，给人们带来了便利，人们不用再日夜兼程骑马送信，只需要鼠标轻轻一点，电子邮件就发送给了对方。但快节奏的生活也确实让人们远离了木心《从前慢》中描述的那种美好情感，反思快节奏，减缓生活步调，是人们过上美好生活必不可少的一环。

小　结

列斐伏尔从节奏的视角审视都市社会文化，借助节奏分析这一资本主义批判的新方法来分析都市社会的异化现象，认为节奏对自然、社会和情感进行了规训和惩罚。线性节奏取代了循环节奏，使当下时间区间不断萎缩，时间焦虑困扰着人们的生活；资本节奏作为他者节奏作用于空间，使空间丧失了独特的时间体验，经历了从诗意—失意—失忆的发展过程；自然节奏被商品节奏与技术节奏所取代，情感化的仪式趋向于仪式化的情感。节奏分析为理解日常生活现象提供了新的视角，进一步延展深化了异化理论和现代性批判理论，能够有力地解释为什么主体努力地追求美好生活，却似乎无法真正实现美好生活的社会情境。但通过

---

① Tim Edensor, *Geographies of Rhythm*: *Nature*, *Place*, *Mobilities and Bodies*, Burllington: Ashgate Publishing Company, 2010, p. 17.
② Parkins, W., "Out of Time: Fast Subjects and Slow Living", *Time and Society*, No. 13, 2004, p. 364.
③《深入学习贯彻党的十九届四中全会精神　提高社会主义现代化国际大都市治理能力和水平》，《光明日报》2019年11月4日第1版。

不断反思节奏规训下的生活，人们可以借助放慢脚步，恢复感性思维，以身体节奏为核心来探索人类日常生活解放的道路，提升自身的获得感、幸福感和安全感。

节奏分析是最前沿的社会批判理论形态之一，节奏分析理论创造性地提出了资本主义制度下节奏如何控制人们的生活、身体和思想，制造出病态的人和病态的社会，为批判和反思资本主义制度提供了新视角，为理解都市社会文化提供了新方法和新论域，"昭示了一种节奏和合共生的理想社会形态和新文明出路"[①]。

[①] 鲁宝：《节奏分析：国外马克思主义时间批判理论的新论域》，《国外社会科学前沿》2022年第6期。

第六章
中国"都市社会"文化反思与建构

研究以日常生活批判、空间生产、空间消费和节奏分析为逻辑起点,对列斐伏尔"都市社会"文化批判思想进行了全方位多角度的分析,对列斐伏尔"都市社会"文化批判思想的探讨和反思能够让我们更好地思考中国"都市社会"文化建设中存在的问题,并提出适合中国社会发展的"都市社会"文化建构路径。

第一节 中国"都市社会"文化发展面临的挑战

现代以来,理性秩序统治着城市规划和治理,功能至上、效率优先主导着城市生活,同质化的城市景观、步履匆忙的冰冷面孔是城市的突出意象,城市生机勃勃的生活正在消失,城市应该是什么样子,我们应该如何建设城市,城市建设是否可以在理性主义和功能主义的基础上,多一点温情的投入,快速发展的新媒介,到底是促进了城市的沟通还是增加了区隔,情感如何融入一个混合虚拟现实的城市,智媒时代是否能够更好地建构人与城、人与人之间的情感联结,城市如何建构情感共同体,成为亟待思考解决的问题。

一 空间转向下共同体的衰落

20 世纪 70 年代西方社会批判理论开启了空间转向,列斐伏尔从空间生产、苏贾从人文地理、福柯从空间权力、卡斯特从流动空间、大卫·哈维从后现代角度诠释了空间，他们对空间的理解发生了深刻的改变，认为空间并不是空洞无意义的，而是社会的产物，尤其列斐伏尔把空间生产看成资本主义存活的手段，从此空间在社会关系形成中的功能被充分关注。鲍曼说："共同体总是个好东西。"[1] 共同体是具有人情味和认同感的传统生活形态，建立在地缘、血缘和情感的基础上，具有"出入相友，守望相助"的特征。从社会学角度看，共同体指的是基于一定的相似性和共同特征结成的类组织形式。可以分为具体的生活区共同体和抽象的民族共同体、情感共同体等。共同体的构成需要两大要素，一是"共同体成员之间有基于交往而形成的富有感情的关系网络"[2]；二是"共同体成员有共同的历史、共享的价值、规范和意义"[3]。也就是说，共同体的两大核心要素是交往关系和价值认同。

（一）流动空间削弱共同体意识

流动空间作为当代网络社会崛起中新的空间形式，是卡斯特1996年提出的一个概念，旨在从空间维度揭示网络社会的本质内涵，在他看来，网络社会是在流动意义上组织并建立起来的。[4] 流动，是空间实践的表征，也是承载社会关系的容器。[5] 斯坦尔德认为流动空间是为实现人、商品和信息远距离持续流动而组织并创造的空间。[6] 流动空间是解释网络社会中技术要素、经济和社会空间组织规律的重要视角。流动空间导致集体记忆断裂化、复杂化、碎片化和虚无化，造成集体记忆衰变、失忆甚至引发认同危机，削弱了共同体意识。

---

[1] ［英］齐格蒙特·鲍曼：《共同体》，欧阳景根译，江苏人民出版社2003年版，第2页。
[2] 张骏、杨建科：《空间、共同体与公共性生产》，《哈尔滨工业大学学报》（社会科学版）2023年第4期。
[3] 张骏、杨建科：《空间、共同体与公共性生产》，《哈尔滨工业大学学报》（社会科学版）2023年第4期。
[4] 李春雷、姚亚楠：《流动的空间：智媒时代独居老年群体的空间实践研究》，《东北师大学报》（哲学社会科学版）2023年第3期。
[5] 管其平：《空间社会学视域中网络空间的生产及其正义》，《学术探索》2022年第8期。
[6] 周恺等：《地方空间与流动空间交织影响下的乡镇活力变化：以湖南新化洋溪镇为例》，《现代城市研究》2022年第11期。

流动空间导致集体记忆断裂化。网络信息技术深入人们的日常生活,承载集体记忆的博物馆、纪念馆和展览馆等实体空间很大程度上让位于开放的网络空间,人们选择通过屏幕前的感官刺激来回顾集体的共同经验和知识。这使得主体不再是一个沉浸式的参与者,而是一个走马观花的旁观者,使得身心参与的经验变成视觉享受的体验。长此以往,主体与记忆空间产生隔阂,导致对集体记忆日渐模糊。集体记忆的淡出意味着它所承载的团结友爱、家国一体等价值理念日渐式微,意味着维系人民团结奋斗的意义网络和精神力量被弱化,不利于形成共同体意识。数字技术打开了集体记忆永久性和大规模记忆的前景,但也加速了集体记忆遗忘。时时更迭的网络热点分散着人们对集体记忆的注意力,为人们提供便捷的网络检索也弱化了人们对集体记忆的回顾,主体在日常生活中不经意间对集体共同经历和事件的遗忘,导致很难找到把社会成员联结起来的结合点,不利于形成共识和促进集体认同。

流动空间导致集体记忆复杂化。互联网使得每个人都成为记忆的传承者,为凝聚共识创造了良好条件,然而如果个体不能利用技术恰当地传达自己的声音,在一定程度上会削弱共同体意识的传播力度。具体地说,如果一个人更多关注自身感受与好恶,没有站到国家和民族的高度客观真实地评价历史,缺乏社会主义核心价值观的指引,他们的观念经过网络等多种媒介传播,会引起大量吃瓜群众围观,使得共同体意识传播受到不同嘈杂声音的干扰,增加了共同体意识形成的难度。新媒介技术已经渗透到日常生活的方方面面,集体记忆传播在新媒介技术无序性扩张发展中处于失序状态,集体记忆的部分内容已经远离了主流意识形态的轨道,模糊了人们的集体视野,淡化了他们对共同体的认同。

流动空间导致集体记忆碎片化。集体记忆碎片化影响铸牢中华民族共同体意识。现如今网络短视频平台井喷式发展,人人都是麦克风,人们利用网络平台传播集体记忆中的民族政策或民族事件,然而,对于过去整个事件背后真相的来龙去脉并不了解,只是选取集体记忆中的片段进行碎片化信息传播,这种碎片化的传播既降低了人们对于过去历史事件完整性和真实性的识别度,也给部分造谣者带来可乘之机,引发人们对历史的误读，使得人们对中华民族的认同感降低，影响中华民族共同体意识落地生根。

流动空间导致集体记忆虚无化。人们的生活充斥着大量网络信息，很难使人们把时间停留在特定人物和事件上，在海量过度庸俗化和娱乐化的信息冲击下，哪怕是像国庆阅兵这种重大事件也退出了集体记忆的中心，集体记忆日趋空洞化，失去了促进认同和凝聚共识的作用。集体记忆娱乐化以满足小部分人追求的感官享乐为目标，历史事件和人物被戏说，历史服务于娱乐，集体记忆的凝聚性和权威性功能被消解，民族和国家认同面临被削弱的危险，中华民族共同体铸牢的工作难以顺利开展。

共同体意识形成离不开集体记忆，因此，要想强化共同体意识，必须保持对集体记忆完整性和连续性的正确认知，在日常生活实践中，不能只截取集体记忆的某个片段，而是要植根过去、着眼现在、展望未来，为铸牢共同体意识提供连续性。并且要构建集体记忆的情境，为共同体意识铸牢营造氛围，充分利用各种媒介把人们带到特定的历史情境中，增强自身的身份认同，提升归属感和认同感，形成共同体意识。

（二）空间生产导致旧的共同体解散

纵观城市化进程，凭借空间生产，城市实现了空间扩容和发展，城市规模和城市布局发生了革命性变化，但在技术理性的规约下，空间也出现了结构失衡问题，比如商品空间激增、公共空间锐减等，并带来了生态环境破坏、空间情感失衡和共同体衰落等问题。

首先，空间生产推动社会从"乡土中国"到"流动中国"转变。长期以来，中国处于农业社会发展阶段，与之相适应的重要特征是人口的低空间流动，费孝通曾用"乡土中国"对此阶段进行高度概括，"乡土中国"中人们更多追求"生于斯、长于斯、死于斯"的安稳感，个体的确定性非常高。而随着城镇化的推进，"乡土中国"向"流动中国"转变，很多人成为流动人口，在回不去的故乡和融不入的城市间摇摆，他们与自己的故乡渐行渐远，而"他乡"变"我城"也依旧路途遥远，旧的共同体解体，而新的共同体尚未生成，导致他们从身体到心灵无所依归。

其次,空间生产推动"社区"向"小区"转变。社区是出现在14世纪社会学研究的基本概念,18世纪用来形容在一定区域内生活的"利益共同体"[1]。社区被认为是一种社会关系网络,"包含一套共享意义和最重要的共享价值"[2]。这使得社区被赋予了地域空间、身份认同和情感纽带等多重意涵。但随着现代性力量的入侵,社区的合群性、同质性和亲密感等特点逐步被现代社会消解和蚕食掉,社区的自黏性功能被弱化,开始成为冷酷无情的"陌生人社会"和"物理躯壳"。我国社区也经历了"从传统'熟人社区'到'单位社区'再到'个体化小区'的形态转变,与之相关,情感共同体也开始趋于疏离化和陌生化。"[3]

费孝通认为,乡土中国社区的单位是村落,这是一种生于斯、死于斯的熟人社区。[4] 熟人社区内部的成员都被"拟亲属化",其心理和情感问题能够在日常生活中得到无形的疗愈。熟人社区中个人和社区是互嵌互融的关系,人的精神生活是丰裕的。新中国成立后,在单位制的辐射下形成了单位社区,单位社区从本质上而言依然是一个熟人社会,人们在日常生活中朝夕相处,彼此影响和依赖,人们从就业到退休可能都在一个单位中,个体在这里可以找到生命的连续性和安全感。熟人社区和单位社区可以被视为"固态社会"的产物,这种稳定的社区形态很容易被社会流动影响。20世纪90年代中后期,城市化进程和城镇住房制度改革推动城市居民住宅呈现多样性趋势,也形成了多样化的社区类型,商品房小区、经济适用房、廉租房、单位宿舍区等。在这些新社区中,除了单位宿舍区等极少数还有微弱的社区元素外,其余总体上呈现出小区化的倾向,小区是一个陌生人机械化组合的空间。

---

[1] [英]安东尼·吉登斯、菲利普·萨顿:《社会学基本概念》,王修晓译,北京大学出版社2019年版,第165页。

[2] 英国DK出版社:《社会学百科》,郭娜译,电子工业出版社2017年版,第116页。

[3] 卫小将:《从"小区"到"社区":共同体的衰落与重建》,《西北师大学报》(社会科学版)2023年第6期。

[4] 费孝通:《乡土中国 乡土重建》,生活·读书·新知三联书店2021年版,第10页。

小区只不过是名义上的"居住共同体"。首先，居民普遍表现出对公共事务的冷漠性，追求空间自由和个体生活方式的意识明显增强，托克维尔曾经说"让人获得自由会使他们变得对一切都漠不关心"①，居民没有可遵从的社区契约关系。其次，小区居住和消费功能得到加强，情感连接和社会参与功能弱化，小区已经不再是充满关爱的社区，失去了灵魂，沦落为一个物质消费场域和物理居住空间。最后，小区居民日常生活中鲜少互惠互助，不安全感和不信任感加剧，互动开始出现匿名性、碎片性和疏离性，尤其是送货到家的快捷便利性弱化了小区内成员的相互依赖性。由此，小区的设计虽然越来越科学化、精致化和景观化，但个体不可或缺的情感纽带、亲密关系、精神寄托等却无处安放，居民的社会性焦虑和群体性孤独问题凸显。

空间流动性增强，人们处于变化不定的状态，人群的流动性和匿名性使交往呈现出临时性和短暂性的特征，集体记忆和认同削减，成员的归属感被破坏，共同体意识被解构，共同体意识的解构也归因于居住环境的变化，曾经的熟人社区、单位社区转变为小区，原有的社会关系网络断裂，各种新建的小区使得地方性知识和集体意识日益受损，地方价值观逐渐被抛弃，生活环境碎片化，城市认同多样化，导致社会共同体意识虚无化。

（三）空间消费阻碍新的共同体生成

空间消费首先要把空间商品化，空间商品化意味着空间从初级的物转变成复杂的商品，作为商品的空间自然不满足于空间的原初功能，会千方百计地把空间带入资本的循环体系中，用于生产剩余价值，因而被赋予多种产生剩余价值的功能属性，空间从天然存在的自在之物向社会生产体系中的人为之物转变，因此关联于各种社会关系并派生诸多社会效应，空间受资本赋魅成为让人崇拜的商品物，为空间拜物教的登场打开大门，空间拜物教必然带来空间自身的异化和空间中人与人关系的异化。

---

① ［德］乌尔里希·贝克等：《个体化》，李荣山等译，北京大学出版社 2011 年版，第 25 页。

在商品逻辑的支配下，城市公共空间因为缺乏经济功能，不能创造经济效益而被削减，公共空间或被当成商品售卖，或被改造成吸引人的商品来招揽顾客，比如一些汇聚城市记忆的老街区，因自身的历史人文价值和稀缺性而具备成为吸引人的商品特质，稍加改造便成了诱人的空间商品，北京的南锣鼓巷就属于此种情况。这种城市文化空间的开发一定程度上保护了城市人文，但空间商品化的不断升级会弱化人本化观照，空间原住民的生存环境被改变，原有的集体记忆逐渐淡化，原有的共同体解散，而新的商品环境又不易形成新的集体记忆，建构新的共同体。

共同体的形成需要稳定的认同，而稳定的认同来自对特定空间的记忆和情感，消费逻辑统领下的社会，城市空间成为消费的对象，部分空间被"绅士化"，绅士化后的空间通过营造不同的趣味来制造具有区分意义的生活，从而售卖高昂的价格来吸引特定的群体。这个空间已经不属于以前的居民，对这个空间有特殊感情的他们不得不搬离这里，进入千篇一律的"新城"或"新区"，"绅士化"空间割裂了人与地之间的情感，也破坏了原来的地缘共同体和血缘共同体。

空间消费促进了城市空间的景观化和虚无化，为了吸引大量游客，空间以"景观化"为目标进行重构，很多古城和古镇在开发之前，特色鲜明，让人舒服，但是开发后文脉没有了，情感也随着文脉消失了，只剩下一个资本化和商品化的景观空间，大批临时性游客占据、充满其间，凝视着这个空间，但他们并不能共享这里居民的记忆，更不会生成永久的情感，这是一个"没有人情""没有根基"也"没有灵魂"的流动空间，是一个消解了记忆和情感的空间，是一个陌生的、全新的空间，这个空间尽情展示着市场的狂欢和资本的暴力，耗掉了城市的情感纽带，旧的情感共同体解体，新的情感共同体难以生成。

如果空间为了达到被众多人消费的目的，任由城市改造者编排为符号、形象和可消费的范型，追求新奇，放任资本横行，人们就会失去带有记忆和情感的空间，城市的品格就会被瓦解，只剩下无所依凭、动荡不安的旅游狂热和城市喧闹，因此空间即使为了消费的目的，也应该以

"美好"和"美善"为价值指引，抵抗各种形式本体论层面的价值攀比。

二 加速社会情感结构的异化

威廉斯在基于"作为整体生活方式的文化"的基础上，提出了"情感结构"（structures of feeling，又译为"感觉结构"）这个极富创新的概念，"情感结构"指称的是一种特定时代社会成员的生活感受或难以言表的生活经验，感觉结构表征为、生成为文化。文化是表征实践所建构的意义之网。文化作为一种被实现、被分享、被争夺的表意系统，不能被简约为某一特定的文学艺术，文学艺术与所有生活方式都构成了相互形塑的关系。无论是记录的文化、选择性的文化或亲历的文化，都直接或间接与这个时代社会成员的情感结构有关。而且，一旦某种情感结构的载体消失了，文献性文化（从诗歌到建筑物和时装）就是了解这种曾经充满活力的情感结构的捷径。威廉斯指出：作为文献的文化，虽然是社会杰出个体的有力表达，但其每一个要素都是一种历史的深层沉淀物，它在所产生的那个时代中是活生生的社会生活经验或社会共同体的情感结构。情感结构维系着最深层的社会经验、浓缩着一个时代最深刻的文化内核[1]。

威廉斯"情感结构"一词受到阿诺德的"心智结构"或"精神结构"、艾略特的"感觉经验"、利维斯的"感受力"、戈德曼的"心理结构"、弗洛姆的"社会性格"与本尼迪克特的"文化模式"等概念的影响，是对以往社会心理学的"社会性格"和文化人类学的"文化模式"等范畴的替代，以此描述一种类似于时代精神和社会性格之类的微妙难言的东西，实现了对利维斯主义和庸俗马克思主义的双重超越，是文化研究发展史上的一座里程碑。简言之，"情感结构"就是一个特定时期被体验的整体生活方式，表征在这个时期的各种文化形式之中，威廉斯指出："我想用感觉结构这个词来描述它；正如'结构'这个词所暗示

---

[1] 陶水平：《文化研究的学术谱系与理论建构》，社会科学文献出版社2019年版，第250页。

的，它稳固而明确，但它是在我们活动中最细微也最难触摸到的部分发挥作用的。在某种意义上，这种感觉结构就是一个时代的文化：它是一般组织中所有因素带来的特殊的、活的结果。"[1] 威廉斯认为情感结构并不专属于个体或个人，而是以同样的方式被共同体中的很多人所拥有。

（一）加速社会的三重面向

古典社会学已经有关于时间结构显著改变的论述，如马克思和恩格斯在《共产党宣言》中便声称"一切坚固的东西都烟消云散了"，齐美尔认为生活越来越紧张，社会体验的变迁加速是大都会生活的核心特质，涂尔干则认为失序肇因于社会变迁发展得太快了，以至于来不及发展出新的道德和连带形式，韦伯认为浪费时间是罪大恶极的。但是在他们之后，社会学转向了相当非时间的、恒定的概念，直到罗萨提出加速社会的概念，加速社会是罗萨对当代社会的诊断，他认为，社会加速有三重面向，分别是科技加速、社会变迁加速和生活步调加速[2]。

科技加速被罗萨界定为最明显，也是最能够测量的加速形式，"是关于运输，传播沟通与生产的目标导向过程的有意的速度提升"[3]。科技加速改变了社会的时空体制，改变了人们对时间和空间的知觉。在互联网时代，时间越来越被压缩，甚至消弭了空间，"空间在晚期现代世界失去了它的重要性。运作和发展不再定位于某处，并且实际的地点，像是旅馆、银行、大学，越来越变成一种'非地点'，亦即一种没有历史、特殊性或关联性的地方。"[4]

社会加速变迁指"经验与期待的可信赖度的衰退速率不断增加"

---

[1] ［英］雷蒙德·威廉斯：《漫长的革命》，倪伟译，上海人民出版社2013年版，第57页。
[2] ［德］哈特穆特·罗萨：《新异化的诞生：社会加速批判理论大纲》，郑作彧译，上海人民出版社2018年版，第13页。
[3] ［德］哈特穆特·罗萨：《新异化的诞生：社会加速批判理论大纲》，郑作彧译，上海人民出版社2018年版，第13页。
[4] ［德］哈特穆特·罗萨：《新异化的诞生：社会加速批判理论大纲》，郑作彧译，上海人民出版社2018年版，第15页。

"当下时间区间不断地萎缩。"① 物品更换得越来越快,手机还没完全弄明白所有的功能就被新一代的手机替代,微博热搜不断更新,十分钟之内新闻可以变成旧闻,黑莓平板电脑的广告口号是"任何值得做的事都值得做得更快。"未来主义画派的技巧宣言是"一切物体皆在运动、奔跑、急速变化。"人们在享受变化变得越来越快的好处时,也付出越来越难以预测的代价——永远的不安定、永远的变动。

生活步调加速是社会加速"最紧迫和最惊人的方面",是"那种壮观且广泛散布的时间匮乏",可以定义为"在一定时间单位当中行动事件量或体验事件量的增加。"② 人们想要在更短的时间内做更多的事情,比起我们上一辈,我们吃饭少,睡觉少,与家人谈心少,我们同时会做很多事,比如看电视、做家务和照顾孩子。心理学家斯蒂芬妮·布朗认为,在美国"忙乱的生活方式已经成为一种嗜好。人们像疯了一样地争取做更多事,努力保持在线,随时待命,对新任务照单全收。"③ 这种加速带来了失控感,如果说我们祖辈处理日常事务时闲庭信步,我们父辈大步流星,我们现在基本是连跑带跳。智能手机让我们从办公室带回家里的工作越来越多,节律同步现象指引着我们总是在工作中无意识地、本能地去追赶节奏最快的那个同事的步伐。对我们很多人来说,与科技和速度的关系比人际关系更重要,甚至已经取代了人际关系。

(二)加速社会的不确定性和无奈感

加速社会最重要的特征是当下时间区间不断萎缩,罗萨用赫尔曼·吕伯的"现在压缩"概念来说明加速社会时间范式的转变,这表明社会难以保持长久的稳定状态,当下生活具有高速的流动性和不确定性,鲍曼用"流动的现代性"来描述加速社会日常生活的特征,社会处于不断"液化"和"流动"的过程中,传统社会中的家庭结构、职业生

---

① [德]哈特穆特·罗萨:《新异化的诞生:社会加速批判理论大纲》,郑作彧译,上海人民出版社 2018 年版,第 18 页。
② [德]哈特穆特·罗萨:《新异化的诞生:社会加速批判理论大纲》,郑作彧译,上海人民出版社 2018 年版,第 21 页。
③ [英]罗伯特·科尔维尔:《大加速:为什么我们的生活越来越快》,张佩译,北京联合出版公司 2018 年版,第 IV—V 页。

涯都可以在长时间内保持稳定不变，甚至祖祖辈辈都没有太大的变动，人们的生命经验稳定持久。但加速社会瓦解和破坏了这种稳定持久的情感经验，使不受掌控和流动不居成为常态。

时间是加速社会统摄和规训的对象，传统社会时间有过去、当下和未来三个维度构成，是典型的日出而作、日落而息的循环时间模式，人们形成稳定、连续和平衡的时间感知经验。然而，在现代社会加速的进程中，加速解构了自然时间连续一体的整体性，片段化、碎片化的原子时间取代了连续而稳定的时间节奏，生活世界日新月异，人类积累的历史经验不再具备普适性的特点，无法应对转瞬即逝的此在当下，有限的生命经验无法预测，更不能描绘充满着不确定性的彼在生活，不确定性的担忧充斥在人的情感体验中。

加速社会不能把握当下，更不能预测未来的生活现状，使人们掌控自身境遇的能力降低，"躺平"这个词正好揭示了这种失去自我掌控后的社会心理。"躺平"并不是一个独立的情感表征，与"佛系""废柴""丧文化""低欲望生活""断舍离"等属于同一类话语谱系，都表达了在被速度牵制的时代背景中人们的无奈感。[①] 其实"躺平"想表达的是一种自我放弃的生存状态，拒绝竞争、不渴求个人功绩、不愿积极作为、回避内卷，是为自己建立了一套背离标准意义上胜利或成功的价值标准，这是一种"后情感"时代的情感，可以解读为人们无力承受加速社会的后果而滋生的一种挫折感。[②] 人们试图在高速运转的资本主义社会，通过退出找到一丝带有虚无主义色彩的安宁，因为无力抵抗、无可奈何，所以干脆选择放弃抵抗，自我减速，重新划定自身的价值坐标。

为了抵御生存场域中不确定的因素，一部分人选择重新划定价值坐标的"躺平"，一部分人选择将当下能够去体验与完成更多的事视为自我存在的价值和对美好生活的追求，现代人的认同感和尊严感与有限时

---

① 王敏芝：《加速社会的时间结构与情感现代性》，《苏州大学学报》（哲学社会科学版）2023 年第 1 期。
② ［德］哈特穆特·罗萨：《不受掌控》，郑作彧、马欣译，上海人民出版社 2022 年版，第 165 页。

间内体验和完成的事紧密相关，在有限时间内体验和完成的事越多，自我认同感和尊严感也就越高，此在生命经验也就越丰富、越充实。然而，时间是有限且永恒不变的，人们想要完成的事务、想要体验的事件却倍速增长，要想在有限的时间里完成无穷尽的事件，难免会庸人自扰，从而使主体感知焦灼，陷入恐慌与焦虑中。

(三) 加速社会的感知倦怠与焦虑

在竞速弥漫的全球化时代，速度不仅存在于经济与城市发展等物质层面，更塑造了人们观看和感知世界的方式。加速社会的人们认为生命的意义在于功绩和效率，这是实现美好生活的途径，是自我价值的实现，因此不由自主地加入"内卷"的洪流中。在不进则退思维方式的指导下，人们近乎病态地追求进步、提升、扩展、增速，认为只有这样才能保证幸福人生，社会个体担心在各种竞争中被碾压，担心不够优秀而被末位淘汰，因此在精神层面内耗，在行动层面内卷，对生产效率和功绩的重视使主体深陷于自我成就的生产逻辑中，不断强迫和剥削自我、追求个人效率最大化，从而导致主体感知的深度倦怠和麻木。[1]

人类感性在加速社会积极过度劳作下严重退化，在韩炳哲《爱欲之死》的序言中，巴迪欧指出绩效主义将"爱欲置于濒死的边缘"[2]，爱欲是人的情感经验层次绵延与丰富的体现，而在优化逻辑与自我提升导向的绩效社会，人存在价值的确证不再是充沛的情感体验，取而代之的是抽象的绩效数值与生产效能。多元的存在价值被自我剥削的主体简化还原为单维度的绩效价值追求，对绩效价值绝对化的肯定导致了人日常生活的贫瘠化与虚无化。在加速逻辑的裹挟下，多元性生命活动仅限于动物性的生存劳作，"永无止境的自我强迫与优化的徒劳劳作削弱了生命感知、吸收、共鸣外部世界的能力。"[3] 人的审美感觉被加速弱化，从而使感觉贫困与呆滞。维持基本生存需要的动物性存在取代了人的充盈生命，加速社会使每一个个体成为不停运转的永动机，打碎了整体性

---

[1] 何泽宇：《"加速生活"的情感结构探论》，《粤海风》2023年第4期。
[2] ［德］韩炳哲：《爱欲之死》，宋娀译，中信出版集团2019年版，第1页。
[3] 何泽宇：《"加速生活"的情感结构探论》，《粤海风》2023年第4期。

的感性生命，带来了歇斯底里、狂躁和抑郁的情感体验。

加速社会也让人们的感性经验极其贫乏，因为加速社会追求在最短的时间内体验或者完成最多的事，是效率至上的原则，所以这些体验根本无法真正转化为人的内在审美经验，而仅仅是停留在表面的外部体验。比如我们旅游拍照打卡，热衷的是来过、发圈过、展示过，打卡越多，心理的优越感越强，并未真正把旅游的所见、所闻和所感内化为自己的生命经验。在仓促短暂的时间内，人所经历或完成的事件联系性脆弱，相互独立且彼此分开，缺乏叙事性的特征，这就像一次性用品一样可以被随意遗忘和丢弃，感知主体和事件之间不可能有深度的共鸣，当然也很难将琐碎浅表的生活体验内化为深层的生命经验。

随着技术节奏成为城市生活的"领奏"，技术理性形塑着城市人的生活状态，机械的、标准的工具化时间取代了日常生活中具有异质性和独特个性的，可供形成"有机团结"的感性时间，感性随之消失在技术节奏中，城市人的情感陷入一种抽象和焦虑的情态中，但焦虑的根本原因是加速社会竞争机制推动的对绩效的追求，在工具理性强悍的现代社会，数据计算和科学测量是支配世界的方式，这种数字为单一目标的生活方式让人本能地追求提升和发展，催生内卷的动力，也带来弥漫性的压力，韩炳哲认为，21世纪已经不再是规训社会，成员也不是驯化的主体，而是功绩社会，成员是功绩主体。① 在功绩社会，每个人即使成为高效运转的效能机器，也无法产出让人永久满意的功绩，因为功绩的时效性越来越短，过去可能可以用来炫耀一辈子的功绩，现在只能满足一个聘期的要求，人们为了不被超越，只能不断提高自身的产出，在不断竞争中消耗自我，陷入无休止的焦虑中。

总之，在现在快节奏的社会，人们每天面临着巨大压力，他们在少有的闲暇时光（甚至靠睡眠换取的闲暇时光）更愿意追求直观简单、碎片化的娱乐方式，缺少一种总体性视野和超越性精神。现代社会，人们面前有两个选择，要么建设有史以来最伟大和最富足的社会，要么继

---

① ［德］韩炳哲：《倦怠社会》，王一力译，中信出版集团2019年版，第15页。

续贪婪直至自取灭亡，究竟选哪条道路，要看我们选择甘愿沦为大加速的奴隶，还是力争成为引导大加速的主人。①

三 智媒时代"虚假"日常的生成

智媒时代是指人工智能、大数据、移动互联网和物联网等技术进一步成熟并蓬勃发展，为媒体的智能化注入源源不断的动力的时代。媒体智能化，一方面消融了传统日常生活的固有边界，另一方面重塑传统日常生活的原有生态。在消融和重塑之间，给社会主体的生活带来了极大便利，但同时也让他们的观念和行为受到了媒介化的影响，持续被动地接受来自媒介的"反向训化"②，使公共交往边缘化、人们记忆无机化、日常生活意义消解化。

（一）公共交往的边缘化

"周边""附近"等城市现实生活空间在新媒体所带来的虚拟世界面前黯然失色，它们的意义被边缘化，尤其是伴随着互联网成长起来的年轻一代基本不依赖地方性知识，他们不太重视甚至忽视自己周遭物理空间发生的各种事件，他们更看重自己所在网络社群中的事件、知识和共同情感。"公众依然在地方，但他们并不扎根地方；公众并不生活在虚拟社区，但他们的情感和认知却扎根在那里。"③

当下人们更愿意借助社交媒介建构自己与熟人或者陌生人之间的社会关系，在传统公共空间，比如广场、咖啡馆与陌生人相互交流和互动的机会就会越来越少，虚拟的线上交往带来的亲密感真的可以取代面对面的情感沟通吗？美国社会心理学家雪莉·特克尔指出了这种人际交往模式中的悖论，即"我们为了连接而牺牲了对话"，从而导致"群体性

---

① [英]罗伯特·科尔维尔：《大加速：为什么我们的生活越来越快》，张佩译，北京联合出版公司 2018 年版，第 XI 页。
② 刘千才、张淑华：《从工具依赖到本能隐抑：智媒时代的"反向驯化"现象》，《新闻爱好者》2018 年第 4 期。
③ 胡翼青、张婧妍：《作为常识的新闻：重回新闻研究的知识之维》，《国际新闻界》2021 年第 8 期。

孤独"。[①] 人们沉浸在社交媒介建构的交往中，把自己绑定在社交媒体上，让技术控制了自己，把社交媒体当社交场所，人往往会感觉更加孤独。热衷于"屏社交"的人在现实生活面对面的社交中会感觉无所适从，会逐渐丧失真实情境中表达情感的能力，产生社交障碍。现代性打破了交往中时空距离的隔阂，却无法消除人与人之间的情感屏障，难以建立起有共鸣的社会关系，难以获得传统持久社交关系中那种美好的体验。

现代社会的线下社交也让人忧虑。首先，人们外出就餐的频率因为外卖而减少，对于吃饭这项可以在亲朋好友之间，也可以陌生人之间展开社交活动行为的忽视在一定程度上弱化了人们的社会交往，有人宁愿点外卖也不愿外出的原因甚至就是怕碰见熟人，怕与人交流；其次，"气球式"交往模式在现代社交中占据重要地位，人与人在相遇时刻感觉非常开心，表现出异乎寻常的热情，但在聚会结束后，彼此又像陌生人一样，这是一种虚假的热情。"气球式"交往模式在流动感和速度感为特征的现代社会普遍存在，不只是在聚会和应酬中，甚至在日常工作中，人们也很难深入交流，成为真正的朋友。加速社会交往活动中的情感焦虑让人感觉无所适从。

网络时代，媒介技术为人际交流创造了不同于实体空间的技术空间，让人们有了更多社会交往的可能性，但也挤压了线下交往的空间并影响线下交往的质量。在技术空间中，个体可以突破时空限制实现无障碍交往，身体不在场的线上交流使传播陷入个体和自我分离的境地，呈现出多重狂欢的交往特征，也表现出群体性孤独的趋势，公共交往呈现出联结与区隔、狂欢与孤独等交往实践悖论。

（二）人们记忆的无机化

无机记忆是相对于有机记忆而言的，有机记忆是基于生命体的记忆方式，无机记忆是基于互联网的记忆的重要特征，"由计算机语言、文

[①] ［美］雪莉·特克尔：《群体性孤独：为什么我们对科技期待更多，对彼此却不能更亲密?》，周逵、留菁荆译，浙江人民出版社2014年版，第28页。

字数字化引发的记忆样态可称为记忆的无机性。"① 无机并不是没有生命的征象，而是指这类记忆是由科技联盟和商业以人造性为主导推进的，具有人造性、流动性、短暂性和表层化的特点，这类记忆最重要的诉求是吸引眼球。数字时代无机记忆主要表征为转瞬即逝、众生喧哗、解构主流和丧失深度。

首先，转瞬即逝是互联网热点新闻的重要特征，这类热点新闻网络反响大，在互联网的作用下，能够短时间内实现情感的高度堆积，有高度在场的他人反应，很容易造就一种强度和速度空前的公共制裁形式，因为数字记忆脱离具体化的社区环境，因此能够短时间内借助流量对社会和个人造成巨大的影响。

其次，众生喧哗，在网络平台提供的数字化广阔开放空间中，人人都有发声甚至产生广泛社会影响力的潜力，这种状况有利，但也有弊，最大的弊端就是很多东西让人无法判断真假，比如无人知晓每一个流行的短视频背后究竟有一个什么样的个体，但不妨碍他们向很多人宣讲或表演，并依靠某种特色赢得很大的流量，从而产生广泛的社会影响力，公序良俗极大地受到他们传递的价值的影响与冲击，但相比经过社区情境严格检视的和人类社会经验逐渐累积而成的传统社会价值，短视频传递的社会价值是未经权威检验的，短视频营利的目的也注定他们的内容是不够深刻的，数字记忆的无机性带来了种种幻象魅影，冲击了主流社会的记忆，伤害了社会的有机记忆。

再次，解构主流，网络文化大多是一种随意为之的娱乐文化，无视具体化社区情境的力量，甚至破坏人类赖以为根基和意义力量所在的社区环境，这种随意为之是数字记忆无机性的体现，与传统为了建构人们意义感和身份认同的社会主流记忆相比，这种记忆导致文化的碎片化和价值的多元化，带来价值建设危机，很容易让人们陷入困顿迷茫，反映社会心态乏力的概念"躺平""内卷"都与记忆无机化相关，并且记忆无机化会削弱社会方面带给社区和个体的安居乐业的力量。借助互联

---

① 刘亚秋：《数字时代的文化记忆危机与建设》，《探索与争鸣》2023年第8期。

网，网络推手带着博取关注、获得报偿等极强的目的性策划炒作，让普通人迅速成名，即使没有任何作品也能炒作成明星，让数字记忆无机性之任意妄为的特征暴露无遗，传统社区情境中的稳固性力量被碾压。

最后，深度丧失，死记硬背在机器检索时代已经不那么重要，人们减少了知识性记忆的需求，而熟记是深度思考能力的基础，是融会贯通和创造的前提。信息技术制造了不记忆、只记录的困境，记录是外在的，将对象交付给检索技术和存储，记忆是内化的，将对象转化为认知和心理的一部分，记录属于无机记忆，会使人丧失深度思考的能力，记忆属于有机记忆，会产生善的社会力。深度思考能力的丧失，使人们在铺天盖地的消息面前不能准确判断什么是有利于个体和社会的，人们找到价值准绳的能力降低，在众声喧哗的大背景下，大众渴望表达快感和叙事张力，丧失了对何为人间正道以及真实性的思考，"大众以数字记忆的无机性为工具快意恩仇，但同时日渐失去了来自社区情境中的安所遂生的力量，即一种有记性社会力的庇护。"[1]

智媒时代无机记忆也表征为"微粒社会"群体的情感无着落状态。个体在网络时代获得了空前的表达自由，但个体在一望无际的个体聚合中，犹如空中悬浮的一粒粒微尘，无论是在 Vlog 还是抖音，个体关于自身存在的数字化表达大多是一种不可见的自嗨，无法形成有意义的创作行为，这些书写要不成为大众狂欢中被操控的符码，要不被淹没在无边无际的数字化空间中，表达在情感层面表征为群体的情感无着落状态。

"无机"记忆由于过度强调记忆的技术，导致记忆脱离了具体的地域情境，记忆有机性社会力的功能逐渐式微，促进社会团结的功能下降，处于漂浮不定"无机"记忆洪流中的我们，如何稳固和构建主流社会的"有机"记忆，寻回心安的地方感，建立人与地之间的深度关系，是值得认真思考的问题。

（三）日常生活意义的消解化

鲍德里亚所说："我们生活在一个信息越来越多而意义越来越少的

---

[1] 刘亚秋：《数字时代的文化记忆危机与建设》，《探索与争鸣》2023 年第 8 期。

世界里。"① 无意义感是包含了行为、情绪、认知等方面的一种复杂体验，是一种隐秘而深刻，指向深层的自我体验，心理学家认为无意义表现为行为上缺乏活力，较为机械，情绪情感上无深刻体验、较为冷淡或伴随消极情绪，认知上认为所从事的活动或生活没有意义，动机上缺乏动力或目标。②

1. 创造意义的能力消失

数字社会交往方式和连接方式的变革，使民众的意义感发生了结构性变化，这既源于生活世界的优化，也源于精神世界的多元选择，"数字技术最大的风险，就是使日常生活的意义在虚拟中退隐并可能最终走向消散。"③ 数字技术建立的虚拟世界消弭事实世界（生活世界）和意义世界的边界，意义退隐，事实替代意义，意义也被视作事实，意义世界从虚拟走向虚幻，对意义的文化意识和自觉建构的缺乏导致日常生活意义感消失。

在数字时代，人们缺失了创造意义的能力。人类世界从最初口口交流的信息方式到现代电子媒介的信息方式，意义在生活世界中趋于模糊，在口口交流的信息中，交往主体能够建构起强大的意义世界，各种节日的文化设计充满了智慧，中秋节相约以月亮为情感媒介，把自己的思念寄托到月亮上，月亮在中国传统文化中成为"在一起"的意义世界的载体，亲人可能隔着千山万水，无法面对面交流，但却创造了可以穿越时空力量的意义世界，然而电子世界是传递信息的功能世界，意义世界要么消失殆尽，要么由虚拟转向虚假，个体从"灵肉俱在"走向"灵肉分离"，人们普遍感受到在虚拟世界无话不说，而面对面却无话可说，这就是生活世界意义感的消失，但更可怕是数字文明中的个体不只是告别了意义，而且丧失了创造意义的能力。

---

① 英国 DK 出版社：《社会学百科》，郭娜译，电子工业出版社 2017 年版，第 196 页。

② Van Selm M., Dittmann-Kohli F., "Meaninglessness in the Second Half of Life: The Development of a Construct", *The International Journal of Aging and Human Development*, Vol 47, No. 2, 1998, pp. 81–104.

③ 樊浩：《生活世界——意义世界：人类文明的两轮》，《探索与争鸣》2023 年第 6 期。

文化工业推动了意义世界事实化和文化生活化，使意义世界成为生活世界的俘虏和附庸，文化成了消费对象，和生活合二为一，文化不再是理想的延伸，而是欲望的延伸，文化不能再为人们提供解释系统，也失去了让人们超越生存困境的本性，更失去了制造和建构意义世界的能力。人类文明用于自我疗伤的文化能力和精神资源不复存在，当人类文明遇到困境时，便难以自我治愈。因此，建构日常生活的意义对未来世界具有极其重要的意义，只有意义世界和生活世界的恰当平衡，才能拯救人类文明。

2. 生成意义的环境变化

数字时代以前，人们在体验到无意义感的同时，仍然会有透过无意义感体验追问深层存在的确定的"自我"寻求，但数字时代重新定义了人的存在方式，人们对无意义感的体验完全不同，他们成为游走在虚拟和现实世界之间的"不活"[1]族，在现代科学技术所营造的科技虚拟感、虚伪安全感和意义虚无感中，以"断生、自损、抽离、沉溺和关系数字化"[2]的方式呈现向下生长的状态。

在数字化时代，人们可以快速广泛地获取足够的信息，但是这种信息是粗糙、没有深层经验内核的，人们害怕的不再是孤独、死亡等终极问题，而是害怕零信息量摄取和交换所带来的无聊。传统时代人们追寻的是确定的自我，是本来就存在或想要去追寻的状态，但数字时代不存在这种状态，而是根据获得的信息成为任何可能成为的状态，不同自我之间缺乏连续性和统合性，个人也缺乏核心的自我意识。人们借助数字世界获取的大量信息来对抗这种虚空的自我状态，在网络中以不同形式的自我存在于各处，但却常常又感觉到孤独和无意义。近年来的流行词汇"躺平"根源于无意义感，无论怎样奋斗，抑或怎样"成功"，生活终究感觉无聊、空虚、没有意义。社会出现的"丧文化""空心病"等现象，也反映了人们在生活中体验到的无意义感，抑郁率不断攀升，自杀的低龄化趋势，都反映了一种向下生长的生命状态。

---

[1] 王东美：《意义感光谱与青年自我意义生成》，《探索与争鸣》2023年第6期。
[2] 周宜：《我是不活族：一本精神地理的笔记书》，博士学位论文，辅仁大学，2019年。

无意义感或虚无感是现代性在精神文化方面的核心症状，在数字化的加持下，正如韦伯说的世界"祛魅"、尼采说的"上帝死了"、萨特等存在主义哲学家说的"虚无"或马克思说的"真理的彼岸世界"消逝，现代文明的共同特征暴露无遗，即"维系此岸世俗世界之意义的神圣源泉被切断""生命意义及其客观来源信念被摧毁"，由此带来了两方面的变化，一是机械性运转而缺乏内在意义或目的的乏味世界，二是生活和生命体验上一种深切和根本性的迷茫虚无，这成为当今人们厌烦感和无聊感生成的根本原因。[1] 无意义感或虚无感作为现代人的一种存在处境，成为社会亟待面对和解决的问题。

反思智媒时代存在的问题，并不是站在技术悲观主义的立场简单否定媒介技术的发展，也不是要重返"技术还原论"的窠臼，而是要通过深刻思考智媒时代存在的问题，为智媒的发展、为智媒时代人类的美好生活的实现厘清思路并扫清道路。

第二节 中国"都市社会"文化健康发展的路径

面对空间转向下的共同体衰退、加速社会情感结构的异化和智媒时代虚假日常的生成，我们必须思考生存空间的选择与重构问题，思考摆脱物化境遇和商品化生活世界的方式问题，中国"都市社会"发展必须立足于中国的城市现实，注重主体和客体的和谐统一，在继承中创新，在创新中发展，探索一条媒介视角下的"城市—情感"发展路径，进一步推进丰富多样生存方式与生活世界的建构。

一 建构场景，找寻失落的共同体

场景是描述城市和社群最好的方式，包括物理环境和美学综合作用所产生的风格和场景，工作和居住场所以及常常出入其中的人，人们所

---

[1] 王小章:《意义感、承认与友情共同体》,《探索与争鸣》2023年第6期。

参加的活动，以及这些活动所激发的价值和象征意义。① 场景可以折射一个地方的整体文化风格和美学特征，场景可以赋予生活意义并唤起人们的情感共鸣，改变人们的态度和行为。

（一）共同体需要集体记忆

共同体离不开集体记忆，哈布瓦赫 1925 年提出集体记忆的概念，强调记忆的公共性，认为集体记忆离不开集体处所和公共空间。② 人们在被唤起的场所历史经验中，重建身份认同感和归属感，从而提升个人幸福感。

1. 建构认同的场所，营造根植感

根植感指情感扎根的感觉，是隐藏在内心深处不可忽视的一种需求，是个人对自身所处国家、文化、城市、社区和单位的情感认同和归属，不仅能够给人提供坚实的情感基础，还能赋予个体稳定性、安全感、力量感和抵御逆境的信心。哲学家威尔·杜兰特曾经说过根植感是隐藏在人内心深处非常重要的一种需求。③ 弗洛姆也曾写道人们需要在世界扎根并找到归属感。④ 根植感主要包括认同感和归属感两个方面，其中认同感是根植感的主要内容，归属感是根植感的显著表现。

根植感的营造离不开城市的历史与传统文化，这是城市的文脉，也是城市的生命底色，更是个人生活的根基。虽然在全球化的背景下完全回归城市历史与文化传统不太现实也不太可能，但中国城市建设和发展必须扎根地方，习近平总书记曾经说过城市建设既要融入现代因素，更要延续城市历史文脉。所以，城市建设要把营造具有根植感的场所放在首位，增强城市的叙事功能，激发人们的认同感，满足人们的精神需求，推进共同体建设。

---

① ［美］Silver D.、Silva T.、Adler P.：《场景的演化：四种社会发展模式在场景中的应用》，庞亚婷译，《武汉大学学报》（哲学社会科学版）2022 年第 5 期。
② ［法］莫里斯·哈布瓦赫：《论集体记忆》，毕然、郭金华译，上海人民出版社 2002 年版，第 44 页。
③ Simone Weil, The Need for Roots, New York: Routledge, 2001.
④ Erich Fromm, To Have or to Be? London: Continuum, 2007.

营造具有根植感的场所可以通过建设城市文化公园，让人们在沉浸式的环境中体悟城市独特的历史文化。城市文化公园建设要遵循下列三条原则，首先要遵循主题性原则，提炼能够代表本地精神的文化元素和载体，以本土真实性为本，突出没有被全球化力量标准化与同质化的东西，凝练鲜明的主题；其次，要体现通俗性原则，要以通俗易懂、喜闻乐见的方式展开，避免太艺术化的表达；最后，要符合审美性原则，避免只有视觉化冲击、怪异缺乏内涵的设计，要将地方文化的美学意蕴用科学的方法、巧妙的设计融入城市文化公园的空间建设中，创造表现美和传承美的促人沉思的快乐空间，而不只是简单的体验空间。

根植感能给个体带来自觉性的体悟，使个体意识到"我是谁"。并且根植感能够帮助修复和加强人与人、人与城市之间的情感联结，促使城市生活和精神共同体的形成。具体而言，根植感可以促进流动人口融入城市，可以提高个人对组织的认同，可以提升个人的心理韧性和主观幸福感，当然，根植感的营造除了建构认同的场所，还需要各种宏观制度的保障，各种政策的实施为之护航，更需要个人发挥主观能动性，产生根植感生成的内驱力。城市的钢筋水泥使人越来越远离自然，并被虚无感所笼罩，进而生成脆弱和不快乐的感觉，而依托地方营造的根植感，能够让人在与环境的情感联结中汲取精神力量，提升对一个地方的认同感和归属感，生发幸福感，从而形成基于地方的情感共同体。

2. 地方艺术是人重返地方的记忆之物

地方（Place）曾经是自然地理的空间，现在指承载文化意义的空间，这从和地方相关的一系列概念也可窥见一斑，包括"地方感""地方认同""地方依恋""地方记忆"和"地方意象"等。"艺术是人类的记忆形式，艺术史是人类心灵的历史。"[①] 艺术是联结人、地方和时间的一种生动形式，地方、记忆和艺术有着千丝万缕的联系。地方艺术作为一个地域的特属艺术，指具有地方特色和地方精神的艺术形式，包括诸如地方建筑、地方服饰等物质文化的艺术形式和诸如地方戏剧、地

---

① 罗易扉：《地方、记忆与艺术：回到地方场所与往昔的历史经验》，《清华大学学报》（哲学社会科学版）2023 年第 2 期。

方舞蹈等非物质文化形式。地方艺术作为社会记忆的一种有效方式，作为人与往昔记忆的媒介，是人重返地方的记忆之物，连接着人对于地方的往昔历史经验。

资本逻辑推动下的空间生产和空间消费带来了同质化的城市空间，人们流散在统一性的现代空间中，关于地方的记忆模糊甚至丢失，地方和流散成为社会亟须关注的问题，地方艺术可以唤起人的地方依恋，在本土历史语境下展开的地方叙事艺术，作为集体记忆之物，充盈着丰厚的地方文脉，能够唤起人对地方往昔的历史回忆，从而获得地方认同感和归属感，形成人与地方之间的情感连接。人类学家罗伯特·莱顿通过研究中国山东民间艺术和澳大利亚原居民艺术发现，这些艺术品能够提供给收藏者一种与遥远过去的承续感和对土地的归属感。地方艺术也会引发人们对于故土的再构建和再想象，最有代表性的是苏格兰英属原居民手工艺品哈里斯挂毯，挂毯图案源于哈里斯岛本土原居民日常生活，其中携带了历史与文化隐喻，能够唤起原居民对于哈里斯岛的向往和怀念，挂毯图案通过艺术元素传达岛屿与审美空间之间的社会关系，映射出深刻的政治美学，地方的图像意象联结过去和现在，并把视觉符号转化为场所精神，图像激发人们回忆过去的生活世界，从而唤起地方身份认同。

世界的飞速变化使现代世界充满了迁徙和移动性，现代人处于一种流动状态，这种流动状态伴随着失去根和家园的感觉，人处于疏离和漂泊的心灵状态，人的漂泊感来自世界的无秩序感，艺术作为连接我们现在和过去的文化符号，是民族稳定的文化记忆形式，人类从中寻找精神的家园。地方艺术是人与地方重获认同的媒介，承载着丰富的隐喻和象征，充盈着人类对地方的向往和依恋，是再想象和再建构故土的一种方式。人类通过可见的地方艺术形式，回到不可见的往昔。人类通过弥漫着地方场所精神的故乡记忆，获得民族和身份认同。

（二）共同体需要可沟通型城市

胡翼青挪用海德格尔用来形容存在者和世界关系的"上手"和"在手"来区分城市中的空间和场景，认为像菜场和市民广场这种人人都可以参与的场景和空间就是一种"上手"空间，人们熟知该场景的游戏规则，自然而然地在其中交流和行动，甚至意识不到空间和场景的存在，而那些对参与其中的参与者的身份、地位和权利有要求的空间，对于普通人来说，就是"在手"空间，这种空间无法成为人们日常生活中的一部分，仅仅是一种视觉景观，是一种对象化的存在。一个城市的"上手"空间比例越大，就越宜居和可沟通，"在手"空间比例越大，区隔性就越强。①

雅各布森在其书《美国大城市的死与生》中，从人行道、社区围栏、街区和老建筑等各种城市空间的细节强调了交往和沟通空间对于城市的重要性，她反对为了安全将社区和街区变成"孤岛"的做法，并且认为这是导致空间衰败的根本原因。城市的公共交流非常重要，如果城市人之间的接触只能在私下相识的过程中进行，城市就会变得迟钝。② 原因是陌生人之间少有的公共接触是"人们对公共身份的一种感觉，是公共尊重和信任的一张网络，是在个人或街区需要时能做出贡献的一种资源"。③ 所以，城市规划应该以"交往"和"人居"作为重要尺度，少建墙，多建桥；少一点功能区，多一点文化共享区；少一点"在手"空间，多一点"上手"空间；少一点景观，多一点公共空间；少一点区隔，多一点包容、融合和平等，才能给人带来幸福的体验，正如怀特指出的那样，"人性化的空间可以让城市生活大不一样"。④

通过合理的空间安排和积极的城市更新，抵制"在手"空间的蔓延，推进"上手"空间的回归与再现，正如习近平总书记倡导的"房子是用来住的"。我们要推动功能性和工具性空间向日常生活空间转变，使用先于交换，摆脱物化生活的奴役。我们既需要富裕的物质生活，更

---

① 胡翼青：《作为媒介物的城市与"可沟通城市"的困境》，《探索与争鸣》2023年第7期。
② ［加拿大］简·雅各布森：《美国大城市的死与生》，金衡山译，译林出版社2005年版，第58页。
③ ［加拿大］简·雅各布森：《美国大城市的死与生》，金衡山译，译林出版社2005年版，第59页。
④ ［美］威廉·H.怀特：《小城市空间的社会生活》，叶齐茂、倪晓晖译，上海译文出版社2016年版，第10页。

需要多样丰富的生存方式，需要中国特色的差异性生存空间，这里的差异性生存空间是指多样生活方式的和谐共处和合理并存，力求实现生活的饱满性、全面性和丰富性，而不是后现代主义差异性空间所坚持的人与人生活无限对抗、冲突和分裂的生存方式和状态，目的是提供安逸和谐的生活，推动空间共同体的形成。

二　凝思生命，追求共鸣的社会关系

在加速为特征的现代社会，美好生活何以可能成为社会亟须解决的问题，美好生活意味着没有异化，意味着我们需要开发一种与世界相连的新形式，改变主体与世界之间疏远冷漠的关系，"使主体能被他/她所遇到的人、地点、物所感知、所感动。"[1] 这种新形式就是"共鸣"，如果想要治疗加速带来的社会病症，迈向美好生活，必须凝思生命，建构人与世界的共鸣关系。共鸣强调主体与世界建立一种相互回应、相互转化的关系。[2] 是刺激和感动的双重过程，人不再只把世界视为工具或手段，而是积极倾听世界的声音，同时发出声音回应世界并与之建立关系。

（一）情感动员，提升韧性

加速社会引发人类社会的不确定性，人类社会越来越陷入深度复杂和高度不可感知的境遇中，社会急需张弛有度的韧性治理模式，"韧性是指物体面对不确定性扰动的稳定、恢复和适应能力。"[3] 加速社会的不确定性主要根源于"功能—价值"与"结构—功能"的刚性治理模式，这种模式导致"感性人"的消失，以及群体情感参与和情感表达的缺席，情感比理性更能够治理现代社会的流动特征，将微观个体行为和宏观社会结构融合到一个完整流动的体系中，塑造一个公共精神充盈

---

[1]　[德]哈特穆特·罗萨：《分析、诊断与治疗：晚期现代社会形态的新批判分析》，胡珊译，《江海学刊》2020年第1期。

[2]　Hartmut Rosa, *Resonance: A Sociology of Our Relationship to the World*, Cambridge: Polity Press, 2019, p.174.

[3]　余敏江、方熠威：《情感动员与韧性提升：不确定性风险下城市社区治理的行动逻辑——基于上海市L社区的考察与分析》，《探索》2023年第4期。

的城市共同体，抵御加速带来的感性迟钝和焦虑。

　　社会发展既要遵从发展逻辑更要有生活逻辑，要关注个人的需求和人际互动，以情感治理为手段可以实现主体间网络联动、个体间顺畅沟通，比如通过社区的情感动员，改变邻里之间的交往关系，城市社区基本上是"不需要知道你是谁"的非人格化交往，但人需要深度交往的感受并没有消失，而是隐藏在人身体之中，情感治理避开工具理性的"公式化"和"程序化"行事方式，针对居民多元化、个性化的需求因地制宜，搭建多条情感纽带，让更多的居民意识到远亲不如近邻，打破私人和公共生活的边界，消弭社区居民间的匿名性和陌生感，用富有人情味的生活家园取代彼此疏离的商住小区，使个体逐渐生成对群体身份的认同，产生自我安全感和归属感。

　　情感动员既仰仗社会关系重建和情绪引导等"虚体情感"，也依赖依托于实物而存在的"实物情感"，比如土地情感，土地情感作为一种无形的主观意识，需要依托土地来表达。但在快速的城镇化过程中，家庭院落的消失、土地的流转等诸多因素使人们失去了土地，也失去了吉登斯意义上的"本体安全性"，他们因为生活空间的变迁感到一种前所未有的焦虑。几千年的农业生产和农村生活实践使土地情感深刻烙印在中国人的记忆深处，成为生命中不会轻易消失的一部分，不仅农村人，在很多城市居民看来，土地不仅是满足生存的生产资料，更是灵魂深处的慰藉，是在加速社会找寻田园生活的联结，因此，城市可以以小区为单位，通过"开心农场"的开辟和"责任绿化带"的认领等方式帮助社区居民找到土地情感实践空间，[1] 帮助社区居民应对快速变迁的社会，完成本体安全性的自我修复，正如凯文·林奇所言，人类善于利用空间来生产担忧感、满足感、光荣感等心理结果。[2]

　　情感动员离不开城市空间情感营造。城市空间情感营造需要提炼和塑造城市的人文精神、社会精神和和谐精神，并以此指导城市空间的建

---

[1]　卢义桦、陈绍军：《情感、空间与社区治理：基于"毁绿种菜"治理的实践与思考》，《安徽师范大学学报》（人文社会科学版）2018年第6期。

[2]　[美]凯文·林奇：《城市形态》，林庆怡译，华夏出版社2001年版，第145页。

设和发展；此外，城市空间情感营造必须立足于城市的历史文化基础之上，紧扣美好生活这个主题，植根历史，面向未来，明确空间情感营造的感情脉络和基本要素。城市不仅仅是一个物理空间，更是拥有各种社会关系的社会空间，良好的空间情感营造能够提高人民的归属感、安全感和幸福感。

情感是加速社会消解诸如感性钝化、焦虑和原子化等诸多问题的有效手段，无论是莎夫茨伯里伯爵的"情感价值"，还是休谟的"情感先于理性"，抑或斯密的"道德情操"和哈其森的"道德感"等，皆强调在情感中找寻社会团结的基础，人类的特质之一就是在建构复杂社会结构和形成社会纽带时对情感的依赖，不管是面对面的人际交往，还是构成现代社会大规模的组织系统，情感都是推动社会健康发展的关键力量。

(二) 超越加速，建立共鸣轴

加速社会新的异化形式阻碍人们走向美好生活，重建美好生活需要改变加速社会主体与世界之间疏离与冷漠的"缺乏关系的关系"，建构一种"有关系的关系"的共鸣。罗萨认为个人的共鸣经验是杂乱和偶然的，而共鸣轴是相对稳定的，因此，社会治疗的关键是建立稳定的共鸣轴，又因为加速是异化的社会根源，所以稳定共鸣轴的建立要以超越加速逻辑为前提。

由于共鸣关系一端的世界宏大复杂，因此人与世界之间也呈现出多种样态的共鸣关系，罗萨将这些共鸣关系分成三类，构成三种共鸣轴，分别是水平共鸣轴、对角共鸣轴和垂直共鸣轴，水平共鸣轴也叫"社会共鸣轴"，对应的是人与人之间的共鸣（主要涉及家庭、友谊和政治中的共鸣）；对角共鸣轴也称为"物质共鸣轴"，对应的是人与物质世界的共鸣（主要涉及工作、教育、运动和消费中的共鸣）；垂直共鸣轴也叫"存在性共鸣轴"，对应的是人与自然和超自然世界之间的共鸣（主要涉及宗教、自然、艺术和历史中的共鸣）。人们通过这些共鸣轴可以在异化的经验中与世界建立联系并找到自己的声音。

超越加速，建立稳定的共鸣轴需要从主观和客观两个层面进行改革。首先，人的主观意识要改革。罗萨认为人对共鸣的倾向性态度（包括开放的态度、对共鸣的期望、自我效能感和内在兴趣）决定能否建立人与世界之间稳定的共鸣轴。在客观环境基本相似的条件下，一个人对共鸣的倾向性态度与他和世界建立稳定共鸣关系的可能性成正比，因此，超越加速逻辑建立稳定共鸣轴的重要途径之一就是人的观念的转变。其次，社会制度结构要改革。在罗萨看来只靠意识的改变还不足以超越加速逻辑，还需要从客观层面对现代的社会制度进行改革。第一，在经济领域要以经济民主制驯服或替换资本变现逻辑，经济民主制并不反对经济发展加速，只是加速的目的不同，经济民主制加持下的加速是为了实现人民美好生活、为了解决新问题和克服短缺进行的加速，而不是为了逐利的盲目加速。第二，在福利制度领域要实施"无条件保障基本收入"和"无条件保障基本时间"制度，无条件保障基本收入使人们可以无条件获取必要的生活支持，这将减轻人们的压迫感，使人们"在世界中存在的基本模式从斗争转向安全，从而消除存在焦虑。"[1] 无条件保障基本时间可以让人们有更多除了工作时间以外的自由时间，从而为建立稳定的共鸣轴提供时间保障。第三，要改革政治领域政治活动的重点和方式。政治活动的重点应该是使世界被听到，不应是征服与控制，方式应由共同塑造共同体的愿景和意图所定义，而不应由反对世界与他人的动机所定义，这样才有希望建立稳定的政治共鸣轴。最后，文化领域不能把量的增长当作衡量生活质量的标准，而应把人与世界关系的质量当作衡量生活质量的标准。[2]

面对加速产生的问题，共鸣提供了解决方案，共鸣体验的质量直接影响人们生活的质量，因此，要提供共鸣的时间条件抵牾时间异化、营造共鸣的个体空间逃离空间异化、回归共鸣主体抵抗行动异化、构建共鸣的物质联结避免物界异化，推动共鸣轴建立，克服加速逻辑的消极作用，改变共鸣和异化的力量对比，使加速更好地服务于美好生活的建构。

---

[1] Hartmut Rosa, *Resonance: A Sociology of Our Relationship to the World*, Cambridge: Polity Press, 2019, p. 439.
[2] 王洪波、张朝阳：《超越加速逻辑的美好生活何以可能——罗萨社会加速批判理论的唯物史观反思》，《马克思主义与现实》2022 年第 5 期。

(三) 自觉减速，沉思生活

在数字技术的推动下，科技加速带动了社会和日常生活全面加速，也带来了情感结构异化问题，在加速的漩涡中如何有效抵抗加速社会的情感结构异化，是新技术环境下人们必须面对的时代之问，要解决这个问题，就要不断发掘慢速的价值，沉思现代生活。

为了反抗现代性加速时间体系，应该倡导慢速生活的理念，重新发现传统慢的价值，"亲爱的客栈""向往的生活"等慢综艺的热播都说明都市人渴望慢节奏的生活。在社会层面，社会要重新设定目标，不能只把经济、文化等领域的提速作为目标，成功和胜利不只取决于赢得速度，盲目追求速度会付出难以承受的精神代价，因此要重新设定社会目标，平衡速度和情感的关系；在城市规划层面，要注重公共广场、公共图书馆等减速空间的建设，为减速提供可能；在个人层面，要关注自身的精神和情感需求，通过读书会、音乐节和美术展等审美体验，或者纸质阅读、自助旅行等来平衡单调枯燥、快节奏的日常生活，慢速生活的追求并不是主张回到过去，而是倡导在越来越快的日常生活中反思时间与变化，寻求一种平衡的、可持续的生活态度。

面对加速社会的时间危机，"罗萨的方案是'共鸣'，韩炳哲则是'凝思'。"[1] 共鸣关注的是主体与外在世界之间的关系，凝思主要探寻主体内在的思考能力，凝思是以清闲的心态进行思考，并不是指无所事事的状态。以往人们的工作时间和休闲时间相互分离，但现代的移动性数码设备使我们时时刻刻都在工作，工作时间和非工作时间的界限日益模糊，"每个人就如同一座劳改所，将工位带在身上。"[2] 人们彻底丧失了休闲时间，被劳动时间完全占据，由于过度投身于工作，人往往丢失凝思的时间和能力，思想被排斥到生活的边缘地位，这会导致生命失去本身的意义，并可能引发严重后果的时间和生命危机，因此，必须让生

---

[1] 连水兴、陆正蛟、邓丹：《作为"现代性"问题的媒介技术与时间危机：基于罗萨与韩炳哲的不同视角》，《国际新闻界》2021年第5期。

[2] [德] 韩炳哲：《在群中：数字媒体时代的大众心理学》，程巍译，中信出版集团2019版，第52页。

命重获凝思的能力，凝思可以作为解决时间危机的内部策略，可以让时间变得有意义，"凝思生命提升了时间本身"，生命一旦获得凝思能力，人便拥有了时间。①

凝思不仅有助于我们抵抗时间危机，也有助于我们增强个人反思意识并提高自我研判能力，来沉思媒介时代的快速生活，在现代，人们与世界建立关系的方式往往不是通过身体与世界直接接触，而是借助媒体发生。几个世纪以来人们主要是通过"软的、芳香的、灵活的、可工作的"纸质媒介书籍来与世界产生联系，但如今主要以"坚硬的、寒冷的、刚性的和冷漠的"屏幕与世界建构联系，这种屏幕主导的社会使人们只能通过屏幕体验世界，减少了对世界的物理体验，这导致人与世界的关系变得单一化，屏幕化的传播技术把"我"与属我的身体、生命的经验和丰富的情感剥离开来，"自我"抽象为空壳，产生严重的自我认同危机。为改变科技加速下传媒技术过度掌控侵占个体的现状，要尊重媒介背后的客体，警惕传媒技术过度概念化的内容，保护并恢复人的丰富性。人们要不断反思客体与媒介呈现的概念之间的差异，建立世界与自我之间和而不同的关联方式，这样人的生命才能摆脱碎片化、肤浅化的体验，生成直达内心的深刻的共鸣经验。

在速度生存的当下，要平衡好外界速度和内心节奏之间的关系，既要通过生产关系和生产方式的转变，使社会结构和经济结构协调发展，使加速社会的异化弱化，维持好社会加速与生存共鸣的平衡关系，不断提高人们的安全感、幸福感和获得感，推动人类走向真正的解放，也要通过生活实践、世界关系和社会机制等多重视角探讨情感问题，明白情感的生成、聚合、传播和隐匿，才能认识到人类已经处在新异化状态，才能明确真正的幸福人生是什么样子。

三　把人带回来，重建智媒时代"真实"的日常生活

人从以前通过全感官感知社会到现代主要通过媒介感知社会，曾经

---

① ［德］韩炳哲：《时间的味道》，包向飞、徐基太译，重庆大学出版社 2017 年版，第 226 页。

真实可触摸的生活成为悬浮的数字存在，曾经真实生活的地方成了充满景观的空间，因此，人们要拯救智媒时代被吞噬的真实日常生活，重组数字经验和在地经验，在媒介、地方、空间和社会的关系建构中融入集体、塑造自我、建构社会，在数字化社会进程中探寻人与地方之间的联结与互构。

（一）重建附近，激发交往欲

城市是一个包含着无穷空间和个体故事的大概念，但是在偌大的城市前，与个体有关的或许只有附近的500米，也就是说附近的生活才能让人更好地感知城市，形成与城市之间的故事。附近的概念出自人类学家项飙，他提出过"附近的消失"[1]，最近又提出"最初500米"[2]，对于个体来说，不是通过城市宣传片中的美丽景观来感知城市灵韵，而是通过温暖有趣的附近来拥抱城市，因为附近才有熟悉的陌生人之间的会心一笑，才有生命的体验和驻留，非表征主义理论强调身体与情绪、情感的空间塑造力量，认为个体持续性的身体展演和参与可以转化为非预期的社会文化意义。

数字社会人们的生活越来越虚拟化，交流靠微信、微博，娱乐有快手、抖音，购物在京东、淘宝，相比"附近"的烟火，他们更享受追求远方的虚无，丧失了在现实生活空间获得多元认知和移情的能力，从而陷入孤独和无助。附近是"行动真正发生之处"[3]，不仅拥有空间性的特征，而且具备社会性和情感性的属性，既是每个人日常生活的场所，也是社会成员产生交集和互动的情感空间，能够生成有意义的真实的日常生活。

在智媒时代，如何重建"附近"，使人们走出虚拟连接，进行线下交往，恢复附近的活力呢？首先，附近的建设应当凸显自我表达的特质，强调人人参与和自我创造，鼓励创意创新的高品质生活，但不是提

---

[1] 项飙：《作为视域的"附近"》，张子约译，《清华社会学评论》2022年第1期。
[2] 项飙：《作为视域的"附近"》，张子约译，《清华社会学评论》2022年第1期。
[3] Erving Goffman, *Interaction Ritual: Essays on Face-to-Face Behavior*, Chicago: Aldine Publishing Company, 1967, p. 149.

倡享乐主义的生活方式，否定商业逐利和循规蹈矩，这就依赖艺术博览、创意设计、传统工艺等类型的文化设施与服务，也离不开图书馆、文化馆、博物馆等精神类的文化设施与服务，它们是建设凸显自我表达特质附近的物理载体，这种社会空间的构建主要依赖社会力量的积极创造；其次，创造有目的的参与提升附近的活力，这离不开文化舒适物，通过娱乐休闲和文化创意类型的公共实施与服务，塑造沉浸式、全景式的文化消费体验以及可进入、可识别的文化景观，从而提升附近的魅力和吸引力，这种附近的营造需要政府精细统筹谋划，丰富优化公共文化服务设施配置，强化公共文化活动和服务场馆的参与感与体验感；再次，附近需要塑造迷人的社区磁场，这离不开以时尚创意和休闲娱乐为代表的文化休闲类舒适物的配置，如咖啡馆、茶馆、书吧和酒吧等，这些舒适物是生活方式多元化、品质化的表现，是人群走出家门的外部吸引力；最后，附近的构建要依赖本土特色，附近的重建要重视地方特色、重视地方文化资源的活化传承，深耕文化价值，建设体现地方特色的餐厅、博物馆等，让附近具有族群性和可识别性。

总之，附近活力的恢复，依赖公共服务的优化和睦邻友好社会空间的打造，需要充分展现附近的生活属性，重视日常交往空间的营造，根植本土文化精神，保留邻里市井特质，满足人际交往需求。

（二）恢复有机记忆，实现灵肉相融

恢复有机记忆必须根植于社区情境的有机性保护。数字记忆不依赖社区情境，甚至完全脱离社区情境，因此是无机的，数字记忆的无机性解构了在地化社区情境的力量，弱化了人类社会可持续发展的价值准绳，为解决数字记忆的无机性问题，必须植根于社区情境的有机性保护，产生与之抗衡的力量，这就需要国家和政府的介入，对杂乱无章、漫无边际的互联网作出高效合理的规划和引导，维持有机的社会力——善的社会力量。无论是项飚提出的再造附近还是滕尼斯的守护共同体，其实都是让记忆能够依托在地化的社区情境，让人与社会和谐共生，维护社会生态，保护社会的有机性。这就需要做好优秀传统文化的空间化转化，培养记忆之场。

恢复有机记忆需要做好中华优秀传统文化的空间化转化与创新性发展，将本土优秀传统文化通过抽象、变异和隐喻等多种方式融入休闲商业空间、教育空间、公共生活空间和媒介空间等不同空间的点、线、面、质感和色彩之中，建成能够揭示城市性格和文化的独特肌理，改变城市空间生产中抹除历史与记忆的现代城市"空间洁癖症"的问题，构建特色地域文化，让人们在沉浸式感受优秀传统文化的氛围中，找到生命的延续感。

要让优秀文化通过空间转化为恢复有机记忆的良好途径，首先，必须背靠历史，厚植文化底蕴，优秀传统文化的空间化转化必须把握文化的精髓实质，避免浮皮潦草、浮光掠影，坚持不忘本根的辩证取舍，探寻源头活水，深刻体味其生命魅力，传承本土文化的优质基因；其次，要立足当下，展现文化时代风采，要找到传统文化与现实价值的共识点和情感共鸣点，与时俱进；最后，要面向未来，创新文化叙事表达，让传统文化与现代传播环境有机结合，运用新形态揭开历史背后沉藏的审美价值，增进传统文化的生活感、意义感和时代感，让传统文化成为我们生活中的一部分，将遥远融入身边，将历史融入当下，将精神融入肉身。

恢复有机记忆，需要培养记忆之场，提供"时间锚定"的感觉。现代的生活方式与传统的生活方式截然不同，"世界不再是真实和有机的家园，不再是爱和沉思的对象，而是变成了冷静计算的对象和工作进取的场所"[1]，这使我们与过去断裂，失去了记忆环境，因此需要有意识地培养记忆之场。Huyssen 曾经提到在一个充斥着新媒体和信息过载的世界中，我们需要寻找和建立记忆场所，以便有一种"时间锚定"的感觉。[2] 这离不开"老字号"品牌，因为"老字号"不仅承载了民族或地方悠久的历史文化传统，而且凝聚了民众的生活情感，是地方身份认同不可或缺的符号。所以在城镇化建设过程中，要"实施中华老字号

---

[1] ［德］马克斯·舍勒：《知识社会学问题》，艾彦译，华夏出版社1999年版，第10页。
[2] Huyssen A., *Present Pasts: Urban Palimpsests and the Politics of Memory*, Stanford: Standford University Press, 2003.

保护发展工程,支持一批文化特色浓、品牌信誉高、有市场竞争力的中华老字号做精做强。"①

身处信息洪流中的人类被变化的符号和图像所俘获,信息频繁地交织与轰炸损伤了人的深度思考和记忆能力,重构有机性记忆,让人和社会找回安所遂生的力量是亟待解决的社会问题,而问题的解决很大程度上依赖建构培养有机记忆之场的在地化的社区情境。

(三) 多方联动,锻造意义感

伊斯特林悖论提醒人们人的幸福感并不一定随着物质生活水平的提高而提高。温饱满足之后,人们的幸福感更多依靠精神性的依托或意义感。

生命意义感包括存在意义、探索意义②和价值意义③。存在意义是生命最基本的要素,是对自身存在和存在的本质感受到的意义,因为本身的存在才与世界发生关联,才产生了亲情、爱情和友情等情谊,存在意义缺失最严重的后果就是放弃生命。探索意义是指努力确立并强化对生活意义理解,是人生意义感形成的必经之路,它使得人生意义感丰富。人生意义的最高层次是价值意义,是指通过自我实现获得人生的攀缘感和生命的意义感。

社会的加速发展、急速转型,数字传媒的普及改变了传统的惯习、规则、行为方式和价值观,物质丰裕和高度竞争并存、交流便捷和孤独感同在,对于个体来说,些许无奈的生存环境滋生了部分人的"无意义感",无意义感主要表现为"无所谓""无所求"和"无所安"。④ 要想改变这种情况,必须多方联动,锻造意义感。

首先,承认是重塑生命意义的前提。人具有社会属性,只有从他人的回应中,在他人那里才能获得自我价值的确证。马克思批判地吸取了

---

① 张文珍:《中华优秀传统文化传承创新的动力机制研究》,人民出版社 2022 年版,第 189 页。
② 赵礼、管健、黄明珠:《国家认同、国家信心与大学生生命意义感》,《青年研究》2022 年第 4 期。
③ 胡洁:《意义感三维中青年的精神淬炼》,《探索与争鸣》2023 年第 6 期。
④ 胡洁:《意义感三维中青年的精神淬炼》,《探索与争鸣》2023 年第 6 期。

黑格尔的主体间思想，结合劳动者和消费者的关系阐述了以主体间关系为中介实现的自我价值感和意义感，后来这种思想经由哈贝马斯的交往行为理论，发展为为当今批判理论奠定规范性基础的霍耐特的承认理论。

霍耐特借用哈贝马斯的主体间性模式阐发了黑格尔"为承认而斗争"的思想，提出了三种主体间的承认模式：爱、法律和团结[1]，并提出了影响承认的三种蔑视形式，强暴、剥夺权力和侮辱[2]，三种承认形式分别对应着自信、自尊和自豪，爱作为主体间承认的第一种模式，不仅仅指一种狭隘的性亲密关系，而是指少数人之间由强烈的情感纽带构成的本源关系，包括友情关系、爱情关系和父母与子女之间的爱，这种爱的体验可以促进主体的情感信赖，既包括对外界的信任，也包括对自身的信任即承认。法律作为主体间承认的第二种模式，主要指基本自由权、政治参与权和社会福利权，保证个体与他人相处时，尊重并重视他者，个体获得积极的自我实践认同。承认的第三种模式是团结，团结就是主体相互对等尊重，相互参与不同生活方式的对等关系，相互认可对方能力和品性对共同实践的意义，这种承认类似于马斯洛最高层次自我价值实现的需要，它重视个体的能力和特点，不以群体特征为评价标准，个体能够认识到自己也是作出了共同贡献的群体的一员，其自身价值被社会全体其他所有成员所承认，因此感受到自我价值的实现，油然而生一种自豪感，从而生发生活的意义感。

其次，培育日常趣味感是建立探索意义的重要方式。何为有趣，古今中外一直尚无定论，见仁见智。人有人趣，物有物趣，凡是让人心生快意和心旷神怡的都莫不有趣。现代人受后物质主义价值观的影响，有趣尤其是日常可见的有趣成为左右现代人行为和态度的内在诉求，成为现代人生成意义感的重要标准，他们可以为了有趣辞去工作追逐诗和远方，与之相反，无趣极易导致意义感的消失，理想与现实的差距、高度

---

[1] ［德］阿克塞尔·霍耐特：《为承认而斗争：论社会冲突的道德语法》，胡继华译，上海人民出版社2021年版，第126页。
[2] ［德］阿克塞尔·霍耐特：《为承认而斗争：论社会冲突的道德语法》，胡继华译，上海人民出版社2021年版，第182页。

竞争的环境、压力与孤独的并行，这些因素叠加驱散有趣的灵魂，因此，让日常回归有趣非常重要，有趣可以为人生增添活力，当学习、工作和生活变得有趣，人生就会因有趣而变得有意义。

日常生活回归有趣，需要人们保持好奇心，不停阅读，发现人类的未知领域，凡事先要弄明白，探清楚，才能发现趣和乐；日常生活回归有趣，需要人们对生活永葆热爱，从平淡的生活中咂摸趣味，即使身处逆境，也能过得兴致盎然，即便眼前满是苟且，也总能找到诗和远方；日常生活回归有趣，需要人们走出网络建构的虚拟世界，恢复现实世界中的各种交往关系，能看到身边的人，并且乐于帮助身边的人。

最后，建构友情共同体是寻觅存在价值感的有效途径。友情共同体不同于霍耐特的价值共同体，价值共同体是一种想象的承认，成员之间并不存在直接交往与互动，是抽象的共同体，在这种抽象的共同体中获得是想象的自我存在意义感和价值感，对于绝大多数普通人来说，这种意义感是虚无缥缈的，因此，王小章认为应该建构一种友情共同体，使普通民众能够获得比想象的承认更为真实可感的承认，进而产生更为真切实在的意义感和价值感。[①]

友情共同体不同于滕尼斯所说的亲属共同体和邻里共同体，是可以自由选择结合的，也是可以自觉有意识地建构的，还可以随时随地退出，规模比较有限，因此共同体中的个体可以比较直接地互动和交往，其主要特征是基于价值、趣味、追求之认同或一致的精神契合。不管是"上山下乡"时期的"民间思想部落"还是现代的"北京皮村文学小组"和"各种读书会"，都是有一种友情共同体，在这个友情共同体中，朋友之间的交流激发着他们思考，让他们感受着思想的乐趣和价值，在这个群体中，他们能够获得认同，能够真实表达自我，构建和体验自我价值。

友情共同体除了让共同体的成员在交流互动中获得意义感，而且也可以作为沟通的桥梁，把小空间微弱的声音传播到社会大空间，改变个人声音微弱，个人爱好情志容易被漠视的现实状况。"从某种意义上讲，

[①] 王小章：《意义感、承认与友情共同体》，《探索与争鸣》2023 年第 6 期。

基于价值、追求和趣味之认同或一致的友情共同体乃是一种亚文化群体。"[1] 亚文化群体成长到一定程度能够改变单个个体无法获得主流社会关注和承认的局面。

对于普通大众来说，"乌托邦"的冲动消退，"上帝"已死，科学理性驱逐了妖魔鬼怪，我们只能在此岸世界寻求自己存在的意义和价值，但是作为普通人的个体的任何言行在这个众声喧哗的世界中都可能石沉大海，只有友情共同体能够帮助我们寻觅到存在的价值感。在这个以精神契合为纽带形成的互为主体的共同体中，不管是由衷的赞赏还是真诚的批评，都可以在"我看人看我"的反身性过程中，获得超越吃喝拉撒生物性需求之外的满足，使人获得真正属人的意义感，因此，为了实现一种具有超越于纯粹生物性满足的充满意义感的真正美好生活，应该建构各种各样以精神契合、价值认同为纽带的真正自由结合的友情共同体。

小　结

城镇化的空间流转、加速社会的生成、智媒时代的到来给人们的生活带来巨大变化，我们应该辩证地看待这种变化。

首先，城镇化的空间流转改善了人居环境，为美好生活的实现奠定基础。但这个过程中也存在非正义、持续性的社会排斥，弱势群体的被剥夺感和被排斥感相对严重，造成负面情感的累积，形成情感逆反式的风险文化，影响城市的凝聚力和可持续性发展，因此，城市不应该是充满理性算计的功能主义空间，而应该是富有生命力、充满创造力和情感想象的诗性空间，城市作为联结人与人、人与历史、人与自然和人与环境的情感纽带，应该是适宜每个人诗意栖居的共同体。

其次，改革开放以来，"赶超"成为全民的社会心态，在"赶超"这一现代性体验的制度下，中国社会经历了巨大变迁，速度之快、范围

---

[1] 王小章：《意义感、承认与友情共同体》，《探索与争鸣》2023年第6期。

之广、规模之大，是史无前例和有目共睹的，中国社会在各个方面取得了巨大进步，但也无形中挤压着中国人的精神世界。尤其是进入智媒时代以来，人们每天面对海量的资源，可以随时随地与无数人保持联系，但却在喧嚣中感受到前所未有的孤独，生命的意义感成为困扰人类的问题，因此人类必须凝思，平衡工具理性和价值理性的关系，实现与社会发展的共鸣，恢复精神世界的安宁。

结　　论

　　社会发展从农业社会，到工业社会，到没有彻底城市化的城市社会，再到大面积深层次城市化但尚未完成的"都市社会"，都市的大规模扩张与快速生长已然超出它本身，整个社会逐渐被卷入都市发展中，全部社会生活都受其影响，尤其是"都市社会"文化呈现出与前传统社会截然不同的特点。本著作研究了列斐伏尔的"都市社会"文化批判思想，探寻了"都市社会"文化对人类情感的影响，探索了情感治理的有效路径。

　　列斐伏尔"都市社会"文化批判思想建立在消费主义、存在主义和景观社会的理论基础上，深受马克思主义、西方马克思主义、西方社会学家、存在主义哲学家和情境主义国际的影响，日常生活批判、空间生产、空间消费和节奏分析是其"都市社会"文化批判思想的逻辑起点，他的文化批判思想突破了以往文化研究的范畴，关注长期被理性遮蔽的情感问题，实现了在继承中创新，在创新中发展。

　　列斐伏尔认为"都市社会"日常生活文化呈现出"无聊"的特征。无聊不是指简单病因的心理问题，也不是指永恒的形而上学难题，而是指与现代性紧密相关的情感构成问题，主要表现为大众媒介影响下日常生活中的无意义感。"都市社会"日常生活文化成了消费再循环的产物，一心追求形式多变、花样繁多，成了低俗的时髦物，文化已经不再是理想的延伸，而是欲望的延伸，为了改变日常生活文化的这种现状，必须借助艺术与日常生活创造性融合的文化革命，文化革命的目标不是文化的而是实践的，是要使文化走向对日常生活的变革，造就一种全新的充满生气活力的生活风格。

空间生产能够成为"都市社会"文化批判的逻辑起点之一，是因为空间成为一种生产资料，成为资本增值和存活的手段，资本开始渗透到空间生产中，使城市空间的价值诉求、审美取向和时空体验都发生了改变，在价值诉求上，城市空间呈现出欲望化、狂欢化和时尚化的倾向；在审美取向上，城市空间呈现出负审美的趋势；在时空体验上，空间观经历了从传统空间观到时空压缩和时空分延的变迁，城市空间成为被殖民化和物化的空间，能够唤起人们记忆、想象和认同的"地方"逐渐被抽象化、物质化和功能化的空间替代，人们的情感结构受到冲击。为了改变城市空间生产的现状，必须"以人为本"重构空间生产文化，以主体间性作为空间生产的原则，使空间与城市同频发展，实现空间与城市的共生共创，打造人与城市的共情能力，铸牢城市精神共同体。

"都市社会"空间消费文化批判源于列斐伏尔的重要观点：空间是可以被用来消费的商品，他的"都市社会"空间消费文化批判主要从空间消费对日常生活和对城市生态的影响两个方面进行。在空间消费对日常生活的影响方面，首先，日常生活的非消费空间转变为消费空间，不仅丧失了自身的特质，而且加剧了空间绅士化现象的形成；其次，空间消费颠覆了传统的建筑价值观，使建筑的艺术韵味消失；再次，空间消费通过与符号和消费意识形态共谋，影响着个人身份建构；最后，空间消费使一些公共空间成为展示自我存在价值的商品符号，造成了空间区隔。在空间消费对城市生态的影响方面，首先，空间消费致使空间与技术结合，大量的自然空间消逝，空间呈现出"歇斯底里式崇高"的审美表征；其次，空间消费使社会空间成为同质化的、无灵魂的可供买卖的抽象空间；最后，空间消费使城市失去了和谐的节奏，从而也扰乱了人的生命节奏，使人们的精神生态遭遇危机。但空间消费的异化状态可以通过重建日常生活空间的审美性、改变城市文学书写方式、远离空间拜物教和践行空间正义得到缓解。

结 论

在列斐伏尔看来,节奏分析视域下的"都市社会"文化主要是一种加速文化。现代性的工业机械节奏代替了自然循环节奏,节奏实现了对时间和空间的规训与惩罚,从而也带来对社会和情感的规训与惩罚。主要表现在线性时间取代了循环时间,人们过着全天候组织的生活;空间成了无意义的空间;在时间和空间的变异下,个体的生活意义虚无化;情感化的仪式消失,仪式化的情感兴起。要摆脱节奏的控制,首先要进行身体革命,倾听身体节奏,还要以音乐为中介,恢复感性的尊严,并且要重视人自身意识的重建。

列斐伏尔"都市社会"文化批判思想研究对我们反思和改进中国城市文化有借鉴意义,中国城市文化发展也面临着空间转向下共同体衰落、加速社会下情感结构异化和智媒时代日常生活虚假化的问题,要想解决这些问题,必须建构场景,营造具有根植感和地方感的环境,找寻失落的共同体;必须凝思生命,追求共鸣的社会关系;必须使人成为"人",而不是"消费人"和"工具人",重建智媒时代真实的日常生活。

列斐伏尔的"都市社会"文化批判思想是一种学科混融性的学术思想,不但突破了马克思主义文化的宏观研究视野,而且也突破了法兰克福学派和英国新马克思主义学派的文化研究范式,开辟了"都市社会"文化研究的新范式,不仅揭露了"都市社会"文化发展中存在的问题,而且也提供了一些解决"都市社会"文化危机的方法,虽然这些方法有些乌托邦,不能从根本上解决问题,但却可以刺激变革。

参考文献

一 英文著作与论文
(一) 英文著作

Althusser, *Lenin and Philosophy and Other Essays*, translated by Ben Brewster, New York: Monthly Review Press, 1971.

Andy Merrifield, *Henri Lefebvre: A Critical Introduction*, New York: Routledge, 2006.

Andy Merrifield, *Metromarxism: A Marxist Tale of the City*, New York: Routledge, 2002.

Andrzej Zieleniec, *Space and Social Theory*, London: SAGE Publications, 2007.

Arnold Berleant, *Sensibility and Sense—the Aesthetic Transformation of the Human World*, Exeter: Imprint Academic, 2010.

Bauman Zygmunt, *Liquid Modernity*, Malden: Polity, 2000.

Benjamin Fraser, *Towards an Urban Cultural Studies: Henri Lefebvre and the Humanities*, New York: Palgrave Macmillan, 2015.

Gülçin Erdi-Lelandais, *Understanding the City: Henri Lefebvre and Urban Studies*, Newcastle: Cambridge Scholars Publishing, 2014.

Daphne Spain, *Gendered Spaces*, Chapel Hill: University of North Carolina Press, 1992.

De Certeau Michel, *The Practice of Everyday Life*, Berkeley: University of California Press, 1988.

D. Massey, "Economic/Non-economic", in D. LEE and J. Wills, eds., *Geographies of Economies*, London: Arnold, 1997.

E. Dorothy, *The Everyday World as Problematic: A Feminist Sociology*, Boston: Northeastern University Press, 1987.

E. Grosz, *Volatile Bodies: Toward a Corporeal Feminism*, Bloomington: Indiana University Press, 1994.

E. Grosz, "Bodies-Cities", in B. Colomina eds., *Sexuality and Space*, New York: Princeton Architectural Press, 1992.

Erich Fromm, *To Have or to Be?* London: Continuum, 2007.

Erving Goffman, *Interaction Ritual: Essays on Face-to-Face Behavior*, Chicago: Aldine Publishing Company, 1967.

Goulet, *Development Ethics: A Guide to Theory and Practice*, New York: The Apex Press, 1995.

Graham Mayeda, *Time, Space and Ethics in the Philosophy of Watsuji Tetsurō, Kuki Shūzō, and Martin Heidegger*, Abingdon: Taylor & Francis Group, 2006.

Hartmut Rosa, *Resonance: A Sociology of Our Relationship to the World*, Cambridge: Polity Press, 2019.

Henri Lefebvre, *Critique of Everyday Life* (Vol. I), translated by John Moore, London: Verso, 1991.

Henri Lefebvre, *Critique of Everyday life* (Vol. II), translated by John Moore, London: Verso, 2002.

Henri Lefebvre, *Critique of Everyday Life* (Vol. III), translated by Gregory Eiliott, London: Verso, 2005.

Henri Lefebvre, *Everyday Life in the Modern World*, translated by Sacha Rabinovitch, New Brunswick: Transaction Inc., 1984.

Henri Lefebvre, *Introduction to Modernity*, translated by John Moore, London and New York: Verso, 1995.

Henri Lefebvre, *Rhythmanalysis: Space, Time and Everyday Life*, translated by Stuart Elden and Gerald Moore, London: Continuum, 2004.

Lukasz Stanek ed., *Toward an Architecture of Enjoyment*, translated by Robert Bononno, Minneapolis: University of Minnesota Press, 2014.

Henri Lefebvre, "Towards a Leftist Cultural Politics", in Cary Nelson and Lawrence Grossberg, eds., *Marxism and the Interpretation of Culture*, Chicago: University of Illinois Press, 1988.

Henri Lefebvre, *The Production of Space*, translated by Donald Nicholson-Smith, Malden: Blackwell Publishing, 1991.

Henri Lefebvre, *The Survival of Capitalism: Reproduction of the Relations of Production*, translated by Frank Bryant, New York: St Martin's Press, 1976.

Henri Lefebvre, *The Urban Revolution*, translated by Robert Bononno, Minneapolis: University of Minnesota Press, 2003.

Henri Lefebvre, *Writings on Cities*, selected, Translated and Introduced by Eleonore Kofman and Elizabeth Lebas, Oxford: Blackwell publishers Ltd, 1996.

Holmes Rolston, *Conserving Natural Value*, New York: Columbia University Press, 1994.

Huyssen A., *Present Pasts: Urban Palimpsests and the Politics of Memory*, Stanford: Standford University Press, 2003.

Jane Rendell, "Introduction: Gender, Space", in Jane Rendell et al., *Gender Space Architecture: An Interdisciplinary Introduction*, New York: Routledge, 2000.

J. Bahloul, *The Architecture of Memory: A Jewish-Muslim Household in Colonial Algeria, 1937 – 1962*, Cambridge: Cambridge University Press, 1992.

J. Carsten and S. Hugh-Jones eds., *About the House: Lévi Strauss and Beyond*, Cambridge: Cambridge University Press, 1995.

John Potts, *The New Time and Space*, New York: Martin's Press LLC,

2015.

Kanishka Goonewardena et al. eds. , *Space, Difference, Everyday Life: Reading Henri Lefebvre*, New York: Routledge, 2008.

Kristine B. Miranne, Alma H. Young, *Gendering the City: Women, Boundaries, and Visions of Urban Life*, Lanham: Rowman & Littlefield, 2000.

Lyn H. Lofland, *A World of Strangers: Order and Action in Urban Public Space*, New York: Basic, 1973.

Michael E. Gardiner, *Critique of Everyday Life*, New York: Routledge, 2000.

Michele H. , *Bogart Public Sculpture and the Civic Ideal in NYC 1890-1930*, Chicago: University of Chicago Press, 1989.

Nathaniel Coleman, *Lefebvre for Architects*, New York: Routledge, 2015.

Phillip E. Wegner, "Spatial Criticism: Critical Geography, Space, Place and Textuality", in Julian Wolfreys, ed. , *Introducing Criticism at the 21st Century*, Edinburgh: Edinburgh University Press, 2002.

Pierre Bourdieu, *Distinction: A Social Critique of the Judgment of Taste*, translated by Richard Nice, Cambridge: Harvard University Press, 1984.

Pierre Bourdieu, *Outline of a Theory of Practice*, Cambridge: Cambridge University Press, 1977.

Richard Shusterman, *Pragmatist Aesthetics: Living Beauty, Rethinking Art*, Maryland: Rowman and Littlefield Pubishers, Inc. , 2000.

Richard Shusterman, *Performing Live: Aesthetic Alternatives for the End of Art*, Ithaca: Cornell University Press, 2000.

Rob Shields, *Lefebvre, Love and Struggle: Spatial Dialectics*, London: Routledge, 1999.

Robert David Sack, *Conceptions of Space in Social Thought*, Minneapolis: University of Minnesota Press, 1980.

Saunders Peter, *Social Theory and the Urban Question*, London: Routledge, 1986.

Shirley Ardener, "Ground Rules and Social Maps for Women: An Introduction", in Simone Weil, ed., *The Need for Roots*, New York: Routledge, 2001.

Stuart Elden, eds., *Henri Lefebvre: Key Writings*, London: Continuum, 2003.

T. Eagleton, *The Ideology of the Aesthetic*, Oxford: Basil Blackwell, 1990.

Tim Edensor, *Geographies of Rhythm: Nature, Place, Mobilities and Bodies*, Burlington: Ashgate Publishing Company, 2010.

(二) 英文论文

Harvey Molotch, "TheSpace of Lefebvre", *Theory and Society*, Vol. 2, No. 6, 1993.

Parkins, W., "Out of Time: Fast Subjects and Slow Living", *Time and Society*, No. 13, 2004.

Van Selm M., Dittmann-Kohli F., "Meaninglessness in the Second Half of Life: The Development of a Construct", *The International Journal of Aging and Human Development*, Vol. 47, No. 2, 1998.

二 中文著作与论文

(一) 中文著作

包亚明主编：《现代性与都市文化理论》，上海社会科学院出版社2008年版。

蔡禾主编：《城市社会学：理论与视野》，中山大学出版社2003年版。

陈鼓应注译：《庄子今注今译》，中华书局2016年版。

陈平：《居所的匠心——中国居住文化》，济南出版社2004年版。

费孝通：《乡土中国 乡土重建》，生活·读书·新知三联书店2021年版。

高建平、丁国旗主编：《西方文论经典》（第5卷），安徽文艺出版社2014年版。

韩晶：《城市消费空间：消费活动·空间·城市设计》，东南大学出版社2014年版。

何明俊：《空间宪政中的城市规划》，东南大学出版社2013年版。

黄春晓：《城市女性社会空间研究》，东南大学出版社2008年版。

黄继刚：《空间的迷误与反思——爱德华·索雅的空间思想研究》，武汉大学出版社2016年版。

季松、段进：《空间的消费——消费文化视野下城市发展新图景》，东南大学出版社2012年版。

李欧梵：《人文六讲》，中国人民大学出版社2012年版。

林密：《意识形态、日常生活与空间——西方马克思主义社会再生产理论研究》，中国社会科学出版社2016年版。

林少雄：《视像与人——视像人类学论纲》，学林出版社2005年版。

刘怀玉：《现代性的平庸与神奇：列斐伏尔日常生活批判哲学的文本学解读》，中央编译出版社2006年版。

刘擎：《刘擎西方现代思想讲义》，新星出版社2021年版。

潘谷西主编：《中国建筑史》，中国建筑工业出版社2001年版。

邱华栋：《城市战车》，作家出版社1997年版。

孙江：《"空间的生产"——从马克思到当代》，人民出版社2008年版。

唐旭昌：《大卫·哈维城市空间思想研究》，人民出版社2014年版。

陶水平：《文化研究的学术谱系与理论建构》，社会科学文献出版社2019年版。

滕静茹：《女性主义建筑学理论》，中国建筑工业出版社2014年版。

汪民安主编：《生产·第五辑，德勒兹机器》，广西师范大学出版社2008年版。

汪民安主编：《文化研究关键词》，江苏人民出版社2019年版。

王宁：《消费社会学》，社会科学文献出版社2011年版。

王朔：《看上去很美》，云南人民出版社2004年版。

习近平：《高举中国特色社会主义伟大旗帜　为全面建设社会主义现代化国家而团结奋斗——在中国共产党第二十次全国代表大会上的报告》，人民出版社2022年版。

习近平：《决胜全面建成小康社会　夺取新时代中国特色社会主义伟大

胜利——在中国共产党第十九次全国代表大会上的报告》，人民出版社 2017 年版。

习近平：《习近平谈治国理政》，外文出版社 2014 年版。

习近平：《习近平谈治国理政》（第 2 卷），外文出版社 2017 年版。

习近平：《在庆祝中国共产党成立 100 周年大会上的讲话》，人民出版社 2021 年版。

刑崇：《后现代视阈下本雅明消费文化理论研究》，山东人民出版社 2009 年版。

徐国源主编：《空间性、媒介化与城市造像：文化诗学与城市审美》，上海人民出版社 2015 年版。

徐恒醇：《生态美学》，陕西人民教育出版社 2000 年版。

颜一编：《亚里士多德选集》（政治学卷），中国人民大学出版社 1999 年版。

杨恩寰主编：《美学引论》，人民出版社 2005 年版。

殷京生编著：《绿色城市》，东南大学出版社 2004 年版。

于润琦：《文人笔下的旧京风情》，中国文联出版社 2003 年版。

张文珍：《中华优秀传统文化传承创新的动力机制研究》，人民出版社 2022 年版，第 189 页。

张鸿雁：《城市文化资本论》，东南大学出版社 2010 年版。

张笑夷：《列菲伏尔空间批判理论》，社会科学文献出版社 2014 年版。

张之沧、张卨：《身体认知论》，人民出版社 2014 年版。

郑详福、叶晖、陈来仪等：《大众文化时代的消费问题研究》，中国社会科学出版社 2008 年版。

周和军：《西方新马克思主义空间理论与当代都市文化研究》，四川大学出版社 2015 年版。

周宪：《审美现代性批判》，商务印书馆 2005 年版。

周小仪：《唯美主义与消费文化》，北京大学出版社 2002 年版。

朱光潜：《西方美学史》（上卷），商务印书馆 2011 年版。

朱光潜：《西方美学史》（下卷），商务印书馆 2011 年版。

（二）中文译著

《马克思恩格斯全集》（第 4 卷），中共中央马克思恩格斯列宁斯大林著作编译局编译，人民出版社 1958 年版。

《马克思恩格斯文集》（第 1 卷），中共中央马克思恩格斯列宁斯大林著作编译局编译，人民出版社 2009 年版。

《马克思恩格斯文集》（第 8 卷），中共中央马克思恩格斯列宁斯大林著作编译局编译，人民出版社 2009 年版。

《马克思恩格斯选集》（第 1 卷），中共中央马克思恩格斯列宁斯大林著作编译局编译，人民出版社 2012 年版。

《马克思恩格斯选集》（第 2 卷），中共中央马克思恩格斯列宁斯大林著作编译局编译，人民出版社 2012 年版。

《马克思恩格斯选集》（第 3 卷），中共中央马克思恩格斯列宁斯大林著作编译局编译，人民出版社 2012 年版。

《马克思恩格斯文集》（第 5 卷），中共中央马克思恩格斯列宁斯大林著作编译局编译，人民出版社 2009 年版。

[德] 阿克塞尔·霍耐特：《为承认而斗争——论社会冲突的道德语法》，胡继华译，上海人民出版社 2021 年版。

[德] 本雅明：《发达资本主义时代的抒情诗人》，张旭东、魏文生译，生活·读书·新知三联书店 2007 年版。

[德] 弗兰克·施尔玛赫：《网络至死：如何在喧嚣的互联网时代重获我们的创造力和思维力》，丘袁炜译，龙门书局 2011 年版。

[德] 弗里德里希·尼采：《悲剧的诞生》，周国平译，译林出版社 2014 年版。

[德] 哈尔特穆特·罗萨：《加速：现代社会中时间结构的改变》，董璐译，北京大学出版社 2015 年版。

[德] 哈特穆特·罗萨：《不受掌控》，郑作彧、马欣译，上海人民出版社 2022 年版。

[德] 哈特穆特·罗萨：《新异化的诞生：社会加速批判理论大纲》，郑作彧译，上海人民出版社 2018 年版。

[德] 海德格尔:《存在与时间》,陈嘉映、王节庆译,生活·读书·新知三联书店1999年版。

[德] 韩炳哲:《爱欲之死》,宋娀译,中信出版集团2019年版。

[德] 韩炳哲:《倦怠社会》,王一力译,中信出版集团2019年版。

[德] 韩炳哲:《时间的味道》,包向飞、徐基太译,重庆大学出版社2017年版。

[德] 韩炳哲:《在群中:数字媒体时代的大众心理学》,程巍译,中信出版集团2019年版。

[德] 黑格尔:《美学》(第1卷),朱光潜译,商务印书馆1996年版。

[德] 康德:《判断力批判》,邓晓芒译,人民出版社2002年版。

[德] 马克思:《1844年经济学哲学手稿》,中共中央马克思恩格斯列宁斯大林著作编译局编译,人民出版社2014年版。

[德] 马克斯·霍克海默、西奥多·阿多诺:《启蒙辩证法:哲学断片》,渠敬东、曹卫东译,上海译文出版社2020年版。

[德] 马克斯·舍勒:《知识社会学问题》,艾彦译,华夏出版社1999年版。

[德] 瓦尔特·本雅明:《机械复制时代的艺术作品》,王才勇译,中国城市出版社2001年版。

[德] 维克多·弗兰克:《活出意义来》,赵可式等译,生活·读书·新知三联书店1991年版。

[德] 沃尔夫冈·弗里茨·豪格:《商品美学批判:关注高科技资本主义社会的商品美学》,董璐译,北京大学出版社2013年版。

[德] 沃尔夫冈·韦尔施:《重构美学》,陆扬等译,上海译文出版社2006年版。

[德] 乌尔里希·贝克等:《个体化》,李荣山等译,北京大学出版社2011年版。

[德] 西美尔:《时尚的哲学》,费勇、吴蓉译,文化艺术出版社2001年版。

[法] 奥利维耶·阿苏利:《审美资本主义:品位的工业化》,黄琰译,

华东师范大学出版社 2013 年版。

[法] 保罗·维利里奥:《解放的速度》,陆元昶译,江苏人民出版社 2003 年版。

[法] 保罗·维利里奥:《无边的艺术》,张新木、李露露译,南京大学出版社 2014 年版。

[法] 鲍德里亚:《生产之镜》,仰海峰译,中央编译出版社 2005 年版。

[法] 亨利·列斐伏尔:《都市革命》,刘怀玉等译,首都师范大学出版社 2018 年版。

[法] 亨利·列斐伏尔:《空间的生产》,刘怀玉等译,商务印书馆 2021 年版。

[法] 亨利·列斐伏尔:《空间与政治》,李春译,上海人民出版社 2015 年版。

[法] 亨利·列斐伏尔:《列斐伏尔文艺论文选》,杨成寅等译,作家出版社 1965 年版。

[法] 亨利·列斐伏尔:《美学概论》,杨成寅、姚岳山译,朝华美术出版社 1957 年版。

[法] 亨利·列斐伏尔:《日常生活批判》(第 1 卷),叶齐茂、倪晓晖译,社会科学文献出版社 2018 年版。

[法] 亨利·列斐伏尔:《日常生活批判》(第 2 卷),叶齐茂、倪晓晖译,社会科学文献出版社 2018 年版。

[法] 亨利·列斐伏尔:《日常生活批判》(第 3 卷),叶齐茂、倪晓晖译,社会科学文献出版社 2018 年版。

[法] 加斯东·巴什拉:《空间的诗学》,张逸婧译,上海译文出版社 2013 年版。

[法] 居伊·德波:《景观社会》,王昭风译,南京大学出版社 2006 年版。

[法] 勒·柯布西耶:《走向新建筑》,陈志华译,陕西师范大学出版社 2004 年版。

[法] 莫里斯·哈布瓦赫:《论集体记忆》,毕然、郭金华译,上海人民出版社 2002 年版。

［法］皮埃尔·吉罗：《符号学概论》，怀宇译，四川人民出版社 1988 年版。

［法］让·鲍德里亚：《符号政治经济学批判》，夏莹译，南京大学出版社 2015 年版。

［法］让·鲍德里亚：《消费社会》，刘成富、全志钢译，南京大学出版社 2014 年版。

［法］尚·布希亚：《物体系》，林志明译，上海人民出版社 2001 年版。

［芬］约·瑟帕玛：《环境之美》，武小西、张宜译，湖南科学技术出版社 2006 年版。

［古希腊］亚里士多德：《尼各马科伦理学》，苗力田译，中国人民大学出版社 2003 年版。

［古希腊］亚里士多德：《诗学》，陈中梅译注，商务印书馆 1996 年版。

［加拿大］简·雅各布森：《美国大城市的死与生》，金衡山译，译林出版社 2005 年版。

［美］Edward W. Soja：《第三空间：去往洛杉矶和其他真实和想象地方的旅程》，陆扬等译，上海教育出版社 2005 年版。

［美］Michael J. Dear：《后现代都市状况》，李小科等译，上海教育出版社 2004 年版。

［美］阿诺德·伯林特：《环境美学》，张敏、周雨译，湖南科学技术出版社 2006 年版。

［美］阿诺德·伯林特：《环境与艺术：环境美学的多维视角》，刘悦笛等译，重庆出版社 2007 年版。

［美］阿诺德·伯林特：《美学与环境——一个主题的多重变奏》，程相占、宋艳霞译，河南大学出版社 2013 年版。

［美］阿诺德·伯林特：《生活在景观中——走向一种环境美学》，陈盼译，湖南科学技术出版社 2006 年版。

［美］爱德华·W. 苏贾：《后现代地理学——重申批判社会理论中的空间》，王文斌译，商务印书馆 2004 年版。

［美］大卫·哈维：《巴黎城记：现代性之都的诞生》，黄煜文译，广西

师范大学出版社 2010 年版。

［美］大卫·哈维：《后现代的状况：对文化变迁之缘起的探究》，阎嘉译，商务印书馆 2013 年版。

［美］大卫·哈维：《资本的空间：批判地理学导论》，王志弘、王玥民译，群学出版有限公司 2010 年版。

［美］黛安娜·阿克曼：《感觉的自然史》，路旦俊译，花城出版社 2007 年版。

［美］道格拉斯·凯尔纳：《波德里亚：批判性的读本》，陈维振等译，江苏人民出版社 2005 年版。

［美］弗朗西斯·福山：《大分裂：人类本性与社会秩序的重建》，刘榜离等译，中国社会科学出版社 2002 年版。

［美］弗洛姆：《人的呼唤——弗洛姆人道主义文集》，王泽应等译，生活·读书·新知三联书店 1991 年版。

［美］卡斯腾·哈里斯：《建筑的伦理功能》，申嘉等译，华夏出版社 2001 年版。

［美］凯文·林奇：《城市形态》，林庆怡译，华夏出版社 2001 年版。

［美］列丝丽·坎尼斯·威斯曼：《设计的歧视：男造环境的女性主义批判》，王志弘等译，巨流图书公司 1997 年版。

［美］刘易斯·芒福德：《城市发展史——起源、演变和前景》，宋俊岭、倪文彦译，中国建筑工业出版社 2004 年版。

［美］马尔库塞：《单向度的人：发达工业社会意识形态研究》，刘继译，上海译文出版社 2008 年版。

［美］迈克尔·帕特里克·林奇：《失控的真相》，赵亚男译，中信出版社 2017 年版。

［美］曼纽尔·卡斯特：《网络社会的崛起》，夏铸九、王志弘等译，社会科学文献出版社 2001 年版。

［美］尼尔·波兹曼：《娱乐至死·童年的消逝》，章艳、吴燕莛译，广西师范大学出版社 2009 年版。

［美］史蒂文·C. 布拉萨：《景观美学》，彭锋译，北京大学出版社 2008

年版。

[美]威廉·H.怀特:《小城市空间的社会生活》,叶齐茂、倪晓晖译,上海译文出版社 2016 年版。

[美]雪莉·特克尔著:《群体性孤独:为什么我们对科技期待更多,对彼此却不能更亲密?》,周逵、留菁荆译,浙江人民出版社 2014 年版。

[美]约翰·杜威:《艺术即经验》,高建平译,商务印书馆 2010 年版。

[日]芦原义信:《街道的美学》,尹培桐译,百花文艺出版社 2006 年版。

[新西兰] Juliana Mansvelt:《消费地理学》,吕奕欣译,韦伯文化国际出版有限公司 2008 年版。

[意]贝纳沃罗:《世界城市史》,薛钟灵等译,科学出版社 2000 年版。

[意]卡尔维诺:《看不见的城市》,张宓译,译林出版社 2006 年版。

[英]安东尼·吉登斯:《现代性与自我认同:晚期现代中的自我与社会》,夏璐译,中国人民大学出版社 2016 年版。

[英]安东尼·吉登斯、菲利普·萨顿:《社会学基本概念》,王修晓译,北京大学出版社 2019 年版。

[英]本·海默尔:《日常生活与文化理论导论》,王志宏译,商务印书馆 2008 年版。

[英]雷蒙德·威廉斯:《关键词》,刘建基译,生活·读书·新知三联书店 2005 年版。

[英]雷蒙德·威廉斯:《漫长的革命》,倪伟译,上海人民出版社 2013 年版。

[英]琳达·麦道威尔:《性别、认同与地方》,徐苔玲、王志弘译,群学出版有限公司 2006 年版。

[英]罗伯特·科尔维尔:《大加速:为什么我们的生活越来越快》,张佩译,北京联合出版公司 2018 年版。

[英]迈克·费瑟斯通:《消费文化与后现代主义》,刘精明译,译林出版社 2000 年版。

[英]齐格蒙特·鲍曼:《共同体:在一个不确定的世界中寻找安全》,

欧阳景根译，江苏人民出版社 2003 年版。

［英］西莉亚·卢瑞：《消费文化》，张萍译，南京大学出版社 2003 年版。

［英］英国 DK 出版社：《社会学百科》，郭娜译，电子工业出版社 2017 年版。

［英］约翰·伦尼·肖特：《城市秩序：城市、文化与权力导论》，郑娟、梁捷译，上海人民出版社 2010 年版。

［英］约翰·汤姆林森：《全球化与文化》，郭英剑译，南京大学出版社 2002 年版。

（三）中文论文

曹现强、张福磊：《空间正义：形成、内涵及意义》，《城市发展研究》2011 年第 4 期。

曹现强、张福磊：《我国城市空间正义缺失的逻辑及其矫治》，《城市发展研究》2012 年第 3 期。

陈良斌：《城市意象中的空间消费——基于早期鲍德里亚"消费社会"的视角》，《华中科技大学学报》（社会科学版）2015 年第 5 期。

陈忠：《城市异化与空间拜物教——城市哲学与城市批评史视角的探讨》，《马克思主义与现实》2013 年第 3 期。

董慧、赵航：《文化、日常生活与乌托邦：列斐伏尔都市社会建构的文化路径》，《山东社会科学》2021 年第 10 期。

樊浩：《生活世界——意义世界：人类文明的两轮》，《探索与争鸣》2023 年第 6 期。

傅其林、赵修翠：《论列菲伏尔的消费文化符号学》，《社会科学研究》2008 年第 4 期。

高建平：《美学的超越与回归》，《上海大学学报》（社会科学版）2014 年第 1 期。

高建平：《美学与艺术向日常生活的回归——兼论杜威与"日常生活审美化"的理论渊源》，《文艺争鸣》2010 年第 5 期。

关巍：《时间理论：理解列斐伏尔的另一把钥匙》，《当代国外马克思主义评论》2019 年第 2 期。

管其平：《空间社会学视域中网络空间的生产及其正义》，《学术探索》2022 年第 8 期。

郭文、王丽：《文化遗产旅游地的空间生产与认同研究——以无锡惠山古镇为例》，《地理科学》2015 年第 6 期。

何泽宇：《"加速生活"的情感结构探论》，《粤海风》2023 年第 4 期。

胡洁：《意义感三维中青年的精神淬炼》，《探索与争鸣》2023 年第 6 期。

胡翼青：《作为媒介物的城市与"可沟通城市"的困境》，《探索与争鸣》2023 年第 7 期。

胡翼青、张婧妍：《作为常识的新闻：重回新闻研究的知识之维》，《国际新闻界》2021 年第 8 期。

季松：《消费时代城市空间的生产与消费》，《城市规划》2010 年第 7 期。

李春雷、姚亚楠：《流动的空间：智媒时代独居老年群体的空间实践研究》，《东北师大学报》（哲学社会科学版）2023 年第 3 期。

李巍：《生活的可能性与再隐私化：列斐伏尔〈日常生活批判〉中的大众文化批判》，《全球传媒学刊》2022 年第 2 期。

连水兴等：《作为"现代性"问题的媒介技术与时间危机：基于罗萨与韩炳哲的不同视角》，《国际新闻界》2021 年第 5 期。

林峰：《"摆烂文化"的意识形态症结与治理》，《深圳大学学报》（人文社会科学版）2023 年第 3 期。

刘冰菁：《学术抄袭背后的思想争鸣——列斐伏尔与德波之争及其思想史意蕴》，《江海学刊》2020 年第 2 期。

刘怀玉：《列斐伏尔日常生活批判概念的前后转变》，《现代哲学》2003 年第 1 期。

刘怀玉：《日常生活批判的瞬间、差异空间与节奏视角——以列斐伏尔为例》，《哲学分析》2016 年第 6 期。

刘千才、张淑华：《从工具依赖到本能隐抑：智媒时代的"反向驯化"现象》，《新闻爱好者》2018 年第 4 期。

刘士林：《城市声音：一种新的城市史与城市文化研究》，《天津社会科学》2016 年第 5 期。

刘亚秋：《数字时代的文化记忆危机与建设》，《探索与争鸣》2023 年第 8 期。

刘扬：《列斐伏尔空间文化批判理论的再认识》，《文艺理论与批评》2016 年第 3 期。

卢义桦、陈绍军：《情感、空间与社区治理：基于"毁绿种菜"治理的实践与思考》，《安徽师范大学学报》（人文社会科学版）2018 年第 6 期。

鲁宝：《节奏分析：国外马克思主义时间批判理论的新视域》，《国外社会科学前沿》2022 年第 6 期。

罗易扉：《地方、记忆与艺术：回到地方场所与往昔的历史经验》，《清华大学学报》（哲学社会科学版）2023 年第 2 期。

潘知常：《美学的重构：以超越维度与终极关怀为视域——关于生命美学的思考》，《西北师大学报》（社会科学版）2016 年第 6 期。

强乃社：《国外都市马克思主义的几个问题》，《马克思主义与现实》2017 年第 1 期。

强乃社：《列菲伏尔空间视野下的都市社会理论》，《学习与探索》2014 年第 8 期。

王东美：《意义感光谱与青年自我意义生成》，《探索与争鸣》2023 年第 6 期。

王洪波、张朝阳：《超越加速逻辑的美好生活何以可能——罗萨社会加速批判理论的唯物史观反思》，《马克思主义与现实》2022 年第 5 期。

王敏芝：《加速社会的时间结构与情感现代性》，《苏州大学学报》（哲学社会科学版）2023 年第 1 期。

王小章：《意义感、承认与友情共同体》，《探索与争鸣》2023 年第 6 期。

卫小将：《从"小区"到"社区"：共同体的衰落与重建》，《西北师大学报》（社会科学版）2023 年第 6 期。

魏鹏程：《短视频泛娱乐化对高校思政教育的挑战及应对策略》，《传媒》2023 年第 4 期。

肖源远等：《社区公共空间声景设计原理初探》，《南方建筑》2022 年第 6 期。

徐碧辉：《审美权利和审美伤害——马克思主义美学研究的一个新视阈》，《探索与争鸣》2013 年第 4 期。

许苗苗：《都市新空间：功能融合与文化互动》，《华南师范大学学报》（社会科学版）2017 年第 1 期。

仰海峰：《德波与景观社会批判》，《南京社会科学》2008 年第 10 期。

尹金凤、胡文昭：《"仪式观"视阈下微信朋友圈的伦理功能与隐忧》，《道德与文明》2018 年第 2 期。

余开亮：《中国古典政治美学的理论契机、基本原则及美学史限度》，《文艺争鸣》2017 年第 4 期。

余敏江、方熠威：《情感动员与韧性提升：不确定性风险下城市社区治理的行动逻辑——基于上海市 L 社区的考察与分析》，《探索》2023 年第 4 期。

张骏、杨建科：《空间、共同体与公共性生产》，《哈尔滨工业大学学报》（社会科学版）2023 年第 4 期。

张笑夷：《论列斐伏尔节奏分析视域中的日常生活批判》，《马克思主义与现实》2013 年第 2 期。

赵礼等：《国家认同、国家信心与大学生生命意义感》，《青年研究》2022 年第 4 期。

赵雪、韩升：《数字文化"审美虚无主义"倾向的生成与批判》，《福建论坛》（人文社会科学版）2022 年第 4 期。

周恺等：《地方空间与流动空间交织影响下的乡镇活力变化：以湖南新化洋溪镇为例》，《现代城市研究》2022 年第 11 期。

（四）中文论文集及译文

［德］哈特穆特·罗萨：《分析、诊断与治疗：晚期现代社会形态的新批判分析》，胡珊译，《江海学刊》2020 年第 1 期。

［法］弗尔茨、贝斯特：《情境主义国际》，陈维振等译，罗伯特·戈尔曼《"新马克思主义"传记词典》，重庆出版社 1990 年版。

参考文献

［法］福柯：《另类空间》，王喆译，《世界哲学》2006 年第 6 期。

［法］亨利·列斐伏尔：《城市化的权利》，胡敏译，汪民安等《城市文化读本》，北京大学出版社 2008 年版。

［法］亨利·列斐伏尔：《关于增长的意识形态》，荣新海译，杨树、石武《"西方马克思主义"译文集》，中共中央党校科研办公室 1986 年。

［法］亨利·列斐伏尔：《空间、社会产物与使用价值》，王志弘译，包亚明《现代性与空间的生产》，上海教育出版社 2002 年版。

［法］亨利·列斐伏尔：《空间政治学的反思》，陈志梧译，包亚明《现代性与空间的生产》，上海教育出版社 2002 年版。

［法］路易·阿尔都塞：《意识形态和意识形态国家机器》，李恒基、杨远婴《外国电影理论文选》，上海文艺出版社 1995 年版。

［法］米歇尔·福柯、保罗·雷比诺：《空间、知识、权利——福柯访谈录》，陈志梧译，包亚明《后现代性与地理学的政治》，上海教育出版社 2001 年版。

［加拿大］迈克尔·E. 加德纳：《21 世纪的无聊？列斐伏尔、比弗和符号资本主义转向》，黄利红译，《中国美术学院学报》2019 年第 2 期。

［美］Silver D., Silva T., Adler P.：《场景的演化：四种社会发展模式在场景中的应用》，庞亚婷译，《武汉大学学报》（哲学社会科学版）2022 年第 5 期。

［美］贝斯特：《现实化的商品和商品化的现实：鲍德里亚、德波和后现代理论》，陈维振等译，道格拉斯·凯尔纳《鲍德里亚：批判性的读本》，江苏人民出版社 2005 年版。

［美］大卫·哈维：《时空之间——关于地理学想象的反思》，王志弘译，包亚明《现代性与空间的生产》，上海教育出版社 2002 年版。

［美］弗洛姆：《资本主义下的异化问题》，纪辉、高地译，《哲学译丛》1981 年第 4 期。

［美］戈温德林·莱特、保罗·雷比诺：《权力的空间化》，陈志梧译，包亚明《后现代性与地理学的政治》，上海教育出版社 2001 年版。

［美］杰罗姆·斯托尔尼兹：《"审美无利害性"的起源》，中国社会科

学院哲学研究所美学研究室《美学译文》（第 3 辑），中国社会科学出版社 1984 年版。

［美］路易·沃斯：《作为一种生活方式的都市主义》，汪民安等《城市文化读本》，北京大学出版社 2008 年版。

［美］迈克·迪尔：《后现代血统：从列斐伏尔到詹姆逊》，季桂保译，包亚明《现代性与空间的生产》，上海教育出版社 2002 年版。

［美］曼威·柯斯特：《双元城市的兴起：一个比较的角度》，曾旭正译，夏铸九、王志弘《空间的文化形式与社会理论读本》，明文书局股份有限公司 1993 年版。

［匈牙利］安德拉斯·朗茨：《意义与目标丧失：西方文化的必要性、领导力及潜在的极权主义因素》，吴万伟译，《国外社会科学前沿》2021 年第 10 期。

［英］米米·谢勒尔、约翰·厄里：《城市与汽车》，唐伟译，汪民安等《城市文化读本》，北京大学出版社 2008 年版。

项飙：《作为视域的"附近"》，张子约译，《清华社会学评论》2022 年第 1 期。

（五）中文学位论文和其他

《深入学习贯彻党的十九届四中全会精神　提高社会主义现代化国际大都市治理能力和水平》，《光明日报》2019 年 11 月 4 日第 1 版。

《习近平在上海考察时强调　坚定改革开放再出发信心和决心　加快提升城市能级和核心竞争力》，《光明日报》2018 年 11 月 8 日第 1 版。

《习近平在上海考察时强调　深入学习贯彻党的十九届四中全会精神　提高社会主义现代化国际大都市治理能力和水平》，《人民日报》2019 年 11 月 4 日第 1 版。

冯骥才：《城市为什么需要记忆》，《人民日报》2006 年 10 月 18 日第 11 版。

高建平：《2017 年西方美学研究动态——走向实践的当代西方美学》，2017 年 2 月 27 日，http：//www.51meixue.cn/？p＝3942&winzoom＝1，2023 年 12 月 24 日。

刘士林：《马克思哲学与都市文化研究》，《光明日报》2007年5月8日第11版。

罗仕鉴：《设计艺术点亮美好生活》，《人民日报》2022年7月21日第20版。

潘可礼：《社会空间论》，博士学位论文，南京师范大学，2009年。

孙全胜：《列斐伏尔"空间生产"的理论形态研究》，博士学位论文，东南大学，2015年。

王杰：《文化创意时代的美学转型》，《人民日报》2017年4月11日第14版。

张一兵：《代译序：德波和他的〈景观社会〉》，王昭凤《景观社会》，南京大学出版社2006年版。

周宜：《我是不活族：一本精神地理的笔记书》，博士学位论文，辅仁大学，2019年。